Jean-Pierre Pernaut

L'Almanach 2011 des Régions

Michel Lafon

Préface

« Combien j'ai douce souvenance
Du joli lieu de ma naissance !
Ma sœur, qu'ils étaient beaux les jours
De France ! Ô mon pays, sois mes amours
Toujours ! »
François René de Chateaubriand,
Poésies diverses, « Souvenir du pays de France »

Trois cent soixante-cinq jours, c'est bien un minimum pour visiter la France ! Des façades immenses aux dentelles de pierre des cathédrales, des hauts lieux de la baignade aux simples criques plus discrètes, des plus grandes légendes régionales aux petites histoires villageoises : autant de trésors qui constituent le caractère de notre vieux pays. Je vous propose cette fois de les découvrir à travers plus d'un millier de textes et d'images, afin d'admirer les régions sous toutes leurs coutures, dans tous les recoins de métropole et d'outre-mer.

Chaque jour, une rubrique propose une spécialité culinaire ou une recette de saison pour savourer cette gastronomie que le monde nous envie. Au fil des pages, découvrez les savoir-faire – souvent anciens mais bien vivaces – qui continuent de faire battre le cœur d'un terroir infiniment riche. Venez visiter les plus beaux sites français, témoignages d'un patrimoine architectural tantôt classique, tantôt atypique. Tout au long de l'année, je vous emmène à la rencontre de personnages qui ont marqué le paysage historique, sportif, artistique ou politique d'une région, qui a compté pour eux ou qu'ils ont servie. Tous les week-ends, une légende ou un mythe révèle les superstitions, les croyances d'une région, telle une fenêtre sur son âme, dévoilant ses joies et tristesses.

Au fil des jours, des semaines, des mois et des saisons, ce calendrier, ponctué de devinettes, de dictons et de citations, est l'occasion pour moi de partager avec vous non seulement un folklore ancestral, mais aussi un renouveau culturel, contemporain, qui revisite les traditions. Cet almanach évoque tour à tour, à travers plus de mille cinq cents exemples choisis, toute l'histoire de la France. Des fêtes, des monuments, des lieux, des recettes, des hommes et des femmes : chaque rubrique est un morceau de notre patrimoine, un petit bout de mémoire.

Jean-Pierre Pernaut

samedi 1er & dimanche 2 janvier

Jour de l'An — St Basile

Mythes et légendes

Centre

Les lavandières

La nuit, le long des cours d'eau…

« À la pleine lune, on voit, dans le chemin de la Font de Fonts (Fontaine des Fontaines), d'étranges laveuses […]. »
Maurice Sand

Symbole de purification, de clarté et même de guérison, l'eau, à la nuit tombée, prend dans certaines contrées une tout autre signification. Dans le Berry, il n'y aurait guère de source, de lac ou de fontaine que ne viennent hanter sous la lune toutes sortes d'esprits malins ; il est ainsi peu recommandé de longer un cours d'eau : le promeneur innocent risquerait d'y croiser quelques lavandières attardées, frottant avec une inquiétante ardeur un linge très particulier… Plusieurs versions du mythe des laveuses (ou lavandières) de nuit existent, selon les régions et les mémoires. Toutes s'accordent néanmoins sur un point : il ne faut pas s'approcher d'elles ! Si elles vous demandent de l'aide, vous risquez de tordre le linge dans le mauvais sens et vous seriez frappé et battu à sa place, ou noyé. Il semblerait que seuls les hommes aient eu affaire à ces « retournantes » (on appelle ainsi les revenants du Berry, car les âmes des noyés seraient condamnées à tourner et retourner les pierres dans le lit des cours d'eau pour l'éternité), en rentrant un peu tard d'une taverne du coin, trop éméchés pour se méfier d'elles.

Selon certaines sources, les lavandières se retrouveraient les nuits sans étoiles pour laver les âmes des enfants morts sans baptême ou des damnés. Mais George Sand, fille du pays, nous raconte une histoire bien plus effrayante : pour l'écrivain et ses témoins, ces laveuses seraient les âmes des mères infanticides, condamnées à laver, tordre et frotter violemment et éternellement les cadavres ou les linges sanglants de leurs bébés. Les croyances paysannes ne sont guère des contes pour enfants…

Gravure de Maurice Sand pour illustrer les *Légendes rustiques* de George Sand, 1858

La *France* en fête
Le Jour de l'An

C'est à Charles IX que l'on doit en 1564 la signature de l'édit fixant le début de l'année au 1er janvier. Le début de l'année était jusqu'alors mobile : le roi choisissait la date en fonction de l'événement religieux qui avait le plus d'importance à ses yeux, Noël ou Pâques le plus souvent. On célébrait autrefois la circoncision de Jésus, qui reçut son nom de baptême le 1er janvier. Pour la plupart d'entre nous, le 1er janvier est surtout une journée qui permet de se remettre du réveillon de la Saint-Sylvestre.

DICTON
Aquitaine

Jour de l'An beau,
mois d'août trop chaud.

lundi 3 janvier

lever : 8 h 44
coucher : 17 h 06

Ste Geneviève

Devinette

En Seine-et-Marne, dans quelle ville vivent les Bacots et les Bacottes ?

Bois-le-Roi. Le nom « Bacot » est lié au fait qu'au XVIIe siècle un bac permettait aux voyageurs de traverser la Seine à cet endroit : c'est là que s'installera Bois-le-Roi.

À table !

Tourin de Dordogne

Aquitaine

Pour 4 personnes

Peler une grosse tête d'ail et mettre les gousses à blondir dans 1 c. de graisse de canard.
Ajouter très vite 1 c. de farine, bien mélanger et verser 1 l d'eau.
Casser 1 œuf en séparant le blanc du jaune. Mettre le jaune dans la soupière et verser un peu de bouillon dessus.
Mélanger vivement pour ne pas qu'il coagule.
Ajouter le blanc d'œuf et bien mélanger. Verser le restant de bouillon, saler et poivrer.
Servir avec du pain grillé.

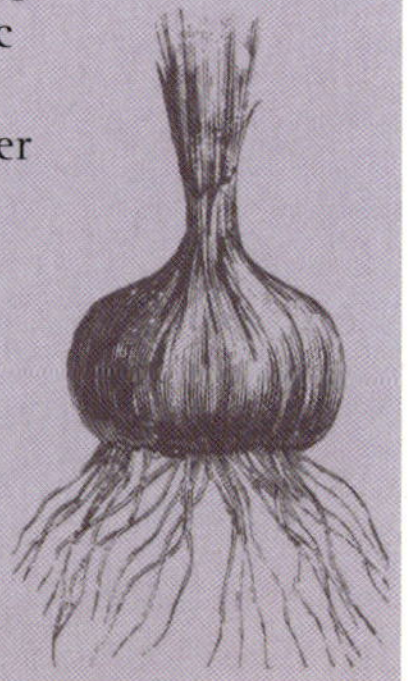

La rubrique du 13 h

LA MAISON KAMMERZELL

Alsace

Au cœur du centre historique de Strasbourg, sur la place de la Cathédrale, la maison Kammerzell est un bâtiment particulièrement admiré. En effet, cette maison du XVe siècle arbore une façade typiquement alsacienne : les étages sont faits de torchis et de colombages richement décorés, tandis que le rez-de-chaussée est bâti en pierres. Afin de préserver ce patrimoine architectural, la maison Kammerzell a été inscrite à l'Inventaire supplémentaire des monuments historiques. Dédiée à la gastronomie depuis toujours – c'est un négociant en fromages qui l'a fait construire –, la maison Kammerzell est aujourd'hui un hôtel-restaurant.

Quiz des villes & villages de France

Cette ville de l'hémisphère austral, dont les habitants répondent au savoureux nom de Dionysiens, abrite la plus ancienne mosquée de France, construite à l'initiative de commerçants indiens.

_ _ _ _ _ - _ _ _ _ _
_ _ _ _ _ _ _ _ _ _ _

Savoir-faire

Tonnelier

Bourgogne

La barrique de bois n'est pas un simple contenant pour le vin, elle est essentielle à sa maturation : c'est du mariage subtil du tanin du bois et des essences du raisin que naissent les grands crus. Il n'est donc pas étonnant que les vignobles protègent à tout prix le savoir-faire des tonneliers.

Ils ont marqué leur région…

Jean Vilar

Provence-Alapes Côte d'Azur

Avignon est la capitale française du théâtre grâce à Jean Vilar, qui, en 1947, y crée la Semaine d'art. Dans la cour d'honneur du palais des Papes, sont joués de grands classiques du théâtre français et étranger. En 1964, rebaptisé les « Rencontres d'Avignon », le festival s'agrandit, s'internationalise et se diversifie en accueillant de grands metteurs en scène et d'autres disciplines, comme la danse. L'année 1971 est celle de la mort de Vilar, mais le festival, lui, a encore de belles années devant lui, et, à présent, chaque année, plus de cinq cent mille spectateurs sont attirés par ce grand événement culturel.

Saint-Denis de La Réunion

mardi 4 janvier

lever : 8 h 43
coucher : 17 h 07

St Odilon

Devinette

Quel massif montagneux est le décor de la plupart des films réalisés par les frères Arnaud et Jean-Marie Larrieu ?

Les Pyrénées. Leurs films tels qu'*Un homme un vrai* ou *Le Voyage aux Pyrénées* se déroulent au cœur des magnifiques décors de leur région natale.

Savoir-faire

Fabricant de bijoux en corail

Corse

Selon la légende, c'est le sang d'une créature mythologique, Méduse, qui donna sa belle couleur rouge au corail corse. Pêché à plus de cent mètres de profondeur, le corail est ensuite coupé, taillé et poli dans des ateliers artisanaux, avant d'être monté en bijou.

La rubrique du 13 h

PHARE D'AR-MEN

Bretagne

Avant 1881, quand la mer était grosse, les bateaux s'échouaient régulièrement sur les récifs de la pointe ouest de la Bretagne, faute d'éclairage. Après le naufrage de la frégate impériale *Sané* au large de l'île de Sein, on prit la décision de bâtir un phare dans cette zone pourtant très éloignée des côtes. Le choix se porta sur un rocher dont la tour allait prendre le nom : Ar-Men. Les travaux furent longs et dangereux : il fallut attendre trente-quatre années avant que l'édification ne soit définitive. Aujourd'hui, celui que les gardiens surnommaient « l'enfer des enfers » est devenu un phare mythique.

À table !

Le vinaigre d'Orléans

Centre

Au Moyen Âge, les vins d'Anjou et de Touraine, transportés par bateaux sur la Loire, devenaient parfois aigres. Les vins piqués étaient donc déchargés et transformés en vinaigre à Orléans, où fut développée une méthode traditionnelle. Prenez donc garde si on vous offre du « vin d'Orléans » !

CITATION

Picardie

« Rien de plus joli que les bords de la Somme. Ce n'est qu'arbres, prés, herbages et villages charmants. Mes yeux ont pris un bain de verdure. »

Victor Hugo

Ils ont marqué leur région…

Yannick Noah

Champagne-Ardenne

On peut dire que chez Yannick Noah le talent est à la fois dans la tête et dans les jambes. En effet, l'homme a de multiples casquettes : champion de tennis, chanteur populaire, comédien, défenseur des droits de l'homme au sein d'associations, engagé dans la vie politique, tout pour être célèbre en France et rendre fier le Cameroun, pays dont son père est originaire. Né en 1960 à Sedan, dans les Ardennes, il remporte un nombre impressionnant de trophées, jusqu'en 1991 où il se tourne vers le métier d'entraîneur, puis vers ses activités artistiques et humanitaires.

mercredi 5 janvier

lever : 8 h 43
coucher : 17 h 08

St Édouard

À table !
La gratinée des Halles
Île-de-France

Pour 6 personnes
Dans une casserole, faire suer 400 g d'oignons dans de l'huile et flamber avec 1 trait de cognac. Ajouter 1 petit verre de porto et 25 cl de vin blanc sec. Laisser réduire de ≥ puis ajouter 1 l de fond de volaille. Cuire 30 min et rectifier l'assaisonnement. Couper 1 baguette parisienne en tranches. Les passer sous le gril. Verser la soupe dans un bol à gratiner et mettre 3 ou 4 tranches de baguette dessus. Saupoudrer de gruyère râpé et mettre sous le gril très chaud le temps que le fromage fonde et gratine.

Un jour en *Centre*
5 janvier 1589

Le 5 janvier 1589, Catherine de Médicis s'éteint à Blois. La Reine noire doit son surnom à la couleur qu'elle porte exclusivement, en signe de deuil, depuis la mort de son mari, le roi Henri II.

La rubrique du 13 h

LA CITADELLE DE BESANÇON
Franche-Comté

Depuis la citadelle de Besançon, la vue sur la ville et ses environs est magnifique. Vauban ne s'y est pas trompé quand il a choisi le mont Saint-Étienne, dans une boucle formée par un méandre du Doubs, pour édifier l'ouvrage militaire destiné à protéger la capitale de la Franche-Comté. Restée en parfait état depuis le XVIIe siècle, la citadelle fortifiée a surtout servi pour loger des troupes ou pour garder des prisonniers ; pendant la Seconde Guerre mondiale, une centaine de résistants y ont été exécutés. Elle est aujourd'hui un centre culturel et un lieu de mémoire.

Quiz des villes & villages de France

Cette ville de la Côte d'Azur fut connue pendant l'Antiquité sous le nom d'Antipolis. Son fort carré, construit au XVIe siècle et achevé par Vauban, est classé monument historique.

_ _ _ _ _ _ _

Savoir-faire
Tapissier à Aubusson
Limousin

À Aubusson, héraut de la tapisserie française depuis six siècles, les mains des lissiers ne se sont jamais arrêtées de travailler. Ils y tissent des pièces contemporaines, et on y trouve aussi un atelier de restauration, où des maîtres de l'aiguille réparent les cruelles atteintes du temps.

Ils ont marqué leur région...
Georges Clemenceau
Languedoc-Roussillon

Année 1907 : en Languedoc-Roussillon, l'heure est à la révolte. Les vignerons ne parviennent plus à vivre du fruit de leur labeur. La cause de cette situation ? L'importation de vin étranger, mais surtout la chaptalisation, cette technique qui consiste à ajouter du sucre au breuvage pour en augmenter la teneur en alcool. Trop, c'est trop : l'émeute prend de l'ampleur, et ce sont des centaines de milliers de manifestants qui expriment leur colère, devant le gouvernement de Clemenceau, qui se voit finalement contraint de plier. Le 23 juin, une loi contre la chaptalisation abusive est enfin votée.

Antibes

jeudi 6 janvier

lever : 8 h 43
coucher : 17 h 09

Ste Mélanie

DICTON

Bourgogne

Bruine est bonne à la vigne,
et au blé, ruine.

À table !

La réglisse d'Uzès

Languedoc-Roussillon

Spécialité de la ville d'Uzès dans le Gard, la réglisse est connue depuis l'Antiquité. D'abord utilisée pour ses propriétés thérapeutiques – elle est réputée pour calmer la toux et les douleurs d'estomac –, la réglisse est ensuite devenue une confiserie « pour les grands et les petits ».

Savoir-faire

Fondeur de cloches

Basse-Normandie

La réputation de la fonderie de Villedieu-les-Poêles n'est plus à faire : chaque année, une centaine de cloches y sont fondues. Depuis le XIe siècle, grâce à la qualité du métal utilisé, on apprécie la pureté de leur son, leur justesse et leur harmonie – elles sonnent à la note voulue.

La rubrique du 13 h

LE CHÂTEAU DE LUNÉVILLE

Lorraine

Depuis le parc des Bosquets, où s'animaient des automates grandeur nature, le château de Lunéville impressionne. La façade du Versailles lorrain se dresse dans la cour d'honneur ; en effet, plusieurs bâtiments, notamment la chapelle, sont réalisés d'après les plans de l'illustre palais. Commandé en 1702, c'est à la fin du XVIIIe siècle que le château de Lunéville connaît ses heures les plus fastes : tous les grands philosophes se pressent à la cour de Stanislas, roi de Pologne en exil et beau-père de Louis XV. Après un incendie en 2003, un vaste chantier de restauration a été entrepris.

Devinette

Quel département français est évoqué dans le titre et les paroles d'une chanson bien connue de Francis Cabrel ?

La Haute-Savoie, où vit la fameuse Dame de Haute-Savoie, auprès de laquelle le chanteur aimerait trouver refuge.

Ils ont marqué leur région...

Line Renaud

Nord-Pas-de-Calais

À 7 ans, la jolie blonde aux yeux bleus, née à Pont-de-Nieppe, possède déjà un timbre de voix qui ravit son entourage et gagne son premier concours de chant. Son enfance n'est pas toujours rose, puisque, alors qu'elle a à peine 11 ans, son père est mobilisé en raison de la Seconde Guerre mondiale. Mais le chagrin ne lui fait pas perdre sa passion, et elle décroche à 16 ans un contrat aux Folies Belleville, ce qui marque le début d'une longue carrière. Plus récemment, elle a réaffirmé son appartenance à la région Nord-Pas-de-Calais en incarnant un personnage dans le film à succès *Bienvenue chez les Ch'tis*.

vendredi 7 janvier

lever : 8 h 43
coucher : 17 h 10

St Raymond

À table !

Pommes de terre nouvelles en croûte de sel

Pays de la Loire

Pour 4 personnes

Laver 1 kg de pommes de terre nouvelles de Noirmoutier, les disposer dans un plat allant au four, sur une feuille de papier sulfurisé. Préparer une pâte à sel en mélangeant 1,5 kg de sel de Noirmoutier, 250 g de farine et 25 cl d'eau. Disposer 2 branches d'algues sur les pommes de terre et recouvrir le tout de manière hermétique avec la pâte à sel. Cuire 25 min au four préchauffé à 200 °C. Casser la croûte de sel au moment de servir et déguster en accompagnement d'un poisson ou d'une viande blanche.

Quiz des villes & villages de France

Chef-lieu du département du Loir-et-Cher délimitant la Sologne et la Beauce, cette ville est connue pour son château médiéval, mais aussi pour son Concours des vins des vignerons indépendants.

– – – – –

La rubrique du 13 h

L'ABBAYE SAINT-PIERRE DE JUMIÈGES

Haute-Normandie

Dans une boucle de la Seine, en aval de Rouen, se dresse l'abbaye Saint-Pierre de Jumièges, en Seine-Maritime. Elle est la plus haute de la région : ses deux tours dominent le village qui semble blotti contre elle. Autrefois la plus puissante de Normandie, l'abbaye est aujourd'hui en ruines. Depuis sa fondation au VIIe siècle, elle n'a pas été épargnée : pillée par les Vikings, puis par les huguenots pendant les guerres de Religion, elle fut vendue et démembrée – elle servait de carrière de pierres – à la Révolution. Mais, même mutilée, l'abbaye impressionne toujours par sa beauté.

Un jour en *Midi-Pyrénées*

7 janvier 1844

Lourdes n'est qu'une petite commune des Hautes-Pyrénées comme les autres avant la naissance de Bernadette Soubirous, le 7 janvier 1844. Après que la Vierge lui est apparue dix-huit fois, la ville devient un haut lieu de pèlerinage catholique.

Savoir-faire

La pêche au carrelet

Poitou-Charentes

La pêche au carrelet est une technique traditionnelle qui est toujours très pratiquée dans les estuaires de la Charente et sur les côtes, même si elle est aujourd'hui très réglementée. Depuis une cabane sur pilots, un filet tendu – le carrelet – est descendu dans l'eau, puis remonté rapidement, piégeant ainsi les poissons.

Ils ont marqué leur région…

Paul Claudel

Picardie

C'est dans l'ancien presbytère de Villeneuve-sur-Fère qu'est né Paul Claudel, le 6 août 1868. Grâce à ses fonctions d'ambassadeur, il parcourt le monde, de New York à Tokyo, en passant par Rio de Janeiro. Pourtant, il demeurera profondément attaché à la Picardie, même s'« il y pleut beaucoup » et que « quand il y pleut, c'est durement, violemment, et [...] passionnément ». Dans son théâtre, nombre de ses personnages portent le nom des villages de son enfance : Violaine, Cœuvres, Ivors… Car Claudel, tout en décrivant la dureté de sa région natale, n'a eu de cesse de lui rendre hommage.

Blois

samedi 8 & dimanche 9 janvier

Ste Gudule — Ste Alix

Mythes et légendes

Bretagne

La mort de Merlin

De la duplicité des fées et de la naïveté des enchanteurs

« Les fées noires, grises, vertes et blanches,
Vous qui aimez tant la lune, et les ombres. »
William Shakespeare, Les Joyeuses Commères de Windsor, *1602*

Il y a fort longtemps, du temps où la Bretagne allait de la « petite » à la « Grande », naquit dans la « Grande » un enfant du diable. Une fois baptisé, Merlin – car c'est bien du célèbre compagnon d'Arthur dont il s'agit – perdit son aspect maléfique, mais conserva des pouvoirs magiques. Devenu vieil homme, devin et magicien, et aidant les chevaliers de la Table ronde dans leur quête du Graal, il fut souvent envoyé en mission par le propriétaire d'Excalibur. Un jour qu'il se trouvait ainsi dans l'actuelle Bretagne française, il rencontra, à la fontaine de Barenton, près du lieu-dit « Folle Pensée », une femme magnifique, Viviane, dont il s'éprit immédiatement et qu'il séduisit en prenant l'apparence d'un jouvenceau. Certaines des multiples légendes relatant leur amour laissent transparaître une duplicité perverse de la fée, assez courante au demeurant dans cette famille d'êtres surnaturels. On raconte donc que la sublime jeune femme, appelée aussi la « Dame du lac », demanda au mage qui, amoureux, avait dévoilé sa véritable apparence à son aimée, de lui apprendre ses tours et secrets, et elle put bientôt marcher sur l'eau sans jamais se mouiller, parler avec les animaux, connaître l'avenir... Chaque fois que Merlin venait en « petite Bretagne », il la retrouvait et lui enseignait de nouveaux artifices.

C'est ainsi que, au fin fond de la forêt enchantée, il en vint à lui dire qu'il connaissait le sortilège permettant de garder près de soi, à tout jamais, l'être aimé. Cédant aux instances de la fée, il le lui révéla, sachant ce qu'elle accomplirait ; et un jour, alors qu'il faisait la sieste, Viviane traça par neuf fois des cercles magiques autour de son amant, qui resta endormi pour l'éternité. Prisonnier de l'amour exclusif de la fée ? Les versions se contredisent. Elle devint une fée puissante, mais rien ne permet de dire que la fée aimait l'enchanteur, et l'on ne sait s'ils se sont retrouvés, ou si le tombeau de Merlin recouvre bien la fin du mage, ou si son esprit vagabonde encore dans les bois auprès de celui de la fée.

La *France* en fête
L'Épiphanie

L'Épiphanie est, à l'origine, une fête païenne lors de laquelle les Grecs honoraient les douze dieux olympiens, dits les « Épiphanes » – « les Illustres ». Cette fête de la lumière marque, douze jours après le solstice d'hiver, le moment où les jours commencent à rallonger. La tradition de la galette, dont la forme ronde évoque le Soleil, remonte aux Romains, bien avant l'ère chrétienne. Depuis le IVe siècle, l'Épiphanie est célébrée comme le jour de la visite des Rois mages à l'Enfant Jésus.

DICTON
Nord-Pas-de-Calais

Au jour de Sainte-Gudule,
le jour croît, mais le froid ne recule.

lundi 10 janvier

lever : 8 h 41
coucher : 17 h 14

St Guillaume

À table !

L'huile d'olive

Provence-Alpes-Côte d'Azur

L'huile d'olive est riche, nourrissante et digestive. L'olivier nécessitant un climat chaud et sec, il est très présent sur le pourtour méditerranéen. Aujourd'hui, 75 % de la production française d'huile d'olive émane de la région Provence-Alpes-Côte d'Azur.

DICTON

Midi-Pyrénées

Janvier d'eau chiche
fait le paysan riche.

La rubrique du 13 h

LE TRIPTYQUE DU MAÎTRE DE MOULINS

Auvergne

On entre dans la basilique-cathédrale de Moulins, dans l'Allier, pour se recueillir, mais aussi pour y admirer un triptyque : *la Vierge en gloire*, chef-d'œuvre du XVe siècle. Le panneau central est la représentation d'une Vierge à l'Enfant tandis que les panneaux latéraux sont des portraits du commanditaire, le duc Pierre II, et de sa famille. Si célèbre qu'il soit, ce triptyque est l'œuvre d'un inconnu. Après des siècles, l'identité de cet artiste anonyme fait toujours débat, même si les récentes études – dont celle du musée du Louvre – attribuent le tableau au peintre Jean Hey.

Devinette

Selon la chanson, quelle ville française est réputée pour son clair de lune ?

Maubeuge. Le film de Jean Chérasse *Un clair de lune à Maubeuge* (1962) raconte l'histoire vraie d'un chauffeur de taxi, Pierre Perrin, qui devient célèbre après avoir composé la chanson du même nom.

Savoir-faire

Le travail de l'écaille de tortue

Île de La Réunion

Souvent critiqué, le travail de l'écaille de tortue existe depuis des siècles. À La Réunion, les artisans pratiquent cet art en toute légalité, puisque leur matière première provient d'une réserve d'élevage. L'écaille de tortue, considérée comme noble et précieuse, orne ainsi miroirs, bijoux et couteaux.

Ils ont marqué leur région…

Les frères Lumière

Rhône-Alpes

On peut dire que chez les Lumière, la photographie est une affaire de famille : non seulement leur nom semble leur dicter leur vocation, mais le père d'Auguste et de Louis est un photographe lyonnais, célèbre à l'époque pour ses portraits de célébrités locales. Attiré par la pénombre du laboratoire paternel, le jeune Louis perfectionne les techniques de développement, puis poursuit ses recherches jusqu'à aboutir, en 1895, au premier film de l'histoire, tourné à la sortie d'une usine. À sa mort, en 1948, l'inventeur du cinématographe a laissé plus de mille huit cents films, témoins de la naissance du septième art.

mardi 11 janvier

lever : 8 h 41
coucher : 17 h 15

Ste Pauline

Un jour en Haute-Normandie

11 janvier 1962

Le général de Gaulle et sa femme inaugurent le *France* dans le port du Havre, prestigieux paquebot de trois cent quinze mètres de long et trente-quatre mètres de large. Yvonne de Gaulle, marraine du bateau, lance le magnum de champagne avec la phrase rituelle : « Daignez par Votre Sainte Main, Seigneur, bénir ce navire et tous ceux qu'il portera. »

La rubrique du 13 h

LE CHÂTEAU DE SEDAN

Champagne-Ardenne

C'est à Sedan que se trouve le plus grand château féodal d'Europe : il compte sept étages et s'étale sur trente-cinq mille mètres carrés. Depuis sa construction au XVe siècle, les propriétaires du « château haut », comme on le nomme aussi, n'ont eu de cesse de l'agrandir et le fortifier. Situé sur un promontoire qui domine la Meuse, il est devenu un haut lieu du tourisme en Champagne-Ardenne, depuis sa cession à la municipalité par l'armée en 1962. Classé monument historique, il accueille chaque année de nombreux visiteurs, qui s'y rendent notamment pour son festival médiéval et ses spectacles de fauconnerie.

À table !

Pain d'épices

Alsace

Dans un saladier, mélanger 250 g de farine avec 1 sachet de levure chimique. Ajouter 125 g de sucre, 1 c. à café de cannelle, 1 c. à café de mélange 4 épices, 3 c. à soupe de lait, le jus de 1 orange et son zeste, et 125 g de miel liquide. Bien mélanger, puis verser la préparation dans un moule à cake beurré. Faire cuire 35 à 40 min. dans un four préchauffé à 150 °C.

Savoir-faire

Artisan fromager

Île-de-France

Le métier d'artisan fromager n'est pas une sinécure : il faut produire le lait, élaborer le fromage, puis le commercialiser. À Meaux, en Seine-et-Marne, depuis le XVIIIe siècle, on porte toujours la même attention aux différentes étapes de la transformation du lait, comme le caillage, le pressage ou encore l'affinage.

Quiz des villes & villages de France

Les habitants de cette cité corse dominée par une citadelle soutiennent que Christophe Colomb y serait né. Elle accueille chaque année un festival de rock.

_ _ _ _ _

Ils ont marqué leur région...

Vercingétorix

Bourgogne

Le nom de la ville bourguignonne d'Alise-Sainte-Reine dériverait de celui d'Alésia, connue pour être le lieu de la défaite de Vercingétorix en 52 avant Jésus-Christ. C'est en effet dans cette localité assiégée que le chef des révoltés rend les armes, marquant ainsi la fin de l'indépendance des Gaulois. Le site offre aujourd'hui de passionnants vestiges de la cité gallo-romaine, dont un forum, un temple et un théâtre, qui permettent de faire un saut de deux mille ans dans le passé. Une sculpture de Vercingétorix, réalisée à la demande de Napoléon III, immortalise également le chef des Gaulois.

1. - VERCINGÉTORIX

Calvi

mercredi 12 janvier

lever : 8 h 40
coucher : 17 h 17

Ste Tatiana

DICTON
Poitou-Charentes
Si du chanvre tu veux récolter,
au Carnaval il faut danser.

À table !
Le chouchen
Bretagne

Boisson liquoreuse alcoolisée à base de miel, le chouchen est un produit traditionnel de la Bretagne. Comparable à l'hydromel, il est fabriqué à partir de la fermentation du miel dans de l'eau – parfois de l'eau de mer – et se consomme bien frais, généralement en apéritif.

Devinette

Quel matériau est caractéristique de la ville de Toulouse ?

La brique. L'architecture de la ville est marquée par l'utilisation de la brique rouge, d'où son surnom de « Ville rose ». Introduite par les Romains, elle était considérée comme la pierre du pauvre.

La rubrique du 13 h

LE PONT DE BEAUGENCY
Centre

Quel pont atypique que le pont de Beaugency ! Depuis sa construction au XIVe siècle, ce dernier a eu une histoire mouvementée ; on raconte même que le diable aurait apporté son aide pour bâtir l'ouvrage. De plus, la Loire n'est pas un long fleuve tranquille et ses crues ont provoqué de nombreux dégâts. Les réparations n'ayant pas toujours été conformes au style original, le pont offre aujourd'hui une vision hétéroclite : mélange de styles, de formes, et même de matériaux. Le pont de Beaugency est situé dans le Val de Loire, et donc inscrit au patrimoine mondial de l'Unesco.

Savoir-faire
Vannier d'osier
Picardie

La vannerie réclame bien des qualités : il faut être habile de ses mains, il ne faut pas craindre pour son dos et il faut avoir de la force, à cause des poids qui maintiennent immergés les brins d'osier et les objets en cours de fabrication. La beauté rustique ne vaut-elle pas quelques sacrifices ?

Ils ont marqué leur région…
Aliénor d'Aquitaine
Aquitaine

Héritière du duché d'Aquitaine, la belle Aliénor épouse successivement Louis VII en 1137, et Henri II Plantagenêt, en 1152. Reine de France, puis d'Angleterre, la jeune femme contribue à la vie politique, sans négliger les intrigues amoureuses… Durant sa participation à la deuxième croisade, son infidélité provoque sa rupture avec son premier époux. Mécène, elle lance en 1162 le chantier de la cathédrale de Poitiers et encourage la production littéraire. Soulevant ses trois fils contre leur père, elle devra à son tempérament rebelle de passer quinze ans de sa vie en captivité.

jeudi 13 janvier

lever : 8 h 40
coucher : 17 h 18

Ste Yvette

Un jour en Alsace
13 janvier 1898

Émile Zola publie un long texte intitulé « J'accuse » dans le journal *L'Aurore* afin de défendre Alfred Dreyfus, officier originaire de Mulhouse, condamné à tort pour espionnage au profit de l'Allemagne. Celui-ci sera ensuite gracié, puis réhabilité.

Savoir-faire
Parfumeur à Grasse
Provence-Alpes-Côte d'Azur

Capitale mondiale du parfum, Grasse a su tirer profit des richesses des Alpes-Maritimes : lavande, myrte, rose, mimosa et jasmin, toutes ces plantes sont entrées dans la composition de fragrances dès le XVIIe siècle. Aujourd'hui encore, la parfumerie est la principale industrie de la ville.

La rubrique du 13 h

LE DÉCHARNÉ DE L'ÉGLISE SAINT-ÉTIENNE
Lorraine

Le réalisme est saisissant : quiconque s'avance vers l'autel de marbre, dans le transept gauche de l'église Saint-Étienne à Bar-le-Duc, est en proie à une forte émotion. Sur cet autel se dresse *le Décharné*, une œuvre du sculpteur lorrain Ligier Richier qui représente René de Chalon, prince d'Orange. Avant qu'il ne soit blessé à mort lors du siège de Saint-Dizier en 1544, il avait imaginé son corps en décomposition. Pour honorer sa mémoire, sa veuve commanda cette statue de squelette, la poitrine enfoncée, les os transperçant la chair en lambeaux, le bras tendu, offrant son cœur au Créateur.

Quiz des villes & villages de France

Ville de naissance de Diderot, cette commune fortifiée de Haute-Marne est surnommée la « Carcassonne du nord ».

_ _ _ _ _ _ _

À table !
Le fiadone
Corse

Pour 4 personnes

Séparer les blancs des jaunes de 2 œufs. Battre les jaunes avec 100 g de sucre jusqu'à ce que le mélange blanchisse. Ajouter le zeste râpé de 1 orange ou de 1 citron, 1 c. à soupe d'eau-de-vie et 250 g de brocciu écrasé à la fourchette. Bien mélanger.
Battre les blancs en neige, puis les incorporer délicatement à la préparation. Huiler un moule à bords hauts et y verser le mélange. Cuire 30 min au four préchauffé à 220 °C jusqu'à ce que le fiadone soit bien doré. Laisser tiédir avant de démouler. Servir tiède ou froid, avec un caramel blond.

Ils ont marqué leur région...
Raymond Poulidor
Limousin

Son statut d'« éternel second » n'aura pas empêché « Poupou » d'entrer dans la légende du cyclisme français. Fils de paysans de Saint-Léonard-de-Noblat dans la Haute-Vienne, il tire sa passion du cyclisme de son admiration pour Gino Bartali, dont il suit les exploits dans sa jeunesse. À 16 ans, Raymond Poulidor se voit offrir un vélo et saute sur l'occasion pour débuter une brillante carrière. Entre 1960 et 1977, il affronte les plus grands et ne gagne pas moins de cent quatre-vingt-neuf courses, malgré ses éternels échecs au Tour de France qui contribuent à forger sa légende.

Langres

vendredi 14 janvier

lever : 8 h 39
coucher : 17 h 19

Ste Nina

À table !

Le boucanage

Dom-Tom

Le boucanage est une méthode de conservation de la viande et du poisson qui consiste à les fumer pendant de longues heures. Cette technique traditionnelle, mise au point autrefois par les chasseurs, est encore utilisée de nos jours aux Antilles et dans l'océan Indien.

Quiz des villes & villages de France

Préfecture du Cantal, cette ville est connue pour le Festival international de théâtre de rue qui s'y tient chaque année, au mois d'août.

?

____

La rubrique du 13 h

LE MONT-SAINT-MICHEL

Basse-Normandie

Le mont Tombe doit son nom actuel à l'archange, apparu en songe à l'évêque d'Avranches au VIIIe siècle. Depuis, le saint veille sur le sanctuaire : sa statue, au sommet de l'abbaye, domine le rivage. Proche de l'Angleterre, tiraillé entre la Bretagne et la Normandie, le Mont a subi plusieurs attaques au cours de son histoire, mais le sable, sournois, est devenu son ennemi le plus redoutable. Malgré cela, les touristes affluent par milliers chaque année pour admirer les remparts, l'élégant cloître et les maisons de granit qui semblent naître du rocher.

Savoir-faire

La cristallerie de Baccarat

Lorraine

La naissance de la fameuse cristallerie de Baccarat remonte à la fin du XVIIIe siècle, quand l'évêque de Metz obtint l'autorisation de fonder une verrerie d'art sur ses terres. Réputée pour la pureté des matières employées, elle fabrique flacons, carafes et autres objets d'art en cristal avec un succès jamais démenti.

CITATION

Bretagne

« Ah ! cette mer est méchante,
Et l'affreux vent d'ouest qui chante
En troublant l'eau,
Tout en sonnant sa fanfare,
Souffle souvent sur le phare
de Saint-Malo. »

Victor Hugo,
« Les paysans au bord de la mer »,
La Légende des siècles, 1883

Ils ont marqué leur région...

Paul-Émile Victor

Franche-Comté

Qu'est-ce qui a poussé le jeune jurassien à devenir pionnier dans l'exploration des pôles ? Peut-être sa spécialisation en ethnologie, qui révèle un goût pour les terres inconnues, ou bien sa passion pour la navigation, qui l'a amené à intégrer l'école navale de Marseille. C'est en tout cas un tempérament d'aventurier qui le propulse en 1934 chef d'une expédition française sur les côtes du Groenland. Pendant plus de vingt ans, il parcourra les déserts de glace et dirigera des projets scientifiques d'envergure, pour l'exploration des pôles et la sauvegarde de la nature.

Aurillac

Le Graouilly

De la force de la foi

« Honteux comme une pie, le dragon baisse sa tête orgueilleuse, retire sa langue méchante à trois dards et docilement, comme un chien, vient se coucher aux pieds de l'homme de Dieu. »
Paul Diacre, Gesta episcoporum mettensium, *783-786*

C'est à la fin du Ier siècle après Jésus-Christ que les Romains bâtissent à Metz le plus grand amphithéâtre de la Gaule, alors sous leur domination. D'après les fouilles, le bâtiment peut accueillir jusqu'à vingt-cinq mille personnes, dans des gradins bâtis avec les pierres de la région, issues des carrières de Noyon. Mais lorsque, au IIIe siècle, le premier évêque messin est envoyé pour évangéliser la population, plus aucun badaud ne s'aventure vers cet ancien lieu de fête et de spectacle. Et pour cause. Entre les pierres de ses ruines, selon certains, des serpents venimeux aux langues effrayantes, dont un immense, auraient fait leur nid. Selon d'autres, c'est un dragon à l'haleine empoisonnée qui terroriserait les Messins, reclus avec sa progéniture dans l'amphithéâtre. Serpent ou dragon, la créature est effroyable, d'où son nom, Graouilly, issu de l'allemand *gräulich*, « monstrueux ».

Clément, puisque c'est bien du célèbre saint homme dont il s'agit, ému par la peur de ses congénères, se décide à aller affronter la bête. Animé d'un courage sans faille, il ne brandit aucune épée en se dirigeant vers le gîte du démon, mais la foi qu'il porte en son cœur est une arme redoutable. Selon la légende, la seule vue de cet envoyé du Seigneur suffit à dompter le Graouilly : Clément lance son étole au cou de l'animal et le conduit jusqu'à la Seille, qui rejoint à Metz la Moselle. Certaines sources affirment qu'il lui somma de s'y noyer, d'autres de quitter la région avec les siens.

Quoi qu'il en soit, cet épisode de l'histoire chrétienne messine frappa à jamais les habitants, et il n'est guère d'enfant qui ne s'entende conter la bravoure de saint Clément. Autrefois, lors d'une fête dédiée à ce héros, les écoliers de Metz étaient invités à battre une effigie du Graouilly, décrite en ces termes en 1735 : « un grand lézard ailé au ventre très enflé et dont le bec horrible laisse sortir une langue pointue ». Rabelais lui-même en use comme référence dans *Pantagruel* : « C'était une effigie monstrueuse, ridicule, hideuse et terrible aux petits enfants, ayant les yeux plus grands que le ventre, et la tête plus grosse que tout le reste du corps, avec amples, larges et horrifiques mâchoires bien endentelées, tant au-dessus comme au-dessous, lesquelles, avec l'engin d'une petite corde cachée dedans le bâton doré, l'on faisait l'une contre l'autre terrifiquement cliqueter, comme à Metz l'on fait du dragon de saint Clément. »

lundi 17 janvier

✹ lever : 8 h 37
✹ coucher : 17 h 24

Ste Roseline

À table !

Filet de porc à la bière

Nord-Pas-de-Calais

Pour 4 personnes

Faire mariner 12 h au frais 800 g de filet de porc avec 25 cl de bière brune, 1 carotte, 1 oignon et 2 échalotes émincés, un bouquet garni, du sel et du poivre. Retourner plusieurs fois. Faire dorer dans du beurre la viande égouttée, puis ajouter la marinade et faire mijoter 1 h à couvert. Ajouter 20 cl de crème fraîche et faire épaissir.

5 min avant de servir, rajouter une boîte de poires au sirop égouttées. Servir le file découpé en tranches, nappé de sauce et surmonté de poire.

Devinette

Quelle ville était surnommée le « Chicago français » dans les années 1930 ?

Marseille, en raison du grand banditisme qui y faisait rage à l'époque. Le film *Borsalino* relate la vie de deux grandes figures de ce milieu des gangsters marseillais de l'entre-deux-guerres.

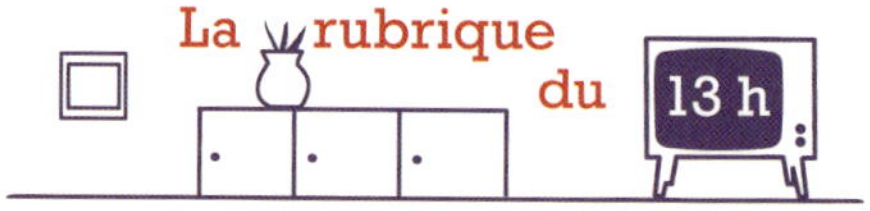

LA GALERIE DES GLACES DU CHÂTEAU DE VERSAILLES

Île-de-France

La Grande Galerie du château de Versailles, connue aussi sous le nom de galerie des Glaces, en raison des innombrables miroirs qui en recouvrent les murs, symbolise le faste du règne de Louis XIV. Conçue par Jules Hardouin-Mansart, elle fut achevée en 1684. Tout dans cette pièce aux dimensions considérables – et encore agrandie par le jeu des miroirs – impressionne : les plafonds peints par Le Brun à la gloire du souverain victorieux, les dix-sept fenêtres ouvrant sur le parc, les lustres scintillants... Un vaste projet de rénovation de la galerie s'est achevé en 2007.

Savoir-faire

Lauzier

Languedoc-Roussillon

Le Languedoc-Roussillon abondait en schiste, dans lequel on taillait des lauzes, ces pierres plates lourdes et robustes utilisées pour recouvrir les toitures. Depuis la fermeture des carrières, le savoir-faire des anciens est employé dans les travaux de restauration, garantissant l'identité de la région.

Ils ont marqué leur région...

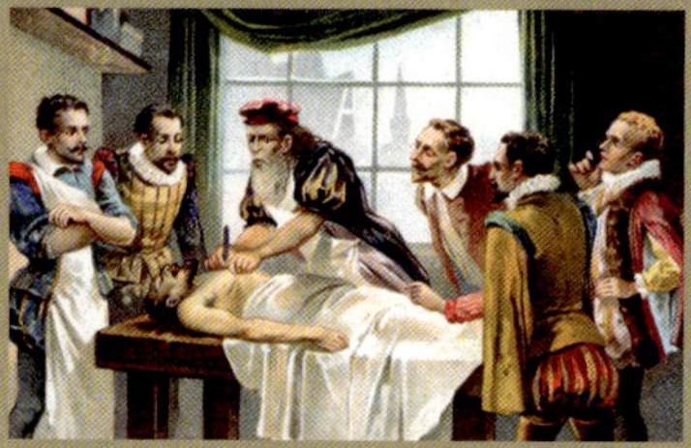

Ambroise Paré

Pays de la Loire

Ambroise Paré est à l'origine d'un bon nombre de techniques utilisées dans la chirurgie moderne. Au XVIe siècle, le chirurgien originaire de Bourg-Hersent peaufine son maniement du bistouri sur les champs de bataille. C'est en effet par la pratique que se forme cet autodidacte, ce qui lui vaudra toute sa vie l'opposition de la faculté de médecine. Pourtant, l'ancien barbier a du talent et le prouve par ses innovations dans le traitement des plaies, des fractures et des hémorragies. Les rois ne s'y trompent pas, et Henri II, Charles IX, puis Henri III s'offrent successivement ses services.

Languedoc-Roussillon en fête

Les Fécos de Limoux

De la mi-janvier au dimanche suivant les Rameaux, le carnaval de Limoux bat son plein tous les dimanches, avec la sortie des « bandes ». Parmi celles-ci, les pierrots limouxins, armés de tiges de roseaux, dérangent les badauds en leur lançant des plaisanteries. La journée s'achève avec un défilé noturne à la lumière des « entorches ».

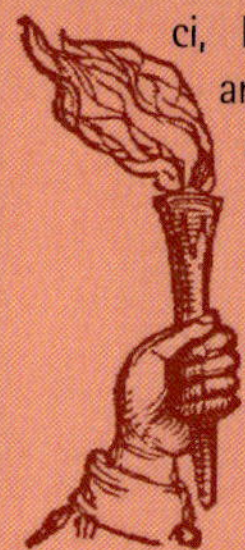

mardi 18 janvier

lever : 8 h 36
coucher : 17 h 25

Ste Prisca

DICTON
Franche-Comté

Si tu vois l'herbe en janvier, serre ton grain dans ton grenier.

Savoir-faire
Miroitier d'art
Picardie

La Picardie est spécialisée dans la miroiterie d'art depuis l'installation de la Manufacture royale des glaces de Saint-Gobain en 1685. Pour obtenir un miroir, on façonne le verre avant de le recouvrir d'une couche réfléchissante d'argent, protégée par une couche de cuivre, puis de vernis.

La rubrique du 13 h

LA CATHÉDRALE D'ALBI
Midi-Pyrénées

En 1282, pour la reconstruction de la cathédrale Sainte-Cécile d'Albi, dans le Tarn, on choisit la brique rouge issue des carrières de la région. Comme on n'avait pas oublié la croisade qui avait secoué le Midi occitan, on fit de l'église une véritable forteresse avec son clocher-donjon, sa façade lisse et son unique entrée latérale. Sainte Cécile étant la patronne de la musique, rien d'étonnant donc à ce que la cathédrale possède un orgue parmi les plus spectaculaires de France. Construit au XVIIIe siècle par Moucherel, il a été remanié plusieurs fois avant d'être restauré à la fin du XXe siècle.

À table !
Le neufchâtel
Haute-Normandie

Fabriqué autour de Neufchâtel-en-Bray, en Haute-Normandie, le neufchâtel est un fromage ancien – il est mentionné dès le XIe siècle –, au lait entier. Selon la légende, ce sont des jeunes normandes amoureuses de soldats anglais qui lui donnèrent sa forme de cœur si caractéristique.

Un jour en Corse
18 janvier 1800

Napoléon Bonaparte, qui vient tout juste d'être nommé Premier Consul, crée la Banque de France. Ce natif d'Ajaccio, futur empereur, entend ainsi augmenter la quantité de monnaie en circulation.

Ils ont marqué leur région...
François Fresneau
Poitou-Charentes

Le père du caoutchouc voit le jour à Marennes, ville de bord de mer située en Charente-Maritime. Après des études d'astronomie et de mathématiques, il obtient un poste à Cayenne, alors colonie française. Là-bas, son attention se porte sur un grand arbre jusqu'alors inconnu en France, qui a la particularité de produire une résine de couleur noirâtre : il s'agit de l'*Hevea brasiliensis*. Même s'il meurt en 1770, avant que sa découverte ait connu le succès que l'on sait, François Fresneau est le premier à s'intéresser à ce matériau, le caoutchouc, qui nous est aujourd'hui indispensable.

mercredi 19 janvier

lever : 8 h 35
coucher : 17 h 27

St Marius

À table !
Aligot
Auvergne

Pour 6 personnes
Faire une purée avec 1 kg de pommes de terre bintjes cuites à l'eau bouillante aillée. Ajouter 200 g de crème fraîche épaisse, saler et poivrer.
Réchauffer la purée et incorporer 400 g de tomme fraîche de laguiole coupée en lamelles. Remuer énergiquement avec une spatule en bois. Quand le mélange forme un ruban qui ne casse pas, l'aligot est cuit.

CITATION
Île-de-France

« Je me plaisais tant dans cette ville, où la Renaissance, le Moyen Âge et l'époque romaine se retrouvent çà et là. »

Gérard de Nerval, La Bohème galante, 1852

La rubrique du 13 h

LE GOLFE DE PORTO
Corse

Parce que, en Corse, la montagne et la mer ne sont jamais bien loin l'une de l'autre, le golfe de Porto est dominé par quelques sommets qui raviront les randonneurs. Au cœur du parc naturel régional de Corse, cette partie de l'île de Beauté abrite une faune et une flore remarquables. Le golfe de Porto est aussi le paradis de la plongée, avec ses falaises de granit rouges descendant dans l'eau claire, sa multitude d'îlots et ses grottes sous-marines. Après tout cela, il est encore temps de se prélasser dans une crique encaissée, protégée par la tour génoise qui surplombe fièrement la marina.

Savoir-faire
Fabricant de tapis à Sedan
Champagne-Ardenne

C'est à Sedan, au XVIe siècle, qu'est né un point de dentelle qui allait faire la renommée de la ville ardennaise. Depuis la fin du XIXe siècle, ce point, en forme de huit, et réalisé en laine, caractérise le fameux tapis « point de Sedan », un tapis éclatant du fait de son tissage très serré.

Quiz des villes & villages de France

Cette ville de Franche-Comté construite autour du *castrum Vesulium* est connue de tous grâce à la chanson éponyme de Jacques Brel.

______

Ils ont marqué leur région...
Johannes Gutenberg
Alsace

En 1455, Johannes Gutenberg achève la Bible « à quarante-deux lignes », premier livre imprimé de l'histoire. Si l'on imagine qu'au Moyen Âge chaque livre est copié à la main et réservé aux personnes fortunées, on réalise la révolution que représente l'invention de l'imprimerie. C'est à Strasbourg que Gutenberg met au point son procédé : l'assemblage de caractères de plomb mobiles permet de composer des pages d'écriture imprimables à l'identique en un nombre infini d'exemplaires. L'homme vit alors dans la misère, c'est pourtant grâce à son génie que le savoir est aujourd'hui accessible à tous.

Vesoul

jeudi 20 janvier

lever : 8 h 35
coucher : 17 h 28

St Sébastien

Devinette

Où peut-on trouver des lynx vivant en liberté en France ?

Dans les Vosges, les Alpes et le Jura. À la fin de l'année 2004, la population française de lynx était estimée entre cent trente-cinq et cent quatre-vingts animaux.

Savoir-faire
Tailleur de tuffeau
Centre

Exploité dès l'époque gallo-romaine en Anjou et en Touraine, le tuffeau est une pierre calcaire blanche et tendre, que l'on retrouve dans bon nombre de constructions et de monuments de la région, comme les châteaux de la Loire ; elle est particulièrement utilisée dans les chantiers de restauration.

La rubrique du 13 h

BRANTÔME
Aquitaine

Au cœur du Périgord vert, Brantôme enchante ses visiteurs épris d'histoire et de promenades romantiques. Son centre-ville est une île formée par la Dronne : la ville est d'ailleurs surnommée la « Venise du Périgord » à cause du coude que forme le cours d'eau autour d'elle. Après avoir admiré les différents châteaux ou édifices religieux, dont la magnifique abbaye Saint-Pierre, classée monument historique et qui abrite aujourd'hui la mairie, pourquoi ne pas déguster un poisson de rivière ou un plat du terroir dans l'un de ces anciens bistrots de pêcheurs qui font le charme de Brantôme ?

À table !
Les escargots de Bourgogne
Bourgogne

Les escargots sont consommés depuis la préhistoire. C'est en Bourgogne qu'est née la recette utilisée le plus couramment pour les accommoder : après avoir été ébouillanté, l'escargot est replacé dans sa coquille, recouvert d'un beurre aillé et persillé, et passé au four.

Quiz des villes & villages de France

Capitale de la dentelle, de l'accordéon et des armes, cette ville du bas Limousin est située dans une vallée très encaissée de la Corrèze.

– – – – –

Ils ont marqué leur région…
Zinédine Zidane
Provence-Alpes-Côte d'Azur

Qui a été sélectionné à cent huit reprises avec l'équipe de France, élu trois fois meilleur joueur mondial de l'année, et a reçu le Ballon d'or 98 ? Impossible de se tromper, il a brillé avec le numéro 10 des Bleus, notamment lors de la Coupe du monde 1998 et de l'Euro 2000. Il s'agit de Zinédine Zidane, bien sûr, le « Zizou » national, originaire de Marseille. Malgré une fin de carrière un peu houleuse suite à un malheureux coup de tête, il reste l'un des meilleurs joueurs de foot de tous les temps et, surtout, l'un des sportifs préférés des Français.

Tulle

vendredi 21 janvier

lever : 8 h 34
coucher : 17 h 30

Ste Agnès

À table !
La teurgoule
Basse-Normandie

Mélanger 100 g de riz rond, 80 g de sucre, 2 pincées de cannelle et 2 pincées de sel. Ajouter 1 l de lait entier. Verser la préparation dans un plat creux allant au four puis enfourner à 120 °C pour 3 h au minimum.
La teurgoule est prête lorsqu'une croûte brune se forme et que le riz a absorbé tout le lait.

Devinette

Quelle zone géographique traversée par la Loire a été inscrite au patrimoine mondial de l'Unesco ?

Le Val de Loire – la partie de la vallée de la Loire située entre Sully-sur-Loire et Chalonnes-sur-Loire –qui est inscrit depuis 2000 pour la présence de ses nombreux châteaux.

La rubrique du 13 h

LE PARC À LOUPS DU GÉVAUDAN
Languedoc-Roussillon

En Lozère, sur les terres légendaires où aurait sévi la bête du Gévaudan, le parc à loups accueille les visiteurs avides de tout savoir sur cet animal mystérieux. Créé en 1985 par Gérard Ménatory, un amoureux des loups, le parc combat les idées reçues : loin d'être la bête féroce qui est montrée dans les contes pour enfants, le loup est un animal craintif, qui ne s'attaque pas à l'homme. Le parc compte cinq sous-espèces – des loups de Mongolie, de Sibérie, de Pologne, du Canada et d'Arctique –, qui évoluent dans près de vingt hectares, une partie de cet espace étant ouvert aux visiteurs.

Un jour en
Île-de-France
21 janvier 1793

Un certain Louis Capet est condamné pour haute trahison par la Convention, lequel n'est autre que... Louis XVI. Le 21 janvier 1793, le roi déchu est mené place de la Révolution, aujourd'hui place de la Concorde, et guillotiné devant une foule de Français.

Savoir-faire
Coutelier à Thiers
Auvergne

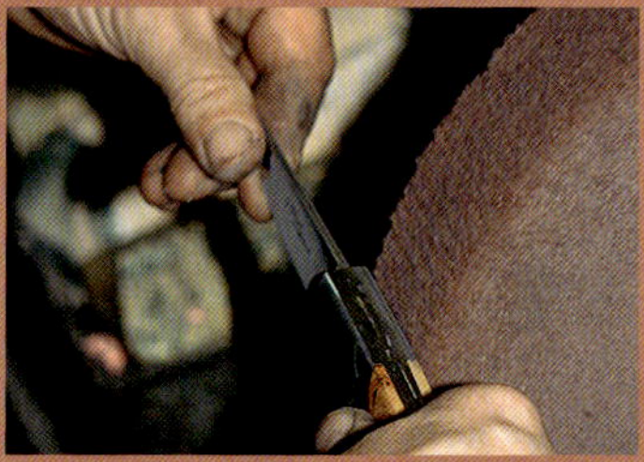

C'est dans le bassin thiernois, dans le Puy-de-Dôme, qu'on rencontre le plus grand nombre d'artisans couteliers. Qu'il s'agisse de pièces uniques comme des épées ou des sabres, de couteaux de poche ou d'objets destinés à la table, chaque lame naît de leur savoir-faire, entre l'enclume et le marteau.

Ils ont marqué leur région...
Morvan Marchal
Bretagne

Le Gwenn ha du – nom du drapeau breton – a connu bien des visages avant de revêtir celui imaginé par Morvan Marchal en 1923. Son dessin sobre et efficace, tout en noir et blanc, est une synthèse d'inspirations multiples : armoiries de la ville de Rennes, mouchetures d'hermine symboliques de la région, structure empruntée à celle du drapeau américain... Tout pour symboliser la fierté et l'attachement d'un peuple à sa région. Pourtant, il a fallu du temps aux Bretons pour pourvoir hisser librement leur emblème, prohibé par les autorités jusque dans les années 1960.

La colline des Deux Amants

« On mit les deux enfants dans le même cercueil de marbre, et on les enfouit sur le mont, qui s'appela depuis le mont des Deux Amants. »
Marie de France

A l'endroit où l'Andelle et la Seine se joignent pour ne plus se quitter, naît une colline, sur le flanc de laquelle vivait, dans un vaste château dont les ruines ont depuis longtemps disparu, le roi de Pîtres. Veuf et tyrannique, il gardait jalousement sa fille unique à l'écart des prétendants. Quand vint l'heure de la marier, il lança un déloyal et terrible défi : celui qui désirait obtenir la main de la douce captive devrait gravir la rude colline jusqu'à son sommet… en portant la belle sur son dos. Celle-ci s'étant à l'insu de son père éprise d'un jeune seigneur téméraire, et qui l'aimait en retour, jeûna, dit-on, plusieurs jours avant l'épreuve qu'elle savait fatale. Selon la naïve version de Marie de France, la poétesse du Moyen Âge, la princesse partit quérir à Salerne, en Italie, chez une tante ayant étudié la médecine et la magie, une potion qui donnerait à son amant la force nécessaire pour vaincre le périlleux coteau.

Le matin du jour de la joute arriva, mais si tous les environs accoururent pour assister à l'événement, un seul prétendant osa se présenter devant le roi malin. La princesse sur son dos, fougueux et le cœur gonflé de la confiance que lui donnaient l'amour et l'espoir, il s'élança sans fléchir vers le ciel, suivant le chemin crayeux. Le sentant s'essouffler, la jeune fille tenta de lui faire boire la potion, mais le fier seigneur refusa. Alors qu'il atteignait, par son seul courage, le sommet de la côte, il s'effondra, heureux mais accablé de fatigue. Son amante, pour ranimer ses lèvres déjà pâles, y porta la fiole, en vain. Celle-ci se renversa, alors que la princesse s'écroulait, morte de chagrin. Ne voyant rien bouger au sommet de la colline, le roi et les habitants accoururent et trouvèrent les deux amants enlacés, liés pour l'éternité. Empli de remords et de tristesse, le roi fit construire un tombeau, qui devint par la suite un monastère, le prieuré des Deux Amants. Selon la croyance, la potion répandue sur le coteau est à l'origine de la végétation particulière de la colline, que viennent fleurir les orchidées et les violettes de Rouen.

Bourgogne en fête

La Saint-Vincent

La Saint-Vincent – célébrée en hommage au patron des vignerons, mort après avoir été torturé sur une roue de pressoir – est une tradition viticole médiévale, née en Bourgogne. Les festivités, changeant de village chaque année, rassemblent des dizaines de milliers de Bourguignons, pour fêter l'entrée dans la saison de la taille de la vigne. Les confréries organisent cérémonies, défilés et banquets, lors desquels le martyr est représenté en aube, tenant des objets viticoles à la main.

lundi 24 janvier

lever : 8 h 31
coucher : 17 h 34

St François de Sales

Devinette

Quelle ville des Ardennes symbolise à elle seule la fin du second Empire ?

Sedan. Napoléon III y capitule face aux troupes allemandes, le 2 septembre 1870. Cette région est souvent traversée par les troupes ennemies au cours de l'histoire, en raison de la faible largeur de la Meuse et de sa vallée encaissée.

À table !

Le vin jaune

Franche-Comté

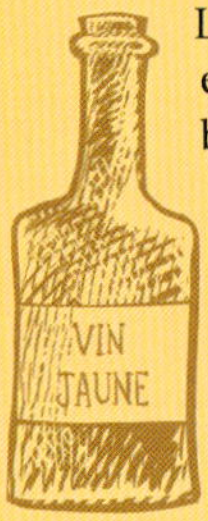

Le vin jaune du Jura est reconnaissable à sa bouteille de soixante-deux centilitres, qui laisse éclater sa robe dorée. Privé de tout contact avec l'air pendant au moins six ans, ce nectar est célébré lors de la Percée du vin jaune, une grande fête qui a lieu chaque premier week-end de février.

La rubrique du 13 h

COLLONGES-LA-ROUGE

Limousin

À l'endroit où se rencontrent le Limousin, le Quercy et le Périgord surgit le magnifique village de Collonges-la-Rouge, dans le département de la Corrèze. Ce bourg médiéval doit son nom à la pierre utilisée pour toutes les constructions du village : le grès rouge prélevé dans le massif voisin de l'Habitarelle. Ce mélange d'argile rouge et de calcaire est présent sur tous les édifices, des toits de lauze aux façades. Autrefois très prospère, Collonges-la-Rouge a gardé des traces de sa gloire passée dans son église et dans ses nombreux manoirs, castels et autres belles demeures.

Quiz des villes & villages de France

Située à quelques kilomètres du Grand Ballon, point culminant du massif vosgien, cette ville possède la plus importante collection du grand céramiste du XIXe siècle, Théodore Deck.

Savoir-faire

Sculpteur d'ivoire à Dieppe

Haute-Normandie

Au XVIIe siècle, Dieppe a vu arriver des cargaisons d'ivoire d'Asie et d'Afrique. De nombreux sculpteurs sont alors venus s'installer dans le port normand, comme en témoignent les collections du château-musée où sont exposés bateaux et autres figurines. Aujourd'hui, il ne reste qu'un seul ivoirier à Dieppe.

Ils ont marqué leur région…

Gaston III de Foix, dit « Phébus »

Midi-Pyrénées

Le surnom de « Lion des Pyrénées » allait comme un gant à ce souverain de la fin du XIVe siècle, pour sa chevelure blonde et sa passion de la chasse, mais aussi pour sa personnalité qui ne manquait pas d'éclat. Comte de Foix et vicomte de Béarn, il était attaché à son territoire comme à la prunelle de ses yeux : « Je ne tiens mon pays de Béarn que de Dieu et de mon épée ! », aurait-il déclaré. Voulant en faire un « pays ceint de tours se dressant haut dans le ciel », il a restauré et bâti de nombreuses forteresses, apportant notamment de grandes transformations au château de Pau.

Guebwiller

mardi 25 janvier

lever : 8 h 30
coucher : 17 h 36

Conversion de St Paul

Savoir-faire
Canneur-rempailleur
Aquitaine

C'est en Aquitaine qu'on trouve le premier site producteur de chaises paillées. Le canneur-rempailleur est un spécialiste du mobilier : il garnit et habille des fauteuils. Pour cela, il utilise des techniques traditionnelles, maniant des brins de rotin, de paille, de jonc ou de raphia.

Un jour en *Poitou-Charentes*
25 janvier 1974

Ce jour-là, s'ouvre le premier Festival international de la bande dessinée d'Angoulême. Pour sa première édition, le festival récompense l'œuvre et la carrière d'André Franquin en lui décernant le grand prix de la ville d'Angoulême.

La rubrique du 13 h

PHARMACIE DE L'HÔPITAL SAINT-JOSEPH DE BAUGÉ
Pays de la Loire

L'hôpital Saint-Joseph de Baugé, dans le Maine-et-Loire, a été fondé en 1643, et sa pharmacie est l'une des plus anciennes et des plus complètes de France. Créée en 1675 et classée monument historique en 1916, la pharmacie est restée en l'état. Les boiseries, admirablement conservées, abritent une collection de plus de six cents récipients différents : piluliers, pots de faïence et bouteilles de verre datent tous des XVIIe et XVIIIe siècles. Les noms savants utilisés autrefois figurent toujours sur les flacons, ne révélant rien de l'alchimie mystérieuse qui régissait la pharmacopée de l'époque.

Devinette

Quel département français n'a pas été nommé selon un critère géographique *stricto sensu*?

La Côte-d'Or. Le nom, choisi par Charles-André-Rémy Arnoult, s'inspire de la teinte dorée que prennent les vignes de la côte beaunoise à l'automne.

À table !
Pâté lorrain
Lorraine

Pour 4 personnes

La veille, découper en dés 250 g de noix de veau et 250 g d'échine de porc. Ajouter 2 échalotes et 2 gousses d'ail finement hachées. Mélanger avec 10 cl de vin blanc, 1 bouquet de persil plat, 1 brin d'estragon et 1 branche de thym. Saler, poivrer et laisser mariner 12 h au frais.

Le jour même, égoutter la farce. Étaler 1 pâte feuilletée et disposer la farce au centre, en boudin. Rabattre la pâte et retourner le pâté pour que la pliure soit dessous. Dorer la pâte avec 1 jaune d'œuf, la quadriller avec la pointe d'un couteau et ménager une cheminée pour que la vapeur s'échappe. Réfrigérer 30 min et cuire le pâté 45 min à 200 °C, puis 15 min à 175 °C.

Ils ont marqué leur région...
Charles Baudelaire
Île-de-France

Nul n'est prophète en son pays... *Les Fleurs du Mal* sont aujourd'hui considérées comme un monument de la poésie française, mais en 1857 elles conduisent leur auteur devant les tribunaux parisiens. Pour ses vers célébrant les plaisirs charnels et la beauté funèbre, Baudelaire est condamné pour « offense à la morale publique et aux bonnes mœurs, et [...] à la morale religieuse ». Le défilé de mendiantes rousses, d'ivrognes et d'esprits malins fait alors scandale dans le Tout-Paris et occulte la beauté et la modernité des vers de cet immense poète, qui ne sera réhabilité qu'en 1949.

mercredi 26 janvier

lever : 8 h 28
coucher : 17 h 37

Ste Angèle

À table !

Le macaron d'Amiens

Picardie

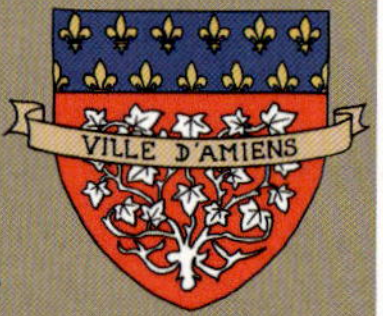

Le macaron d'Amiens est une spécialité picarde depuis le XVIe siècle, époque où il fut introduit en France par Catherine de Médicis. En forme de palet, ce biscuit au goût d'amande doit son cœur moelleux, presque coulant, à la présence de miel parmi ses ingrédients.

CITATION

Languedoc-Roussillon

« Je dois à mon port natal les sensations premières de mon esprit, l'amour de la mer latine et des civilisations incomparables qui se fondèrent sur ses bords. Il me semble que toute mon œuvre se ressent de mon origine. »

Paul Valéry, Lettre au maire de Sète, 1925

La rubrique du 13 h

VISITE D'UNE MOUTARDERIE À BEAUNE

Bourgogne

Moins connue que la moutarde de Dijon, la moutarde de Beaune est pourtant l'une des dernières élaborées artisanalement. Ne passez pas à côté d'une visite pleine de piquant de la Moutarderie Fallot. Vous y découvrirez les secrets de fabrication du célèbre condiment et observerez les techniques d'autrefois, encore mises en pratique aujourd'hui : les graines de moutarde sont broyées doucement à la meule de pierre pour éviter que la pâte ne chauffe. Vous pourrez même confectionner votre propre moutarde et la goûter ensuite, et vous ressortirez enchanté de cette visite ludique, sensorielle et culturelle.

Savoir-faire

Créateur de géants

Nord-Pas-de-Calais

Gardien de la cité, le géant est de toutes les fêtes du Nord-Pas-de-Calais. Pour créer un géant, l'artisan fait d'abord des recherches et des croquis. Il réalise ensuite un moule en terre glaise pour la tête qu'il peint et fabrique le corps en osier. Il ne reste alors plus qu'à le porter et à s'amuser !

Devinette

Quelle ville française, en partie détruite par les bombardements lors de la Seconde Guerre mondiale, a été reconstruite par l'architecte Auguste Perret ?

Le Havre. Elle a été inscrite en 2005 au patrimoine mondial de l'Unesco.

Ils ont marqué leur région...

Alizée

Corse

En l'an 2000, le public français fait la connaissance d'une jeune chanteuse – découverte par Mylène Farmer – qui, avec « Lolita », détient un véritable tube. Alizée Jacotey, qui a fait ses débuts sur scène dans l'émission « Graine de star », n'a alors que 16 ans et vient d'Ajaccio. Son côté Lolita, comme le titre de sa chanson l'indique, séduit ou agace, ce qui n'empêche pas son album de se vendre à plus d'un million d'exemplaires. Un temps disparue des médias, la jeune Corse n'a pas pour autant dit son dernier mot et vient de sortir un nouvel album.

jeudi 27 janvier

St Thomas d'Aquin

lever : 8 h 27
coucher : 17 h 39

Savoir-faire
Tisseur de kelsch
Alsace

Le kelsch est un textile alsacien, tissé de fils de lin, aux figures géométriques – traditionnellement des rayures et des carreaux – écrues, bleues et rouges. Autrefois pratiqué par les paysans pendant l'hiver, le tissage de kelsch est toujours exécuté à l'ancienne, ranimant le folklore alsacien.

Devinette

Quelle ville surnomme-t-on la « Capitale du mouchoir » ?

Cholet. C'est une allusion à sa tradition textile et au mouchoir rouge et blanc qui y fit son apparition, le blanc symbolisant le passé royaliste de la région, et le rouge le sang versé lors des guerres de Vendée.

Quiz des villes & villages de France

L'urbanisme de cette commune résidentielle de l'Ouest parisien, construite au XIXe siècle au cœur d'un méandre de la Seine, rappelle les cités-jardins à l'anglaise.

?

__ _______

La rubrique du 13 h

HÔTEL DE VILLE DE LA ROCHELLE
Poitou-Charentes

À La Rochelle, le quartier de l'hôtel de ville est animé : c'est ici que bat le cœur de la ville charentaise. Ses rues pavées invitent à la flânerie, tandis que l'hôtel de ville, entouré d'une enceinte fortifiée gothique du XVe siècle, flanquée de tours à créneaux, semble vouloir se défendre contre d'éventuels assaillants. Sur la place, la statue de Jean Guiton – armateur devenu maire – rappelle le passé résistant de La Rochelle : la ville s'opposa aux troupes de Louis XIII dans un siège qui dura plus d'un an. Fort de cet héritage, l'hôtel de ville est le monument le plus visité de La Rochelle.

À table !
Gratin savoyard
Rhône-Alpes

Pour 4 personnes
Faire cuire 400 g de crozets comme indiqué sur le paquet. Couper 4 diots (petites saucisses savoyardes) en rondelles et les faire revenir 5 min à la poêle. Gratter la croûte d'un reblochon et le couper en tranches. Égoutter les crozets, les mélanger aux rondelles de diots, ajouter 10 cl de crème épaisse et poivrer. Verser le mélange dans un plat à gratin beurré, recouvrir le dessus avec le reblochon et enfourner à 200 °C, le temps que le fromage fonde et commence à griller.

Ils ont marqué leur région…
François Clouet
Centre

Portraitiste royal de père en fils, François Clouet peint, dessine et grave les effigies des grands du temps de François Ier, Henri II, puis Charles IX. De la fin des années 1530 à sa mort en 1572, le talent du Tourangeau fait l'unanimité, et la cour se l'arrache, Catherine de Médicis étant sa plus grande admiratrice. Son style influence d'ailleurs les autres artistes et se diffuse au sein de son propre atelier. Si l'on connaît mal les détails de sa vie, son œuvre, elle, est si connue et imitée que ce qu'on appelle la « formule Clouet » domine le genre du portrait de cour durant des décennies.

Le Vésinet

vendredi 28 janvier

lever : 8 h 26
coucher : 17 h 41

St Thomas d'Aquin

Un jour en Île-de-France
28 janvier 1910

Si c'est le 28 janvier que la Seine atteint son niveau le plus haut, la crue de 1910 a en réalité duré deux mois, privant les Parisiens d'eau potable, d'électricité, de gaz, de transports et faisant de nombreux dégâts qui mirent des mois à être réparés.

À table !
Le champagne
Champagne-Ardenne

Depuis l'Antiquité, le vin de Champagne n'a cessé d'évoluer. Au XVIIe siècle, il était rapidement mis en bouteilles, vieillissant mal en fûts ; c'est ainsi qu'apparurent les bulles. De toutes les fêtes, le champagne est sans doute le vin français le plus connu dans le monde.

La rubrique du 13 h
LE PALAIS DES PAPES D'AVIGNON
Provence-Alpes-Côte d'Azur

« En entrant à Avignon, on se croit dans une ville d'Italie », écrivait Stendhal. Et pour cause ! C'est à Avignon que le pape Clément V décide, en 1309, d'installer le siège de la papauté, afin de s'écarter des querelles romaines. Ce choix fut approuvé par ses successeurs, qui achevèrent de bâtir la ville pour en faire la capitale de la chrétienté occidentale et un foyer artistique majeur. Clément VI donna à Avignon le colossal palais des Papes, où il entretint une cour brillante et raffinée. C'est dans la cour de ce chef-d'œuvre d'architecture gothique qu'est né, en 1947, le festival d'Avignon.

Quiz des villes & villages de France

Connue dans le monde entier pour son ostréiculture, cette station balnéaire girondine, construite autour d'un bassin du même nom, fait face à la dune du Pilat.

_ _ _ _ _ _ _ _

Savoir-faire
La faïence de Quimper
Bretagne

La faïence de Quimper se développa au XVIIIe siècle, avec notamment le motif dit du « petit Breton », qui montre des personnages en habit folklorique. La faïence de Quimper est aussi reconnaissable par les couleurs qu'elle utilise : blanc légèrement bleuté, bleu cobalt ou encore violet de manganèse.

Ils ont marqué leur région...
Michel Virlogeux
Basse-Normandie

Ceux qui veulent prendre le chemin le plus court pour aller de la Haute à la Basse-Normandie peuvent dire merci à Michel Virlogeux, ingénieur à l'origine de la conception du pont qui enjambe l'estuaire de la Seine pour relier Le Havre à Honfleur. Long de deux mille cent quarante et un mètres, l'ouvrage aura nécessité vingt-trois années au total pour sa conception et sa réalisation, avant son inauguration en 1995. Depuis cette date, le pont de Normandie contribue au développement touristique et économique de la région, tout en respectant son environnement écologique.

Arcachon

Grand-mère Kalle

Le cri d'oiseau de la terrible sorcière de Mahavel

« Doux Jésus, c'est Grand-Mère Kalle ! »

Dans la cour des écoles de métropole, les enfants jouent à fuir le loup. Sur l'île de La Réunion, les enfants jouent à fuir Grand-Mère Kalle. En métropole, quand un enfant entend un cri effrayant dans la nuit, il craint que ce ne soit le loup qui approche. Mais, à La Réunion, si un cri déchire la nuit, les enfants craignent que ce ne soit Grand-Mère Kalle. Et cette grand-mère-là, croyez-moi, elle ne vient pas apporter des biscuits à la cannelle et de la confiture de mangue. On dit en effet sur l'île que son ricanement, sinistre, ressemble au cri du fouquet ou de la papangue et annonce la mort. Point de balai, de chaudron et de potion pour cette vieille femme. La sorcière ne vit pas non plus recluse dans une forêt, mais viendrait du sud de l'île, du quartier de Mahavel. Est-elle une ancienne esclave à la beauté envoûtante mais maudite, une maîtresse exécrable et redoutée ou une propriétaire qui cachait des condamnés et attirait les voyageurs pour les dépouiller ? Nul ne semble le savoir. Ce qui est sûr, c'est qu'un jour elle disparut. Fut-elle pendue ? Se suicida-t-elle ? Personne ne le sait. Ce qui est sûr, c'est qu'elle n'eut pas de sépulture.

Ce qui est également certain, c'est que, dès lors qu'on ne l'a plus revue vivante, les voyageurs commencèrent à rapporter d'étranges phénomènes : quand ils s'étaient laissé surprendre par la nuit, dans l'Ouest, ils entendaient comme une voix, ou alors ils apercevaient des lumières dans la montagne, sentaient d'étranges frôlements dans la pénombre… Certains affirmaient même avoir vu, au détour du chemin, une affreuse vieille femme noire lui ressemblant tout à fait, qui cherchait à les effrayer. En somme, qu'elle apparaisse sous les traits d'une vieille sorcière portant un large chapeau, ou sous la forme d'un grand oiseau noir, on l'accusait de tous les maux, et chaque mystère s'expliquait par cette phrase : « Doux Jésus, c'était Grand-Mère Kalle ! » Pourtant, un jour, quelqu'un, qui avait dû les chercher longtemps et fort minutieusement, affirma avoir retrouvé ses ossements, et l'on offrit enfin, craintif mais soulagé, un enterrement chrétien aux restes de l'aïeule. Il n'est pas rare, depuis, d'entendre que l'île, comme l'esprit de celle qui hante La Réunion depuis des générations, a retrouvé la paix. Pourtant, dès la nuit tombée, nombreux sont encore ceux qui tremblent en se disant : « Pourvu que Grand-Mère Kalle ne vienne pas me chercher cette nuit ! » Tous ces gens, enfants comme parents, tremblent-ils vraiment sans raison ?

Rhône-Alpes en fête

La fête des Conscrits de Villefranche-sur-Saône

Cette fête, extrêmement codifiée, remonte au milieu du XIXe siècle : lors du tirage au sort annuel des conscrits, qui intégraient l'armée pour servir le pays, deux jeunes gens de Villefranche se présentèrent en habit et haut-de-forme. Depuis, chaque dernier dimanche de janvier, la ville célèbre la solidarité et la camaraderie, lors des défilés de « vagues », chacune rassemblant des hommes d'une même classe d'âge, arborant un ruban d'une couleur spécifique sur leur chapeau.

lundi 31 janvier

lever : 8 h 22
coucher : 17 h 45

Ste Marcelle

À table !

Brandade nîmoise

Languedoc-Roussillon

Pour 4 personnes

Faire dessaler 1 kg de morue salée dans un grand saladier d'eau pendant 24 h, en changeant souvent l'eau.

Faire cuire dans de l'eau chaude la morue, nettoyée et débarrassée de sa peau et de ses arêtes, l'égoutter et l'émietter. Hacher 2 gousses d'ail et quelques brins de persil ; mélanger à la morue. Ajouter 25 cl de lait chaud et 35 cl d'huile d'olive également chauffée. Bien mélanger avec une spatule. Ajouter 3 pommes de terre réduites en purée et 20 cl de crème fraîche. Mettre la préparation dans un plat à gratin et enfourner 15 min à 180 °C.

Mise en lumière colorisée du portail

La rubrique du 13 h

NOTRE-DAME D'AMIENS

Picardie

Notre-Dame d'Amiens fut édifiée au XIIIe siècle, à la place d'une cathédrale romane détruite par un incendie. Chef-d'œuvre de l'époque gothique, il s'agit de la plus vaste cathédrale française : son volume fait deux fois celui de son homonyme parisienne. La Dame d'Amiens domine la capitale picarde. Épargnée par les guerres, elle a traversé les siècles pour arriver jusqu'à nous relativement intacte ; sa façade extérieure, comprenant de nombreuses statues, est d'ailleurs remarquablement sculptée. Pour Auguste Rodin, elle était « l'empire absolu de l'élégance suprême ».

Un jour en *Île-de-France*

31 janvier 1977

L'architecture novatrice du Centre Pompidou inauguré à Paris le 31 janvier 1977 déclenche de vives polémiques, et le Centre bouleverse l'image de la culture. Il réunit en effet à la fois musée d'art contemporain, collection permanente et expositions temporaires, bibliothèque et salles de cinéma.

Quiz des villes & villages de France

Ce bourg, labellisé « Ville et Métiers d'Arts », est connu dans le monde entier pour son artisanat : le développement de la cristallerie au XIXe siècle a permis l'essor de cette commune de Lorraine.

_ _ _ _ _ _ _ _

Savoir-faire

Fabricant de pipes de bruyère

Franche-Comté

Si choisir une pipe est tout un art, la fabriquer aussi ! Ainsi, à Saint-Claude, en Franche-Comté, on perpétue la tradition des pipes faites à la main. On utilise pour cela des racines de bruyère arborescente au bois lourd et très serré, qui sèchent plusieurs mois avant d'être travaillées.

Ils ont marqué leur région...

Sainte Thérèse de Lisieux

Basse-Normandie

La foi pousse la jeune fille à écrire au pape en personne pour recevoir l'autorisation d'entrer au couvent à l'âge de 15 ans. C'est ainsi que, en 1888, elle entre au carmel de Lisieux, où son amour pour Dieu ne cesse de grandir et où elle commence l'écriture de ses souvenirs d'enfance. Mais la maladie emporte Thérèse en 1897 et, un an plus tard ses Mémoires sont publiées. Les pèlerins commencent à affluer sur sa tombe, où ont lieu des guérisons miraculeuses. Mythe ou réalité, libre à chacun de forger son opinion, mais Thérèse est béatifiée par Pie XI, puis canonisée en 1925 et devient sainte Thérèse de Lisieux.

Baccarat

mardi 1er février

lever : 8 h 21
coucher : 17 h 47

Ste Ella

Un jour en Rhône-Alpes
1er février 1954

L'abbé Pierre restera célèbre pour l'appel qu'il lança le 1er février 1954. Au milieu de cet hiver rigoureux, l'ancien résistant né à Lyon attira l'attention de l'opinion publique sur les sans-abri décimés par le froid. Il fonda ensuite l'association Emmaüs, destinée à venir en aide aux plus démunis.

À table !
Faire chabrol
Limousin

Dans la campagne limousine, après la soupe préparée avec du pain, du lard et des légumes, la coutume est de faire chabrol. Cette pratique ancestrale consiste à verser un verre de vin rouge dans le fond de l'assiette, juste avant de terminer son potage et de boire l'ensemble à même l'assiette.

Savoir-faire
Graveur héraldiste
Île-de-France

Apparue au Moyen Âge pour différencier les armées, l'héraldique raconte une histoire ou encore les origines des grandes familles. Ils ne sont qu'une poignée en France à restituer ces symboles avec précision, en gravant blasons et armoiries sur différents métaux et pierres.

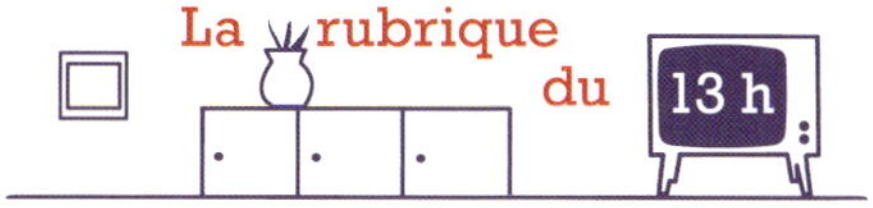

LA MAISON COLONIALE CRÉOLE
Dom-Tom

Si elle ne néglige pas l'esthétique, l'architecture coloniale est avant tout pratique. Quand les îles sont devenues prospères, les colons ont délaissé les cases occupées à leur arrivée pour des maisons plus confortables. Il leur a fallu prendre en compte le climat tropical et se protéger contre les pluies torrentielles, les cyclones et la chaleur. C'est pourquoi les maisons sont construites sur les hauteurs – le propriétaire surveillait ainsi autrefois ses champs de tabac ou de cannes à sucre – et exposées aux alizés. À l'abri des persiennes, rafraîchi par un léger courant d'air, qu'il est bon de faire la sieste !

Devinette

Quelle commune d'Eure-et-Loir a changé son nom pour rendre hommage à l'écrivain Marcel Proust ?

Illiers, rebaptisée « Illiers-Combray » en 1971. Dans son œuvre *À la recherche du temps perdu*, c'est sous le nom de Combray que Proust décrit la ville d'Illiers.

Ils ont marqué leur région...
Louis Cartier-Millon
Rhône-Alpes

C'est à l'occasion d'un concours que le dessinateur Synave conçoit le damier bleu qui orne les boîtes d'une célèbre marque de pâtes depuis les années 1910. Dans la foulée, le nom de Lustucru est choisi, et on imagine l'inénarrable Père Lustucru pour incarner la marque créée un siècle plus tôt. Quand Louis Cartier-Millon a ouvert sa petite usine grenobloise en 1871, il est fort à parier qu'il ne se doutait pas que, au XXIe siècle, ses coquillettes, tagliatelles et spaghettis garniraient les rayons de tous les supermarchés de France et d'ailleurs.

mercredi 2 février

lever : 8 h 20
coucher : 17 h 49

Chandeleur

À table !

Sangria au cognac

Poitou-Charentes

Pour 10 verres
Mélanger :
75 cl de vin rouge
6 cl de cognac
6 cl de curaçao
6 morceaux de sucre
1 bâton de cannelle
1 pomme en morceaux
10 rondelles de citron vert
10 rondelles d'orange.
Au moment de servir, ajouter 25 cl d'eau gazeuse et des glaçons.

La rubrique du 13 h

LES FALAISES D'ÉTRETAT

Haute-Normandie

Guy de Maupassant comparait l'une des arches des falaises d'Étretat à la trompe d'un éléphant plongée dans l'eau. L'écrivain normand n'était pas le seul à apprécier l'endroit : au XIXe siècle, cet ancien village de pêcheurs a reçu le Tout-Paris. Peintres et écrivains longeaient la plage de galets gris et admiraient la beauté brutale des murs de craie tombant dans la mer. De nos jours, le décor n'a presque pas changé malgré l'érosion marine, toujours à l'œuvre. Mais n'est-ce pas elle qui a formé la fameuse aiguille dont certains tentent encore de percer le mystère ?

Savoir-faire

Potier à Saint-Amand-en-Puisaye

Bourgogne

La poterie est exercée depuis toujours par les Poyaudins, les habitants de la Puisaye. Dès le Moyen Âge, les potiers de Saint-Amand-en-Puisaye profitent de l'argile abondante dans le sol de cette partie de la Bourgogne pour asseoir leur renommée. Un centre de formation y est aujourd'hui implanté.

La *France* en fête

La Chandeleur

Riche en signification, la fête des Chandelles symbolisait, chez les Latins, le retour à la lumière et évoque, pour les chrétiens, la présentation de Jésus au Temple. Date du début de la saison carnavalesque, elle marque aussi l'entrée dans la période des semailles d'hiver. C'est pourquoi les paysans, le jour de la Chandeleur, utilisaient traditionnellement la farine excédentaire pour faire des crêpes. On dit que faire sauter les crêpes avec une pièce d'or dans la main gauche est un gage de prospérité pour l'année.

Quiz des villes & villages de France

Ce port du Finistère, construit autour d'un prieuré de l'abbaye de Landévennec, fondée par saint Guénolé au VIe siècle, a pour nom breton Konk-Kerne, « baie de Cornouaille », et reste le premier port de pêche thonier français.

_ _ _ _ _ _ _ _ _ _

Ils ont marqué leur région...

Jean Charles Pellerin

Lorraine

À notre époque, quand on parle d'« image d'Épinal », on désigne une vision naïve et caricaturale des choses. À la fin du XVIIIe siècle, il s'agissait plutôt d'une estampe créée dans la ville d'Épinal par l'imprimeur Jean Charles Pellerin. Le Lorrain produit alors jeux de cartes et images représentant scènes de genre ou événements historiques. De père en fils, la fabrique prospère jusqu'à diffuser ses images dans le monde entier. Au début du XXIe siècle, le style peut paraître vieillot – d'où l'expression –, mais il continue à séduire, puisque la fabrique est toujours en activité.

Concarneau

jeudi 3 février

lever : 8 h 18
coucher : 17 h 50

St Blaise

Savoir-faire

Sabotier à Bethmale

Midi-Pyrénées

De nos jours, le métier de sabotier a pratiquement disparu, mais quelques artisans répondent encore aux demandes des amoureux : selon la tradition en Midi-Pyrénées, le soir de Noël, le fiancé offre à sa promise une paire de sabots à longues pointes, et plus la pointe est longue, plus l'amour est ardent.

Devinette

Quelle célèbre ordonnance, signée en Picardie, marque les prémices de l'état civil en France ?

L'ordonnance de Villers-Cotterêts. Signée en août 1539 par François Iᵉʳ, elle ordonne aux curés de tenir un registre des baptêmes et des décès.

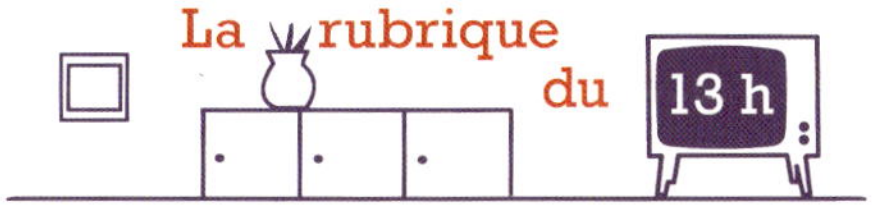

LA TOUR DU LEUGHENAER

Nord-Pas-de-Calais

Au début du xvᵉ siècle, la ville de Dunkerque, dans le Nord-Pas-de-Calais, était entourée de remparts jalonnés de vingt-huit tours ; une seule a été conservée : la tour du Leughenaer. Octogonale et haute de vingt-huit mètres, la tour sert de point de repère aux marins. Son nom signifie « tour du Menteur » en flamand : y avait-il de fausses alertes ? Les guetteurs mentaient-ils quand ils signalaient la côte aux ennemis ? Donnaient-ils des signaux pour faire naufrager leurs bateaux et les piller ? La tour appartient aujourd'hui à la municipalité, et c'est le monument le plus ancien de la ville.

À table !

Le fruit confit

Provence-Alpes-Côte d'Azur

La capitale mondiale du fruit confit se trouve en France, dans le Vaucluse, à Apt, où quinze mille tonnes de fruits ainsi préparés sortent chaque année des usines. Cette méthode de conservation du fruit apparaît au Moyen Âge, et dès le xivᵉ siècle la cité provençale fournit la cour des papes d'Avignon.

CITATION

Franche-Comté

« On ne saurait décrire Dole. On ne décrit pas le rêve : il vous emporte. »

Bernard Clavel

Ils ont marqué leur région...

Albert Londres

Auvergne

Les conditions des prisonniers exilés dans les colonies françaises, les méthodes inhumaines utilisées dans les asiles psychiatriques, la persécution des Juifs... Voilà quelques exemples de scandales dénoncés par Albert Londres, reporter, voyageur et défenseur des droits de l'homme. Le journaliste vichyssois a commencé sa carrière au début de la Première Guerre mondiale, durant laquelle il a réalisé plusieurs articles sur les combats et sur la vie au front. Les Français, passionnés par ses reportages, ont suivi jusqu'en 1932 ses voyages dans le monde entier et l'ont surnommé le « prince des reporters ».

vendredi 4 février

lever : 8 h 17
coucher : 17 h 52

Ste Véronique

À table !

Escalopes de foie de canard au miel

Aquitaine

Pour 4 personnes
Parer un foie gras de canard cru de 600 g et l'émincer en escalopes. Les saler et les poivrer, puis les faire cuire à sec 30 s par face. Réserver au chaud.
Déglacer la poêle avec 6 cl de vinaigre de framboise et ajouter 100 g de miel. Bien mélanger et faire réduire 5 min. Napper les escalopes de foie gras avec la sauce obtenue et servir aussitôt.

DICTON

Nord-Pas-de-Calais

Cercle à la lune,
matelot à la hune.

La rubrique du 13 h

LA MAISON BELLILOISE

Bretagne

Les îles ont toujours quelque chose de fascinant ; proche de la Bretagne et pourtant différente, Belle-Île-en-Mer, dans le département du Morbihan, se démarque notamment par son architecture. Ici, on ne trouve pas – ou très peu – les traditionnelles maisons de pierre bretonnes, mais des demeures aux formes identiques, le plus souvent colorées. La peinture souligne le contour de l'habitation, ses portes et ses fenêtres, et presque toutes les teintes sont autorisées. Même les maisons qui sont construites aujourd'hui obéissent à la tradition, offrant une unité architecturale à l'île.

Savoir-faire

Distillerie de rhum agricole

Martinique

Au XVIIIe siècle, certains villages martiniquais enclavés et éloignés des usines ont commencé à distiller eux-mêmes le jus de la canne, donnant naissance au rhum agricole. Cette technique artisanale toujours pratiquée transforme une tonne de canne à sucre en cent litres de rhum agricole à 55 °.

Quiz des villes & villages de France

Ancienne capitale du comté de la Marche, cette ville du centre de la France accueille depuis onze ans le plus grand labyrinthe végétal du monde (vingt-deux mille mètres carrés).

_ _ _ _ _ _

Ils ont marqué leur région…

Napoléon Bonaparte

Champagne-Ardenne

Entre 1779 et 1784, l'école militaire de la ville de Brienne-le-Château, dans l'Aube, accueille un élève qui connaîtra un destin hors du commun. Il s'agit de Napoléon Bonaparte, qui arrive dans cette école âgé de 10 ans seulement. Le jeune Corse se distingue déjà parmi les autres élèves : on raconte, entre autres anecdotes, que le futur empereur était le solitaire de l'école et que son accent lui valait le sobriquet de « La Paille-au-nez » de la part de ses camarades ! La ville a été tellement marquée par ce séjour qu'elle a pris, pendant un certain temps, le nom de « Brienne-Napoléon ».

Guéret

Le curé qui avait les traits tirés

« Que les morts seraient embarrassants s'ils revenaient ! »
François Mauriac, Le Désert de l'amour, *1925*

On dit qu'une fois, sur l'île de Beauté, une femme entendit sonner les cloches annonçant la première messe, se leva sans se poser plus de questions et se rendit à l'église. Elle entra, s'agenouilla, et attendit le curé. Il arriva enfin, les traits tirés, vit qu'il n'y avait personne pour servir la messe et s'en retourna dans la sacristie sans la dire. La même scène se reproduisit les deux jours suivants. Le troisième, la vieille paroissienne, dès qu'elle entendit les cloches, réveilla son petit-fils et l'enjoignit de l'accompagner. Ce dernier eut beaucoup de mal à se lever, et pour cause : il n'était pas 5 heures, heure traditionnelle de la première messe, mais aux environs de minuit ! Lorsque le curé demanda si quelqu'un pouvait servir la messe, le jeune garçon se porta volontaire à contrecœur et dit en frémissant à sa grand-mère :
« Mina, je ne veux pas m'en approcher, je vois bien que ce prêtre est mort !
- Que racontes-tu là mon enfant, répondit la vieille, il est sans doute fatigué, et peut-être un peu malade, d'où sa pâleur, mais c'est un bon curé, va vite l'aider ! »

Sept nuits durant, l'enfant et sa mère-grand se rendirent ainsi à l'église. Et, chaque fois, le garçon sentait son sang se glacer dans ses veines : Mina avait beau dire, il ne pouvait s'ôter de l'esprit que le curé était un revenant, et que c'est pour cette raison qu'il disait la messe à minuit et non à l'heure habituelle... Et en effet, le dernier des sept jours, lorsque l'office fut achevé, le curé expliqua : « Je ne vous remercierai jamais assez d'être venus assister à ces messes. Voyez-vous, j'avais touché 30 000 francs pour les dire, mais la mort m'a surpris avant que je puisse m'acquiter de ma tâche. Grâce à vous, me voici libéré du purgatoire où je me trouvais. L'argent est au jardin, sous la pierre de granite, à l'ombre du grand hêtre. » La vieille femme, qui n'était pas riche, en fut ravie. Le jeune garçon, quant à lui, fut bien rassuré de savoir que le curé était enfin au ciel, d'où l'on ne revient jamais !

Franche-Comté en fête

La Percée du vin jaune

Des festivités sont organisées chaque année dans de petits villages de Franche-Comté lors de la percée du tonneau de vin jaune, avant l'embouteillage. La spécialité jurassienne, produite à partir d'un cépage tardif spécifique, le savagnin, est mise en bouteilles trois ans et six mois après vieillissement. Dégustation, ventes aux enchères de vieux millésimes, concours de cuisine et cortège des Ambassadeurs des Vins Jaunes et des confréries sont au programme de ce week-end festif.

lundi 7 février

lever : 8 h 12
coucher : 17 h 57

Ste Eugénie

À table !

Tarte Tatin

Centre

La tarte Tatin est un classique de la pâtisserie française. Selon la légende, cette tarte renversée aurait été inventée par les sœurs Tatin, propriétaires de l'hôtel-restaurant Tatin : l'une d'elles, étourdie, aurait oublié de mettre la pâte et l'aurait rajoutée sur les pommes déjà caramélisées.

Quiz des villes & villages de France

Située sur les bords de l'Aude, cette ville fut victime en 1209 d'une croisade anti-cathare dirigée par Simon de Montfort. Restaurée au XIXe siècle par Viollet-le-Duc, elle est inscrite au patrimoine mondial de l'Unesco depuis 1997.

____

La rubrique du 13 h

L'ABBAYE DE CÎTEAUX

Bourgogne

L'abbaye de Cîteaux, établie sur la commune bourguignonne de Saint-Nicolas-lès-Cîteaux, est le berceau de l'ordre cistercien. Depuis sa fondation en 1098, elle fut plusieurs fois détruite puis reconstruite. Le plus ancien bâtiment qui subsiste est la bibliothèque du XVIe siècle, couverte d'une voûte d'ogives. Aux mains des profanes après la Révolution, Cîteaux est redevenu un monastère au XXe siècle. Les moines vivent toujours de leur travail – ils fabriquent notamment le fromage de Cîteaux – et ils accueillent les touristes férus d'histoire ou les visiteurs en quête de spiritualité.

Devinette

Quelle ville normande est célèbre pour sa recette de tripes ?

Caen. Les tripes à la mode de Caen sont une préparation culinaire normande réalisée avec les quatre estomacs (panse, feuillet, bonnet et caillette) et un pied de bœuf.

Savoir-faire

Berger

Corse

Dès le mois de juin, le berger entraîne ses bêtes dans la montagne ; il ne redescendra qu'en septembre. À peine installé dans la bergerie, il doit procéder à la traite : les seaux se remplissent alors d'un lait chaud, parfumé aux herbes aromatiques corses, qui feront de délicieux fromages.

Ils ont marqué leur région…

Clovis

Picardie

LE VASE DE SOISSONS

Des pillages. Un vase remarquable. Un roi qui exige que ce vase lui revienne de droit. Un soldat emporté qui brise le vase à l'aide de sa francisque et déclare que le roi n'aura que ce que le sort lui donnera. Ce même roi qui, sur le moment, garde le silence, mais qui, un an plus tard, abat sa propre francisque sur la tête du soldat en proférant : « Voilà ce que tu as fait au vase de Soissons ! » Légende ? Réalité ? Ce qui est certain, c'est que cette anecdote a permis à Clovis de rester dans nos mémoires comme l'un des rois les plus craints et les plus respectés de notre histoire.

Carcassonne

mardi 8 février

lever : 8 h 11
coucher : 17 h 59

Ste Jacqueline

Un jour en Rhône-Alpes
8 février 1992

C'est l'ouverture des jeux Olympiques d'hiver d'Albertville. Edgar Grospiron gagne la médaille d'or du ski de bosses, épreuve qui est disputée pour la première fois lors de ces jeux. Le sportif porte aujourd'hui la candidature d'Annecy pour les jeux Olympiques de 2018.

Savoir-faire
Peintre sur porcelaine
Limousin

Le peintre sur porcelaine n'est pas qu'un artisan, il est aussi un peu artiste – il prépare ses couleurs en mélangeant les pigments – et un peu alchimiste. Il n'a pas droit à l'erreur : son tracé, qu'il soit à main levée ou aidé d'un gabarit, doit être sûr, car il est définitif.

La rubrique du 13 h

LE RETABLE D'ISSENHEIM À COLMAR
Alsace

Joyau du musée d'Unterlinden à Colmar, le *Retable d'Issenheim*, achevé en 1515, est un polyptique monumental d'un maître de la peinture religieuse, l'Allemand Matthias Grünewald. Exposé dans la chapelle d'un ancien couvent de dominicaines, où est installé le musée, le *Retable* présente la grande scène de la Crucifixion dans son panneau central. Cette vision stupéfiante du Christ écartelé et flagellé ne devait pas manquer d'édifier les malades du XVIe siècle. En effet, c'est une communauté de religieux hospitaliers qui avait commandé l'œuvre pour Issenheim, lieu de culture, mais aussi hôpital.

À table !
Flan parisien
Île-de-France

Pour 8 personnes
Porter à ébullition 70 cl de lait avec 1 gousse de vanille fendue en deux. Garnir un moule beurré d'une pâte brisée, en la façonnant un peu pour épaissir les bords. Mélanger 70 g de sucre avec 30 g de farine. Incorporer 4 œufs, un par un. Fouetter jusqu'à obtenir une préparation bien lisse. Enlever la vanille du lait avant de le verser en mince filet sur la préparation. Verser le tout sur le fond de pâte et passer le bord à l'œuf battu. Faire cuire le flan 30 min et le laisser refroidir avant de démouler. Servir frais.

Devinette
Quelle race de vache trouve-t-on sur les plateaux de l'Aubrac, en Auvergne ?

L'Aubrac, tout simplement, une race au pelage fauve et aux cornes longues et relevées, à bout noir, les yeux cerclés de blanc et soulignés de noir.

Ils ont marqué leur région...
Auguste Rodin
Nord-Pas-de-Calais

L'histoire de la ville de Calais a inspiré Auguste Rodin pour une de ses œuvres les plus célèbres. Ce groupe sculpté de bronze, intitulé *Les Bourgeois de Calais*, a été réalisé entre 1884 et 1895. Voici l'histoire qu'il raconte : en 1346, en pleine guerre de Cent Ans, la ville est assiégée par Édouard III d'Angleterre. Août 1347 : après huit mois de siège, alors que les Calaisiens sont contraints de se rendre, six bourgeois proposent de se sacrifier pour épargner la population. À la demande de la reine, touchée par ce geste, Édouard III accepte d'épargner les héros.

mercredi 9 février

lever : 8h09
coucher : 18h

Ste Apolline

Un jour en Nord-Pas-de-Calais

9 février 2005

Alain Thébault bat le record de la traversée de la Manche en bateau avec son embarcation : l'hydroptère. Il relie Douvres à Calais en moins de trente-cinq minutes, réalisant ainsi le rêve d'Éric Tabarly, célèbre navigateur nantais qui avait imaginé ce voilier volant.

À table !

La mâche nantaise

Pays de la Loire

Apparue en France à la Renaissance, la mâche est depuis le XVIIe siècle une spécialité de la région nantaise – qui en est d'ailleurs le premier producteur européen. Riche en oméga 3, la mâche est cultivée sous de basses températures, ce qui en fait la salade de l'hiver par excellence.

La rubrique du 13 h

LES CASCADES DU HÉRISSON

Franche-Comté

Rivière du massif du Jura, le Hérisson est né de l'union de deux ruisseaux, ce qui a créé une série de cascades surprenantes ; en effet, le tracé de l'eau subit une dénivellation de près de trois cents mètres en l'espace de trois kilomètres. On compte trente et un sauts, dont sept cascades, les plus impressionnantes s'élevant aux alentours de soixante mètres. Impétueuses, les eaux du Hérisson forment un des plus grands sites naturels de Franche-Comté et l'un des plus appréciés, puisqu'un parcours pédestre permet de longer la rivière. À la sortie des cascades, apaisé, le Hérisson poursuit sa route, serpentant doucement dans la vallée.

Savoir-faire

Batteur d'or

Rhône-Alpes

À Excenevex, en Haute-Savoie, la maison Dauvet, fondée en 1834, est la dernière manufacture spécialisée dans le battage d'or en France. Dans ses ateliers, l'or est fondu, puis martelé à chaud avant d'être laminé. Les feuilles d'or ainsi obtenues redonnent tout leur éclat à des monuments ou à des objets d'art.

Devinette

Peut-on skier en Corse ?

Oui, il existe trois stations de ski sur l'île. Le ski alpin s'y pratique essentiellement au mois de février, mais les stations ne sont pas ouvertes en permanence, et cela se décide au jour le jour, selon l'enneigement.

Ils ont marqué leur région...

Claude Monet

Haute-Normandie

Lorsque Claude Monet s'installe à Giverny, en 1883, les villageois lui réservent un accueil peu chaleureux. Le peintre se voit obligé de louer au prix fort les meules de foin qu'il souhaite étudier. Pourtant, c'est grâce à sa venue si les deux rues principales du village sont rapidement goudronnées, afin d'éviter la poussière et de préserver toutes les couleurs du paysage. Jusqu'à sa mort en 1926, Monet se lèvera tous les jours dès 5 heures, afin de ne pas perdre une seule seconde de cette lumière si précieuse qui irradie ses toiles.

Les Iris, Claude Monet, 1924-1925

jeudi 10 février

lever : 8 h 07
coucher : 18 h 02

St Arnaud

Savoir-faire
Maréchal-ferrant
Basse-Normandie

Les chevaux ne sont plus employés pour les travaux agricoles, si bien qu'on ne trouve plus de maréchaux-ferrants dans nos campagnes. Cependant leur savoir-faire est toujours indispensable, comme c'est le cas au haras du Pin, dans l'Orne, le plus vieux des haras nationaux.

Quiz des villes & villages de France

Cette ville, connue pour ses hortillonnages, qui couvrent près de trois cent trente hectares près du centre-ville, possède l'une des plus vastes cathédrales de France.

——————

CITATION
Alsace

« *Le Rhin est rapide comme le Rhône, large comme la Loire, encaissé comme la Meuse, tortueux comme la Seine, limpide et vert comme la Somme, historique comme le Tibre, royal comme le Nil, pailleté d'or comme un fleuve d'Amérique, couvert de fables et de fantômes comme un fleuve d'Asie.* »

Victor Hugo, Le Rhin, lettres à un ami, 1842

La rubrique du 13 h

LE CHÂTEAU DE CHENONCEAU
Centre

Il faut parcourir une allée d'honneur de près d'un kilomètre pour découvrir le château de Chenonceau. Son architecture Renaissance et son donjon médiéval en font l'un des plus visités des châteaux de la Loire. Construit sur le Cher, il fut embelli au fil des années, subissant l'influence des châtelaines qui s'y sont succédé, si bien qu'il fut surnommé le « Château des dames ». Parmi elles : Diane de Poitiers et Catherine de Médicis, à qui l'on doit les galeries qui enjambent la rivière. Pendant la Seconde Guerre mondiale, le château s'est ainsi retrouvé à cheval sur la ligne de démarcation.

Ils ont marqué leur région...
Édith Piaf
Île-de-France

« Paris, tu es ma gaieté, Paris. / Tu es ma douceur aussi. / Tu es toute ma tendresse. » Lorsqu'on écoute Édith Piaf, impossible de passer à côté de son amour pour la ville qui l'a vue naître. C'est en effet à Belleville qu'Édith Giovanna Gassion a vu le jour, le 19 décembre 1915. C'est aussi dans la capitale qu'elle a fait ses débuts : remarquée par Louis Leplée alors qu'elle chantait sur les trottoirs de Ménilmontant, elle commence sa carrière dans un cabaret des Champs-Élysées. Quand elle décède, en 1963, ses funérailles ont lieu au Père-Lachaise, liant pour toujours son destin à Paris.

À table !
Fénétra de Toulouse
Midi-Pyrénées

Pour 6 personnes
Battre 4 blancs d'œufs en neige et ajouter progressivement 100 g de sucre. Ajouter ensuite 50 g de farine, 125 g de poudre d'amandes et remuer délicatement.
Abaisser une pâte sablée dans un moule à tarte et étaler un pot de confiture d'abricots (350 g) dans le fond. Répartir dessus 1 citron confit haché, puis verser la préparation aux blancs d'œufs par-dessus. Décorer avec des rondelles fines de citron et une douzaine de violettes de Toulouse en sucre. Saupoudrer de sucre et enfourner environ 30 min au four préchauffé à 180 °C.

Amiens

À table !

Le prisuttu

Corse

Le prisuttu est un jambon corse, cru et sec, fumé au bois naturel. Il doit sa saveur exceptionnelle à un long affinage de plusieurs mois. Habituellement dégusté en entrée, seul ou accompagné d'autres charcuteries corses, il entre aussi dans la composition de ragoûts ou de pâtés.

Le sacre de Charles VII à Reims

La rubrique du 13 h

REIMS, CITÉ DES SACRES

Champagne-Ardenne

La légende veut que la ville de Reims ait été créée en l'honneur de Remus, après son combat perdu contre son frère Romulus. Surnommée « Cité des sacres », Reims a conservé la mémoire d'une longue tradition historique française. Au ve siècle, c'est dans la ville champenoise que l'évêque Remi baptisa Clovis et ses trois mille guerriers. C'est aussi en sa cathédrale que de nombreux monarques furent couronnés : des Mérovingiens à Charles X, le dernier, en 1825. Est-ce pour célébrer ces rois illustres que Marc Chagall a choisi le bleu comme couleur dominante de ses vitraux en 1974 ?

Devinette

De quelle couleur était peinte la tour Eiffel juste après sa construction ?

Brun rouge. Conçue pour l'Exposition universelle de 1889 par Gustave Eiffel, elle a changé plusieurs fois de couleur, passant du brun rouge à l'ocre jaune, puis au bronze aujourd'hui.

Quiz des villes & villages de France

Commune de la Côte d'Opale, cette station balnéaire balayée par les vents fut baptisée « Paris-Plage » dès la fin du xixe siècle.

__ _______

Ils ont marqué leur région...

Romain Rolland

Bourgogne

« Ma tâche est de dire ce que je crois juste et humain. » Cette citation de Romain Rolland résume bien l'ensemble de sa vie et de son œuvre, récompensée du prix Nobel de littérature en 1915. Originaire de Clamecy dans la Nièvre, l'écrivain quitte très tôt sa Bourgogne natale pour parcourir le monde, puis s'installer à Paris et étudier la philosophie et l'histoire. Foncièrement humaniste et pacifiste, il laisse une marque profonde dans la littérature du xxe siècle, d'abord dans le théâtre, puis dans le roman, où il crée le genre du roman-fleuve illustré par son œuvre *Jean-Christophe*.

Savoir-faire

Tanneur à Lavausseau

Poitou-Charentes

Le village de Lavausseau, dans la Vienne, est surnommé la « Cité des tanneurs » depuis le Moyen Âge, époque où il s'est fait une spécialité de cette activité. L'unique tannerie existant aujourd'hui applique toujours des méthodes ancestrales pour transformer la peau brute en un cuir de qualité.

Le Touquet

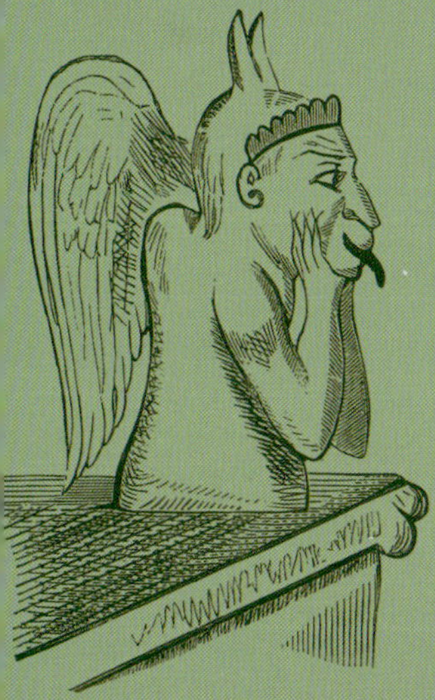

L'origine du sapin

De la turbulence des ioutons

Par les temps qui courent, personne ne s'étonne plus de voir, des bords des rivières jusqu'aux crêtes, des sapins s'étendre sur tout le sol jurassien. Ils longent les routes, recouvrent les montagnes et tapissent les plaines, avec autorité et majesté. Ils supportent fièrement le poids du manteau neigeux chaque hiver, dont s'extirpe parfois quelque branche hirsute rappelant étrangement un balai de sorcière. Les sapins font, c'est le moins que l'on puisse dire, partie du paysage et l'on ne saurait l'imaginer sans eux. Et pourtant, il fut des temps, en effet, où le Jura était nu.

En ces temps reculés, un jour d'été où l'enfer était particulièrement bruyant, le diable sentit l'exaspération le gagner. Il en eut assez, décida de le vider et d'envoyer les petits démons courir au grand air sur ces mêmes flancs jurassiens. Or, il serait naïf de penser que les habitués de l'enfer résistent sans peine à la chaleur des rochers exposés au soleil estival : sitôt arrivés, ils retournèrent en enfer rapporter qu'ils grillaient, ce que le diable vint vérifier. Constatant lui-même la chose, il fit pousser quelques buissons afin de faire de l'ombre aux diablotins. C'était sans compter sur les bêtes des environs, affamées dans ce désert pierreux, qui vinrent en nombre brouter les feuilles et les bourgeons fraîchement apparus. Il fallait trouver une solution : furent alors créés les noisetiers et les alisiers, que les chèvres et les vaches devaient se contenter de regarder. Malheureusement, l'opération prit du temps, et le temps changea : la pluie se mit à tomber et l'air devint frais. Tout le monde fut trempé : les diablotins, les animaux et même le diable, qui – cela reste entre nous – grelottait. Ce dernier, fort embarrassé, imagina alors le hêtre. Mais l'été était terminé, et l'on sait ce que l'automne fait aux arbres de ce genre... D'abord, les diablotins, que l'on nomme ici « ioutons », s'y ébrouant puis s'y reposant, apprécièrent le tapis de feuilles jonchant le sol. Mais bientôt, le premier flocon, qu'aucune feuille n'arrêta, s'y posa délicatement, annonçant le terrible hiver du Jura. Gelées et trempées, les petites créatures se lamentèrent et gémirent tant que le diable, au chaud devant l'un des nombreux âtres de son antre, les entendit clamer des profondeurs.

Soucieux de ne pas voir les diablotins agités regagner l'empire des ténèbres, le diable réfléchit. Longuement, et en ces termes, probablement : « Il faut qu'ils soient abrités en été, par des arbres qu'on ne puisse dévorer. Il faut créer un arbre dont les feuilles ne sauraient tomber en automne, qui les protégerait de la pluie toute l'année. » Enfin, il s'exclama : « Quand l'hiver viendra, sur le sol, pas un flocon ne tombera ! » Et, sur les montagnes en même temps que de l'imagination du diable surgit le sapin, hostile, perpétuellement hérissé de piquants. Connaissant son origine, nous savons désormais qu'il n'aurait pu en être autrement...

lundi 14 février

lever : 8 h 01
coucher : 18 h 09

St Valentin

À table !

La galette-saucisse

Bretagne

Pour 6 personnes

Dans une jatte, mélanger 150 g de farine de sarrasin, 100 g de farine de blé et 1 c. à café de sel. Creuser un puits et ajouter un œuf. Délayer avec 50 cl d'eau, en fouettant, puis laisser reposer 2 h. Réaliser les galettes dans du beurre, dans une poêle bien chaude, et les laisser refroidir. Faire griller 6 saucisses paysannes et garnir chaque galette avec de la moutarde et 1 saucisse puis la rouler. Servir aussitôt.

La France en fête

La Saint-Valentin

La Saint-Valentin est l'occasion pour les amoureux de s'offrir des roses rouges et d'échanger des mots doux. Très populaire, la fête héritée de la Rome antique est célébrée dans le monde entier, selon des rites particuliers et à des dates différentes. L'origine de la célébration du martyre de Valentin, qui vécut au IVe siècle, reste obscure. Ce prêtre, en bénissant des mariages de soldats, aurait défié une interdiction de l'empereur, qui luttait contre la montée du christianisme. Le 14 février est également le début de la saison des amours chez les oiseaux.

La rubrique du 13 h

VULCANIA

Auvergne

Au cœur du parc naturel régional des Volcans d'Auvergne, dans un cadre naturel exceptionnel, s'élève un curieux bâtiment conique. Sculpté dans la roche volcanique, il apparaît pourtant bien minuscule à côté de ses voisins de la chaîne des Puys, en sommeil depuis huit mille ans. Ce bâtiment est le centre nerveux de Vulcania – le reste des installations est enterré –, le parc qui a ouvert ses portes en 2002. Vulcania offre des attractions pour toute la famille, mais se veut surtout un site scientifique, ludique et pédagogique où chacun apprend en expérimentant et en s'amusant.

Un jour en Franche-Comté

14 février 1879

Au XVIIIe siècle, un capitaine jurassien, Claude Rouget de Lisle, compose son *Chant de guerre pour l'armée du Rhin*. Son morceau devient l'hymne national français une première fois en 1795, puis une seconde, le 14 février 1879, sous le nom de *La Marseillaise*.

Savoir-faire

Sellier en Camargue

Provence-Alpes-Côte d'Azur

Dans l'atelier du sellier flotte une puissante odeur de cuir. Il faut des dizaines d'heures pour confectionner le solide pommeau, assembler les quartiers qui protègent les jambes du cavalier ou le siège. Chaque pièce, découpée et cousue à la main, témoigne de l'amour de la Camargue pour les chevaux.

Ils ont marqué leur région…

Guillaume IX d'Aquitaine

Aquitaine

C'est à un invétéré coureur de jupons que l'on doit des œuvres qui marquent la naissance de l'amour courtois. Celui que l'on surnommera plus tard le « Troubadour » prend la tête du royaume d'Aquitaine en 1085, se faisant davantage connaître pour son goût de la bonne chère que pour ses talents de gouverneur. Ses dames successives fuient les unes après les autres, délaissées par le poète qui célèbre dans ses chansons un amour idéal, poétique et délicat… Le souverain est le premier troubadour d'une grande lignée qui va se propager durant deux siècles à travers l'Europe.

mardi 15 février

lever : 7 h 59
coucher : 18 h 10

St Claude

Savoir-faire

Briquetier aux Rairies

Pays de la Loire

Autrefois, le village des Rairies comptait près de quatre-vingts briqueteries. Moins nombreuses aujourd'hui, celles qui ont résisté continuent néanmoins de fabriquer le fameux carrelage rose. Malgré certaines avancées techniques – on ne pétrit plus l'argile avec les pieds et on ne calibre plus les carreaux à la main –, le savoir-faire reste traditionnel.

CITATION

Île-de-France

« Paris sera toujours Paris. Qu'est-ce que tu veux qu'il fasse d'autre ? »

Frédéric Dard

La rubrique du 13 h

LA CATHÉDRALE DE BOURGES

Centre

À la fin du XIIe siècle, pour asseoir le prestige du royaume de France, il fut décidé de construire une cathédrale aussi grande que Notre-Dame de Paris à Bourges, aux portes de l'Aquitaine, alors possédée par les Anglais. Saint-Étienne de Bourges est une merveille de l'art gothique. Son plan unique, sans transept, témoigne d'une très grande modernité pour l'époque, et on ne peut qu'être conquis par une telle puissance architecturale, qu'on admire la cathédrale de l'extérieur, au cœur du quartier médiéval, ou de l'intérieur. Elle est inscrite au patrimoine mondial de l'Unesco depuis 1992.

Devinette

À quelle occasion les habitants de Trèves dans les Cévennes promènent-ils le Pétassou ?

À la Saint-Blaise, début février. Cette grande marionnette est promenée à travers la ville et brûlée à la fin des festivités, pour symboliser la mort de l'hiver.

À table !

Les bêtises de Cambrai

Nord-Pas-de-Calais

La légende veut que cette confiserie soit née, vers 1830, d'une « bêtise » d'un apprenti. Si la réalité est plus triviale – bêtise signifie « bagatelle », « dépense inutile » –, le bonbon à la menthe n'en est pas moins resté célèbre ; il fit la renommée de Cambrai, où l'on produit quatre cents tonnes de bêtises par an.

Ils ont marqué leur région...

Famille Peugeot

Franche-Comté

L'histoire de la célèbre marque symbolisée par un lion est solidement ancrée en Franche-Comté. L'usine, qui est au départ une fonderie d'acier et une fabrique de scies, est fondée en 1810 par Jean-Pierre et Jean-Frédéric Peugeot, dans la région de Montbéliard. Environ un siècle plus tard, la famille, pressentant la révolution promise par l'arrivée de l'automobile, se reconvertit dans la fabrication de véhicules. L'activité prend de l'essor, mais reste fidèle à la région en s'implantant à Sochaux, en 1912 ; elle y emploie aujourd'hui quelque vingt mille salariés.

mercredi 16 février

lever : 7 h 57
coucher : 18 h 12

Ste Julienne

Un jour en Basse-Normandie
16 février 1932

Suite à l'ingestion d'une purée pleine de grumeaux cuisinée par sa femme, Jean Mantelet invente le moulin à légumes. Il reçoit pour cet appareil le prix du concours Lépine. L'inventeur devient ensuite un industriel et fonde l'empire Moulinex avec cinq usines en Normandie.

À table !
Flammekueche
Alsace

Pour 4 personnes
Faire revenir 150 g de lardons et les réserver. Hacher 4 oignons blancs et les faire rissoler ; hors du feu, mélanger les oignons à 20 cl de crème fraîche et 20 cl de fromage blanc. Séparer 500 g de pâte à pain en 4 boules et les abaisser en repliant les bords. Garnir du mélange crème-fromage-blanc-oignons ; répartir les lardons. Faire cuire 10 à 15 min à four très chaud. La crème doit commencer à roussir, et la pâte à griller sur les bords.

La rubrique du 13 h
LA TAPISSERIE DE BAYEUX
Basse-Normandie

Peu d'œuvres d'art bénéficient d'un musée exclusivement consacré à l'une d'entre elles. C'est pourtant le cas de la tapisserie de Bayeux, exposée dans le musée du même nom, dans le département du Calvados. Cette tapisserie de près de mille ans est aussi appelée « tapisserie de la reine Mathilde », car la légende dit que c'est l'épouse de Guillaume le Conquérant, aidée de ses dames de compagnie, qui en est l'auteure. Cette « toile de la conquête » raconte l'épopée de Guillaume, en Angleterre. Comptant cinquante-huit scènes, elle apporte de précieux renseignements sur les conditions de vie, des deux côtés de la Manche, au XIe siècle.

Savoir-faire
Saurisseur à Boulogne-sur-Mer
Nord-Pas-de-Calais

Le saurissage – ou l'art de fumer les poissons – est une activité ancrée à Boulogne-sur-Mer, en Picardie, où se trouve le lieu de salaison et de fumaison le plus important de France. Avec les années, de nouveaux produits issus de la mer sont venus s'ajouter au fameux hareng saur.

Ils ont marqué leur région…
L'homme de Neandertal
Limousin

La Chapelle-aux-Saints, petit village de Corrèze, a l'honneur d'abriter la sépulture d'un invité pour le moins illustre : l'homme de Neandertal ! En 1908, dans la grotte la « Bouffia Bonneval », trois abbés font une découverte qui va se révéler essentielle pour notre connaissance de l'histoire de l'humanité. Ils déterrent en effet le squelette d'un homme dont la mort aurait eu lieu il y a environ quarante-cinq mille ans. Celui-ci est dans un très bon état de conservation et représente le premier squelette retrouvé complet en France, les découvertes se limitant jusqu'alors à des fragments d'ossements.

Quiz des villes & villages de France

Cette ville de Seine-et-Marne, située à la lisière de la forêt de Fontainebleau, a donné son nom à l'école de peinture du XIXe siècle à laquelle on rattache Corot et Millet.

_ _ _ _ _ _ _ _

Barbizon

jeudi 17 février

lever : 7 h 56
coucher : 18 h 14

St Alexis

Savoir-faire

Luthier

Lorraine

Depuis le XVIe siècle, la lutherie est ancrée dans la tradition lorraine : le métier de luthier s'apparente à celui d'ébéniste, et la forêt des Vosges semble offrir à cette époque des ressources infinies. Aujourd'hui, la région reste le berceau de cet art avec l'École nationale de lutherie de Mirecourt.

Un jour en *France*

17 février 2002

Adieu pièces de dix francs et billets de cinq cents à l'effigie de Blaise Pascal ! C'est la mort du franc ! Après six cent quarante et un ans d'existence, il est remplacé par l'euro, monnaie commune à presque toute l'Europe.

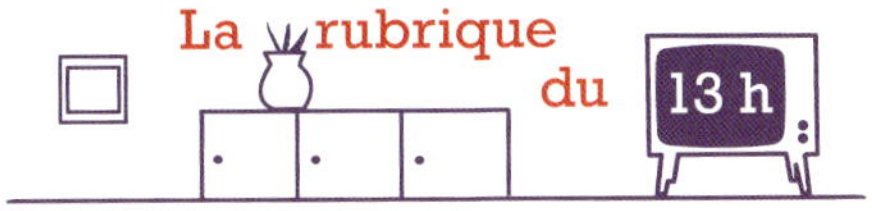

LE BARRAGE DU CHEVRIL

Rhône-Alpes

Quand Vincent Auriol inaugure le barrage du Chevril en 1953, le calme revient enfin dans la vallée de l'Isère : malgré la lutte, les habitants de Tignes, en Savoie, n'auront pas réussi à sauver leur village, désormais englouti par deux cent trente cinq millions de mètres cubes d'eau. C'est en 1947 qu'a débuté la construction du plus haut barrage de France afin de pourvoir aux besoins en électricité du pays. Il fallait bien un gigantesque tablier – d'une épaisseur de cinquante mètres et d'une hauteur de cent quatre-vingt-un mètres – pour contenir les eaux en apparence calmes du lac artificiel du Chevril. D'ailleurs, n'est-ce pas Hercule que l'on peut voir représenté sur l'imposante fresque ?

À table !

Le petit-suisse

Haute-Normandie

Malgré son nom, le petit-suisse est un fromage frais normand ! En 1850, dans le pays de Bray, en Seine-Maritime, un vacher suisse enrichit son fromage avec de la crème, reprenant ainsi une recette déjà connue dans son pays depuis le Moyen Âge. Le génie commercial de Charles Gervais fit le reste.

Ils ont marqué leur région...

Joël Robuchon

Poitou-Charentes

Le grand public a connu Joël Robuchon grâce à deux émissions de télévision où le chef dispensait ses conseils culinaires aux Français. Décoré d'une pléiade de médailles, deuxième chef le plus étoilé au monde, il n'en oublie pas pour autant son goût pour le terroir et la cuisine simple, qui ont fait son succès. Il exerce son art notamment au sein de ses deux établissements parisiens et exporte la cuisine française à l'étranger dans de nombreux restaurants à Tokyo, Londres, ou encore New York. Le petit apprenti poitevin a fait bien du chemin !

CITATION

Corse

« C'est aussi le pays de la vendetta, de la sieste, des jeux politiques compliqués, des fromages vigoureux, des cochons sauvages, des châtaignes, des succulents merles moqueurs et des vieillards sans âge qui regardent passer la vie. »

Uderzo et Goscinny, Astérix en Corse (préambule), 1973

vendredi 18 février

lever : 7h54
coucher : 18h15

Ste Bernadette

À table !

Confiture de bananes au rhum

Martinique

Pour 4 pots de confiture
Éplucher 600 g de bananes en rondelles fines. Mélanger dans une casserole 2 dl d'eau, le jus de 2 citrons verts, 500 g de sucre roux, ½ c. à café de cannelle, 2 gousses de vanille fendues et 1 petite pincée de gingembre.
Mettre sur feu doux et remuer sans cesse jusqu'à ce que le sirop soit nappant. Ajouter alors les rondelles de bananes.
Laissez cuire 15 à 25 minutes en remuant de temps en temps.
Retirer du feu, ajouter 5 cl de rhum et mettre en pots.

La rubrique du 13 h

L'ÉGLISE D'AUVERS-SUR-OISE

Île-de-France

Auvers-sur-Oise a été immortalisée par de nombreux peintres du XIXe siècle, mais son nom reste surtout associé à l'un d'entre eux : Vincent Van Gogh. Le peintre néerlandais y a passé les derniers mois de sa vie et y a réalisé des dizaines de toiles, dont la plus fameuse, *L'Église d'Auvers-sur-Oise*, aujourd'hui visible au musée d'Orsay. Notre-Dame-de-l'Assomption fut érigée aux XIIe et XIIIe siècles, au sommet d'une butte ; l'édifice, qui apparaît bien plus sage que sur la toile du peintre tourmenté, ravit les amateurs d'art roman avec ses deux chapelles et son imposante tour.

Savoir-faire

Éclusier aux écluses de Fonserannes, sur le canal du Midi

Languedoc-Roussillon

Dès qu'un bateau se présente, l'éclusier doit être prêt à le guider. Très occupé pendant la période estivale, aux jours de grande affluence, il profite de la période chômée, en hiver, pour effectuer des réparations dans l'écluse. Depuis la terre, l'éclusier accompagne les voyageurs de l'eau.

Devinette

Qu'est-ce qu'un mascaret ?

Une brusque surélévation de l'eau d'un fleuve ou d'un estuaire provoquée par l'onde de la mer montante lors des grandes marées. Ce phénomène est particulièrement visible en Gironde sur la Dordogne et la Garonne.

Nord-Pas-de-Calais en fête

Le Carnaval de Dunkerque

Depuis quatre siècles, les Dunkerquois fêtent le départ des pêcheurs de morue qui s'élancent vers les flots déchaînés du large de l'Islande. Des milliers de « carnavaleux », se tenant par les coudes, défilent en bandes pendant la semaine du Mardi gras. Le traditionnel lancer de harengs fumés, depuis les balcons de l'hôtel de ville, est l'un des points d'orgue des festivités, qui rassemblent des milliers d'habitants de la plaine des Flandres.

Ils ont marqué leur région...

Jacques Cartier

Bretagne

Le navigateur de Saint-Malo a une âme d'aventurier : en 1534, 1535 et 1541, il dirige trois expéditions dans la région du Saint-Laurent. C'est ainsi que, sous les ordres de François Ier, Jacques Cartier part en 1535, avec un équipage de plus de cent hommes, à bord des navires *La Grande Hermine*, *La Petite Hermine* et *L'Émerillon*. C'est le tout premier homme à partir explorer le Canada, attiré avant tout par la perspective de découvrir de l'or. Ses espoirs seront déçus, mais ses voyages n'auront pas été vains, puisqu'il compte parmi les plus grands explorateurs du XVIe siècle.

Diable de Têtarde !

Comment une brebis rebelle permit de sauver une princesse

Il y a quelque temps, mais pas si longtemps, vivait une brebis bien nommée : Têtarde. Vieille et grosse, elle était en effet très obstinée et n'en faisait qu'à sa tête. Son berger, Charles, avait bien du mal, malgré l'aide de son brave Bidouille – les chiens de berger, hélas, ne portent pas toujours un nom qui rend hommage à leurs bons et loyaux services –, à lui faire suivre le troupeau. Un soir que les autres brebis avaient pris le chemin de la bergerie afin d'aller souper de luzerne séchée, il se rendit compte que la doyenne s'était égarée. Voyant que les autres bêtes, obéissant aux aboiements de Bidouille, trottaient docilement vers Valcroze – car c'est bien là que se déroule notre histoire –, il entreprit de regagner le col de la Barrière par un petit chemin connu de lui seul, à la recherche de Têtarde. Ne la trouvant guère, il grimpa avec force et agilité à un arbre et s'allongea sur une large branche, afin de la guetter. Mais la vie de berger cévenol n'est pas de tout repos et, épuisé, il s'endormit malgré lui.

Alors que la nuit était tombée depuis plusieurs heures, le berger se réveilla en sursaut : une dizaine de vieilles femmes laides tenaient réunion au pied de l'arbre, et l'une d'entre elles hurlait après une retardataire essoufflée. Cette dernière, jubilant, expliqua qu'elle revenait de chez le roi, où elle avait jeté un sort à la princesse nouvellement née. Un sort redoutable puisqu'on ne pouvait s'en débarrasser qu'en versant sept gouttes de lait de brebis dans l'oreille gauche de la pauvresse, ce que personne, pas même le plus savant des médecins, ne songerait à faire. Mais ces propos n'étaient eux-mêmes pas tombés dans n'importe quelles oreilles – oreilles que Charles avait d'ailleurs assez développées. Dès que les sorcières furent parties, le berger sauta de son arbre, un châtaigner, dit-on dans le hameau, courut quérir l'ingrédient du remède à la bergerie et s'en fut chez le roi. Son bagout convainquit, on le laissa entrer et verser le lait : la princesse fut immédiatement guérie. On voulut bien sûr, selon la tradition, le couvrir d'or, et il rentra au hameau les poches de ses brailles bien pleines.

Son frère, Pierre, émerveillé par le butin, supplia Charles de lui conter son aventure, puis de lui révéler l'endroit de la cachette. Bon bougre, le berger ne se fit pas prier, et c'est Pierre qui cette nuit-là, du haut de sa branche, assista au sabbat. La retardataire de la veille, cette fois navrée, expliqua que la princesse était guérie, ce qui ne pouvait qu'être le fruit d'une intervention du Tout-Puissant, de là-haut ! Juché dans les hauteurs de l'arbre, Pierre, qui se crut découvert, poussa un cri, jurant que ce n'était pas lui. Les sorcières, persuadées d'entendre hurler Dieu lui-même, s'enfuirent, et ne revinrent plus jamais dans le petit chemin. Pierre, terrorisé, regagna Valcroze, les poches de ses brailles vides, mais sauf, en se promettant de ne pas remonter de sitôt dans un arbre. Quant à Têtarde, elle rentra tard dans la nuit, quand cela lui dit.

Valcroze aujourd'hui

lundi 21 février

lever : 7 h 48
coucher : 18 h 20

St Damien

À table !

Le camembert

Basse-Normandie

Bénéficiant d'une AOC, le camembert de Normandie est un des symboles de la gastronomie française. Ce fromage à pâte molle et à croûte fleurie est fabriqué à partir de lait de vache cru. Sur les étals, on le reconnaît à sa boîte ronde en bois, dans laquelle il est obligatoirement commercialisé.

Quiz des villes & villages de France

Cet ancien port morutier de Haute-Normandie est surtout célèbre aujourd'hui pour le palais Bénédictine, construit par un négociant qui inventa la liqueur du même nom.

_ _ _ _ _ _

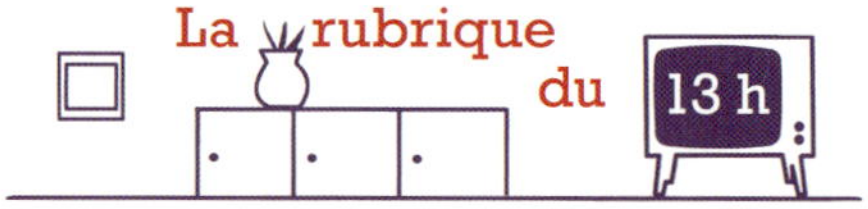

DONJON DES ARCHEVÊQUES D'AUCH À BASSOUES

Midi-Pyrénées

L'élément essentiel du château de Bassoues, petit village du Gers, reste son donjon. Parfait exemple de l'architecture militaire féodale, il fut érigé au XIVe siècle. Sa construction et les aménagements intérieurs résultent de la volonté d'Arnaud Aubert, archevêque d'Auch et neveu du pape Innocent VI. Sur chaque face de la tour carrée, des fenêtres brisent quelque peu l'austérité des murs droits tandis que des cordons de pierres délimitent les quatre étages. La plate-forme du sommet, à quarante mètres de haut, permet d'embrasser un magnifique panorama avec vue sur les Pyrénées.

Un jour en *Guadeloupe*

21 février 2003

Après une traversée de l'Atlantique à la rame en solitaire, Anne Quéméré arrive en Guadeloupe. Elle bat ainsi le record mondial féminin en cinquante-six jours, douze heures et dix minutes.

Savoir-faire

Émailleur sur lave

Auvergne

L'émailleur sur lave pratique les arts du feu : il cuit des tranches de lave de Volvic, extraites du cratère de la Nugère, au cœur des volcans d'Auvergne, avant de les recouvrir d'une couche d'émail. Après une nouvelle cuisson, ces pierres nées du feu sont non seulement belles, mais aussi résistantes.

Ils ont marqué leur région…

Haroun Tazieff

Rhône-Alpes

Le célèbre vulcanologue a été élu maire de sa ville, Mirmande, en 1979. Une fierté pour cette commune de la Drôme, puisque Haroun Tazieff est l'un des scientifiques les plus importants du XXe siècle, ayant beaucoup apporté à l'étude des volcans. Rien ne le prédestinait à la vulcanologie, et c'est par hasard qu'il découvre cette discipline, alors qu'il observe le mont Kituro, au Congo. À partir des années 1950, il s'impose comme spécialiste, organise expéditions et conférences, réalise des films et écrit des ouvrages sur ses recherches, faisant découvrir au grand public un univers passionnant.

Fécamp

mardi 22 février

lever : 7 h 46
coucher : 18 h 22

Ste Isabelle

Devinette

Comment appelle-t-on le vin jurassien dont la percée a lieu chaque année ?

Le vin jaune. La percée est le fait de pratiquer une ouverture dans un tonneau pour en tirer le vin ; elle donne lieu à une fête chaque année, au mois de février.

Savoir-faire

Taillandier en Maurienne

Rhône-Alpes

Le taillandier est un forgeron qui recherche la finesse. Spécialisé dans la confection d'outils tranchants, il travaille pour de nombreuses corporations, comme celles des tailleurs de pierres ou des couteliers. Aussi longtemps qu'on aura besoin d'outils traditionnels, les taillandiers existeront.

La rubrique du 13 h

LES MAISONS SUR PILOTIS DE L'ÎLE AUX OISEAUX

Aquitaine

Dans le bassin d'Arcachon, en Gironde, un îlot jaillit au gré des marées. On l'appelle « l'île aux Oiseaux », à cause des nombreuses espèces maritimes qui y trouvent refuge toute l'année. Presque ensevelie à marée haute, l'île est difficile d'accès : des parcs à huîtres, signalés par des piquets qui affleurent, la protègent. Ce coin de nature préservé est également connu pour ses deux cabanes tchanquées, ces maisons sur pilotis utilisées autrefois par les ostréiculteurs. Visibles depuis le bord de mer, elles sont les gardiennes de l'île, les pieds solidement ancrés dans le sable, et dominant les flots.

À table !

Bœuf bourguignon

Bourgogne

Pour 4 personnes

Éplucher 4 carottes et les couper en rondelles. Éplucher 6 oignons jaunes et les découper en quartiers. Tailler en morceaux 800 g de bœuf à bourguignon et 100 g de poitrine fumée. Les faire roussir dans une cocotte avec du beurre et les oignons. Saupoudrer de farine. Mélanger et faire dorer encore un peu. Recouvrir la viande avec 50 cl de vin rouge de Bourgogne. Saler, poivrer, ajouter 1 bouquet garni et 1 gousse d'ail hachée.

Quiz des villes & villages de France

Aux portes du Vexin normand, ce petit village où furent peints les célèbres *Nymphéas* les abrite. C'est le site le plus visité en Normandie après le Mont-Saint-Michel.

_ _ _ _ _ _ _

Ils ont marqué leur région...

Jean Giono

Provence-Alpes-Côte d'Azur

Bien avant que l'on ne parle de développement durable ou encore d'écocitoyenneté, Giono nous racontait déjà l'histoire de « l'homme qui plantait des arbres ». Dans la petite pièce sous les toits de sa maison, cette pièce qu'il appelait « son phare », l'écrivain a réinventé sa propre Provence. Sa Provence qu'il n'a jamais quittée. Sa Provence mystérieuse, sauvage, et solitaire. Il a su ainsi nous emmener au plus profond de son imaginaire, loin, bien loin de la Côte d'Azur et de sa marée touristique.

Giverny

À table !

La madeleine de Commercy

Lorraine

Fabriquée depuis le milieu du XVIIIe siècle, dans le village de Commercy, la madeleine est un petit gâteau traditionnel lorrain. Elle porterait le nom de la jeune servante qui aurait inventé la recette. Cuite dans des moules en forme de coquilles Saint-Jacques, la madeleine est la reine du goûter.

Devinette

Dans quelle ville Vercingétorix s'est-il rendu à César ?

Alésia. Cet oppidum gaulois se trouve sur le territoire de la commune d'Alise-Sainte-Reine, en Côte-d'Or. Ce fut le théâtre de l'épisode décisif de la guerre des Gaules entre Jules César et la coalition gauloise.

PACA en fête

Le Carnaval de Nice

Le plus célèbre carnaval de France se tient chaque année à Nice, à la fin du mois de février. La promenade des Anglais accueille les défilés et les batailles d'œillets et de mimosa. Parmi les géants de papier dressés sur les chars, un roi et une reine, dont l'effigie varie chaque année selon l'actualité, sont acclamés par les spectateurs. Après les festivités officielles, les Niçois profitent du carnaval indépendant, qui se déroule en même temps, pour se défouler et s'asperger d'eau et de farine.

Maison de Napoléon à Ajaccio

La rubrique du 13 h

SUR LES TRACES DE NAPOLÉON À AJACCIO

Corse

Dans le golfe d'Ajaccio, entre mer et montagne, les vieux quartiers de la ville et les eaux du port sont tranquilles. Pourtant, cette partie du sud de la Corse n'a pas toujours été si paisible : d'abord place forte, puis capitale de l'île, Ajaccio a suscité bien des convoitises et fait naître bien des rivalités. Tous les regards se sont tournés vers elle quand Napoléon Ier, son enfant chéri, fut sacré empereur des Français. Aujourd'hui encore, son souvenir hante celle qui fut surnommée « la Ville impériale » : de nombreuses statues le représentent, et un musée lui est consacré.

Savoir-faire

Vitrailliste à Reims

Champagne-Ardenne

Un vitrail est un assemblage de morceaux de verre colorés et de baguettes de plomb. Qu'il restaure une pièce ou qu'il la crée, qu'il compose le motif ou qu'il travaille avec un peintre, le vitrailliste est un magicien de la lumière : il la sublime en jouant sur la transparence et les couleurs.

Restauration de la rosace de la cathédrale de Reims en 1923

Ils ont marqué leur région…

Louis de Funès

Île-de-France

Qui ne s'est pas tordu de rire devant un film de Louis de Funès ? Dans les années 1960 et 1970, l'acteur comique originaire des Hauts-de-Seine a conquis toutes les générations dans des œuvres devenues des classiques du cinéma français : *La Grande Vadrouille*, *Les Aventures de Rabbi Jacob*, *Hibernatus*, ainsi que les films de la série du *Gendarme* sont autant de perles dans lesquelles l'acteur déploie son jeu inimitable. Ses mimiques, ses gesticulations, son énergie débordante sont les éléments d'un style unique qu'il a forgé tout au long de sa carrière.

jeudi 24 février

lever : 7 h 43
coucher : 18 h 25

St Modeste

Un jour en Alsace

24 février 1983

C'est la première sortie d'une voiture française mythique, la Peugeot 205. L'automobile fabriquée à Mulhouse sera vendue à plus de cinq millions d'exemplaires. La production ne s'arrêtera qu'en 1999, après le lancement de la 206.

Savoir-faire

Marbrier à Boulogne-sur-Mer

Nord-Pas-de-Calais

Des carrières du Boulonnais est extrait un marbre beige, parfois rosé, que travaille le marbrier. Cet artisan scie les blocs de roche, les taille et les polit. À la main ou à l'aide de machines, il façonne et transforme la pierre qui ira recouvrir des sols, des meubles ou encore des fontaines.

La rubrique du 13 h

LA « CAVE AUX SCULPTURES » DE DÉNÉZÉ-SOUS-DOUÉ

Pays de la Loire

Dans le Maine-et-Loire, la région de Doué est connue pour son site troglodytique. Autrefois utilisées pour y entreposer les récoltes, les cavités ont été peu à peu abandonnées au XXe siècle. Mais, à Dénézé-sous-Doué, l'une d'elles suscite la curiosité de nombreux visiteurs : la « cave aux sculptures ». Sur ses parois défilent plus de deux cents figures bouffonnes et disproportionnées. L'origine de ces sculptures reste une énigme, mais il pourrait s'agir de l'œuvre d'une communauté de tailleurs de pierre, qui se réunissait en secret dans cette cave pour y pratiquer des rites initiatiques.

À table !

Le bisteu picard

Picardie

Éplucher 2 gros oignons et les couper en lamelles. Éplucher 1,2 kg de pommes de terre. Les couper en gros dés ainsi que 500 g de poitrine fumée assez épaisse. Mélanger les oignons, les pommes de terre et la poitrine avec 4 œufs et 30 cl de crème fraîche. Saler et poivrer.
Dans un moule, étaler une pâte brisée en la piquant et verser la préparation dessus. Recouvrir le tout avec une deuxième pâte brisée badigeonnée de jaune d'œuf. Faire une cheminée au centre de la tourte et cuire environ 1 h 30 à 220 °C.

Ils ont marqué leur région…

Victor Schœlcher

Martinique

« Quant à moi, il me reste démontré qu'en fait les nègres sont une variété de l'espèce d'animaux appelés hommes et que, par la seule raison générale qu'ils sont hommes, ils sont libres de droit. » En 1830, quand ce texte de Victor Schœlcher est publié dans la *Revue de Paris*, cette idée est loin d'avoir conquis tous les esprits. Après de nombreux voyages l'ayant confronté à l'esclavagisme dans les colonies françaises, dont la Martinique fait alors partie depuis plus de deux siècles, il devient le porte-parole du mouvement abolitionniste. Le 27 avril 1848, son souhait est exaucé.

Quiz des villes & villages de France

Cette cité médiévale des bords de la Rance est l'un des principaux sites touristiques des Côtes-d'Armor. Tous les deux ans, elle redevient pour quelques jours une ville du XIVe siècle, avec tournois, tavernes et dresseurs d'ours.

_ _ _ _ _

Dinan

vendredi 25 février

lever : 7 h 41
coucher : 18 h 27

St Roméo

À table !

Le comté

Franche-Comté

Produit dans la région Franche-Comté, dont il tire son nom, le comté est un fromage à pâte pressée cuite, fait à partir de lait cru. Premier fromage à bénéficier d'une AOC en France, il est toujours élaboré selon les usages anciens, garants de qualité et d'authenticité.

CITATION

Pays de la Loire

« Dans ma géographie, j'ai vu qu'on appelait ce pays le jardin de la France [...], ces parfums, ce calme, ces rives semées de maisons fraîches, et qui ourlent de vert et rose le ruban bleu de la Loire ! »

Jules Vallès, L'Enfant, 1879

La rubrique du 13 h

LA RUE DE LA BOUCHERIE À LIMOGES

Limousin

La rue de la Boucherie est un lieu incontournable pour qui se rend à Limoges. Dans cette rue du quartier historique s'alignent une cinquantaine de maisons bâties au XIIIe siècle. Elles abritaient autrefois des bouchers : au rez-de-chaussée se trouvait l'abattoir et, plus tard, la boutique. L'étage était réservé à l'habitation et le grenier était utilisé pour le séchage des viandes et des peaux. Les bouchers étaient les maîtres de ce quartier. À la Révolution, ils achetèrent la chapelle Saint-Aurélien pour y installer leur confrérie ; la chapelle est toujours leur propriété.

Savoir-faire

Maroquinier

Centre

Le travail des peaux a toujours existé, particulièrement dans les régions d'élevage. La région Centre est de celles-là : elle possède une riche tradition des métiers du cuir. Le maroquinier coupe et pique le cuir, faisant autant confiance à ses outils qu'à ses sens pour créer l'article parfait.

Midi-Pyrénées en fête

La Fête de l'Ours de Prats-de-Mollo

La fête de l'Ours de Prats-de-Mollo célèbre, quelques jours avant le carême, la sortie d'hibernation du plantigrade. Quelques habitants de ce village médiéval pyrénéen – également connu pour son Festival de musique classique Pablo Casals –, se déguisent en ours, et une « chasse » débute. Les jours suivants, divers défilés et danses se succèdent, jusqu'au tio tio ; le dernier soir, on brûle Sa Majesté Carnaval.

Ils ont marqué leur région...

Albert Schweitzer

Alsace

Albert Schweitzer s'est illustré dans de multiples domaines : théologie, musique, médecine, philosophie... Ces disciplines ont comme point commun d'être profondément empreintes de l'esprit religieux de ce protestant originaire de Kaysersberg. Les amateurs de musique se souviendront de lui pour ses dons d'organiste et pour ses écrits réputés sur Jean-Sébastien Bach, d'autres seront touchés par son implication dans la création et la réhabilitation d'hôpitaux africains. Tous s'accorderont pour lui reconnaître le mérite du prix Nobel de la paix qui lui a été décerné en 1952.

Point de ducatons pour les nutons

Ce qu'il faut savoir à leur propos

« L'argent, ah ! Fléau des humains. »
Sophocle, Antigone, *vers 441 av. J.-C.*

Dans les Ardennes, il n'y a guère d'excavation ou de fissure dans un rocher, de caverne, de grotte, en un mot de trou, qui n'ait un jour été habité par un ou plusieurs nutons. On le sait dans la région, le nuton est plutôt bien disposé envers les hommes. D'un naturel certes taiseux, il peut être très serviable, bien qu'un peu susceptible. Ainsi, même si le nuton est un nain – il s'apparente davantage aux lutins qu'aux géants –, il n'est jamais de bon ton de plaisanter sur sa petite taille. Et même si le nuton est très vieux – et il l'est toujours –, il est préférable de ne pas le lui faire remarquer.

Néanmoins, là n'est pas l'essentiel à savoir sur les nutons. Les nutons ont la particularité d'être extrêmement habiles, et ce dans tous les métiers. Celui qui vivait jadis dans le rocher de Montigny-sur-Meuse était par exemple un remarquable cordonnier, et ceux de Libin, dans les Ardennes belges, des chaudronniers d'une grande dextérité. Serviables, nous l'avons dit, les nutons ne rechignent pas à mettre leur savoir-faire à profit de la communauté humaine. Si l'un d'entre eux vit dans les parages, n'hésitez donc pas à aller déposer vos souliers éculés ou vos chaudrons percés à l'entrée de son logis, avant la tombée de la nuit, et à les récupérer au petit matin – les nutons sont des créatures nocturnes.

Mais là n'est pas l'essentiel à savoir sur les nutons. En échange de leurs services, vous serez tenté de les remercier, vous aurez envie de les payer. Ramenez alors du pain, des œufs, du lait, des fruits fraîchement cueillis. Déposez devant leurs grottes des provisions de toute sorte. Ils vous en sauront fort gré. Si vous vous risquez en revanche à leur offrir de l'argent, plus jamais vous ne les verrez, et c'est alors le mieux qui puisse vous arriver... Voilà ce qu'il faut savoir à propos des nutons.

Habitat typique des nutons

DICTON

Si décembre et janvier
ne font leur chemin,
Février fait le lutin.

lundi 28 février

lever : 7h35
coucher : 18h31

St Romain

À table !

Gâteau mollet

Champagne-Ardenne

Pour 6 personnes

Délayer 20 g de levure de boulanger dans 1 c. à soupe de lait tiède et laisser reposer quelques minutes.

Dans un robot, mettre 200 g de farine, 1 pincée de sel, 1 c. à soupe de sucre, le mélange levure-lait et 3 œufs. Mixer et incorporer petit à petit 170 g de beurre fondu. Battre 3 min. Mettre la pâte dans un moule beurré à bords hauts et laisser lever 2 h à température ambiante. Enfourner 35 min à four préchauffé à 180 °C.

Devinette

Quel patois a été largement évoqué par un film réalisé par Dany Boon et sorti en 2008 ?

Le ch'ti, ou ch'timi. C'est le nom donné au picard du Nord parlé dans la région Nord-Pas-de-Calais. Ce mot désigne également les habitants de la région.

La rubrique du 13 h

LA PRISON CIRCULAIRE D'AUTUN

Bourgogne

Établissement unique en France, la prison circulaire d'Autun, dans le département de Saône-et-Loire, fut construite entre 1855 et 1856. La construction circulaire avait été adoptée pour faciliter la surveillance des détenus, les gardiens ayant une vue d'ensemble sur les cinquante cellules. Mais en vérité ce plan était aussi source d'inconvénients : les prisonniers n'avaient que les cellules de leurs compagnons d'infortune pour horizon et ils ne jouissaient d'aucune intimité. Cent ans plus tard, la prison fut donc désaffectée ; elle est aujourd'hui protégée en tant que monument historique.

Savoir-faire

Liniculteur à Doudeville

Haute-Normandie

Emblème de Doudeville, en Seine-Maritime, le lin offre de nombreuses possibilités : résistant et écologique, on l'utilise pour le textile, pour nourrir le bétail, pour faire du papier, comme combustible et même en cuisine ! Deux tiers des surfaces françaises cultivées en lin sont en Haute-Normandie.

CITATION

Guadeloupe

« En Guadeloupe, le punch (celui à la vanille notamment), dont l'arôme à la fois doux, épicé et alcoolisé, exprime croirait-on la complexité des Antilles. »

Michel Leiris, « Fibrilles », La Règle du jeu, 1966

Ils ont marqué leur région…

Les frères Montgolfier

Rhône-Alpes

Un canard, un coq et un mouton dans un ballon de toile bleu et jaune, le tout à environ cinq cents mètres au-dessus du sol : c'est l'exploit qu'ont réalisé Joseph et Étienne de Montgolfier le 19 septembre 1783, sous les yeux ébahis de Louis XVI et de Marie-Antoinette. Originaires d'Annonay, les deux papetiers sont les premiers à avoir eu l'idée d'un système de ballons à air chaud, capables de s'envoler dans les airs, baptisés « montgolfières ». Perfectionnant leur système, ils aboutissent à la première expérience humaine de voyage aérien, puis sont nommés membres de l'Académie des sciences.

mardi 1er mars

lever : 7 h 33
coucher : 18 h 33

St Aubin

CITATION

Pays de la Loire

« Voici l'heure où dans les marais
doit perler le bleu de la mer.
Laissez-moi être, saliniers,
un petit grain de la saline ! »

Raphaël Alberti, Saliniers

Savoir-faire

Caveur de truffes en Dordogne

Aquitaine

Que fait cet homme avec un petit piolet ? Quelle est cette odeur boisée qui s'échappe de sa besace ? C'est un caveur de truffes, à la recherche du précieux champignon souterrain. Cette activité ancestrale, le caveur l'exerce avec son chien, dressé pour flairer le « diamant noir ».

La rubrique du 13 h

LE PONT DU GARD

Languedoc-Roussillon

Le pont du Gard fait la fierté du Languedoc-Roussillon. Avec ses dimensions importantes et ses arches sur trois niveaux, il attire chaque année de nombreux touristes. Ce chef-d'œuvre du génie civil, construit avec des pierres locales, fait partie d'un ancien aqueduc romain. Datant du Ier siècle, l'aqueduc conduisait sur cinquante kilomètres les eaux des sources d'Eure jusqu'à Nîmes, pour en alimenter les thermes. Aux alentours du VIe siècle, l'aqueduc fut abandonné et la conduite utilisée comme carrière ; ce n'est qu'à partir du XIXe siècle que des restaurations furent effectuées.

À table !

La poutargue

Provence-Alpes-Côte d'Azur

Spécialité de Martigues – on l'appelle d'ailleurs le « caviar martégal » –, la poutargue est une poche d'œufs de poisson (mulet) salée, séchée et enduite d'une couche de cire pour sa conservation. On la sert en copeaux avec de la brioche beurrée, sur des pâtes ou avec des œufs à la coque.

Quiz des villes & villages de France

Cette cité de villégiature et de ski de fond, située sur les bords du lac éponyme, est célèbre pour son Festival du cinéma fantastique, qui attire près de trente mille cinéphiles chaque année.

_ _ _ _ _ _ _ _ _

Ils ont marqué leur région…

Tino Rossi

Corse

Né à Ajaccio en 1907, ce chanteur et acteur est l'une des premières idoles de la chanson française, à une époque où l'industrie du disque n'en est qu'à ses balbutiements. Les débuts de Constantin Rossi sont modestes, et c'est une pancarte affichant « Enregistrez votre voix pour 5 francs » qui décide l'employé de casino à réaliser son premier disque ! Si son charme ne manque pas d'agir sur la gent féminine, ses chansons d'amour auront aussi ravi les maisons de disques : le succès du chanteur en fait le plus grand vendeur de disques français de tous les temps.

Gérardmer

mercredi 2 mars

lever : 7 h 31
coucher : 18 h 35

St Charles le Bon

À table !

Lapin au cidre

Basse-Normandie

Pour 6 personnes

Peler une botte d'oignons nouveaux et, selon leur grosseur, les couper en 2 ou en 4. Faire fondre 20 g de beurre dans une cocotte, y faire dorer les oignons et 100 g de lardons. Réserver. Jeter la graisse rendue, faire fondre de nouveau 20 g de beurre et y faire revenir 3 râbles de lapin tranchés. Saler et poivrer. Saupoudrer de farine, mélanger et laisser cuire 3 min. Arroser avec 25 cl de cidre brut et ajouter un bouquet garni. Couvrir et laisser mijoter 20 min. Nettoyer 250 g de petits champignons de Paris et les émincer. Les verser dans la cocotte et laisser cuire 5 min. Servir accompagné de pommes de terre vapeur.

Devinette

Pour quelle fragile spécialité la ville de Limoges est-elle connue ?

La porcelaine. Fabriquée à partir de kaolin – une argile blanche dont on trouve des gisements dans la région –, la porcelaine de Limoges est une appellation contrôlée réservée à la porcelaine fabriquée en Haute-Vienne.

La rubrique du 13 h

LES THERMES DE CHASSENON

Poitou-Charentes

Quand des vestiges antiques sont mis au jour en 1958 dans le département de la Charente, on ne découvre pas un palais comme on le pensait. Les thermes de Chassenon restent néanmoins un monument exceptionnel : construits sur deux niveaux, ces thermes étaient à la fois un lieu de cure, de détente et d'hygiène. Leur état de conservation est remarquable – ils ont été bâtis à la fin du Ier siècle après Jésus-Christ – et ils témoignent de la grande ingéniosité des Romains, qui avaient mis au point un système de chauffage perfectionné et un réseau d'alimentation et d'évacuation des eaux hors du commun.

Un jour en

Île-de-France

2 mars 1991

Le 2 mars 1991, Serge Gainsbourg s'éteint à Paris, ville qui l'a vu naître. Il laisse derrière lui une multitude de tubes : « Je composerai jusqu'à la décomposition », avait prédit l'Homme à tête de chou...

Savoir-faire

Les filandières de l'île d'Ouessant

Bretagne

Après la célèbre foire aux moutons qui se tient sur l'île en février, il faut tondre les troupeaux. Le traitement de la laine rythme alors la vie des Ouessantines, puisqu'elles la transforment : dessuintage, cardage et filage au fuseau, le regard toujours tourné vers la mer.

Ils ont marqué leur région...

Robert Doisneau

Midi-Pyrénées

Tout le monde connaît les photographies de Robert Doisneau : qui n'a pas été touché par l'image de ce couple s'embrassant fougueusement en pleine rue, ou amusé par cet écolier se retournant vers la pendule, pressé de rejoindre la cour de récréation ? On l'associe volontiers à la ville de Paris mais, pendant un demi-siècle, le photographe a passé ses vacances dans le Lot : « Le Lot est le plus beau paysage français que je connaisse », aurait-il affirmé. Il y flânait, mais y travaillait aussi, nous laissant à sa mort, en 1994, de nombreux clichés du Quercy.

jeudi 3 mars

lever : 7 h 29
coucher : 18 h 36

St Guénolé

Savoir-faire
Poêlier
Alsace

En Alsace, les artisans poêliers créent ou restaurent des poêles à bois traditionnels appelés « kachelofen ». En brique ou en fonte, les poêles sont habillés de carreaux de faïence, qui en font des objets tant décoratifs que fonctionnels : ils chauffent une maison entière de manière saine et écologique.

PACA en fête
La fête du Citron à Menton

Entre l'exposition d'agrumes, le jardin des lumières, les corsos des fruits d'or et le corso nocturne, c'est toute la ville qui s'agite au cœur de l'hiver. Les décors d'agrumes des jardins Biovès peuvent atteindre dix mètres de haut et peser jusqu'à quinze tonnes. Pendant deux semaines, les Mentonnais revêtent masques et costumes pour honorer le citron, emblème de la ville, qui en est la première productrice d'Europe.

La rubrique du 13 h

LA VIEILLE BOURSE DE LILLE
Nord-Pas-de-Calais

Construite au XVIIe siècle, pour rivaliser avec la bourse d'Anvers et offrir aux commerçants un lieu de rencontre, la vieille bourse de Lille est sans doute le plus beau monument de la ville nordiste. Le bâtiment se compose de vingt-quatre maisons, adossées à une galerie, autour d'une cour intérieure. Les fenêtres, les colonnes, la riche décoration ou encore les sculptures sont caractéristiques de l'architecture flamande. Autrefois lieu d'agitation perpétuelle, le monument est aujourd'hui un endroit paisible, où de nombreux joueurs d'échecs et bouquinistes se sont installés.

À table !
La lentille verte du Puy
Auvergne

Incontournable de la gastronomie auvergnate, la lentille verte du Puy fut le premier légume à bénéficier d'une AOC. Cultivée depuis plus de deux mille ans sur les plateaux du Velay, en Haute-Loire, elle profite d'un microclimat exceptionnel, qui lui permet d'arriver beaucoup plus vite à maturité.

CITATION
Haute-Normandie

« Je suis un barbare, j'en ai l'élan, l'entêtement, l'irascibilité. Normands tous autant que nous sommes, nous avons quelque peu de cidre dans les veines. »

Gustave Flaubert, Lettre à Louise Colet, 1852

Ils ont marqué leur région…
Jean Eugène Robert-Houdin
Centre

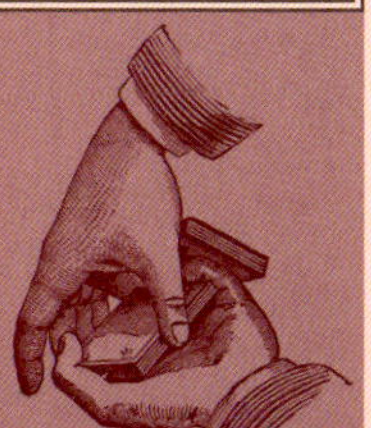

Orson Welles l'a qualifié de « plus grand magicien de tous les temps ». David Copperfield compte parmi ses plus grands admirateurs. Blois est devenu grâce à lui un des hauts lieux de la prestidigitation. Le talent de Robert-Houdin a pour le moins marqué les esprits ! Ce magicien d'origine blésoise conquiert entre 1845 et 1852 une renommée mondiale au sein de son théâtre des Soirées fantastiques, où son art éblouit les spectateurs venus en masse. Touche-à-tout et inventeur de génie, c'est lui qui inspire à Méliès la création des premiers trucages cinématographiques.

lever : 7 h 27
coucher : 18 h 38

St Casimir

À table !

Biscuit de Savoie au citron

Rhône-Alpes

Pour 6 personnes

Mélanger 8 jaunes d'œufs (conserver les blancs) avec 150 g de sucre, puis incorporer 100 g de farine et 30 g de Maïzena. Ajouter 1 pincée de sel et 1 zeste de citron jaune finement râpé. Monter les 8 blancs d'œufs en neige et ajouter 80 g de sucre. Incorporer la moitié des blancs dans le mélange précédent, ajouter de nouveau 100 g de farine et 30 g de Maïzena. Ajouter enfin le reste des blancs. Verser la préparation dans un moule à manqué beurré et mettre au four préchauffé à 180 °C durant 45 min.

Un jour en *Midi-Pyrénées*

4 mars 1832

Les hiéroglyphes n'ont aucun secret pour lui : Jean-François Champollion est le premier à déchiffrer la langue des pharaons. Il meurt le 4 mars 1832, mais ses travaux sur la pierre de Rosette font toujours autorité.

La rubrique du 13 h

LA PRESQU'ÎLE DE LA CARAVELLE

Martinique

Dans le parc naturel régional de la Martinique – on peut y admirer diverses espèces d'oiseaux –, un bras de terre de douze kilomètres s'avance dans l'Atlantique : la presqu'île de la Caravelle. Depuis le phare, la vue est splendide sur les falaises déchiquetées du bout de la presqu'île, battues par une mer très agitée. Il faut marcher à travers la mangrove, ce riche écosystème à mi-chemin entre la terre et la mer, où grouillent des centaines de crabes, pour atteindre la paradisiaque baie du Trésor ; selon la légende, elle doit son nom aux nombreux galions qui se seraient pris dans la barrière de corail.

CITATION

Provence-Alpes-Côte d'Azur

« Il n'y a pas de Provence. Qui l'aime aime le monde ou n'aime rien. »

Jean Giono, Provence, 1939

Savoir-faire

Relieur

Île-de-France

La reliure a deux usages : elle protège le livre et l'habille. La reliure d'art s'adresse surtout aux bibliophiles et correspond souvent à une pièce unique. Quand il restaure une couverture – comme c'est le cas pour les ouvrages de la BNF –, le relieur veille à ne pas dénaturer l'original.

Ils ont marqué leur région…

Ligier Richier

Lorraine

Représentant majeur de l'art funéraire du XVIe siècle, Ligier Richier est né vers 1500 à Saint-Mihiel, en Lorraine. Région où le talent du sculpteur est vite reconnu, puisqu'en 1530 il a l'honneur d'entrer au service du duc de Lorraine. Pourtant, l'artiste se voit contraint de s'exiler à Genève, pour des raisons n'ayant rien à voir avec son art : à l'époque, être protestant était loin d'être bien vu par les autorités françaises… Cela n'empêche pas les églises de sa région natale, notamment à Nancy ou Bar-le-Duc, d'être superbement ornées de ses sculptures d'inspiration religieuse.

L'amant, le coq et les laminak

Pourquoi il y a un trou dans le pont de Licq-Atherey

« La sorcière assise allonge sa lippe ;
L'araignée accroche au toit son filet ;
Le lutin reluit dans le feu follet
Comme un pistil d'or dans une tulipe. »
Victor Hugo, L'Art d'être grand-père, *« Choses du soir », 1877*

Il est à déplorer que les laminak se fassent de plus en plus discrets dans le Pays basque. Ce sont en effet des lutins qu'il est bon d'avoir dans le voisinage, en cela notamment qu'ils sont des bâtisseurs hors pair. On peut encore voir la trace de leur ouvrage à Licq, village jadis coupé par la rivière du Saison et dont les berges sont aujourd'hui reliées par un pont de pierre. Vous ne pourrez vous tromper d'endroit, il y est encore inscrit : « Laminen zubia » (pont des Laminak). Comme vous pourrez le constater, il manque toujours, bien que le pont ait été refait depuis, une pierre. L'histoire de ce trou remonte à un temps où les laminak, justement, vivaient encore nombreux, en tribus, dans la région de la Soule.

Les Ligitars rafistolaient alors régulièrement un pont de corde dont la solidité, toute relative, les inquiétait, au point qu'ils évitaient le plus souvent de traverser. N'ayant pas les fonds suffisants pour construire enfin un pont digne de ce nom, les villageois décidèrent de faire appel à des laminak voisins. Les lutins acceptèrent et furent donc chargés d'ériger l'édifice, mais en une seule nuit, avant le chant du coq. On les dit serviables, mais ils exigèrent néanmoins une contrepartie, et non des moindres : qu'on leur offre la plus belle fille de la commune. Les autorités n'hésitèrent pas une seconde à conclure le marché, mais l'amant de la promise, lui – et on le comprend –, ne l'entendit pas ainsi. Aussi, après avoir mûrement réfléchi, quand la nuit de la construction vint, ne ferma-t-il pas l'œil ; juste avant que l'aube pointe, il courut réveiller le coq, qui chanta de stupeur. Les laminak, qui n'avaient pas posé la dernière pierre, surpris et honteux de ne pas avoir terminé à temps leur ouvrage, s'enfuirent à toutes jambes. La pierre resta au sol, et ne fut jamais placée.

La France en fête

La fête des Grands-mères

Le premier dimanche de mars est l'occasion pour chacun de rendre hommage à sa chère mère-grand. Cette fête de plus en plus populaire, née en 1987, a comme la fête des Pères une origine commerciale : elle a été inventée par une célèbre marque de café. Et depuis 2008, pour rétablir la parité, on fête les grands-pères le premier dimanche d'octobre.

lundi 7 mars

lever : 7 h 21
coucher : 18 h 42

Ste Félicité

Quiz des villes & villages de France

Au cœur du golfe de Gascogne, cette station balnéaire basque accueillit en 1660 le mariage de Louis XIV et de l'infante d'Espagne Marie-Thérèse d'Autriche.

_____-____-__-___

À table !

Le cassoulet de Castelnaudary

Languedoc-Roussillon

Devenu l'emblème de la gastronomie languedocienne, le cassoulet est à l'origine un repas de fête paysan. Sa préparation est tout un art, et la discussion est toujours vive au sujet de la véritable recette. Un point sur lequel tous sont d'accord : la « cassole », le plat dans lequel il mijote.

La rubrique du 13 h

LA BAIE DE SOMME

Picardie

Véritable trait d'union entre la terre et la mer, la baie de Somme séduit par ses incroyables richesses. Ce grand estuaire de soixante-douze kilomètres carrés s'étend de la pointe du Hourdel au port pittoresque du Crotoy. La mer découvre la baie deux fois par jour, favorisant le développement de nombreuses espèces végétales, qui contribuent malheureusement à l'ensablement de la baie. Ce milieu naturel exceptionnel – on ne compte pas les marais et les dunes – est aussi le paradis des animaux, puisqu'il est un grand site de passage d'oiseaux migrateurs et qu'il abrite la plus nombreuse colonie de phoques d'Europe.

Devinette

Qu'appelle-t-on une « réderie » dans le nord de la France ?

Une brocante, ou vide-greniers. La grande réderie de printemps d'Amiens, qui est probablement l'une des plus grandes réderies du nord de la France, rassemble tous les ans des milliers de chineurs.

Savoir-faire

Salaisonnier à Morteau

Franche-Comté

L'origine de la saucisse de Morteau remonte au XVIe siècle avec l'apparition des fermes à tuyé, nom donné à la pièce centrale où l'on fait brûler les genévriers et les résineux des massifs jurassiens pour se chauffer mais aussi pour fumer les salaisons.

Ils ont marqué leur région…

Louise Michel

Champagne-Ardenne

La Vierge rouge est née à Vroncourt-la-Côte, dans la Haute-Marne, mais c'est à Paris que sa vie prend un tournant décisif. Institutrice de formation, Louise Michel commence par ouvrir une école dans le quartier de Montmartre en 1853, tout en fréquentant le milieu révolutionnaire. En 1871, participant à la Commune de Paris, elle est blessée en combattant lors de la Semaine sanglante. Déportée en Nouvelle-Calédonie pendant huit années, elle regagne Paris en 1880 et reprend ses combats de plus belle jusqu'en 1905, date où elle disparaît, après avoir mené, sans relâche, une vie de lutte.

Saint-Jean-de-Luz

mardi 8 mars

lever : 7 h 19
coucher : 18 h 44

St Jean de Dieu

DICTON
Aquitaine
Mardi gras haut ou bas,
petite lune tu auras.

Savoir-faire
Enlumineur
Bourgogne

L'enluminure s'est développée au Moyen Âge grâce aux moines copistes, notamment à l'abbaye de Cluny, en Saône-et-Loire. Aujourd'hui, cet art décore toujours les manuscrits sacrés ou profanes. Se servant de pigments naturels et de feuilles d'or, l'enlumineur dessine des lettrines et orne le papier.

La *France* en fête
Le Mardi gras

Le Mardi gras, c'est pour les enfants le jour où l'on se déguise, où l'on mange des crêpes ou des beignets. À la veille du mercredi des Cendres, le jour du Mardi gras marque, dans la tradition chrétienne, la fin de la semaine de ripailles qui précède le carême. Les chrétiens entament une période pendant laquelle ils vont faire maigre, en évitant la viande. L'étymologie du mot « carnaval » vient de cette tradition de supprimer la viande, la « carne », lors des repas.

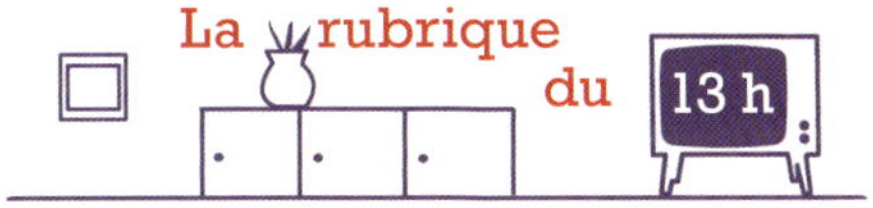

ÎLE DE FÉDRUN
Pays de la Loire

Au cœur du parc naturel régional de Brière, l'île de Fédrun vous transporte à une autre époque. Elle est l'une des sept îles d'un archipel qui forme la commune de Saint-Joachim, en Loire-Atlantique. Pittoresque, l'île de Fédrun compte un nombre important de chaumières, l'habitat traditionnel du marais de Brière ; deux de ces maisons sont ouvertes au public, pour raconter la vie briéronne au XIXe siècle. Le marais abrite aussi une faune et une flore remarquables, à observer depuis les curées, ces canaux que l'on sillonne à bord d'un chaland, une barque à fond plat conduite à l'aide d'une perche.

À table !
Crottins de Chavignol chauds
Centre

Pour 4 personnes
Couper 2 pommes en lamelles et les répartir sur 4 tranches de pain de campagne. Sur chaque tranche, disposer 1 crottin de Chavignol, coupé en 2 dans l'épaisseur, et arroser d'huile d'olive. Mettre sur une grille, à four chaud, pendant 20 min environ. Assaisonner une salade frisée et la répartir dans quatre assiettes. Parsemer de cerneaux de noix et déposer les crottins. Servir aussitôt.

Un jour en *Bretagne*
8 mars 1990

Le nom d'un département peut-il changer ? Oui : c'est ce qui s'est passé le 8 mars 1990. Jugé dépréciatif et défavorisant pour le tourisme, le nom des Côtes-du-Nord, en Bretagne, change pour celui, plus poétique, de Côtes-d'Armor, qui signifie « côtes du pays de la mer ».

Ils ont marqué leur région…
Christian Dior
Basse-Normandie

Si à Granville, il est possible de visiter le musée et les jardins Christian Dior, c'est que l'illustre couturier y a passé son enfance. L'établissement, perché sur la falaise, est l'ancienne villa de la famille Dior, et les jardins ont été aménagés par la maîtresse de maison. On peut y admirer de nombreuses pièces du créateur du style « new-look ». De nos jours, plus d'un demi-siècle après sa mort, le nom de « Dior » est un incontournable du luxe et de la haute couture.

mercredi 9 mars

lever : 7 h 17
coucher : 18 h 45

Ste Françoise

Savoir-faire
Chaudronnier à Durfort
Midi-Pyrénées

Avec l'apparition des métaux apparut le métier de chaudronnier. À Durfort, cette activité est née au début du XVe siècle, faisant de ce charmant village du Tarn un important centre de chaudronnerie. La profession a su évoluer et traverser les siècles tout en préservant un savoir-faire unique.

Quiz des villes & villages de France

Cette capitale du duché des Bourbons, située sur l'Allier, aurait été fondée par un homme venu trouver refuge dans un moulin à côté duquel il fit construire son palais.

_ _ _ _ _ _ _

À table !
La farcidure
Limousin

Cette spécialité corrézienne est le plat du pauvre par excellence, ce qui n'empêche pas qu'elle soit savoureuse. Il s'agit d'un mélange à base de purée et de pommes de terre râpées, que l'on ramasse en boules et que l'on cuit dans le bouillon du petit salé.

La rubrique du 13 h

LES REMPARTS DE SAINT-MALO
Bretagne

Saint-Malo, qui fut une île il y a bien longtemps, est une ville close posée sur un rocher, prête à se défendre. Ses premiers remparts datent du XIIe siècle et furent plusieurs fois restaurés ; Vauban leur ajouta encore de nouveaux éléments fortifiés au XVIIe siècle. « Le tour des murs », comme disent les Malouins – l'épaisseur des remparts atteint sept mètres à certains endroits –, est une promenade très prisée de près de deux kilomètres : les tours de guet et le chemin de ronde offrent une vue spectaculaire sur la mer ou sur le château de Saint-Malo, qui abrite maintenant la mairie.

La France en fête
Le mercredi des Cendres

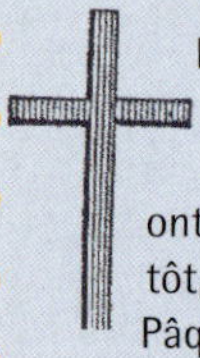

Le mercredi des Cendres tient son nom de la combustion des rameaux qui ont été bénis onze mois plus tôt, le dimanche précédant Pâques. Ils symbolisent la dissolution des corps, qui retournent « en poussière » après la mort. Le prêtre dessine sur le front des fidèles qui se sont rendus à l'église des croix de cendres, en signe d'invitation à la pénitence.

Ils ont marqué leur région...
Auguste Perret
Haute-Normandie

Si l'architecture d'Auguste Perret ne fait pas l'unanimité en raison de son goût pour le béton armé, c'est à lui que l'on doit la reconstruction de « la ville la plus détruite de France ». À 71 ans, il s'attaque à ce chantier gigantesque qui doit donner un nouveau visage au Havre, suite aux ravages de la Seconde Guerre mondiale. Ses bâtiments épurés donnent à la ville sa physionomie si particulière, que certains trouvent attachante, mais qui peut surprendre les visiteurs non avertis. Quoi qu'il en soit, son côté exceptionnel lui vaut, depuis 2005, son classement au patrimoine mondial de l'Unesco.

Moulins

jeudi 10 mars

lever : 7 h 15
coucher : 18 h 47

St Vivien

Un jour en
Aquitaine
10 mars 1923

Sortie en France du premier roman de Raymond Radiguet, *Le Diable au corps*. Le jeune auteur eut l'occasion de terminer l'écriture de son livre à Grand Piquey, sur la presqu'île du cap Ferret, où il séjournait en compagnie de Jean Cocteau.

Savoir-faire
Lavandier dans la Drôme
Rhône-Alpes

La lavande est connue depuis l'Antiquité pour ses vertus médicinales ainsi que pour son parfum envoûtant, et elle reste un symbole de la Provence. De nos jours, si la récolte n'est plus faite à la faucille, les producteurs gardent la même exigence de qualité, tout en cherchant à protéger l'environnement.

La rubrique du 13 h

CHÂTEAU DU HAUT-KŒNIGSBOURG
Alsace

Situé dans la commune d'Orschwiller d'où il domine la plaine d'Alsace, le Haut-Kœnigsbourg est la forteresse médiévale la plus visitée de France. Pourtant, elle ne date pas du Moyen Âge : ses ruines romantiques furent cédées à la fin du XIXe siècle à l'empereur d'Allemagne Guillaume II, qui ordonna une remise en état minutieuse pour en faire un des lieux symboliques de l'Alsace. Depuis la forteresse de grès rose, entourée par la forêt vosgienne, le panorama est somptueux : les paysages de plaines et de montagnes s'étendent au-delà du Rhin, jusqu'à la lointaine Forêt-Noire.

À table !
Tarte des noces de l'Île d'Yeu
Pays de la Loire

Pour 4 personnes
La veille, faire tremper 200 g de pruneaux dans de l'eau froide avec 1 c. à café de cannelle en poudre. Le jour même, faire cuire les pruneaux dans un peu d'eau pendant 30 min. Les égoutter, les dénoyauter et les mettre sur feu doux pendant 5 min avec 100 g de sucre et 5 cl de rhum. Laisser complètement refroidir. Étaler un bloc de pâte feuilletée et en prélever quelques bandes pour faire des croisillons sur la tarte. Foncer un moule beurré et garnir la pâte avec les pruneaux. Disposer dessus des bandes de pâte en croisillons et badigeonner de jaune d'œuf. Faire cuire 30 min à 220 °C.

DICTON
Basse-Normandie

Lorsque le pivert crie,
il annonce la pluie.

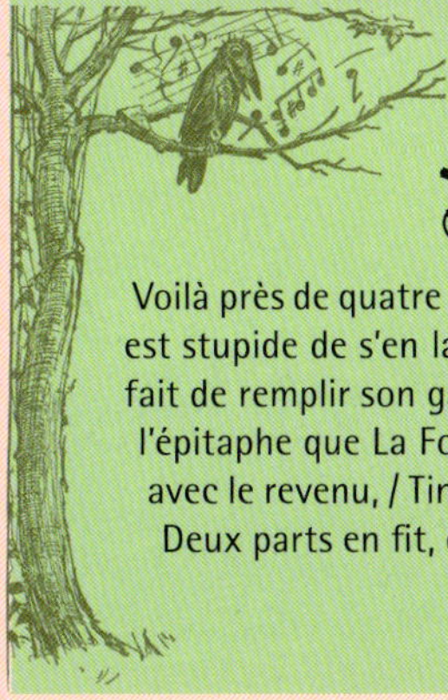

Ils ont marqué leur région…
Jean de La Fontaine
Picardie

Voilà près de quatre cents ans que tous les petits écoliers de France apprennent combien le corbeau est stupide de s'en laisser conter par le renard et pourquoi cette écervelée de cigale aurait mieux fait de remplir son garde-manger, au lieu de chanter tout l'été. En revanche, ils ignorent peut-être l'épitaphe que La Fontaine s'était choisie : « Jean s'en alla comme il était venu, / Mangea le fonds avec le revenu, / Tint les trésors chose peu nécessaire. / Quant à son temps, bien sut le dispenser : / Deux parts en fit, dont il voulait passer / L'une à dormir et l'autre à ne rien faire. »

vendredi 11 mars

lever : 7 h 13
coucher : 18 h 49

Ste Rosine

Devinette

Quel nom de commune d'Eure-et-Loir est un pléonasme ?

Châteaudun. Les deux éléments qui constituent son nom, *castellum* en latin et *dunon* en gaulois, désignent tous deux une forteresse. Son premier château est une forteresse du xe siècle.

À table !

Le tourteau fromager

Poitou-Charentes

Dans le Poitou, à Pâques ou lors d'un mariage, on préparait autrefois des gâteaux ronds à base de fromage de chèvre frais. Un jour, un gâteau fut oublié dans le four et on découvrit sous sa croûte noire un cœur fondant au goût délicat. La célèbre pâtisserie régionale était née !

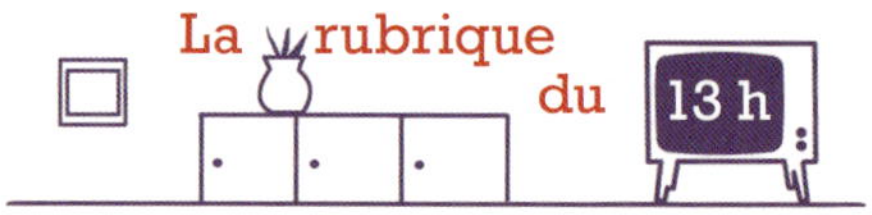

LE LAC DE SAINT-POINT

Franche-Comté

Connu également sous le nom de lac de Malbuisson, le lac de Saint-Point, alimenté par le Doubs, est l'un des plus grands lacs naturels de France. Sa superficie est de près de quatre cents hectares pour une longueur d'environ sept kilomètres. Pendant la belle saison, il est pris d'assaut par les baigneurs et les amateurs de sports nautiques. Les pêcheurs ne sont pas en reste : ils sondent de leurs cannes les profondeurs, dans l'espoir de ramener des gardons ou des corégones. En hiver, le lac se transforme en une immense patinoire naturelle, où l'on peut s'initier au char à glace.

Savoir-faire

Oléiculteur

Corse

Le climat méditerranéen corse est très favorable à la culture des oliviers. D'ailleurs, l'olivier sauvage était déjà présent sur l'île dans l'Antiquité. On trouve encore, dans la montagne, des oliviers centenaires qui sont entretenus, tels des fragments du patrimoine, pour résister aux assauts du maquis.

DICTON

Lorraine

Soleil de mars
donne des rhumes tenaces.

Ils ont marqué leur région…

Les frères Michelin

Auvergne

À chacun sa spécialité : André, le cartographe, est à l'origine des guides touristiques et cartes routières utilisés par les conducteurs depuis plus d'un siècle. Quant à Édouard, il s'est davantage consacré à la fabrication de pneus en caoutchouc, qui ont révolutionné l'automobile. Ces deux fils d'un Auvergnat constructeur de machines agricoles ont fondé en 1889 la société Michelin et Cie. Bureau de renseignements, itinéraires routiers, ou encore signalisation routière ont été inaugurés par ces pionniers au service des automobilistes, encore peu nombreux à l'époque.

Les feux follets

L'ignorance des scientifiques

« Allez ! pensez à autre chose !
Des follets brillent dans l'ombre,
Et la voix que j'entendais
Se mêle aux cris d'un grand nombre
De lutins, de farfadets.
Au bruit d'une aigre trompette
Le sabbat a commencé. »

Pierre-Jean de Béranger, Chansons, *1829*

Dans bien des situations, il est fort utile d'avoir recours à un dictionnaire. Pour connaître l'orthographe d'un mot, par exemple, il n'y a rien de tel. Cherchez « feu follet », et vous saurez immédiatement qu'il faut l'écrire en deux mots et doubler le « l » dans le second. Il faut en revanche se méfier des définitions. Cherchez « feu follet » dans ce même ouvrage : préparez-vous aux pires erreurs. On peut ainsi lire, par exemple, et dans un dictionnaire de renom, « Feu follet : flamme légère et fugitive produite par la combustion spontanée de gaz dégagés par de la matière organique, tels que le phosphore d'hydrogène et le méthane. » N'est-ce pas accablant? Cela expliquerait, selon les scientifiques, que les feux follets se rencontrent davantage dans les marécages et les cimetières... Seigneur, mais quelle ignorance ! Sachez tout d'abord que les feux follets n'ont pas toujours la forme d'une flamme. Dans le Poitou, ce sont parfois des croix, des cierges ou des sphères dont les feux follets prennent l'apparence. Ce serait donc une réaction chimique, comme le prétendent les encyclopédies, mais qui ferait preuve de volonté ? Évidemment non, cela n'aurait aucun sens. Il faut être pourvu d'une âme pour désirer se changer en croix... Or, les feux follets en possèdent une, c'est le moins que l'on puisse dire : ils ne sont qu'esprit !

Car voici la vérité : les feux follets sont les âmes en peine de défunts condamnés à errer dans notre monde. Certains conteurs – ces gens-là sont quant à eux de grands savants – affirment qu'il suffit de prier quand on les rencontre, afin de les voir disparaître et de leur permettre de reposer enfin en paix. On leur prête pourtant, dans bien des régions, des intentions malicieuses, voire malignes. On raconte en effet qu'ils cherchent à égarer les voyageurs dans les ténèbres ou à les jeter depuis les ponts dans les rivières. Pourtant, dans les marécages du Poitou, les feux follets, s'ils poursuivent ceux qui les fuient, semblent fuir ceux qui les poursuivent... Et certains témoins affirment que ces petits êtres surnaturels les ont même aidés à traverser des ponts. Il semblerait donc qu'ils ne se comportent pas de la même façon selon les régions, et force est d'admettre qu'ils sont assez mystérieux. Mais à quoi bon chercher à connaître les âmes par la chimie? Tout de même, restons raisonnables...

lundi 14 mars

lever : 7 h 07
coucher : 18 h 53

Ste Mathilde

À table !

Le gâteau basque

Aquitaine

Pour 6 personnes

Battre 2 œufs et 1 jaune avec 200 g de sucre. Ajouter 250 g de beurre mou, 400 g de farine et 1 sachet de levure chimique. Former une boule et laisser reposer 1 h. Prélever 2/3 de la pâte, l'étaler et en garnir un moule beurré en la laissant déborder. Répartir un pot de confiture de cerises noires sur la pâte. Prendre le restant de pâte, l'étaler et en recouvrir le moule. Souder les bords en les badigeonnant du blanc d'œuf restant. Cuire environ 40 min au four préchauffé à 160 °C.

Quiz des villes & villages de France

Cette ville du Limousin est la capitale du gant, avec plus d'un million cinq cent mille paires produites par an. Le patron de la ville – dont elle porte le nom – est invoqué pour la guérison des aveugles.

_ _ _ _ _ - _ _ _ _ _ _

La rubrique du 13 h

LA PLACE STANISLAS À NANCY

Lorraine

Autrefois appelée « place Royale » en l'honneur de Louis XV, la place Stanislas est sans doute le plus emblématique des ouvrages voulus par Stanislas Leszczynski, duc de Lorraine, pour embellir sa ville de Nancy. Cet ensemble rectangulaire d'une harmonie parfaite fut réalisé entre 1751 et 1760 par Emmanuel Héré à la demande du duc. La place, qui relie le centre médiéval aux quartiers plus récents, est bordée par sept pavillons de style néoclassique. Les grilles et portiques de fer forgé rehaussé d'or et les fontaines peuplées de nymphes achèvent la magnificence de la place Stanislas.

CITATION

Bretagne

« Oui, je t'ai vu sauvage,
hors de ta possession,
devant endosser les assauts du vent. »

Eugène Guillevic (à Carnac), 1961

Savoir-faire

Dentellières à Alençon

Basse-Normandie

La dentelle au fuseau vit actuellement un renouveau ; à Alençon, en Basse-Normandie, où elle est la reine des dentelles, elle n'a jamais cessé d'exister. C'est d'ailleurs là qu'est établi l'Atelier national du point d'Alençon, où une douzaine de dentellières perpétuent la tradition.

Ils ont marqué leur région…

Dominique Larrey

Midi-Pyrénées

De famille pauvre, Dominique Larrey vit jusqu'à l'âge de 13 ans à Beaudéan, dans les Hautes-Pyrénées. C'est grâce au curé de son village, qui remarque son potentiel, qu'il échappe à sa modeste condition et part étudier la médecine. Étudiant brillant, il remporte de nombreux prix, mais préfère aux postes prestigieux les actions humanitaires, comme la création des « ambulances volantes ». C'est que le jeune homme a des penchants révolutionnaires, qui lui inspirent la sympathie de Napoléon Bonaparte et en feront le chirurgien en chef de la Grande Armée, suivant l'Empereur lors de toutes ses campagnes.

Saint-Junien

mardi 15 mars

lever : 7h05
coucher : 18h55

Ste Louise

Quiz des villes & villages de France

Berceau légendaire de sainte Odile, patronne de l'Alsace, cette commune attire les touristes qui viennent admirer son beffroi et ses maisons à colombages.

_ _ _ _ _ _ _

Savoir-faire
Nacrier sur l'île d'Aix
Poitou-Charentes

Qui n'a jamais ramassé de coquillages sur la grève parce qu'ils avaient de jolis reflets ? Plutôt que de les laisser dans un tiroir, le nacrier les transforme en véritables bijoux. Il utilise diverses variétés, selon la palette de couleurs recherchée, puis les polit et les taille, tels des diamants.

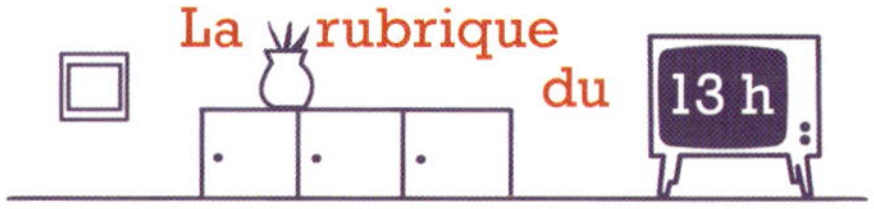

LE MOULIN À VENT DE DOSCHES
Champagne-Ardenne

Au XVIIIe siècle, le département de l'Aube comptait plus de cent trente moulins à vent, dont deux pour la commune de Dosches ; à la fin du XXe siècle, aucun n'avait survécu. C'est en faisant ce triste constat que l'Association des moulins à vent champenois, qui milite pour la sauvegarde du savoir-faire des meuniers et des charpentiers de moulins, eut l'idée de reconstruire un moulin à vent du xviiie siècle. Les plans ont été réalisés à partir d'une carte postale, et le chantier a débuté en 2004, conduit par Erwin Schriever, un compagnon charpentier. Inauguré en 2007, le moulin accueille dix mille personnes chaque année.

À table !
Tarte Bourdaloue
Île-de-France

Pour 6 personnes

Garnir un moule beurré d'une pâte brisée et faire cuire à blanc pendant 8 min à 210 °C.
Mélanger 100 g de poudre d'amandes avec 250 g de crème pâtissière et verser sur le fond de tarte. Éplucher 1,5 kg de poires, les couper en 2, les équeuter, les épépiner et les disposer en rond, queue vers le centre de la tarte, en les enfonçant légèrement.
Mettre au four 25 min.
À la sortie du four, napper la tarte de confiture d'abricots chauffée et additionnée d'alcool de poire.
Parsemer d'amandes effilées grillées.

Devinette

Quelle fut la dernière demeure de Léonard de Vinci ?

Amboise, en Indre-et-Loire. François Ier, afin de lui permettre de répandre l'art nouveau de la Renaissance, l'invite à vivre au Manoir du Cloux, aujourd'hui Clos-Lucé, en 1517. Il y passera les trois dernières années de sa vie.

Ils ont marqué leur région...
Salvador Dalí
Languedoc-Roussillon

La gare de Perpignan, le « centre du monde » ? C'est l'avis de Salvador Dalí qui, comme chacun sait, n'en est pas à une extravagance près. Cette révélation, qui a eu lieu alors qu'il passait ses vacances dans la ville, lui a inspiré en 1965 à un tableau immortalisant la gare. L'artiste peintre, qui a passé sa vie entre l'Espagne et la France, est associé au surréalisme, mais c'est en électron libre qu'il évolue tout au long du XXe siècle. Influencé par Freud, il bâtit dans ses toiles un monde onirique, où il cherche à mettre en œuvre sa méthode « paranoïaque critique ».

Obernai

lever : 7 h 02
coucher : 18 h 56

Ste Bénédicte

CITATION
Aquitaine

« Pau est la plus belle vue de terre, comme Naples est la plus belle vue de mer. »
Alphonse de Lamartine

À table !
Omelette corse
Corse

Pour 4 personnes
Battre 8 œufs et leur incorporer 400 g de brocciu écrasé grossièrement. Saler et poivrer. Ajouter un bouquet de menthe hachée. Verser le mélange d'œufs battus et de brocciu dans une poêle, préalablement chauffée avec de l'huile d'olive.
Cuire à feu moyen.
Servir l'omelette encore un peu baveuse, mais déjà dorée.

La rubrique du 13 h

LA TOUR DE L'HORLOGE D'ISSOIRE
Auvergne

Cet ancien beffroi, datant de 1480 et établi au cœur de la cité, est un monument unique – symbole de l'époque Renaissance – dans cette ville du Puy-de-Dôme. La tour de l'Horloge a servi de tour de guet, puis de maison communale, tandis que sa cloche rythmait la vie quotidienne des Issoiriens à quelques mètres de l'abbatiale Saint-Austremoine. Son sommet offre un panorama exceptionnel sur Issoire et ses environs volcaniques, le massif du Sancy, le Livradois et le val d'Allier. Aujourd'hui, la tour permet de suivre en scénovision les aventures d'un jeune Issoirien du temps de la Renaissance.

Savoir-faire
Maçon

Limousin

Depuis des siècles, la Creuse est célèbre pour ses maçons. De nombreux Creusois ont ainsi participé aux grands travaux haussmanniens à Paris. Aujourd'hui, la maçonnerie est toujours ancrée dans la région. Il existe même une technique appelée le « limousinage » !

Un jour en
Midi-Pyrénées
16 mars 1244

Le 16 mars 1244 est un jour sombre pour les cathares. Jugés hérétiques par les catholiques et pourchassés, ils sont contraints de capituler à Montségur où ils choisissent le bûcher plutôt que de renoncer à leur foi.

Ils ont marqué leur région…
Les frères Schneider
Bourgogne

En 1836, s'installent au Creusot Adolphe et Eugène Schneider, bien décidés à partir à la conquête de la révolution industrielle. Armement, locomotives, torpilleurs, sous-marins et électricité : l'entreprise sait s'adapter aux besoins de son temps. En 1959, Schneider se voit qualifié par De Gaulle de « pilote de l'économie nationale ». Il aura fallu passer outre les aléas économiques du XXe siècle : la crise de 1930 et la Seconde Guerre mondiale ont été de sévères menaces pour les anciennes fonderies du Creusot, rebaptisées Schneider Electric en 1999.

jeudi 17 mars

lever : 7 h
coucher : 18 h 58

St Patrice

À table !

La palette à la diable

Alsace

Ce fameux plat alsacien tire son nom d'un récipient – le diable – utilisé pour faire cuire des pommes de terre dans la cheminée. La palette, un morceau de l'épaule du cochon, est salée dans la saumure, puis enrobée de moutarde et emmaillotée dans un filet de crépine, avant d'être cuite au four.

Savoir-faire

Ardoisier

Pays de la Loire

Une partie du département de la Mayenne est appelée le «Pays ardoisier». Aux XVIIIe et XIXe siècles, les principales mines ardoisières se trouvaient en Anjou. Aujourd'hui encore, le fendeur travaille les blocs de schiste brut, afin d'en extraire l'ardoise qui couvre les maisons angevines.

La rubrique du 13 h

PONT-AUDEMER, LA VENISE NORMANDE

Haute-Normandie

Au cœur de la vallée de la Risle, dans l'Eure, les journées s'écoulent paisiblement à Pont-Audemer. Au carrefour des grandes agglomérations normandes – Rouen, Le Havre et Caen –, la ville est bâtie sur deux bras de la Risle, et la multitude de canaux qui les relient lui a valu le surnom de « Venise normande ». Dans le vieux centre typiquement normand, les maisons à colombages, les ruelles, les impasses couvertes et les petits ponts de pierre évoquent la période médiévale, tandis que les anciens séchoirs à peaux rappellent le temps prospère où la ville se consacrait au travail du cuir.

Quiz des villes & villages de France

Guillaume le Conquérant naquit en 1028 dans ce gros bourg qui fut capitale du duché de Normandie et qui doit son nom à l'éperon rocheux sur lequel il est situé.

_ _ _ _ _ _ _

La France en fête

La Saint-Patrick

Au Ve siècle, saint Patrick, un évangélisateur anglais, voulut expliquer au peuple irlandais la Sainte-Trinité avec un trèfle, devenu l'emblème de l'Irlande. La légende raconte qu'il a alors chassé de l'île les serpents, qui représentent le diable. Cet acte est resté comme le symbole de la christianisation du peuple. La Saint-Patrick, ou St. Paddy's Day, fête nationale irlandaise, est aujourd'hui célébrée davantage dans les pubs que dans les églises.

Ils ont marqué leur région…

Famille Gayant

Nord-Pas-de-Calais

« Gayant » signifie « géant » en patois picard, et la famille porte bien son nom : huit mètres cinquante et trois cent soixante-dix kilos pour Monsieur Gayant, le père ; six mètres vingt-cinq et deux cent cinquante kilos pour Marie Cagenon, la mère. Ils bénéficient également d'une extraordinaire longévité, puisqu'ils sont nés en 1530, et qu'on les rencontre encore tous les ans dans les rues de Douai, pour célébrer la fête communale ! Mais il faut préciser un détail : les Gayant sont en osier et nécessitent l'aide de plus de cinquante personnes pour se déplacer. En 2005, ces personnages, qui font la fierté de Douai, ont été classés au patrimoine mondial de l'Unesco.

Falaise

vendredi 18 mars

lever : 6 h 58
coucher : 18 h 59

St Cyrille

Devinette

Quel objet ornant de nombreuses maisons françaises est une spécialité de la région franc-comtoise ?

Une horloge. L'horloge comtoise est très populaire et a longtemps été un meuble incontournable de toutes les fermes franc-comtoises. Elle est aujourd'hui un objet de collection.

À table !

Soupe à la mode de Saint-Brieuc

Bretagne

Pour 6 personnes

Émincer 2 grosses carottes, 1 navet, 1 cœur de chou, 3 poireaux et 1 oignon. Mettre les légumes dans un faitout avec 50 g de beurre et cuire à feu doux pendant 30 min. Ajouter 2 l d'eau, saler et poivrer. Poursuivre la cuisson.
Au bout de 30 min, ajouter 500 g de poitrine détaillée en morceaux et 6 pommes de terre coupées en 4. Cuire encore 45 min et servir.

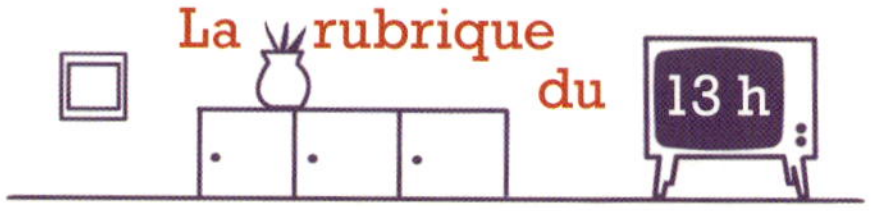

LES VITRAUX DE LA CATHÉDRALE DE CHARTRES

Centre

Quand on pénètre dans la cathédrale de Chartres, on se trouve immédiatement happé par la lumière bleutée qui transparaît de ses vitraux. Chef-d'œuvre de l'art roman, le plus important ensemble vitré du XIIIe siècle – certaines pièces datent du siècle précédent – est connu dans le monde entier pour ce fameux « bleu de Chartres », un bleu cobalt exceptionnel, dont on ne connaît toujours pas les secrets de fabrication. Plusieurs ateliers de verriers anonymes se sont succédé pendant trois décennies, pour mettre en place près de deux cents vitraux sur une surface de deux mille cinq cents mètres carrés.

Un jour en *Rhône-Alpes*
18 mars 1962

Le 18 mars 1962, la ville thermale d'Évian-les-Bains est le théâtre des accords entre la France et le FLN qui vont mettre fin à la guerre d'Algérie. Le 1er juillet de la même année, l'Algérie choisira l'indépendance par référendum.

Savoir-faire

Restaurateur de tapisseries anciennes

Picardie

Antiquaires, musées ou amateurs éclairés font appel à ces maîtres de l'aiguille pour réparer les cruelles atteintes du temps. Restaurer ces pièces, témoins d'époques révolues, demande du talent et de l'habileté, mais aussi de l'imagination et un goût pour la recherche historique.

Ils ont marqué leur région...

Joséphine Baker

Aquitaine

Le destin du château des Milandes, en Dordogne, est étroitement lié à celui de Joséphine Baker. On la connaît surtout pour avoir fait scandale dans les revues parisiennes, vêtue de sa ceinture de bananes. Ce que l'on sait moins, c'est qu'elle a acheté ce château en 1947 et y a apporté de somptueux aménagements, dont l'eau courante, l'électricité, mais surtout une piscine, un minigolf et deux théâtres ! Ses intérêts ne se limitaient pas à ce genre de luxe, car en 1961 elle a reçu dans ce château la médaille de la Légion d'honneur pour sa contribution à la résistance durant la Seconde Guerre mondiale.

La sainte et l'ourson

Le songe de dame Richarde

« Pourquoi douter des songes ? La vie, remplie de tant de projets passagers et vains, est-elle autre chose qu'un songe ? »
Bernardin de Saint-Pierre, Paul et Virginie, *1787*

L'une des vieilles légendes d'Alsace raconte que jadis vivait l'empereur Charles le Gros, et qui était, si ce n'est fourbe, du moins mal conseillé. L'homme accusa en effet sa femme, pourtant vertueuse, d'adultère : souhaitait-il la répudier ? De perfides courtisans cherchaient-ils à lui nuire ? Toujours est-il qu'il fit passer à son épouse, dame Richarde, l'ordalie du feu afin d'éprouver sa parole. Les flammes ne la brûlant point, l'épreuve l'innocenta. Mais, peu de temps après, la reine désira quitter le château afin de se retirer du monde et de vivre au service de Dieu. On dit qu'elle fit alors un songe où il lui fut indiqué que là où elle verrait l'ourse creuser, elle aurait trouvé le lieu de sa retraite.

En effet, alors qu'elle marchait depuis plusieurs jours, elle aperçut à l'entrée de la vallée de l'Andlau une ourse gratter la terre. Près d'elle gisait son petit, mort : l'animal creusait une tombe pour son ourson. Ses gens lui conseillèrent de ne pas approcher de la bête féroce, mais Richarde s'approcha pour la caresser. L'ourse, désespérée mais adoucie, se laissa faire. La reine prit alors l'ourson dans ses bras et le réchauffa contre elle, confiante, apaisant la mère de ces paroles : « Ne creuse pas davantage cet éternel lit, ton petit revient à la vie. » Et sous le regard du cortège accompagnant la sainte, l'ourson ouvrit les yeux et se redressa.

Respectant la volonté de son rêve, dame Richarde fit venir des maçons et bientôt fut bâti un couvent à l'endroit même où l'ourse avait creusé la terre. On dit que les comparses vosgiens de cette dernière, respectueux, rôdèrent autour du bâtiment lors de sa consécration, mais ne revinrent jamais troubler la vie prospère de la communauté. Lorsque la sainte mourut, on l'enterra à même la terre, près de l'église, selon sa volonté. L'heure de l'ourse n'étant pas encore venue, la bête déterra le corps de la sainte afin de la serrer contre elle et de la ressusciter à son tour, mais Dieu l'avait bien rappelée à lui et l'ourse apprivoisée ne put rien faire. Dès lors, elle ne quitta plus la tombe que personne n'osait plus approcher et mourut à son tour, près de celle qui l'avait vu en songe.

lundi 21 mars

lever : 6 h 52
coucher : 19 h 04

Ste Clémence

À table !

Quiche à la créole au poulet fumé

Pom-Pom

Pour 4 personnes

Émincer 2 poireaux et les faire cuire 15 min dans une sauteuse avec 20 cl de lait de coco, un cube de bouillon de volaille, le zeste râpé d'un citron vert et 1 c. à café de gingembre râpé.

Dans un saladier, mélanger la chair de poulet fumé coupée en dés avec les poireaux et 3 œufs. Saler et poivrer.

Garnir un moule à tarte d'une pâte feuilletée et y verser la préparation. Cuire 30 min dans le four préchauffé à 200 °C.

CITATION

Haute-Normandie

« Rouen est une ville que l'on n'oublie point quand on y a vécu, et dont l'empreinte est marquée au plus profond de nous-mêmes. »

Maurice Leblanc,
Lettre ouverte à André Maurois, 1929

La rubrique du 13 h

LE MONT BLANC

Rhône-Alpes

Point culminant de la chaîne des Alpes, à cheval entre la France et l'Italie, le mont Blanc s'élève à quatre mille huit cent dix mètres. Plus de deux cents ans après la première ascension de son sommet, il fascine toujours autant. Et pour ceux qui ne résistent pas à l'appel de l'altitude, qui rêvent de « faire le mont Blanc », il ne faut pas oublier que la montagne est dangereuse, et qu'il faut l'affronter bien préparé. Des guides entraînés mènent chaque année les plus courageux jusqu'au royaume enchanté de la Déesse blanche, cette fée qui, selon la légende, vit sur le « toit de l'Europe ».

Quiz des villes & villages de France

Édifiée par les Génois sur un promontoire rocheux difficile d'accès, « la plus corse des villes corses », selon Prosper Mérimée, domine le golfe du Valinco.

_ _ _ _ _ _ _

Savoir-faire

Éleveur de chevaux percherons à Nogent-le-Rotrou

Centre

Selon la légende, l'élevage du percheron – un cheval de trait capable de produire de gros efforts – remonte au VIIIe siècle. Depuis, la race s'est enrichie de plusieurs types. Élevé autrefois pour l'attelage et le labour, le percheron est destiné de nos jours à des activités de loisirs.

Ils ont marqué leur région...

Colette Besson

Poitou-Charentes

1968 est une grande année pour Colette Besson, née en 1946 à Saint-Georges-de-Didonne. 52,03 secondes suffisent à la faire entrer dans l'histoire du sport français : c'est le temps qu'elle met à parcourir quatre cents mètres lors des jeux Olympiques d'été de Mexico, détenant ainsi le record du monde dans cette discipline. Infatigable et passionnée, l'athlète poursuit sa carrière en complétant sa collection de médailles jusqu'en 1977, date à laquelle elle devient entraîneur, avant d'être nommée en 2002 à la tête du Laboratoire national de dépistage du dopage. Elle décède prématurément en 2005.

Sartène

mardi 22 mars

lever : 6 h 50
coucher : 19 h 05

Ste Léa

Un jour en
Franche-Comté
22 mars 1895

Sans eux, pas de salles obscures ni de pop-corn grignoté pendant les séances. Originaires de Besançon, les frères Lumière ont déposé le brevet du Cinématographe. Ils présentent leur premier film le 22 mars 1895 à Paris.

Savoir-faire
Ostréiculteur à Bouzigues
Languedoc-Roussillon

Loin des grands bassins ostréicoles renommés de la côte atlantique, Bouzigues, dans l'Hérault, se voue entièrement à l'élevage de l'huître. Ce village typiquement méditerranéen utilise la technique du collage, qui consiste à coller les huîtres sur une corde avec du ciment et à les laisser grossir.

La rubrique du 13 h

LE CHÂTEAU DES DUCS D'ALENÇON
Basse-Normandie

Du château des ducs d'Alençon, il ne reste en réalité que le pavillon d'entrée. Sa construction débuta au XIVe siècle pour devenir une vraie forteresse au XVIe siècle. Mais Henri IV, se voyant menacé par la puissance des seigneurs d'Alençon, fit détruire l'édifice ; le XVIIIe siècle acheva l'entreprise, n'en laissant que l'entrée. À voir les deux imposantes tours à mâchicoulis, on se dit que le château devait être gigantesque avec ses fossés alimentés par un affluent de la Sarthe et son immense parc. Jusqu'au mois de janvier 2010, ces vestiges constituaient la maison d'arrêt d'Alençon.

À table !
La carbonnade flamande
Nord-Pas-de-Calais

Pour 4 personnes
Faire revenir sur feu vif, dans une casserole, 1 kg de bœuf à braiser coupé en morceaux avec 25 g de beurre. Réserver. Dans le jus de la viande, faire sauter 6 oignons émincés grossièrement. Ajouter 2 c. à soupe de cassonade et laisser caraméliser. Ajouter 1 l de bière brune et porter à ébullition. Remettre la viande, du thym, du laurier, du persil, et 2 c. à soupe de vinaigre. Saler, poivrer. Recouvrir la surface de tranches de pain d'épices tartiné de moutarde, couvrir la cocotte et laisser mijoter 3 h à feu doux. Servir avec des frites.

DICTON
Bretagne

Pour que monte l'artichaut,
il faut de la pluie et du temps chaud.

Ils ont marqué leur région…
Théodore Botrel
Pays de la Loire

« J'avais acheté pour ta fête, / Trois petits mouchoirs de Cholet, / Rouges comme la cerisette, /Tous les trois, ma mie Annette, / Ah qu'ils étaient donc joliets / Les petits mouchoirs de Cholet […] », chante Théodore Botrel le 29 avril 1900. Il s'inspire de l'histoire d'Henri de la Rochejacquelein, qui, lors de la grande bataille de Cholet en 1793, porte sur lui trois mouchoirs comme signe de distinction. Le succès retentissant de la chanson profite à l'industrie de la ville du Maine-et-Loire, dont l'emblème est devenu le fameux mouchoir rouge.

mercredi 23 mars

lever : 6 h 48
coucher : 19 h 07

St Victorien

Un jour en France
23 mars 2001

Alors que son homologue anglais a démarré mi-janvier, Wikipédia France est lancé le 23 mars 2001. C'est une encyclopédie collaborative, basée sur le principe du wiki, c'est-à-dire que ses pages sont modifiables par les internautes. En 2010, la version française de Wikipédia comptait presque un million d'articles.

Quiz des villes & villages de France

Ancienne capitale des ducs d'Auvergne, connue de tous pour être la capitale de la France libre sous Vichy, elle accueille chaque été le festival « Éclats de fête ».

À table !
Le sucre de pomme de Rouen
Haute-Normandie

Unique confiserie traditionnelle rouennaise, le sucre de pomme existe depuis le XVIe siècle – il était même réputé pour soigner les toux les plus sévères ! Il se présente sous la forme d'un bâtonnet, dont l'emballage évoque des monuments de la Ville aux cent clochers.

La rubrique du 13 h

LE CHÂTEAU DE FONTAINEBLEAU
Île-de-France

Ce château de Seine-et-Marne a traversé l'histoire. Résidence des rois français – c'était la demeure favorite de François Ier, qui en fit un château de style Renaissance –, elle fut constamment habitée pendant sept cents ans. Napoléon Ier la surnomma « la vraie demeure des rois, la maison des siècles ». Parmi les merveilles du château, on peut admirer le parc et les jardins, mais aussi, dans la cour d'honneur, l'escalier du fer à cheval. C'est au pied de cet escalier monumental du XVIIe siècle, composé de deux rampes, que l'empereur fit ses adieux avant son départ pour l'île d'Elbe.

Savoir-faire
Bonnetier à Troyes
Champagne-Ardenne

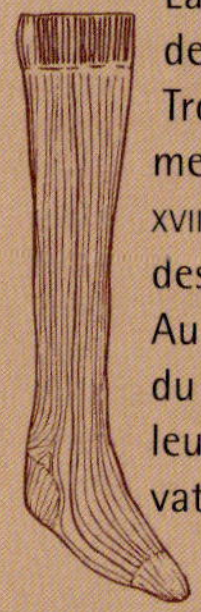

La première manufacture de bonnets tricotés de Troyes, dans le département de l'Aube, est créée au XVIIIe siècle, ouvrant la voie à des dizaines de bonnetiers. Au fil des siècles, ces artisans du textile ont perfectionné leur savoir-faire, alliant innovation et tradition.

Ils ont marqué leur région...
Jean Lurçat
Limousin

Aubusson, ville située dans la Creuse, est entre le XIVe et le XVIIe siècle le haut lieu de la tapisserie française, au point d'être déclarée « Manufacture royale » par Colbert en 1665. Malgré tout, avec le temps, la production finit par s'essouffler. C'est Jean Lurçat, peintre et cartonnier de tapisserie aux influences cubistes et surréalistes, qui contribue à la relancer en s'installant dans la ville en 1939. Il y fait tisser, parmi beaucoup d'œuvres, sa célèbre tapisserie intitulée *Liberté*, dont il doit l'inspiration au poète surréaliste Paul Éluard.

Riom

jeudi 24 mars

lever : 6 h 46
coucher : 19 h 08

Ste Catherine

Savoir-faire
Fontainier à Aix
Provence-Alpes-Côte d'Azur

Les fontaines d'Aix-en-Provence sont reconnues depuis le XVIIe siècle. Autrefois simples points d'eau ou lavoirs, elles sont devenues de véritables monuments. Le fontainier sculpte et taille la pierre, pour lui donner les formes les plus originales, tout en restant fidèle à l'esprit de la ville.

CITATION
Centre

« Saché est un débris de château sur l'Indre, dans une des plus délicieuses vallées de Touraine [...], l'on m'accepte dans le pays comme un enfant, je n'y ai aucune valeur, et je suis heureux d'être là, comme un moine dans un monastère. »

Honoré de Balzac,
Lettre à madame Hanska, 1833

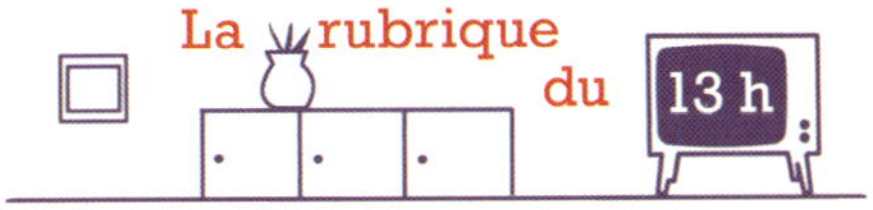

LA BIBLIOTHÈQUE HUMANISTE DE SÉLESTAT
Alsace

Trésor du patrimoine intellectuel alsacien, la Bibliothèque humaniste de Sélestat est née de la réunion de deux bibliothèques : celle de l'école latine, fondée en 1452, et celle du grand savant humaniste Beatus Rhenanus, ami d'Érasme, qui légua sa bibliothèque personnelle à la ville en 1547. Aujourd'hui installée dans l'ancienne halle au blé de la ville, la bibliothèque compte quatre cent cinquante manuscrits, cinq cent trente incunables et près d'un millier d'imprimés du XVIe siècle. Une visite guidée permet de retracer l'évolution du livre, notamment grâce à la centaine d'ouvrages exposés en permanence à la bibliothèque.

Devinette

Avec quel unique cépage, au nom d'un fruit qui n'a rien à voir avec le raisin, produit-on le muscadet ?

Le melon de Bourgogne. Le muscadet est une appellation d'origine contrôlée de la vallée de la Loire. Ces vins sont des blancs secs, issus uniquement de ce cépage.

À table !
Rigodon bourguignon
Bourgogne

Pour 6 personnes

Faire bouillir 70 cl de lait dans une casserole avec 140 g de sucre, 1 pincée de cannelle et 1 pincée de sel. Éteindre le feu, couvrir et laisser infuser 5 min.

Beurrer un plat creux et y disposer 100 g de brioche rassie coupée en dés, 40 g d'un mélange de noix et de noisettes concassées. Verser un peu de lait par-dessus.

Dans une terrine, fouetter 6 œufs, ajouter le lait et bien remuer.

Verser le mélange lait-œufs dans le moule et faire cuire au bain-marie à 150 °C pendant 1 h. Laisser refroidir avant de démouler.

Ils ont marqué leur région...
Louis Pasteur
Franche-Comté

La jeunesse de Louis Pasteur se déroule à Arbois, petite ville de Franche-Comté, où ses parents sont tanneurs. Le futur biologiste et chimiste est très attaché à la terre qui l'a vu naître : alors qu'il rejoint Paris en 1838 pour se préparer à intégrer l'École normale supérieure, le mal du pays le pousse à retourner passer le baccalauréat scientifique à Besançon. Ce lien indéfectible à ses origines franc-comtoises se confirmera, car tout au long de sa vie il passera l'été dans la maison parentale, où il possède un laboratoire. Son illustre parcours ne lui aura donc pas fait oublier son cher pays !

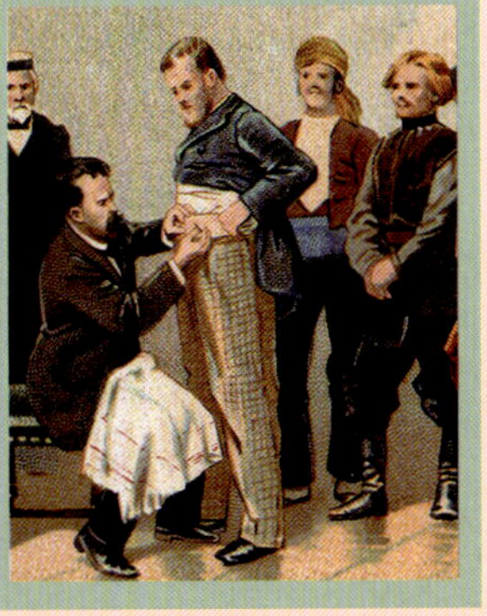

vendredi 25 mars

lever : 6 h 44
coucher : 19 h 10

Annonciation

À table !

Le nougat de Montélimar

Rhône-Alpes

Connue depuis l'Antiquité, cette spécialité n'est apparue à Montélimar, telle qu'on la connaît aujourd'hui, qu'au XVIIIe siècle. Les confiseurs la fabriquent à partir d'amandes, de pistaches, de miel, de sucre et de blancs d'œufs, auxquels ils ajoutent divers parfums selon leur inspiration.

Quiz des villes & villages de France

Cette ville de la Côte Vermeille, où séjournèrent Picasso, Matisse, Dufy et Chagall, est célèbre pour le clocher de l'église Notre-Dame-des-Anges, entouré par la mer sur trois côtés.

_ _ _ _ _ _ _ _ _

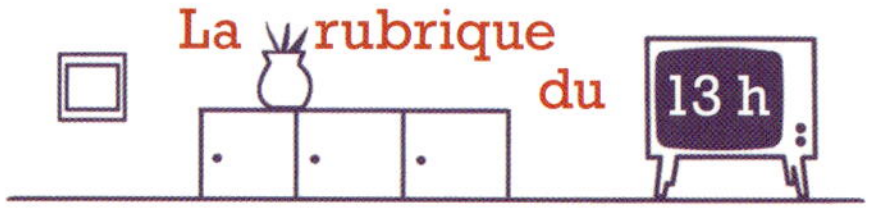

L'ARCHITECTURE QUERCYNOISE

Midi-Pyrénées

Les maisons rurales du Quercy présentent des traits communs : un porche qui donne sur une cour intérieure, un ou deux pigeonniers et un toit en tuiles plates ; elles sont le plus souvent bâties en pierres dont la couleur varie grâce à la diversité géologique de la région. La maison quercynoise est construite sur deux niveaux : le rez-de-chaussée servait autrefois à l'exploitation, tandis que l'habitation était à l'étage. On accédait au logement par un escalier menant à une terrasse, appelée « bolet », qui complétait la pièce principale en offrant un espace plus lumineux.

Ils ont marqué leur région...

Eugène Guillevic

Bretagne

« Je te baptise / Du goût de la pierre de Carnac [...] » : le « poète breton d'expression française », selon ses propres mots, célèbre son pays natal, auquel il reste attaché malgré son départ pour l'Alsace, étant enfant. Né en 1907 à Carnac, ce fonctionnaire publie à 35 ans son premier livre de poésie, *Terraqué*. La mer et la matière minérale sont des figures emblématiques des poèmes de Guillevic, au style à contre-courant de la vague surréaliste. Suivront des dizaines de recueils, mais aussi des livres pour la jeunesse, et son œuvre sera couronnée du prix de l'Académie française en 1976.

Savoir-faire

Couturière

Guadeloupe

En Guadeloupe, le vêtement est un symbole du métissage de l'île, avec des influences venues des Indes, d'Afrique, d'Europe et d'Asie. Ainsi, les couturières cousent et nouent des coiffes – chaque nœud a une signification particulière – en madras, un tissu à carreaux très coloré.

La France en fête

L'Annonciation

L'annonce, c'est celle – neuf mois tout juste avant le jour de Noël – de l'archange Gabriel à Marie. Pour les catholiques et les orthodoxes, la Vierge n'est pas fécondée par Joseph, mais par le Saint-Esprit. Ce moment biblique est commémoré depuis le VIIe siècle et, au-delà d'une annonce angélique, il présage l'arrivée du printemps, du redoux et le retour des beaux jours. La basilique catholique de l'Annonciation, construite sur une grotte de Nazareth, est l'une des plus grandes du Moyen-Orient.

Collioure

samedi 26 & dimanche 27 mars

Ste Larissa — St Habib

Mythes et légendes
Île-de-France

Le diable Vauvert

Ce que l'on ignore à propos du jardin du Luxembourg

« J'allais au Luxembourg rêver, ô temps lointain,
Dès l'aurore, et j'étais moi-même le matin.
Les nids dialoguaient tout bas, et les allées
Désertes étaient d'ombre et de soleil mêlées ;
J'étais pensif, j'étais profond, j'étais niais. »
Victor Hugo, « Toute la vie d'un cœur », Toute la lyre, *1888*

Il est difficile d'imaginer aujourd'hui que le jardin du Luxembourg n'a pas toujours été là, en plein cœur de Paris. Les Parisiens comme les touristes viennent y flâner, tout naturellement, et en toute saison. Pourtant, il fut un temps, où l'emplacement du jardin se trouvait aux portes de Paris, au milieu de carrières. On appelait alors cette bâtisse le « château de Vauvert ». En proie aux vents qui s'engouffraient dans les murailles, le lieu était constamment habité d'étranges souffles et sifflements, qui terrifiaient les habitants des alentours. Le château étant alors abandonné, tous étaient persuadés que le Malin, célèbre diable Vauvert, l'habitait, et l'on dit que, lors des soirs de sabbat, les lumières étaient allumées par les revenants. Les gémissements de ces âmes damnées n'étaient sans doute que le souffle du vent, néanmoins le lieu restait désert, personne n'osant s'en approcher.

Des moines chartreux, que l'on crut alors bien courageux, demandèrent au roi, Louis IX, plus connu sous le nom de saint Louis, de leur céder la bâtisse afin d'en chasser les mauvais esprits. Outre sa mauvaise réputation, à la campagne mais proche de la ville, le château tenait en effet une belle situation, il eût été dommage de ne pas profiter de la circonstance. Le roi, qui avait eu vent des histoires des revenants, s'empressa donc de léguer le domaine aux chartreux. Et, bien sûr, dès que ces derniers posèrent leurs sandales bénites sur le sol du château de Vauvert, les âmes maudites disparurent et le Malin s'en fut, sans doute au diable Vauvert, comme l'on a encore coutume de dire aujourd'hui !

Aquitaine en fête

La fête du Cochon à Langon

Pendant deux jours, le cochon – sous toutes ses formes – est à l'honneur dans cette bourgade de Gironde : lancers de queues et dégustations de jambons, saucisses et saucissons sont organisés pendant le week-end. L'animation phare : le cri du cochon heureux. Au cours de cette fête de la ruralité, chacun pourra parier sur le classement de la course, organisée au « cochodrome », avec comme lot pour le gagnant… un cochon, un vrai, un vivant.

À table !

Le pineau des Charentes

Poitou-Charentes

Le pineau des Charentes est le fruit du geste malencontreux d'un vigneron qui versa du moût de raisin dans une barrique de cognac. Quelques années plus tard, il découvrit le fût oublié : le pineau des Charentes était né. Depuis quatre cents ans, les vignerons s'appliquent à refaire la même erreur.

Un jour en

Rhône-Alpes

28 mars 1910

Pour la première fois et en exclusivité mondiale, le *Canard* vole au-dessus de l'étang de Berre... Il ne s'agit pas d'un oiseau migrateur, mais d'un hydravion inventé par Henri Favre, qui réussit ce jour-là quatre vols consécutifs.

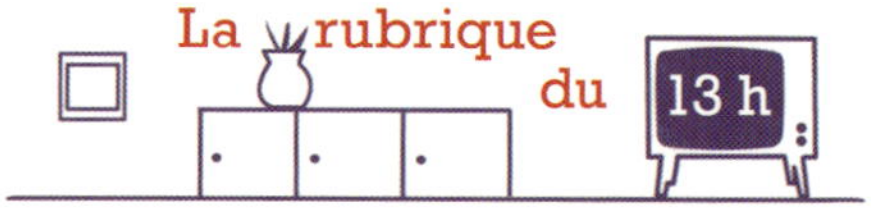

LA VALLÉE DES MERVEILLES

Provence-Alpes-Côte d'Azur

Les trésors de la vallée des Merveilles, dans le parc national du Mercantour, se découvrent à pied. De quels trésors parlons-nous ? De ces mystérieux signes datant de l'âge du bronze, gravés sur des dalles de pierres colorées. À la fin du XVIIe siècle, plus de trente mille gravures rupestres à ciel ouvert furent révélées autour du mont Bego, qui était sans doute un lieu sacré. Étudiées depuis 1967, ces gravures sont parfois abstraites, parfois figuratives : certaines images représentent des animaux – plusieurs dessins attestent la pratique de l'agriculture –, d'autres des armes ou des formes humaines.

Devinette

Quel animal serait à l'origine de la légende de la tarasque de Tarascon ?

Un crocodile. Ramené d'Égypte dans un bateau, il se serait échappé et caché dans l'estuaire du Rhône. La légende le représente comme un dragon amphibie semant la terreur dans les marécages.

Savoir-faire

Mérandier

Auvergne

Cet artisan du bois transforme la grume, c'est-à-dire le tronc abattu, en merrains, ces pièces de bois nécessaires à la fabrication des tonneaux. Le mérandier possède un savoir-faire particulier et une bonne connaissance du bois, car les grumes ne sont pas sciées mais fendues.

Ils ont marqué leur région...

Molière

Île-de-France

S'il nous arrive d'être abusés par un tartufe ou de rejeter les avances d'un don Juan, nous ne nous en réjouirons pas, mais nous pourrons au moins saluer la finesse d'observation de Molière, qui a bâti ses comédies autour de ces personnages plus vrais que nature. Après les débuts provinciaux de la compagnie de l'Illustre-Théâtre, c'est à Paris que le talent du dramaturge est apprécié à sa juste valeur. En effet, Molière triomphe en 1659 devant la cour de Louis XIV avec *Les Précieuses ridicules*, avant de s'installer au Palais-Royal, qui verra naître ses plus grands chefs-d'œuvre.

lever : 7 h 35
coucher : 20 h 16

DICTON
Midi-Pyrénées
Quand au mois de mars il tonne,
Bacchus nous remplit la tonne.

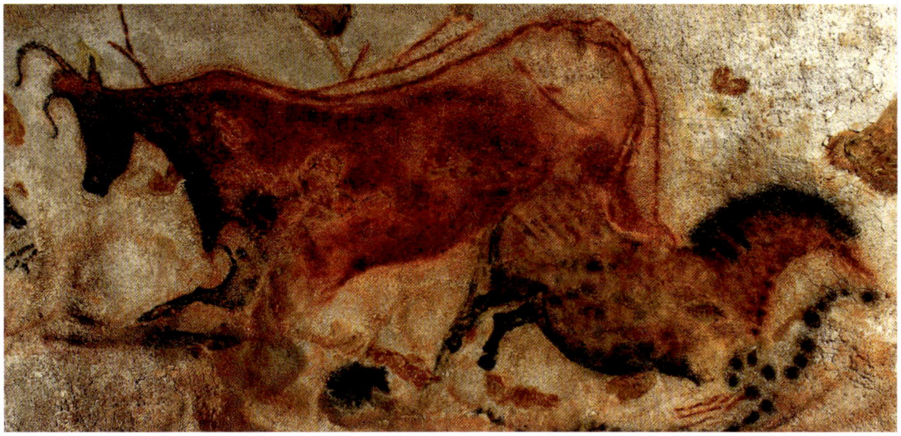

Savoir-faire

Imagier à Épinal

Lorraine

Fondée en 1796, l'imagerie d'Épinal a permis de récompenser des milliers d'enfants. Autrefois, on utilisait une planche de bois gravée pour reproduire le dessin. Aujourd'hui, les machines se sont perfectionnées, mais les techniques traditionnelles, comme le coloris au pochoir, sont toujours employées.

Devinette

Quel célèbre festival de musique abrite le Territoire de Belfort ?

Les « Eurockéennes ». Ce festival se déroule sur la presqu'île du Lac de Malsaucy, à dix kilomètres de Belfort. Si des groupes et chanteurs connus s'y produisent, il permet également à de jeunes artistes de se faire connaître.

La rubrique du 13 h

LA GROTTE DE LASCAUX

Aquitaine

La chapelle Sixtine du périgordien a bien failli disparaître. Tout commence en septembre 1940, lorsque quatre amis de Montignac aperçoivent un trou, à l'endroit où un arbre a été déraciné. Ils explorent la cavité et alertent les autorités ; dès le mois de décembre de la même année, le site est classé monument historique. Défilent alors dans la grotte des milliers de touristes. Le gaz carbonique altère les fresques représentant des centaines d'animaux accompagnés de signes énigmatiques, si bien que la grotte ferme en 1963. Depuis 1983, le public admire ce chef-d'œuvre de l'art préhistorique grâce à une reproduction.

À table !

L'andouille de Vire

Basse-Normandie

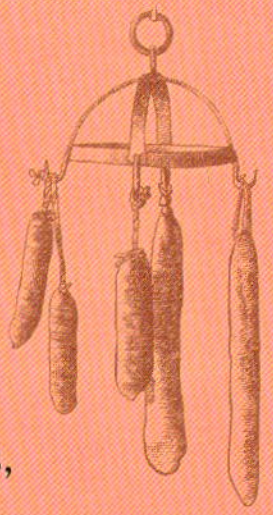

La recette de l'andouille de Vire est séculaire : les boyaux de cochon sont découpés en lanières et assemblés, puis mis en saumure. L'andouille fraîche est ensuite fumée au bois de hêtre – ce qui lui donne son goût et sa couleur caractéristiques –, avant d'être cuite à l'eau et dégustée.

Ils ont marqué leur région…

Arnoldus Cervisarius

Alsace

Strasbourg n'a pas toujours été la ville de la bière ! Il faut attendre Arnoldus Cervisarius pour voir s'ouvrir la première brasserie strasbourgeoise en 1260. Avant cette date, ce sont les moines qui produisent le fameux breuvage originaire d'Égypte. Peu à peu, les brasseries indépendantes fleurissent, si bien que Saint Louis décide de créer, huit ans plus tard, le premier corps de métier de brasseurs, baptisé « tribu des tonneliers » par les Strasbourgeois. C'est le début d'une longue tradition alsacienne, qui connaîtra son âge d'or dans la seconde moitié du XIXe siècle.

mercredi 30 mars

lever : 7 h 33
coucher : 20 h 17

St Amédée

À table !

Amuse-bouches créoles

Dom-Tom

Pour 6 personnes
Peler et couper 2 avocats en cubes, puis les arroser avec le jus de 2 citrons verts. Saler, poivrer et saupoudrer de paprika.
Couper 12 tomates cerises en 2.
Ébouillanter 3 min
12 miniboudins antillais et les couper en 2. Piquer les morceaux de boudins en intercalant les cubes d'avocats et les tomates.

Devinette

Quelle langue, utilisée par les premiers troubadours, était autrefois couramment parlée en Limousin ?

Le limousin. Cette langue régionale appartenant aux langues d'oc, officielle jusqu'au XVIe siècle, reste la langue orale dominante jusqu'au XXe siècle.

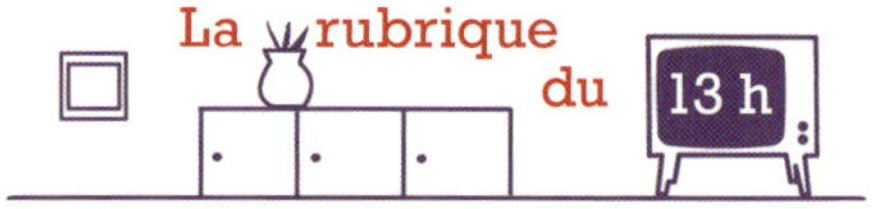

LE COUVENT DE CORBARA

Corse

La Corse a toujours été une terre de religion ; le beau couvent de Corbara, au cœur de la Balagne, région historique de Haute-Corse, en est une preuve. Au pied du Monte Sant'Angelo – le mont Saint-Ange –, au milieu des vignes et des oliviers, ce couvent est le plus important de Corse. Fondé au XVe siècle, c'était d'abord un orphelinat avant de devenir un monastère franciscain. Vendu comme bien national à la Révolution, il fut restauré par les dominicains qui le quittèrent en 1993. Aujourd'hui occupé par les Frères de Saint-Jean, le couvent est aussi un lieu de retraite.

Quiz des villes & villages de France

Baptisée au Moyen Âge « Val en cygnes », cette ville du Hainaut, considérée comme la capitale de la sidérurgie du Nord jusqu'en 1970, est un important centre de production artisanale de dentelle.

____

Savoir-faire

Les caseyeurs

Bretagne

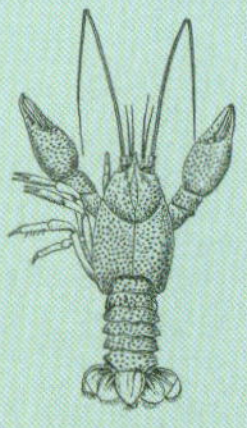

Ces pêcheurs habiles et résistants capturent des crustacés. Pour cela, ils fabriquent eux-mêmes leurs casiers avec de fines lattes de bois et un filet de chanvre, qui prendront l'animal au piège. Ils vont ensuite les déposer en mer par centaines, lestés et munis d'appâts.

Ils ont marqué leur région…

Alexandra David-Néel

Provence-Alpes-Côte d'Azur

« Un Himalaya pour Lilliputiens. » Voilà comment la célèbre exploratrice Alexandra David-Néel aurait appelé les montagnes entourant Digne. Et l'on peut penser qu'elle parlait en connaissance de cause, puisqu'elle fut tout de même la première femme à pénétrer dans la cité interdite de Lhassa, au Tibet. Entre deux expéditions, elle revenait à Digne rédiger ses ouvrages. C'est là qu'elle mourut, le 8 septembre 1969, à l'âge respectable de 101 ans. La ville abrite à présent la fondation qui porte le nom de cette femme hors norme et passionnée de voyages.

Valenciennes

jeudi 31 mars

St Benjamin

lever : 7 h 31
coucher : 20 h 19

CITATION
Île-de-France

« Je me plaisais tant dans cette ville, où la Renaissance, le Moyen Âge et l'époque romaine se retrouvent çà et là. »

Gérard de Nerval (à propos de Senlis), La Bohême galante, 1852

Savoir-faire
Encadreur
Franche-Comté

Dans cette région où le travail du bois est une tradition, l'encadreur offre son savoir-faire aux amateurs d'art. Pour mettre l'objet en valeur sans que l'encadrement ne s'efface totalement, il utilise des bois massifs, peints ou laqués, bruts ou précieux, qu'il sculpte.

La rubrique du 13 h

LA BASILIQUE DE VÉZELAY
Bourgogne

Sur une haute colline, le bourg médiéval de Vézelay, dans l'Yonne, est tourné vers un chef-d'œuvre de l'art roman : la basilique Sainte-Marie-Madeleine. On s'y rend à pied, comme les pèlerins qui font ici étape sur le chemin de Saint-Jacques-de-Compostelle. Cette ancienne abbatiale n'était au IXe siècle qu'un simple monastère, avant de devenir un haut lieu de la chrétienté pour ses reliques de Marie-Madeleine ; elle fut même le point de départ de la troisième croisade. Vendue comme bien national à la Révolution, elle était en ruines quand Viollet-le-Duc entreprit sa restauration en 1840.

Un jour en *France*
31 mars 2005

Révolution pour nos petits écrans : la TNT, télévision numérique terrestre, est lancée le 31 mars 2005 à 19 heures. Elle permet notamment de recevoir un nouveau lot de chaînes gratuites et de visionner des programmes en haute définition.

À table !
La saucisse de Toulouse
Midi-Pyrénées

Avec sa chair rose comme la ville dont elle est originaire, la saucisse de Toulouse est reconnaissable entre toutes. Ingrédient indispensable du célèbre cassoulet, cette saucisse fraîche est faite à partir d'épaule et de poitrine de porc hachées. Elle se mange confite, mijotée ou grillée.

Ils ont marqué leur région…
Franck Dubosc
Haute-Normandie

Franck Dubosc – aussi connu sous le nom de Patrick Chirac, par les fans de son personnage de tête à claques tombeur de ces dames – est né en novembre 1963 au Petit-Quevilly, dans la banlieue de Rouen. Passionné par la scène depuis le collège, il connaît son premier grand succès auprès d'Élie Semoun, avec qui il enregistre les célèbres *Petites Annonces*. C'est un romantique ringard qu'il incarne dans ses one-man-show, puis dans le film *Camping*, qui le propulse sur le devant de la scène et fait de lui un des humoristes favoris du public français.

vendredi 1er avril

lever : 7 h 29
coucher : 20 h 20

St Hugues

À table !

La bayenne

Champagne-Ardenne

Pour 6 personnes

Brosser 1 kg de pommes de terre nouvelles et les couper en 2 dans le sens de l'épaisseur. Disposer une couche de pommes de terre dans une cocotte en fonte sans matière grasse. Saler, poivrer et recouvrir avec 2 oignons et 3 gousses d'ail, coupés grossièrement.

Disposer par-dessus le reste des pommes de terre, saler, poivrer et terminer avec de nouveau 2 oignons et 3 gousses d'ail, coupés grossièrement. Fermer la cocotte et mettre sur feu vif pour que les pommes de terre collent au fond. Baisser ensuite le feu, pour terminer la cuisson, en levant de temps en temps le couvercle de la cocotte, afin que l'eau de la vapeur s'égoutte sur les patates.

C'est cuit quand les pommes du dessus sont cuites.

Servir accompagné d'une tartine de beurre et d'une salade.

La rubrique du 13 h

LES FOLIES DE MONTPELLIER

Languedoc-Roussillon

Bien avant les maisons de week-end, il y eut les folies. Et Montpellier en a vu se bâtir de nombreuses et parmi les plus belles. Souvent inspirées de villas italiennes, dotées de parcs – avec parfois des vignes – ou de jardins à la française, ces maisons témoignaient à la fois du goût et de la richesse de leurs propriétaires. Apparues aux XVIIe et XVIIIe siècles, à la périphérie de la ville, les folies étaient construites à l'écart de la rue, réservant leur beauté à quelques privilégiés ; le mot « folie » viendrait d'ailleurs du mot « feuille » : la végétation masquait les fastueuses demeures.

Savoir-faire

Brodeur

Nord-Pas-de-Calais

À la main, au crochet ou à la machine, la broderie est un art ancestral dont la production est aujourd'hui concentrée dans le nord de la France. Les déclinaisons sont presque infinies : on peut varier les tissus, les fils, les motifs, qu'il est possible d'enrichir de perles, de plumes ou encore de coquillages.

La France en fête

Poisson d'avril

D'où vient cette drôle de coutume qui consiste à accrocher des silhouettes de poissons en papier dans le dos des plus distraits, le 1er avril ? En cette fin de carême, alors que la viande était remplacée dans les assiettes par le poisson, on dit que les prêtres autorisaient une pause, le rire et la dérision pouvant brièvement prendre le pas sur l'austérité.

Quiz des villes & villages de France

Située sur une presqu'île, cette commune de la Côte d'Amour est réputée pour ses marais salants. La porte Saint-Michel est le monument emblématique de la cité médiévale.

_ _ _ _ _ _ _ _

Guérande

Ils ont marqué leur région…

Jules Crevaux

Guyane

En 1877, Jules Crevaux, explorateur lorrain, arrive en Guyane à bord du *Cérès*. Médecin de la marine, l'aventurier profite de ses fonctions pour partir à la découverte du monde. Elles le mènent aux monts Tumuc-Humac ; ces montagnes du sud de la Guyane, marquant la frontière avec le Brésil, ont enflammé l'imagination des explorateurs du XIXe siècle. Le voyage est périlleux : fièvre, abandon de ses compagnons… Les expéditions suivantes, en Amérique du Sud, se finiront de façon tragique : massacré en 1882 par les Indiens tobas, il laisse derrière lui de passionnants travaux ethnologiques.

samedi 2 & dimanche 3 avril

Ste Sandrine St Richard

Mythes et légendes
Provence-Alpes-Côte d'Azur

Le basilic de Marseille

À propos de grammaire et d'homonymes

« […] celui dont le sifflement fait trembler toutes ces bêtes terribles, celui qui tue avant de mordre, le basilic, terreur des autres serpents, roi des déserts poudreux. »
Lucain, La Pharsale, Livre IX

En ce début de printemps de l'année 2011, si l'un de vos amis rentrait de la cité phocéenne et s'écriait : « J'ai vu le basilic ! », vous lui expliqueriez tout d'abord que l'on doit dire « du » basilic et non « le » basilic. Vous ajouteriez sans doute – non pas que vous soyez particulièrement rabat-joie, mais vous avez le goût de la précision – qu'il est assurément encore un peu tôt dans l'année pour le voir en fleur, qu'il a peut-être confondu avec une autre plante, mais que, après tout, sous le soleil méditerranéen, pourquoi pas. Imaginez maintenant que nous sommes au début du printemps de l'année 1011. L'un de vos amis rentre de Marseille et, racontant son voyage, s'exclame tout à coup : « C'est incroyable, j'ai vu le basilic ! » Eh bien, effectivement, vous trouveriez ça « incroyable » et penseriez que cet ami-là n'est, en réalité, qu'un affabulateur.

Il y avait déjà, alors, des plantes aromatiques en Provence, là n'est pas la question. Mais il y avait surtout, à Marseille, un puits qui alimentait toute la ville. Or, en ce temps-là, rares étaient les puits qui ne fussent habités par quelque dangereuse créature. Et ce puits était le repaire d'un monstre terrible : le basilic. Dans l'Antiquité, on décrivait le basilic comme un serpent, né de la gorge tranchée de Méduse. Mais au Moyen Âge, en France, le reptile a l'allure d'un coq doté d'une queue de dragon, ou d'un serpent ailé. Il est difficile aujourd'hui de s'en faire une représentation précise, malgré les témoignages de jadis. Peu nombreux sont en effet ceux qui ont pu l'approcher, mais encore moins nombreux ceux qui sont revenus pour le décrire. La bête vivait, nous l'avons dit, au fond des puits profonds, où l'obscurité ne permet jamais de voir le caillou que l'on a jeté toucher le fond. Il était donc difficile de l'apercevoir. En outre, il était fort déconseillé de céder à la curiosité, de descendre dans le puits et d'entrer dans le champ de vision de l'animal : le basilic avait le pouvoir d'occire d'un seul regard les imprudents qui avaient osé poser les yeux sur lui. Voilà pourquoi votre ami, et c'est navrant, est certainement un fieffé menteur.

lundi 4 avril

lever : 7 h 23
coucher : 20 h 25

St Isidore

À table !

La ficelle picarde

Picardie

Pour 6 personnes
Préparer 12 crêpes non sucrées. Couper 250 g de champignons de Paris en lamelles fines et les arroser de jus de citron. Émincer 2 échalotes. Mettre le tout dans une sauteuse et faire évaporer le jus. Ajouter 10 cl de crème fraîche.
Sur chaque crêpe, déposer une tranche de jambon blanc et recouvrir avec 2 c. à soupe de champignons crémés.
Rouler les crêpes et les aligner dans un plat allant au four.
Napper le tout de crème fraîche et saupoudrer de fromage râpé.
Enfourner 10 min et servir les ficelles chaudes, accompagnées d'un verre de cidre.

DICTON

Haute-Normandie

Entre mars et avril,
ne te découvre pas d'un fil.

La rubrique du 13 h

LE PLATEAU DE MILLEVACHES

Limousin

Le plateau de Millevaches, sur les terres les plus élevées de la région, se situe à cheval sur trois départements : la Corrèze, la Creuse et la Haute-Vienne. Son nom n'aurait rien à voir avec l'espèce bovine, mais soulignerait plutôt l'aspect désertique du plateau. En effet, la densité de population y a toujours été très faible, du fait de la rudesse du climat. Pourtant, cette zone ne manque pas de charme : ses forêts et ses nombreuses sources d'eau sont les atouts du plateau, aujourd'hui parc naturel régional. Ici, on vit simplement, dans la tradition rurale, au cœur de paysages magnifiques.

Quiz des villes & villages de France

Située dans le plus petit département de France, cette ville possède le plus petit cabaret d'Europe, mais aussi le musée le plus visité au monde.

Savoir-faire

Facteur d'orgues

Alsace

On compte plus d'un millier d'orgues dans les églises alsaciennes, et certains sont même classés monuments historiques. Un grand nombre de facteurs sont installés dans la région : ils restaurent et conçoivent des instruments, réalisant le buffet en bois, les tuyaux et les anches.

Ils ont marqué leur région...

Maïté

Provence-Alpes-Côte d'Azur

Qui n'a pas salivé devant « La cuisine des mousquetaires », animée par la tonitruante Maïté et par son assistante plus sage, Micheline Banzet ? Si les plats préparés par Marie-Thérèse Ordonez séduisent les yeux et les papilles, c'est aussi sa personnalité qui fait son succès, car elle possède toutes les qualités que l'on attribue aux gens du Sud : chaleur, enthousiasme et franc-parler. Née à Nice en 1938, elle a commencé sa carrière en préparant les repas des rugbymen de son village. Depuis, elle a ouvert plusieurs restaurants, où elle sert ses plats « à l'ancienne », et elle a même joué dans plusieurs films.

mardi 5 avril

lever : 7 h 21
coucher : 20 h 26

Ste Irène

Savoir-faire

Fabriquant de chistera à Anglet

Aquitaine

Pour trouver les dernières chisteras fabriquées manuellement en France, il faut se rendre à Anglet, dans le Pays basque. La chistera, c'est ce gant utilisé par les joueurs de pelote basque. Confectionnée en osier, elle est recouverte de cuir de vachette. Chaque chistera est créée sur mesure, adaptée au joueur.

Quiz des villes & villages de France

Village de Gascogne ayant acquis une renommée internationale depuis une trentaine d'années grâce au festival de jazz qui s'y tient durant la première quinzaine d'août.

La rubrique du 13 h

LE DONJON DE NIORT

Poitou-Charentes

De la grande forteresse austère d'Henri II Plantagenêt, puis de son fils Richard Cœur de Lion, il ne reste que le double donjon. Bâti à la fin du XIIe siècle, le château devint très vite un emblème de Niort. Protégé à l'ouest par la Sèvre, il s'étendait sur un vaste territoire, avec une enceinte longue de sept cents mètres, mais seul le donjon a traversé les siècles. Composé de deux tours carrées, dont la plus haute culmine à vingt-huit mètres, il offre, depuis sa terrasse, une vue splendide sur la vieille ville. Utilisé comme prison pendant un certain temps, le donjon est aujourd'hui un musée ethnologique et archéologique.

À table !

Tarte à la mozzarella et au thym

Provence-Alpes-Côte d'Azur

Pour 4 personnes

Faire mariner pendant 24 h 300 g de mozzarella coupée en fines tranches dans 4 c. à soupe d'huile d'olive et 2 branches de thym frais effeuillé (réserver 1 c. à café pour la décoration). Étaler 1 rouleau de pâte feuilletée dans un moule à tarte, piquer le fond à la fourchette et la précuire 5 min à 180 °C. Saupoudrer le fond de pâte avec 50 g de parmesan râpé, puis disposer les tranches de mozzarella. Enfourner 15 min environ et servir chaud, parsemé de thym et de poivre.

Devinette

Quelle expression est utilisée pour désigner la Champagne crayeuse ?

La Champagne pouilleuse. Si elle est devenue une des plus grandes régions agricoles françaises, elle était autrefois considérée comme miséreuse et très peu propice à l'élevage.

Ils ont marqué leur région...

Georges Courteline

Centre

Son premier métier de fonctionnaire au ministère des Cultes est bien loin de ses aspirations littéraires, mais il aura été pour Georges Moinaux – le vrai nom du dramaturge – un prétexte à l'observation des travers de ses collègues bureaucrates. Au tournant des XIXe et XXe siècles, Courteline peint la société de son temps dans des comédies à l'humour féroce teinté d'absurde, qui font encore rire de nos jours. Loin d'écorcher l'amour-propre de ses contemporains, l'auteur originaire de Tours se voit remettre la Légion d'honneur en 1899 et est élu à l'Académie des Goncourt en 1926, trois ans avant sa mort.

Marciac

mercredi 6 avril

lever : 7 h 18
coucher : 20 h 28

St Marcellin

Un jour en Ile-de-France
6 avril 1997

1 000, 999, 998, 997... À partir du 6 avril 1997, les Parisiens purent suivre le décompte des mille jours qui précédaient l'an 2000, grâce à un gigantesque panneau lumineux installé sur la tour Eiffel.

Savoir-faire
Armurier à Saint-Étienne
Rhône-Alpes

Saint-Étienne est la capitale de l'armurerie en France. Un armurier exerce ses compétences dans des domaines très variés : il forge et assemble les canons, façonne la crosse, règle le mécanisme et grave les décorations. Il faut des dizaines d'heures pour réaliser une arme sur mesure.

Devinette

Quel oiseau surnommé le « perroquet des mers » a-t-on la chance de pouvoir admirer sur les côtes bretonnes?

Le macareux moine, qui vit en haute mer et revient sur les côtes herbacées, les îles ou les falaises lors de sa période de reproduction.

La rubrique du 13 h

LE PITON DE LA FOURNAISE
La Réunion

Ce volcan de La Réunion, au nom évocateur, culmine à deux mille six cent trente et un mètres. Vieux d'un million d'années, il occupe le tiers sud-est de l'île. Le piton de la Fournaise est très actif : ses deux cratères sommitaux sont donc particulièrement surveillés. Un observatoire volcanologique fut créé à la suite de l'éruption de 1977, qui détruisit une partie du village Piton-Sainte-Rose ; on se souvient également de l'éruption spectaculaire, qui dura cent quatre-vingt-seize jours, de mars à septembre 1998, ou encore de celle d'avril 2007, plus courte, mais plus intense. Chaque année, le piton de la Fournaise attire et fascine des milliers de touristes, dont certains survolent le cracheur de feu en hélicoptère.

À table !
La truffade
Auvergne

Ce plat, préparé à partir de pommes de terre coupées en lamelles, de lard et de tome fraîche de cantal – fabriquée à partir de lait caillé pressé –, revigore les Auvergnats depuis des décennies. Autrefois, la pomme de terre était appelée « truffe », ce qui a donné le nom « truffade ».

Ils ont marqué leur région...
Eugène Boudin
Basse-Normandie

Eugène Boudin mérite bien le surnom de « roi des ciels » que lui a donné le peintre Corot. Dans la seconde moitié du XIXe siècle, l'artiste s'installe en effet en plein air pour peindre le ciel et les nuages, qui constituent sa principale source d'inspiration. Les paysages marins, et en particulier Trouville ou Honfleur, sa ville natale, font partie des lieux privilégiés où l'artiste aime planter son chevalet pour réaliser ses toiles à l'atmosphère claire et lumineuse. Ses peintures, saluées par Baudelaire, annoncent l'impressionnisme, tout en offrant à la Normandie un miroir sublime.

jeudi 7 avril

lever : 7 h 16
coucher : 20 h 29

St Jean-Baptiste de La Salle

Savoir-faire

Verrier dans la vallée de la Bresle

Haute-Normandie

Mondialement reconnus pour leur savoir-faire, les maîtres verriers de la vallée de la Bresle sont spécialisés dans la réalisation de flacons de parfum de luxe. Ils apprivoisent la matière en fusion et, avec des gestes rapides et séculaires, l'étirent et la façonnent.

Quiz des villes & villages de France

Ce village, installé sur la plus grande des trois îles d'Hyères, est situé au cœur d'un conservatoire botanique visité par plus d'un million de touristes par an.

____

La rubrique du 13 h

L'ABBAYE DE CHAALIS

Picardie

Il ne reste presque que des ruines de l'abbaye royale de Chaalis, fondée au XIIe siècle à la place d'un prieuré bénédictin. En effet, comme beaucoup d'édifices religieux, elle fut vendue à la Révolution et utilisée comme carrière de pierres. Elle servit ensuite de château de chasse, et les restaurations commencèrent. Une partie des bâtiments abrite aujourd'hui la collection d'œuvres d'art de Nélie Jacquemart, la dernière propriétaire, qui les a léguées avec l'abbaye à l'Institut de France en 1912. Outre les ruines et les œuvres du musée, on peut admirer une chapelle gothique et une roseraie.

À table !

Le téméraire

Franche-Comté

Pour 8 personnes

Mélanger 300 g de farine, 1 œuf, 125 g de sucre, 1 pincée de sel, 150 g de beurre et 150 g de noisettes en poudre afin de former une boule. Éplucher 4 pommes et les couper en cubes.

Flamber 3 c. à soupe de raisins secs avec 10 cl de marc du Jura et mélanger avec les pommes.

Ajouter le zeste de 1 citron et 100 g de sucre. Séparer la pâte en 2 et l'étaler en 2 disques.

Disposer un premier disque de pâte dans un moule à tarte, répartir la garniture et recouvrir avec le deuxième.

Cuire 30 min à 180 °C et déguster tiède avec de la crème fraîche.

DICTON

Corse

Avril doux,
c'est du bien partout.

Ils ont marqué leur région...

Barbara

Île-de-France

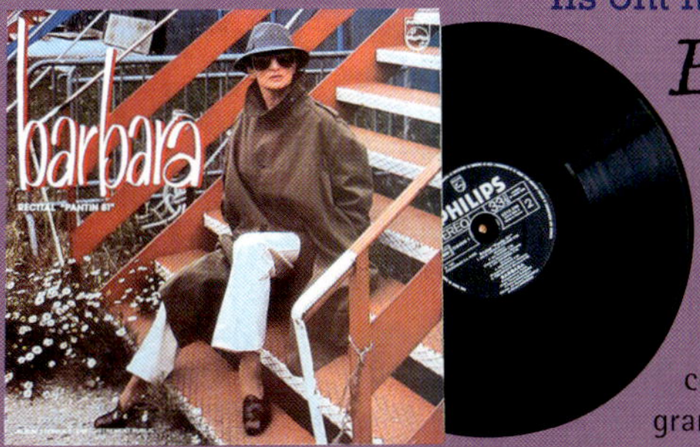

C'est à l'Écluse que la Parisienne Monique Serf, dite Barbara, connaît ses premiers succès dans la capitale, à partir de 1958. Dans ce cabaret – scène mythique du Quartier latin, qui a vu défiler les plus grands artistes –, elle chante des reprises de chansons de Brel ou de Brassens, sous le nom de la « Chanteuse de minuit ». Elle se consacre à partir des années 1960 à l'interprétation de ses propres textes, dont le plus grand succès est sans conteste *L'Aigle noir*, qui résume à lui seul la personnalité poétique et mélancolique de l'artiste.

Porquerolles

vendredi 8 avril

lever : 7 h 14
coucher : 20 h 31

Ste Julie

À table !
Tielle sétoise
Languedoc-Roussillon

Pour 6 personnes
Plonger 1 kg de poulpes nettoyés dans de l'eau bouillante salée pendant 30 min, puis les peler et les couper en morceaux. Faire sauter les poulpes avec 2 gousses d'ail et 200 g d'oignons émincés. Ajouter 1 kg de tomates concassées, 1 pincée de piment de Cayenne, du thym et du laurier. Saler, poivrer et laisser mijoter. Travailler 250 g de pâte à pain avec 1 c. d'huile d'olive et 10 cl de frontignan. Partager la pâte en 2 morceaux et les étaler en 2 disques. Tapisser un moule crénelé avec le premier disque de pâte et répartir la préparation aux poulpes. Recouvrir avec le second disque et souder les bords. Badigeonner d'huile et cuire au four à 210 °C pendant 20 min.

La rubrique du 13 h

LES TERRILS DE LOOS-EN-GOHELLE
Nord-Pas-de-Calais

Dans une région qui n'est pourtant pas réputée pour son relief, apparaissent au loin des cônes noirs. Ce sont des terrils, des amas de résidus issus de l'exploitation minière. Le plus haut terril d'Europe – cent quatre-vingt-six mètres – se trouve à Loos-en-Gohelle, un village qui, avant la découverte du charbon, vivait essentiellement de l'agriculture. Aujourd'hui, plus personne ne descend dans les puits, mais le paysage de la Gohelle, un ancien territoire qui comprend presque tout le bassin minier de la région, reste marqué à jamais, et les initiatives se multiplient pour valoriser des terrains miniers.

Un jour en Champagne-Ardenne
8 avril 1900

Les frères Goncourt, issus du charmant petit village de... Goncourt, en Haute-Marne, sont à l'origine de la fondation de l'Académie des Goncourt, inaugurée le 8 avril 1900. Celle-ci remet chaque année le prix Goncourt à une œuvre littéraire. Les deux frères ont, de plus, donné leur nom à une station de métro du XIe arrondissement de Paris.

Savoir-faire
Caviste
Bourgogne

Après la récolte du raisin, le caviste est chargé de la fabrication des vins, sous la responsabilité du maître de chai. Il surveille notamment la fermentation et le stockage. De son travail dépend la vinification : le jus de raisin deviendra-t-il un nectar que les plus grandes tables s'arracheront ?

Devinette

Quel échassier migrateur apporte, selon la légende, les bébés dans les familles alsaciennes ?

La cigogne. Grâce à une stratégie de repeuplement efficace suite à sa quasi-disparition dans les années 1970, on retrouve désormais la cigogne sur les toits des maisons alsaciennes.

Ils ont marqué leur région...
Georges de La Tour
Lorraine

L'Adoration des bergers, vers 1644

Au XXe siècle, un peintre mystérieux sort de l'oubli dans lequel il est tombé depuis l'époque de Louis XIII. Il s'agit de Georges de La Tour, né en 1593 à Vic-sur-Seille. Pourtant, l'artiste a eu du succès en son temps, notamment auprès du duc de la Ferté, qui gouvernait la Lorraine. Après sa mort, il disparaît sans laisser de trace... jusqu'en 1905, date à partir de laquelle des toiles de signatures diverses sont rapprochées et identifiées sous son nom. Une des plus célèbres est *Le Tricheur à l'as de carreau*, dont la signature est découverte en 1926 par son possesseur, alors qu'il nettoyait le tableau.

La naissance du mont Saint-Michel

La trace de l'archange

« Le Mont jaillissait de cette mer, colossal,
comme le tranchant d'un silex patiemment sculpté
et posé sur un immense écrin de nacre. »
Maxime Chattam, Le Sang du temps, *2005*

A l'orée du VIIIe siècle, on nomma à Avranches un nouvel évêque, Aubert. Il fut – semble-t-il – choisi par Dieu lui-même, intervenu directement lors d'une réunion entre le peuple et le clergé pour désigner un pontife. Un tel miracle laissait présager une destinée hors du commun. En effet, peu de temps après cette élection, alors que l'homme s'assoupissait dans son lit, « celui qui est comme Dieu », saint Michel, lui apparut en rêve et lui enjoignit de faire bâtir un temple à sa gloire, sur le mont Tombe.

Troublé, mais prudent, songeant qu'il pouvait être sujet à une illusion, l'évêque garda pour lui cette apparition, qu'il jugeait douteuse, et ne prit aucune mesure pour obéir aux injonctions de l'archange. Ce dernier, courroucé par tant de négligence à son égard, réitéra son apparition et formula à nouveau ses ordres à l'évêque, mais cette fois sur un ton qui ne permettait plus de tergiverser. Pour le convaincre de la réalité de sa présence, saint Michel posa son doigt sur le front d'Aubert, lequel trouva, à son réveil, une marque creuse qui demeura sur son crâne jusqu'à la fin de ses jours.

Les habitants du mont Tombe, convaincus par la marque de l'archange, écoutèrent attentivement l'évêque et commencèrent à bâtir le temple, selon les recommandations données en rêve par l'envoyé divin. À coup de pierres, de pioches et de quelques miracles encore, l'église fut bientôt construite, et saint Aubert envoya des hommes en Italie, au mont Gargan, chercher des reliques de saint Michel. Mais, quand ils revinrent, avec le manteau rouge du patron de la Normandie, ils eurent grand peine à reconnaître l'édifice, pointé tel un doigt vers le ciel. La mer et le sable avaient, en effet, recouvert les forêts, ne laissant que le saint îlot paraître au milieu des flots. La baie du Mont-Saint-Michel était née.

lundi 11 avril

lever : 7 h 08
coucher : 20 h 35

St Stanislas

À table !

Le gâteau creusois

Limousin

Griller légèrement, puis mixer 80 g de noisettes. Monter 4 blancs d'œufs en neige, les mélanger à 200 g de sucre et à 2 sachets de sucre vanillé. Ajouter 110 g de farine et enfin 90 g de beurre fondu. Verser la pâte dans un moule beurré et mettre au four à 180 °C, pendant 45 min.

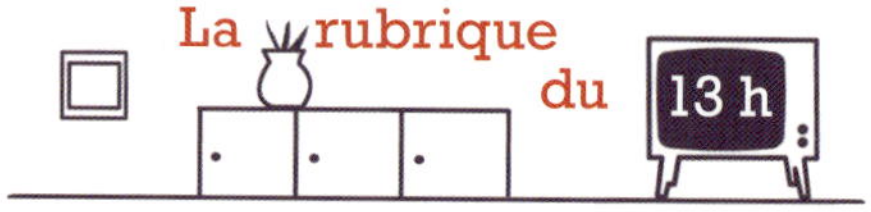

LES ALIGNEMENTS DE CARNAC

Bretagne

Si Carnac attire chaque année des milliers de touristes, ce n'est pas que pour ses plages… En effet, la station balnéaire bretonne est le plus vaste site mégalithique du monde : plus de trois mille menhirs y sont répartis. Elle leur doit d'ailleurs son nom, puisque Carnac signifie « lieu où il y a des tas de pierres ». Cet ensemble de trois séries d'alignements remonte à 4500 avant Jésus-Christ et s'étend sur une longueur de quatre mille kilomètres. Si on en sait davantage aujourd'hui – la fonction funéraire des dolmens, les rites sacrés, l'observation céleste –, les pierres levées n'ont pas livré tous leurs secrets.

Nord-Pas-de-Calais
en fête

Les rencontres internationales de Cerfs-volants

Chaque printemps, pendant dix jours, le ciel de Berck-sur-Mer se peuple de toiles extraordinaires et colorées, de cerfs-volants de papier de soie et de bambou. Entre flamboiement esthétique et performances techniques, plus de six cent mille cerfs-volistes et badauds se retrouvent sur les plages du Nord, pour assister, entre ciel et mer, aux ballets des figures humaines, méduses aériennes ou cerfs-volants asiatiques traditionnels.

DICTON

Auvergne

Saute crapaud,
nous aurons de l'eau.

Savoir-faire

Cirier à Nantes

Pays de la Loire

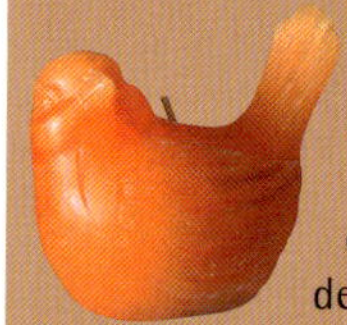

Les bougies ont envahi les rayons des magasins de décoration. Mais celles qui sortent de l'atelier de l'artisan cirier sont bien différentes : fabriquées à base de cire d'abeille, de paraffine et de cire végétale, elles sont sculptées et si belles qu'on hésite à les allumer !

Ils ont marqué leur région…

Jacques Pantaléon

Champagne-Ardenne

Le surnom de la ville de Troyes, dite la « Ville aux dix églises », est révélateur de son rôle important dans l'histoire de la religion catholique. Parmi ces dix églises, on retiendra plus particulièrement la basilique Saint-Urbain, ou encore l'église Saint-Pantaléon : elles portent en effet le nom d'un illustre personnage. Il s'agit de Jacques Pantaléon, plus connu sous le nom d'Urbain IV, qui fut pape entre 1261 et 1264. Il fonda la basilique Saint-Urbain, magnifique édifice gothique, à l'emplacement de l'ancienne boutique de cordonnier de son père.

mardi 12 avril

lever : 7 h 06
coucher : 20 h 37

St Jules

Devinette

Quelle ville française bénéficie d'un parc de vélos en libre-service baptisé « Vélo'v » ?

Lyon. Instauré en 2005, ce système de location de vélos a été ensuite décliné sous une forme similaire à Paris, en 2007, sous le terme de « Vélib' ».

Savoir-faire

Céramiste dans le Lauragais

Midi-Pyrénées

Au XIXe siècle, la production de céramique du Lauragais, le pays du cassoulet, est importante et réputée. Aujourd'hui, quelques céramistes de cette région – qui englobe la Haute-Garonne, le Tarn et l'Aude – perpétuent la tradition et fabriquent encore la vraie cassole traditionnelle.

La rubrique du 13 h

VITRAIL DE LA PAIX À SARREBOURG

Lorraine

Située dans le centre historique de Sarrebourg, la chapelle des Cordeliers est le seul vestige d'un ensemble bâti au XIIIe siècle. En 1970, l'édifice menaçait de s'effondrer, si bien que seul son chœur fut conservé. Pour en combler une ouverture sur le côté ouest, la ville commanda à Marc Chagall un immense vitrail intitulé *La Paix*. Mesurant douze mètres de haut sur sept mètres cinquante de large, il pèse neuf cents kilogrammes et se compose de treize mille pièces de verre. Il aura fallu deux ans au maître verrier Charles Marcq pour réaliser ce pan de lumière qui éclabousse de couleurs et foisonne de scènes allégoriques.

À table !

Le pithiviers

Centre

À l'origine, le pithiviers est un gâteau fondant aux amandes, servi glacé et décoré de fruits confits. La recette évolua avec l'apparition de la pâte feuilletée, qui le rendit célèbre dans toute la France ; mais son berceau reste la ville du Loiret à laquelle il emprunte son nom.

CITATION

Champagne-Ardenne

« Les habitants de ce pays ont beaucoup d'esprit, trop de vivacité, une inconstance de girouettes. Cela vient, je crois, des vicissitudes de leur atmosphère qui passe en vingt-quatre heures du froid au chaud, du calme à l'orage, du serein au pluvieux. »

Denis Diderot (à propos de Bourbonne-les-Bains), Lettres à Sophie Volland

Ils ont marqué leur région…

Serge Gainsbourg

Île-de-France

L'Homme à la tête de chou fascine, avec sa dégaine de dandy, son attitude cynique et son éternelle cigarette, et nous avons tous dans notre tête les airs de la *Javanaise*, d'*Élisa* ou de *69, année érotique*, interprétée en duo avec Jane Birkin. Parisien dans l'âme, Gainsbourg est en réalité fils d'immigrés russes, comme en témoigne son véritable nom, Lucien Ginzburg. Ce grand séducteur commence sa carrière dans les cabarets parisiens, puis la mène tambour battant en se glissant, tel un caméléon, dans tous les styles de musiques à la mode, sans pour autant trahir son personnage de Gainsbarre.

mercredi 13 avril

lever : 7h04
coucher : 20h38

Ste Ida

À table !

Pastis landais

Aquitaine

Pour 10 personnes

Dans une terrine, battre 4 œufs avec 200 g de sucre jusqu'à ce que le mélange blanchisse. Ajouter 125 g de beurre fondu, 3 c. à soupe de lait, 1 c. à soupe de rhum, 1 c. à soupe de fleur d'oranger, 1 c. à soupe d'extrait de vanille et 5 g de sel. Bien mélanger. Ajouter progressivement 500 g de farine jusqu'à l'obtention d'une pâte ferme. Couvrir d'un torchon et laisser reposer 3 h à température ambiante. Travailler la pâte pour la faire retomber, la rouler et la disposer dans un moule à brioche beurré. Remettre à lever 2 h, puis badigeonner avec un œuf battu. Inciser en croix avec une paire de ciseaux et faire cuire 25 min au four préchauffé à 180 °C.

Quiz des villes & villages de France

Le jardin Shamrock, qui possède la plus grande collection d'hortensias du monde, est situé dans cette commune normande, connue du grand public pour son cimetière marin.

_ _ _ _ _ _ _ _ _ _ _ _ _ -
_ _ _ - _ _ _

La rubrique du 13 h

LE CLOCHER COMTOIS

Franche-Comté

Quand on découvre la Franche-Comté, on remarque immédiatement l'allure atypique des clochers des églises. Symbole architectural de la région, le clocher comtois possède une forme bombée caractéristique : il est doté de quatre faces, dont les angles sont marqués par des arêtiers en métal. Il s'est généralisé au XVIIIe siècle, après que les conflits des deux siècles précédents eurent détruit bon nombre d'édifices religieux. Assorti d'une horloge, il est le plus souvent recouvert de tuiles colorées, qui reproduisent des motifs géométriques.

Un jour en

Pays de la Loire

13 avril 1598

En signant l'édit de Nantes le 13 avril 1598, Henri IV met fin aux guerres de Religion qui déchirent la France. Il accorde aux protestants une liberté de culte qui sera de courte durée, puisque Louis XIV la remettra en cause au siècle suivant.

Savoir-faire

Chamoisage à Niort

Poitou-Charentes

Le chamoisage est une activité traditionnelle de la ville de Niort, dans les Deux-Sèvres. Elle a pris son essor au XVIe siècle, avec la découverte du Canada, d'où on importait des peaux et l'huile de poisson nécessaire à leur traitement. Après cette opération, les peaux sont poncées et teintes.

Ils ont marqué leur région...

Fernand Léger

Provence-Alpes-Côte d'Azur

Le moins que l'on puisse dire, c'est que la peinture de Fernand Léger, exposée pour la première fois au Salon des Indépendants de 1911, est bien loin de faire l'unanimité. Apollinaire lui réserve une critique des plus acerbes : « Monsieur Fernand Léger a encore l'accent le plus inhumain de cette salle. [...] Il crée, si l'on ose dire, la peinture cylindrique et n'a point évité de donner à sa composition une sauvage apparence de pneumatiques entassés. » Il faut croire que les sensibilités évoluent, puisque, depuis son ouverture en 1960, le musée de Biot dédié à l'artiste ne désemplit guère.

Varengeville-sur-Mer

jeudi 14 avril

lever : 7h02
coucher : 20h40

St Maxime

Savoir-faire
Meunier
Corse

La châtaigne fait partie de l'alimentation de base des Corses. Laissées à l'abandon ces dernières décennies, les châtaigneraies sont peu à peu réhabilitées, et les exploitations castanéicoles se multiplient. Le producteur est bien souvent meunier : il récolte et transforme ses fruits avec son propre moulin.

Un jour en *Guyane*
14 avril 1964

Georges Pompidou fait passer un arrêté ministériel établissant le centre spatial guyanais à Kourou. La construction de la base, qui sert encore de nos jours au décollage des fusées Ariane, débute l'année suivante.

La rubrique du 13 h

LE MONT SAINTE-ODILE
Alsace

Sainte Odile était une jeune fille aveugle de naissance qui recouvra la vue lors de son baptême, à 12 ans. Ce miracle fit d'elle une sainte, et, de son vivant, les malades affluaient dans son couvent, au sommet d'un mont vosgien, connu aujourd'hui sous le nom de mont Sainte-Odile, dans le département du Bas-Rhin. Culminant à sept cent soixante-quatre mètres, il est un site de pèlerinage très prisé : les fidèles viennent se recueillir en ce lieu consacré à celle qui est devenue la sainte patronne de l'Alsace et dont on peut voir le tombeau dans une chapelle de l'ancien monastère.

À table !
Matelote
Île-de-France

Pour 3 personnes
Dans un plat beurré, déposer 150 g d'échalotes hachées, 600 g d'anguilles en tronçons, 1 l de muscadet et 1 bouquet garni. Saler et poivrer et faire cuire 20 min à petit feu.
Retirer les anguilles du plat.
Mélanger 120 g de beurre mou avec 120 g de farine et ajouter petit à petit à la sauce du plat, en fouettant. Faire revenir 150 g de champignons de Paris et les mettre dans le plat. Ajouter 2 c. à soupe de crème fraîche.
Remettre les anguilles dans le plat et réchauffer le tout 1 min. Servir sans attendre.

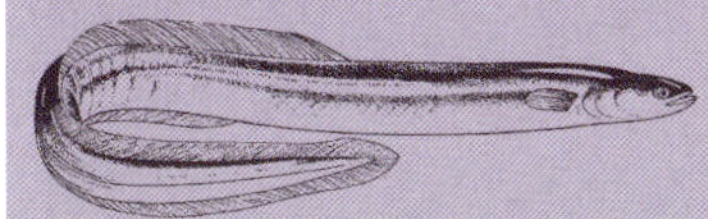

Devinette

D'où viennent les délicieuses huîtres de Bouzigues ?

Du bassin de Thau, dans le Languedoc-Roussillon. L'absence de marée a imposé une mise en œuvre de techniques spécifiques à la conchyliculture en milieu lagunaire, d'où l'élevage en suspension et non à plat comme sur la côte atlantique.

Ils ont marqué leur région...
Marguerite de Valois
Auvergne

Entre Marguerite de Valois et son époux, le futur Henri IV, on ne peut pas dire que la bonne entente soit de mise. Outre les infidélités, l'époque est aux guerres de Religion et le ralliement à la ligue catholique de celle que Dumas surnommera la « reine Margot » est loin de plaire à sa famille. Henri III est à l'origine des deux décennies d'emprisonnement de la révoltée dans la forteresse d'Usson, à partir de 1586. Son séjour a marqué profondément le village auvergnat, qui garde le souvenir de sa générosité, de son goût pour les arts et de ses aventures galantes...

vendredi 15 avril

lever : 7 h
coucher : 20 h 41

St Paterne

Savoir-faire
Ferronnier
Basse-Normandie

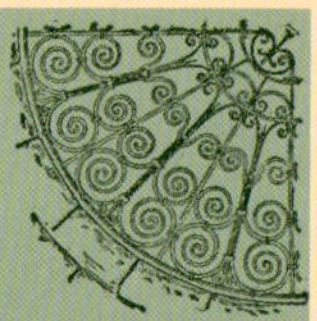

La ferronnerie d'art est une activité très ancienne et mystérieuse. Le ferronnier travaille souvent à l'abri des regards, au milieu d'innombrables pièces de métal et d'instruments étonnants. Aujourd'hui, ce savoir-faire n'est plus exécuté par nécessité, mais par goût du bel ouvrage.

Devinette

Quel film musical de Jacques Demy se déroule dans une ville portuaire de Charente-Maritime ?

Les Demoiselles de Rochefort, sorti en 1967. À l'occasion du tournage, quarante mille mètres carrés de façades ont été repeints.

La rubrique du 13 h

LE GROS-HORLOGE DE ROUEN
Haute-Normandie

Le Gros-Horloge est l'un des monuments rouennais les plus admirés, au cœur du quartier historique. Le bâtiment du XIVe siècle remplace un ancien beffroi rasé suite à la révolte de la Harelle contre les lourdes taxes que doit payer la ville. Sous prétexte de construire une horloge, les Rouennais rétablissent leur beffroi et ses cloches. Le mécanisme, l'un des plus anciens d'Europe, date de 1389 et les cadrans indiquent non seulement l'heure, mais aussi les phases de la Lune et les jours de la semaine. L'ensemble est parachevé par une fontaine de 1743, dédiée à Louis XV et célébrant les amours d'Alphée et d'Aréthuse.

À table !
La brioche vendéenne
Pays de la Loire

Apparue dès le Moyen Âge, la brioche vendéenne – appelée aussi « gâche » – est à l'origine une pâtisserie consommée à Pâques et lors des mariages, chaque famille possédant sa propre recette. En forme de tresse, elle est parfumée à la fleur d'oranger ou à l'eau de vie.

Quiz des villes & villages de France

Connue pour être le point de départ de la célèbre « Voie sacrée » tant empruntée pendant la Première Guerre mondiale, cette ville lorraine est située sur les bords de l'Ornain.

?

_ _ _ - _ _ - _ _ _

Ils ont marqué leur région…
Jean-Pierre Rives
Midi-Pyrénées

Surnommé « Casque d'or » en raison de sa blonde chevelure, le Toulousain a marqué l'histoire du ballon ovale pendant presque vingt ans, entre 1967 et 1986. Officiant pour l'équipe de Toulouse, il a ensuite rejoint l'équipe de France : durant sa carrière, il y a été sélectionné pas moins de cinquante-neuf fois, dont trente-quatre fois en tant que capitaine. Parmi ses exploits sportifs, on retiendra sa double victoire au grand chelem, en 1977 et 1981. Ce que l'on sait moins, c'est que Jean-Pierre Rives s'est récemment mis à la sculpture, discipline dans laquelle il rencontre un certain succès.

Bar-le-Duc

La châtelaine infernale du Val-de-Fier

Après avoir ruisselé dans les célèbres gorges de Lovagny, le Fier chemine jusqu'au massif du Gros-Foug et jusqu'au mont des Princes. À la hauteur de Saint-André, là où les montagnes se ressèrent le plus, la rivière se glisse dans un goulet étroit et, dans ce site incroyable du Val-de-Fier, poursuit sa route en un torrent. Grondant et bouillonnant, le Fier, dans ce ravin, change de visage, avant de se remettre à couler paisiblement sur les roches savoyardes en direction du Rhône. C'est au cœur de ces sombres roches que se déroule notre histoire : il y a plusieurs siècles de cela, vivait à Saint-André une dame riche. Retirée du monde, elle habitait un somptueux manoir, car elle n'était pas femme à s'isoler pour prier, mais plutôt quelque sorcière cupide, que la vue du peuple répugnait, peuple qui d'ailleurs la craignait et la haïssait en secret.

Lorsqu'une épidémie de peste s'abattit sur la petite commune, la châtelaine, qu'aucune pitié n'animait, abandonna les villageois à leur triste sort et se fit construire une maison à flanc de rocher, au sein même du ravin, pour fuir le fléau. Perchés entre le torrent et le ciel, dans ce repaire presque inaccessible, la sorcière et ses complices – les gens de son château qui l'avaient suivie jusqu'à ce trou maudit – guettaient les voyageurs et les pèlerins. À leur passage, surgissant de sa triste demeure, elle les dépouillait sans vergogne, elle partageait ainsi son temps entre le vol et la contemplation de son butin. Mais ce trésor finit par attirer les convoitises de ses comparses, avec lesquels elle ne daignait guère partager. Excédés jusqu'à ne plus avoir peur de la dame du Val-de-Fier, les bandits devinrent arrogants, puis menaçants.

Ne sachant plus que faire seule, la sorcière se tourna vers l'unique personne dont elle savait qu'elle ne la décevrait pas : Satan. Le maître des enfers n'est jamais loin en ces lieux où les rivières, au fond des gorges, s'agitent et se tordent dans les ténèbres ; une seule incitation suffit pour le faire apparaître. La châtelaine s'engagea à le servir dès le lendemain, jusqu'à la fin de ses jours. Le Malin accepta, et la sorcière fut immédiatement transportée avec l'or et les bijoux, qu'elle avait dérobés des années durant, dans une grotte plus sombre encore que la Chambre de la Dame, comme on appelait alors sa maison du ravin. Elle y est encore aujourd'hui, riche pour l'éternité, et, la nuit, lorsque le vent se fait violent ou qu'une brume épaisse recouvre le Fier, elle sort de sa caverne, pour dépouiller les voyageurs, non plus de leur argent, mais de leur âme, afin de la remettre à Lucifer.

La France en fête

Le dimanche des Rameaux

C'est en ce premier jour de la semaine sainte que Jésus-Christ, entrant à Jérusalem, fut acclamé par une foule jetant des vêtements et des branches de palmiers sur son passage. Des branches bénies de buis et de laurier sont données aux fidèles lors de la messe dominicale des Rameaux, en signe de protection. Elles seront brûlées le mercredi des Cendres de l'année suivante. En Corse, on remet encore des palmes tressées ou des rameaux d'olivier, signe de paix et d'abondance.

lundi 18 avril

lever : 6 h 54
coucher : 20 h 46

St Parfait

À table !

Nage de fruits exotiques

La Réunion

Pour 4 personnes
Peler 2 kiwis, 1 mangue, 4 litchis et 1 papaye. Ôter le noyau des litchis et couper le reste des fruits en morceaux de différentes tailles (lamelles, dés...). Laver, essuyer et couper 4 kumquats en rondelles.
Dans un saladier, mélanger le jus de 1 citron vert, 20 cl de lait de coco, 4 c. à soupe de sucre de canne, 1 sachet de sucre vanillé, 2 pincées de cannelle et 2 c. à soupe de rhum.

Ajouter les fruits et laisser macérer 2 h au réfrigérateur.
Servir frais, saupoudré de noix de coco râpée et de menthe.

La rubrique du 13 h

LES JARDINS DE VILLANDRY

Centre

Depuis le belvédère du château de Villandry, la vue est admirable. Le dernier des grands châteaux de la Loire a pourtant bien failli disparaître. C'était sans compter sur Joachim Carvallo, un médecin espagnol : il sauva le château de la ruine et créa les jardins qui lui valent aujourd'hui sa renommée. Dans ces jardins, étagés sur trois niveaux, on trouve le potager en damier, le jardin d'ornement composé de buis et le jardin d'eau avec son bassin, ses fontaines et ses pelouses. À cela s'ajoutent le jardin des simples, où poussent les plantes culinaires et médicinales, et le labyrinthe.

Savoir-faire

Potier de porcelaine

Limousin

Fabriquée à Limoges depuis le XVIIIe siècle, la porcelaine a fait la renommée de la capitale limousine. Elle est produite avec du quartz, du feldspath et surtout du kaolin, une argile blanche présente autour de la ville : on la broie pour obtenir une pâte, qui sera ensuite cuite, émaillée et décorée.

Quiz des villes & villages de France

Cette commune picarde, aussi appelée la « Ville du vase », fut la première capitale du royaume des Francs, après la victoire de Clovis sur les Romains au Ve siècle.

_ _ _ _ _ _ _ _

Ils ont marqué leur région...

Sainte Geneviève

Île-de-France

À Paris, la montagne Sainte-Geneviève tire son nom de cette sainte catholique, qui aurait prédit aux habitants de la ville l'invasion des Huns, en 451. « Que les hommes fuient, s'ils veulent, s'ils ne sont plus capables de se battre. Nous les femmes, nous prierons Dieu tant et tant qu'Il entendra nos supplications », aurait-elle déclaré pour encourager la lutte de la population contre Attila et son armée. À sa mort, en 502, la montagne devint son tombeau, et on la considère depuis comme la patronne de Paris.

Un jour en

Midi-Pyrénées

18 avril 1904

Félicitations à Jean Jaurès : un nouveau quotidien est né. Il s'agit de *L'Humanité*, journal résolument communiste à sa création. Le 18 avril est un jour fécond pour les journaux, puisque c'est aussi à cette date, mais en 1973, qu'est paru pour la première fois *Libération*.

Soissons

mardi 19 avril

lever : 6 h 52
coucher : 20 h 47

Ste Emma

Devinette

Quelle mer tire son nom, en français, de sa ressemblance avec une partie de vêtement ?

La Manche. Le bras de mer qui sépare la France et l'Angleterre aurait été nommé ainsi par métaphore avec la « manche », cette pièce de vêtement dans laquelle s'enfile le bras.

Savoir-faire

Peintre sur bois (poya)

Rhône-Alpes

La poya est une peinture sur bois représentant la transhumance : les bêtes étaient peintes de manière naïve et, à la descente des alpages, on accrochait la planche de bois sur la façade du chalet. D'origine suisse, cet art pictural a franchi la frontière pour être revisité par des artistes savoyards.

La rubrique du 13 h

NOTRE-DAME-EN-VAUX DE CHÂLONS-EN-CHAMPAGNE

Champagne-Ardenne

La collégiale fut bâtie au XIIe siècle à l'emplacement d'une précédente chapelle dédiée à la Vierge. Elle fut quelque peu modifiée au cours des siècles suivants, et son architecture marque ainsi une transition entre l'art roman et l'art gothique. Elle est notamment encadrée par quatre tours carrées hautes de soixante-cinq mètres – seules les deux tours de la façade ont conservé leur flèche en plomb. Le cloître fut détruit au XVIIIe siècle, mais on peut admirer, dans un musée, ses très belles sculptures qui ont été redécouvertes.

À table !

Gâteau breton

Bretagne

Pour 6 personnes

Dans un saladier, mélanger à la main 375 g de farine, 1 sachet de levure, 250 g de sucre, 250 g de beurre ramolli, 1 œuf entier et 6 jaunes d'œufs.

Beurrer et fariner un moule à manqué et y disposer la pâte. À l'aide d'une fourchette, étaler un jaune d'œuf sur la pâte et dessiner le dessus du gâteau. Enfourner à 170 °C pendant 45 min environ.

CITATION

Auvergne

« Ce n'est pas la Suisse, c'est moins terrible ; ce n'est pas l'Italie, c'est plus beau ; c'est la France centrale avec tous ses Vésuves éteints. »

George Sand (Puy-en-Velay), Jean de la Roche, 1859

Ils ont marqué leur région...

Nicéphore Niépce

Bourgogne

Le petit boîtier familier qui nous permet d'immortaliser nos souvenirs n'existerait pas sans cet inventeur de génie, né à Chalon-sur-Saône il y a environ deux cent cinquante ans. Passionné par la physique et la chimie dès l'adolescence, il aurait eu l'idée de la photographie lors d'un voyage en Sardaigne avec sa famille. Les recherches de techniques de fixation des images sont mises en place et peu à peu perfectionnées, mais Niépce meurt en 1833 avant d'avoir pu finaliser son procédé. C'est Daguerre, son collaborateur, qui reprend le flambeau pour aboutir au daguerréotype, ancêtre de la photographie moderne.

mercredi 20 avril

lever : 6 h 51
coucher : 20 h 49

Ste Odette

Savoir-faire
Sculpteur de blettes
Picardie

En Picardie, la chasse au gibier d'eau est une tradition, et la méthode la plus prisée est la chasse à la hutte. Pour faire venir les oiseaux de passage, le chasseur utilise des blettes : des appelants artificiels, destinés à les tromper. Dans la Somme, ces leurres sont toujours sculptés dans le bois.

À table !
Le gewurztraminer
Alsace

Ce vin corsé – son nom signifie « épicé » – est issu d'un très vieux cépage alsacien : le traminer rose. Sa robe aux reflets dorés et son nez fruité séduisent l'œil et le palais ; il accompagne à merveille les mets typiques de la région, comme la choucroute ou le munster.

Devinette

Quelle basilique d'Île-de-France abrite les sépultures des rois de France ?

La basilique de Saint-Denis. Dagobert fut le premier roi inhumé en ce lieu, à l'instar de saint Denis, premier évêque de Paris, martyrisé au IIIe siècle.

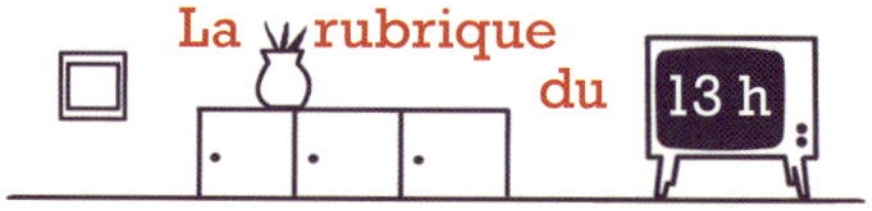

SUR LA ROUTE DES OCRES À ROUSSILLON
Provence-Alpes-Côte d'Azur

À Roussillon, dans le Vaucluse, le temps s'arrête et le paysage semble être celui d'une autre planète. Au cœur de l'une des plus grandes réserves d'ocre au monde, au pied d'un massif rocheux flamboyant, on est ramené en quelques secondes cent dix millions d'années en arrière. Ces pigments naturels, déjà utilisés par les hommes préhistoriques pour recouvrir les parois des grottes, se retrouvent sur les façades des maisons de ce village classé parmi les plus beaux de France. L'ocre réchauffe la Provence, même en hiver, et les carrières à ciel ouvert offrent un éblouissant panorama.

Un jour en *Bretagne*
20 avril 1993

Bruno Peyron remporte en ce jour la première édition du Trophée Jules-Verne. En référence au roman *Le Tour du monde en quatre-vingts jours*, les participants doivent réaliser un tour du monde, sans escale ni assistance, le plus rapidement possible. Il s'agit d'une course contre la montre et non contre des concurrents.

Ils ont marqué leur région...
François Rabelais
Languedoc-Roussillon

Au XVIe siècle, la faculté de médecine de Montpellier est l'une des plus célèbres de l'époque. Si l'on se penche sur ses registres, on peut lire : « 22 mai 1537, le docteur François Rabelais, pour sa thèse, a choisi le livre des *Pronostics* d'Hippocrate, qu'il a expliqué en grec. » En 1530, c'est en effet Rabelais qui vient s'asseoir sur les bancs, désireux de se consacrer à la médecine, après avoir suivi des études de lettres et de droit. Cette spécialité aura beaucoup influencé l'œuvre de l'écrivain, où le corps occupe une place primordiale et où il développe ses principes humanistes.

jeudi 21 avril

lever : 6 h 49
coucher : 20 h 50

St Anselme

Savoir-faire
Orfèvre à Metz
Lorraine

Dans l'atelier, les gestes de l'orfèvre sont patients ; la beauté est à ce prix. Après avoir dessiné l'objet qu'il souhaite réaliser, il commence à découper le métal, à le marteler, pour lui donner forme avant de le ciseler et de le polir. Des pierres précieuses viendront éventuellement parfaire son œuvre.

La rubrique du 13 h

LA FORÊT DE TRONÇAIS
Auvergne

Au centre de la France, dans l'Allier, la forêt de Tronçais s'étend sur près de onze mille hectares. C'est à Colbert, qui voulait créer une marine puissante, qu'on la doit. Mais, de la futaie originelle, il ne reste que quelques hectares, où l'on peut admirer des arbres plusieurs fois centenaires – les plus vieux dépassent les quatre cents ans – qui percent le ciel, telles des cathédrales. Les hommes ont vécu de tout temps dans celle qui est aujourd'hui la plus belle chênaie d'Europe. Un chêne vit deux cent cinquante ans en moyenne, avant d'être abattu ; il permet ensuite de fabriquer les tonneaux de vins prestigieux ou de cognacs.

À table !
Le broyé du Poitou
Poitou-Charentes

Pour 6 personnes
Mélanger (au robot ou à la main) 250 g de sucre, 250 g de beurre mou, 500 g de farine, 1 œuf et 1 pincée de gros sel. Laisser reposer la pâte obtenue 30 min. Étaler la pâte sur 1 cm d'épaisseur et la glisser sur une plaque de cuisson. Pincer le pourtour de la pâte du bout des doigts et faire des stries à la fourchette sur la surface du broyé. Dorer avec 1 jaune d'œuf.
Mettre au four préchauffé à 180 °C, pendant 25 min, et laisser refroidir. Selon la tradition, le broyé du Poitou ne se coupe pas, il se brise d'un coup de poing sec, chacun prend alors le morceau qu'il désire.

DICTON
Provence-Alpes-Côtes d'Azur

Quand l'abricotier
est en fleur,
jour et nuit
ont même longueur.

Quiz des villes & villages de France

Cette métropole du Sud-Ouest est notamment surnommée la « Cité mondine » et la « Cité des violettes ».

_ _ _ _ _ _ _ _

Ils ont marqué leur région...
Jean-Claude Killy
Rhône-Alpes

Jean-Claude Killy marque l'histoire du sport français en remportant une triple médaille d'or en descente, slalom et slalom géant aux épreuves de ski alpin des Jeux Olympiques. Son secret ? Le « départ catapulté », un détail qui fait toute la différence, une technique qu'il a lui-même élaborée et qui sera souvent reprise par les autres skieurs. Depuis, le sportif a prouvé qu'il avait plusieurs cordes à son arc : il s'est notamment illustré dans la course automobile, et il est devenu membre du Comité international olympique en 1995.

Toulouse

vendredi 22 avril

lever : 6 h 47
coucher : 20 h 52

St Alexandre

La France en fête
Le Vendredi saint

Les fidèles sont incités, en ce jour de commémoration de la Passion, c'est-à-dire du supplice et de l'exécution du Christ, à observer un jeûne. Dans les pays latins, certains vont jusqu'à se flageller lors des chemins de croix. À Rome, le pape parcourt la *Via Crucis* et porte la croix sur les derniers mètres qui mènent au Colisée. À Perpignan, la confrérie des pénitents défile, les hommes vêtus de noir portant d'impressionnantes statues figurant la Passion.

La rubrique du 13 h

LES GORGES DE L'ARDÈCHE
Rhône-Alpes

Destination très prisée de tous les amoureux de la nature, les gorges de l'Ardèche, classées réserve naturelle, forment un parcours d'une trentaine de kilomètres entre Vallon-Pont-d'Arc et Saint-Martin-d'Ardèche. Il y a des millions d'années, la rivière a creusé des canyons et de nombreuses grottes dans la roche – dans les grottes de Saint-Marcel, la rivière court sur plus de cinquante kilomètres –, perçant même une arche de soixante mètres de hauteur : le pont d'Arc, qui marque l'entrée des gorges. À pied, à VTT ou en canoë, ce chef-d'œuvre de la nature ne cesse d'émerveiller. De nombreux belvédères permettent entre autres aux amoureux de la nature d'embrasser les Cévennes du regard.

À table !
Salade au figatellu
Corse

Pour 4 personnes

Dresser dans chaque assiette un lit de jeunes pousses assaisonnées avec une vinaigrette à base d'huile de noix. Déposer sur la salade 4 toasts de pain tartinés de brocciu par personne. Faire revenir à sec dans une poêle des rondelles de figatellu (saucisse fraîche) et les répartir dans les assiettes. Parsemer de pignons de pin grillés et servir.

Devinette

Quelle capitale de la dentelle porte elle-même le nom d'un tissu ?

Tulle, dans le Limousin. Le tulle y aurait été inventé à l'époque de Louis XIV, suivant la technique manuelle du « point de Tulle ».

Savoir-faire
Tresseuse de vacoa
La Réunion

Le vacoa, cette plante typique des rivages de l'océan Indien, fait partie de la culture réunionnaise. Utilisé dans la vannerie, il est essentiellement travaillé par des femmes : elles découpent, en fines bandes, les feuilles de vacoa vertes, puis elles les font sécher avant de les tresser.

Ils ont marqué leur région...
Paul-Jean Toulet
Aquitaine

Le créateur des *Contrerimes* – œuvre et forme poétique cherchant à donner une impression de déséquilibre du vers – débute modestement sa carrière comme nègre et journaliste. Né à Pau en 1867, Toulet passe une jeunesse tumultueuse à Paris, puis voyage jusqu'en Indochine, avant de se ranger à Guéthary, petite ville de la côte basque. Prolixe, l'auteur écrit à la fois en prose, en vers et pour le théâtre. Emporté par la maladie, qui interrompt une collaboration théâtrale avec Claude Debussy, Toulet s'éteint en 1920, laissant une grande partie de son œuvre qui ne sera publiée qu'à titre posthume.

samedi 23 & dimanche 24 avril

St Georges — St Fidèle

Mythes et légendes
Picardie

La bête blanche

Les aléas de la pleine lune

Revenant d'avoir visité sa tante, un Picard qui, de toute façon, n'avait pas les moyens de se payer un cheval, rentrait de la ville à pied, en coupant à travers champs. La route était fort longue jusqu'à sa maison, mais il prenait son temps : c'était un beau soir de printemps. La pleine lune éclairait les herbes hautes, l'air n'était ni trop frais ni trop humide. En somme, il faisait bon marcher en sifflotant. Mais soudain, légèrement sur sa droite, un bruit le fit sursauter. Il lui sembla qu'un animal était passé en courant dans les herbes ; mais il ne vit rien et reprit sa marche. Quelques minutes plus tard, un peu sur sa gauche cette fois, le bruit se fit à nouveau entendre : quelque chose se faufilait dans le champ. Mais là encore, aucune queue, aucune oreille ne dépassait, et, continuant sa route, le jeune homme songea qu'un rat devait courir ventre à terre.

Tout à coup, juste entre ses jambes, une bête blanche surgit et se mit à tourner, tourner, tourner... Le paysan, d'abord tétanisé, ne put faire un pas. Puis, se ressaisissant, tenta de courir, mais l'animal tournait si vite autour de lui qu'il ne pouvait le dépasser. Il ralentit alors, essaya de frapper la bête avec son bâton, mais ne put la toucher. Il ne parvint pas non plus à l'identifier, mais, courageusement, se décida à avancer comme si de rien n'était. L'animal l'encerclait toujours, sans pour autant gêner sa marche, et ce jusqu'à l'entrée du village. Dès qu'ils eurent posé pattes et pieds dans la première rue, la bête se changea en homme et passa son chemin sans dire un mot, sans que l'autre puisse le reconnaître. Était-il du coin ? Que voulait-il ? Était-ce un loup-garou ? On ne le sut jamais, et l'on s'interroge aujourd'hui encore sur la nature et les intentions de la fameuse bête blanche, dans ce coin de la campagne picarde...

Languedoc-Roussillon en fête

La Saint-Aphrodise à Béziers

C'est parce que saint Aphrodise, patron de la ville, serait au IIIe siècle entré à dos de chameau dans Béziers que les festivités de cette fin d'avril mettent en scène « lou Camel », la fidèle monture du prêcheur – ou plutôt son énorme réplique. Vêtus de costumes traditionnels, occidentaux et orientaux, les habitants célèbrent l'évangélisateur, pendant une dizaine de jours, autour de dégustations, concerts et défilés.

DICTON
Centre

S'il pleut à la Saint-Georges,
pas de fruits à noyaux,
ni guignes, ni bigarreaux.

lundi 25 avril

lever : 6 h 41
coucher : 20 h 56

St Marc

Un jour en Poitou-Charentes
25 avril 1792

Aujourd'hui est un grand jour pour le docteur Joseph Guillotin. Pour la première fois, on va utiliser son invention célèbrement macabre : la guillotine. Nicolas-Jacques Pelletier, un bandit de grand chemin, a l'honneur – dont il se serait sûrement bien passé – de l'inaugurer. Le couperet tombera en France pour la dernière fois en 1977.

À table !
La rousquille
Languedoc-Roussillon

Cette confiserie catalane, originaire de l'Espagne, a fait la renommée d'Arles-sur-Tech, dans le département des Pyrénées-Orientales. Il s'agit d'un petit biscuit parfumé au citron, en forme d'anneau – son nom vient de l'espagnol et signifie « petite roue » –, frit et saupoudré de sucre glace.

La rubrique du 13 h

LE CHÂTEAU DE LA ROCHE-GUYON
Île-de-France

Le premier château de La Roche-Guyon, dans le Val-d'Oise, date du Xe siècle, mais il était alors invisible, car entièrement creusé dans la roche ; en effet, les seigneurs de La Roche-Guyon ont toujours su tirer parti de la falaise contre laquelle ils s'étaient installés. Au XIIe siècle, un corps de logis est bâti et, pour le protéger, on élève un donjon au sommet de la colline qui domine une boucle de la Seine ; le donjon et la forteresse sont alors reliés par un escalier souterrain, que l'on pratique encore aujourd'hui. Enfin, le château possède un magnifique potager, restauré selon des plans de 1741.

La France en fête
Pâques

La fête de Pâques, célébrant pour les chrétiens la résurrection du Christ, sonne la fin du carême. Pour les enfants, les œufs en chocolat, déposés selon la légende par les cloches de retour de Rome, sont cachés dans les jardins. À Valloire, dans les Alpes, on célèbre Pâques de façon bien originale : la commune organise des lancers d'œufs de poule, l'équipe gagnante étant celle qui en fera le moins tomber par terre.

Savoir-faire
Mosaïste
Provence-Alpes-Côte d'Azur

Quel travail patient que celui de juxtaposer les tesselles ! Ces petits morceaux de pierre, de marbre, de verre ou de terre cuite sont d'abord sélectionnés, puis fragmentés ou taillés. Viennent ensuite l'assemblage, selon un dessin, et le jointage qui va unifier la mosaïque et faire ressortir les couleurs.

Ils ont marqué leur région…
Jacqueline Auriol
Pays de la Loire

Le 29 août 1953, un avion Mystère II franchit le mur du son. Ce qui rend cet événement exceptionnel ? Le pilote se nomme Jacqueline Auriol et, à l'époque, aucune femme n'avait encore réalisé cette prouesse. La Vendéenne, fille du président Vincent Auriol, passe toute sa vie dans les airs et vit sa passion au rythme des diplômes et des records. La talentueuse aviatrice ne se contente pas de peu et obtient plusieurs fois le record international féminin de vitesse : ce n'est pas son grave accident comme passagère à bord d'un hydravion qui l'aura empêchée de vivre son rêve.

mardi 26 avril

lever : 6 h 39
coucher : 20 h 58

Ste Alida

À table !

La Bénédictine

Haute-Normandie

Cette eau-de-vie est associée depuis le XIXe siècle à la ville de Fécamp, en Seine-Maritime. Malgré son nom, elle ne fut pas élaborée par les moines de l'abbaye de Fécamp, mais par un négociant en vins normand, qui associa avec bonheur les vingt-sept plantes et épices du monde entier qui composent le breuvage.

Savoir-faire

Ciseleur

Champagne-Ardenne

La Haute-Marne est un département où l'on travaille traditionnellement les métaux. Les ciseleurs de Nogent, qui donnent du relief à la surface du métal et créent des effets de matières, sont réputés. Tout en respectant les traditions, le ciseleur s'exprime de plus en plus dans un style contemporain.

La rubrique du 13 h

LES PLAGES DU DÉBARQUEMENT

Basse-Normandie

Le 6 juin 1944, les plages du Calvados et du nord-est du Cotentin entraient dans l'histoire. Leurs kilomètres de sable fin et leurs falaises de craie furent pris d'assaut par les forces alliées venues libérer l'Europe. Aujourd'hui encore, bien des vestiges de la bataille de Normandie sont visibles : de nombreux monuments commémoratifs côtoient les postes de défense allemands, des cratères recouverts d'herbe rappellent les bombardements incessants, et les cimetières militaires ainsi que plusieurs musées rendent hommage au sacrifice de milliers de soldats héroïques.

DIC- TON

Limousin

Le seigle dit : tu me sèmeras
quand tu voudras,
tout temps me nourrira,
quand la bise me fleurira.

Devinette

De quelle maladie souffrait sainte Énimie, fondatrice d'un monastère qui borde les rives du Tarn ?

Cette sœur de Dagobert souffrait de la lèpre hideuse. La légende raconte qu'elle fut guérie miraculeusement, grâce aux conseils d'un ange, en se baignant dans les eaux de la fontaine de Burle.

Ils ont marqué leur région...

Robert Surcouf

Bretagne

Pour épouser sa bien-aimée, Robert Surcouf est prêt à tout. Trop pauvre pour que le père, un riche notable de Saint-Malo, daigne lui accorder la main de sa fille, le jeune capitaine délaisse son uniforme pour devenir corsaire et faire fortune coûte que coûte. À 23 ans, devenu la terreur des Anglais, il capture avec sa bande de corsaires indiens un équipage trois fois plus nombreux que le sien. Pendant des années, le « Roi des corsaires » accumule les exploits à bord de son navire *La Confiance* et finit par épouser sa belle.

mercredi 27 avril

lever : 6 h 38
coucher : 20 h 59

Ste Zita

Quiz des villes & villages de France

Situé au pied d'un lac auquel il donne son nom, ce bourg est surtout connu pour la sauce éponyme, à base de beurre d'écrevisse, qui accompagne des quenelles de brochets.

_ _ _ _ _ _

À table !

Endives au jambon

Nord-Pas-de-Calais

Pour 4 personnes

Nettoyer 4 endives et les cuire 30 min à l'eau bouillante salée additionnée du jus de 1 citron. Dans une casserole, faire fondre 30 g beurre, ajouter 30 g de farine et mélanger. Ajouter progressivement 0,5 l de lait tout en remuant. Hors du feu, ajouter 1 pincée de noix de muscade râpée, 3 jaunes d'œufs et 50 g de gruyère râpé. Enrouler chaque endive dans une tranche de jambon blanc et les disposer dans un plat de cuisson. Napper de sauce et saupoudrer de gruyère râpé. Gratiner au four pendant 30 min.

La rubrique du 13 h

LE PHARE DE L'ÎLET DU GOSIER

Guadeloupe

Sur cet îlet long d'un kilomètre au large du Gosier – la ville du sud de Grande-Terre qui lui a donné son nom –, aucun Guadeloupéen ne vit. Les touristes y viennent en bateau pour la journée : ils se prélassent sur le sable fin et se baignent dans les eaux turquoise. Le seul résident de l'îlet était autrefois le gardien du phare, mais les cyclones ont eu raison de sa présence. Entièrement automatisé et équipé de panneaux solaires, le phare blanc et rouge – il s'agit du troisième de l'îlet, les tempêtes ayant endommagé les deux premiers – avertit les bateaux de la présence des récifs coralliens.

Savoir-faire

Apiculteur

Centre

Dans le Gâtinais, de multiples fleurs et plantes contribuent à produire un miel crémeux : le trèfle, le tournesol, le colza, l'acacia et le sainfoin, qui se fait de plus en plus rare dans la région. Ces plantes donnent au miel cette saveur douce qui a fait sa réputation, il y a plusieurs siècles déjà.

Ils ont marqué leur région...

Marquise de Pompadour

Limousin

Comment une roturière comme Jeanne Antoinette Poisson a-t-elle pu devenir la marquise de Pompadour ? C'est pour sa beauté qu'elle est remarquée dans les salons parisiens, puis par Louis XV en personne, mais aussi pour son esprit, comme elle saura le prouver par la suite. À partir de février 1745, elle est la maîtresse officielle du roi, qui lui offre un manoir à Pompadour, village de Corrèze. La marquise a marqué l'histoire de France par l'influence politique qu'elle eut sur son amant, faisant la pluie et le beau temps à la cour de Versailles.

Un jour en *Midi-Pyrénées*

27 avril 2005

Baptême de l'air réussi, ce jeudi 27 avril, pour l'Airbus A380 au départ de l'aéroport de Toulouse-Blagnac. Des milliers de personnes sont venues assister au spectacle de ce bijou de technologie de plus de quatre cents tonnes fendant gracieusement les airs.

Nantua

jeudi 28 avril

lever : 6 h 36
coucher : 21 h 01

Ste Valérie

DICTON

Provence-Alpes-Côte d'Azur

« *Il m'est égal de lire que les sables des plages sont chauds, je veux que mes pieds nus le sentent.* »

André Gide, *Les Nourritures terrestres*, 1897

Savoir-faire

Fabricant de jouets en bois dans le Jura

Franche-Comté

Le jouet jurassien est né, il y a plusieurs siècles, de l'art de tourner le bois. Symbole de la région, il a su se renouveler pour s'adapter aux modes, tout en préservant la tradition. Poupées, bilboquets, cordes à sauter et chevaux à bascule font toujours le bonheur des enfants et de leurs parents.

La rubrique du 13 h

LE VILLAGE ABANDONNÉ D'OCCI

Corse

À trois cent soixante-dix-sept mètres de haut, le village d'Occi occupe une place privilégiée. Le panorama qu'il offre sur la plaine et la mer vaut, à lui seul, le détour. Mais ce n'est pas pour cette vue magnifique que les touristes se rendent à Occi, c'est pour les ruines. En effet, depuis le XIXe siècle, les habitants ont déserté le village, sans doute parce qu'ils manquaient d'eau. Par sa position, Occi était protégé contre les attaques des sarrasins, mais c'est probablement cette même position qui l'a perdu. Seule l'église de l'Annunziata a été rénovée et, à la Pentecôte, une messe en corse y est célébrée. Le dernier habitant d'Occi y a fini ses jours en 1927.

Devinette

Dans quel département le squelette fossile de l'homme de Cro-Magnon fut-il découvert en 1868 ?

En Dordogne, dans la commune d'Eyzies-de-Tayac. Le nom de Cro-Magnon vient du toponyme d'un petit abri-sous-roche situé dans ce village.

À table !

Le saint-nectaire

Auvergne

Fabriqué dans la région du Mont-Dore, ce fromage tire son nom du maréchal Henri de Sennecterre qui l'a introduit à la cour de Louis XIV. Fabriqué au lait pasteurisé ou au lait cru – à partir du lait d'un seul troupeau.

Ils ont marqué leur région…

Pierre Gassendi

Provence-Alpes-Côte d'Azur

C'est en tant que prévôt de la cathédrale de Digne que Pierre Gassendi revient dans sa ville natale, en 1626. Pourtant, tout porte à croire que c'est sa passion pour l'astronomie qui motive ce retour. On raconte que, tout petit déjà, il ne se lassait pas de contempler le ciel, lorsqu'il gardait le troupeau de moutons de ses parents, à la nuit tombée. Admirateur de Galilée, travailleur acharné, il ne se levait jamais après 4 heures du matin et, le plus souvent, dès 2 heures. Un cratère lunaire porte son nom.

vendredi 29 avril

lever : 6 h 34
coucher : 21 h 02

Ste Catherine de Sienne

À table !

Le gâteau battu

Picardie

Délayer 50 g de levure de boulanger dans le même volume d'eau. Dans une terrine, mélanger 10 jaunes d'œufs battus, 5 g de sel et 125 g de sucre. Ajouter la levure. Incorporer doucement 300 g de farine en veillant à ce que la pâte reste élastique. Pétrir pendant 15 min et incorporer 200 g de beurre mou. Travailler encore la pâte 15 min jusqu'à ce qu'elle se décolle de la terrine. Verser la pâte dans un moule haut, au tiers de sa hauteur. Couvrir avec un linge humide et laisser reposer 2 h. Faire cuire à four moyen pendant 30 min.

DICTON

Rhône-Alpes

Quand les corneilles vont vers le vent,
il faut s'habiller jusqu'aux dents.
Si elles vont devers la bise,
il faut s'habiller en chemise.

La rubrique du 13 h

LA GROTTE DE MASSABIELLE À LOURDES

Midi-Pyrénées

Durant plusieurs mois de l'année 1858, Bernadette Soubirous dit avoir assisté à dix-huit apparitions de la Vierge près de la grotte de Massabielle, à Lourdes, dans les Hautes-Pyrénées. Depuis, la grotte et tout le domaine qui l'entoure – cinquante-deux hectares et vingt-deux lieux de culte – sont devenus un lieu de pèlerinage catholique parmi les plus fréquentés au monde, avec environ six millions de pèlerins et visiteurs chaque année. Dans la grotte, Bernadette a également découvert une source ; réputée miraculeuse, son eau est aujourd'hui acheminée vers des fontaines et des piscines.

Savoir-faire

Sculpteur de pierre

Haute-Normandie

Dans cette région où l'on ne compte plus les églises, les sculpteurs de pierre mettent leur talent au service des monuments. Ils restituent les détails à l'identique, transformant par exemple un bloc de pierre brute en un visage expressif. Bien entendu, ils réalisent aussi des commandes privées.

Un jour en

Basse-Normandie

29 avril 1968

La France retient son souffle devant son poste de télévision : pour la première fois, on a marché sur la planète Shadok. Les étranges oiseaux qui la peuplent ont été créés par Jacques Rouxel et prennent vie grâce à la voix de Claude Piéplu. Cette série d'animation, première du genre, a connu un grand succès populaire.

Ils ont marqué leur région...

Cardinal de Rohan

Alsace

Le prince de Rohan, également cardinal évêque de Strasbourg, aura surtout marqué l'histoire pour sa grande naïveté ! Il en a en tout cas fait preuve lors de la célèbre affaire du Collier de la reine. Abusé par deux voyous, il rencontre à plusieurs reprises une prostituée qui se fait passer pour la reine Marie-Antoinette. Un jour, celle-ci lui demande de lui servir d'intermédiaire pour l'achat d'une somptueuse rivière de diamant dans le dos de son prétendu époux. Ni une ni deux, le naïf se procure le bijou, et c'est un scandale à la cour le jour où les joailliers viennent réclamer leur argent...

Le trésor de mai

« Ce dernier était un animal remarquablement fort et beau, extrêmement noir, et d'une sagacité merveilleuse. En parlant de son intelligence, ma femme, qui au fond n'était pas peu pénétrée de superstitions, faisait de fréquentes allusions à l'ancienne croyance populaire qui regardait tous les chats noirs comme des sorcières déguisées. »

Edgar Allan Poe, Nouvelles histoires extraordinaires, *« Le chat noir », 1843*

Quand on se promène dans la région de Montluçon, il n'est pas rare d'apercevoir un chat, dans un jardin ou sur le bord d'un chemin. Il est courant également que l'animal soit seul et tranquille : il serait aujourd'hui étonnant de voir des hommes à ses trousses cherchant à le capturer à tout prix. C'est que les temps ont bien changé. La plupart d'entre nous considérons aujourd'hui le chat comme un petit félin parfois affectueux, parfois indépendant, voire sournois. Jadis, cette ambiguïté de caractère alimentait les superstitions, et l'on considérait les chats comme l'avatar de sorciers ou de diables. Aussi, en ces anciens temps, pourchassait-on ces animaux pour les pendre au mât de mai afin d'éloigner les mauvais esprits.

Une année, vers la fin du mois d'avril, un jeune paysan de la région, pauvre mais laborieux, en aperçut un qui chassait sur sa terre. Le trouvant assez beau, il se mit en tête de l'attraper pour le pendre au mât. Le matou, loin d'être miteux en effet, l'esquiva avec souplesse et, désignant la maison du menton, dit au jeune homme : « Inconscient, plutôt que d'essayer de me tuer tu ferais mieux de tenter de sauver le peu que tu possèdes ! » Le cultivateur, se retournant, vit de la fumée tout près de sa ferme. Il courut éteindre l'incendie qui menaçait son humble demeure. Constatant avec soulagement le danger éloigné, les poings sur les hanches, il se dit à haute voix : « Ce chat qui parle, ma foi, sorcier ou pas, m'a tiré d'un bien mauvais pas... »

« N'est-ce pas ? » répliqua une voix derrière lui. « Inutile de faire des signes de croix, pauvre ingrat ! » continua le chat, puisque c'était encore lui. « Néanmoins, si tu n'es pas trop stupide, je te serai utile encore une fois. Sache que, sous les pieds de Narcisse, gît de quoi oublier tes soucis. »

Sur ces paroles mystérieuses, l'animal s'enfuit. Le paysan désirait oublier au plus vite cette rencontre avec celui qu'il tenait pour le diable, mais l'énigme du chat refusait de laisser son esprit en paix. Le lendemain matin, posant le pied dans son jardin, il comprit : un peu à l'est, là, sous ses yeux, s'épanouissaient les jonquilles printanières. Sans réfléchir davantage il creusa, creusa, creusa... jusqu'à toucher le bois d'un coffre, rempli de pièces d'or. Ébahi, certes, mais non pas ingrat comme le chat le prétendait, il courut avec son trésor trouver le curé de la paroisse, et offrit de racheter à bon prix tous les chats condamnés à décorer le mât. Ceux déjà pris, mais aussi ceux des années à venir, signant avec le prêtre un contrat sur des décennies, au nom de ses successeurs. Voilà pourquoi aujourd'hui les chats d'Auvergne vont et viennent en liberté sans craindre l'arrivée du joli mois de mai.

La France en fête

La fête du Travail

Institué au XIXe siècle par les syndicats comme jour de revendication ouvrière pour l'obtention de la journée de huit heures, le 1er mai est devenu férié en 1947. Il est coutume d'offrir un brin de muguet, pour marquer l'arrivée du printemps. Vendu dans les rues, il a la réputation d'être un porte-bonheur : ses cloches, symboles de protection, de fécondité et de joie, étaient censées éloigner la grêle et les épidémies.

lundi 2 mai

lever : 6 h 29
coucher : 21 h 06

St Boris

À table !
Visitandines de Nancy
Lorraine

Pour 4 personnes
Dans un saladier, mélanger 75 g de poudre d'amandes, 2 blancs d'œufs, 100 g de sucre, 40 g de farine et 50 g de beurre fondu. Répartir cette préparation dans 4 moules individuels (type moules à muffins) et enfourner 15 min à 180 °C.

CITATION
Champagne-Ardenne

« Cette partie de la Champagne est tout imprégnée de calmes, vastes, frustes et tristes horizons ; bois, prés, cultures et friches mélancoliques ; relief d'anciennes montagnes très usées et résignées : villages tranquilles et peu fortunés dont rien, depuis des millénaires, n'a changé l'âme, ni la place. »

Charles de Gaulle, Mémoires de guerre, 1954-1959

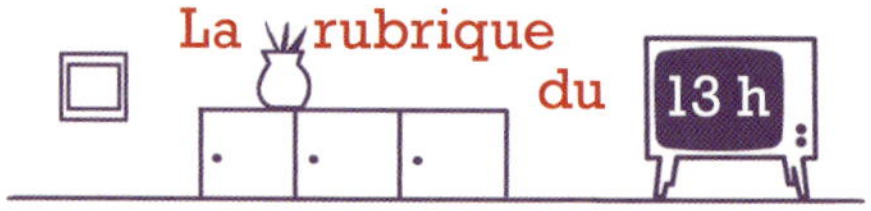

LE CHÂTEAU DE BONAGUIL
Aquitaine

Quel étrange destin que celui du château de Bonaguil ! Dans un état de conservation remarquable, il est souvent considéré comme le plus beau château fort de France. Situé sur un éperon rocheux dans le Lot-et-Garonne, près de Fumel – commune dont il est la propriété –, il fut érigé au XIIIe siècle sur le modèle gascon. Mais c'est surtout aux XVe et XVIe siècles qu'il devint la forteresse que l'on admire encore aujourd'hui. Doté d'un système défensif révolutionnaire, Bonaguil n'eut pourtant jamais à se battre : loin des grandes voies de communication, qu'avait-il à défendre ?

Un jour en France
2 mai 1994

« Grattez-les, ils l'ont bien cherché ! » est l'un des slogans du jeu de grattage lancé par la Française des Jeux le 2 mai 1994. Il s'agit bien entendu du Morpion, dont le nom donnera lieu à des publicités très amusantes.

Savoir-faire
Pêche au poulpe à Frontignan
Languedoc-Roussillon

La pêche au poulpe, à l'aide de longues cordes – les palangres –, a bien failli disparaître du paysage maritime de Frontignan. Seuls quelques pêcheurs immergent encore leurs lignes de plusieurs centaines de mètres, auxquelles sont accrochés des pots qui retiennent le poulpe prisonnier.

Ils ont marqué leur région...
Pascal Paoli
Corse

Novembre 1755 : un certain Pascal Paoli marque un tournant dans l'histoire politique de l'île de Beauté. Chef de file de la révolte contre l'occupation des Génois – la Corse était l'une de leurs colonies –, le général fait de l'île une république démocratique et en rédige la constitution, basée sur les principes de la séparation des pouvoirs et du suffrage universel. L'indépendance dure jusqu'en mai 1769, date de la bataille de Ponte-Novo qui marque la défaite de la Corse contre la France, à qui Gênes avait vendu ses droits sur l'île en 1768.

mardi 3 mai

lever : 6 h 27
coucher : 21 h 08

St Philippe-Jacques

Quiz des villes & villages de France

Cette ville du centre de la France, dont le nom résonne au son du « Printemps », est située à la confluence de quatre rivières, ce qui explique l'étendue des marais qui entourent la vieille ville.

_ _ _ _ _ _ _

Devinette

Quelle coutume, répandue en Corse, consistant à se faire justice soi-même, est évoquée dans *Colomba* de Prosper Mérimée ?

La vendetta. Dans ce système de vengeance, un meurtre ou une offense subie engendre l'affrontement de familles entières sur une longue période.

Savoir-faire

Fabricant de cabrette

Auvergne

Promouvoir la cabrette, c'est promouvoir l'identité auvergnate. Elle tire son nom de l'outre en peau de chèvre que l'on gonfle pour produire ce son aigrelet si caractéristique. Cette poche n'est pas gonflée à la bouche, mais grâce à un soufflet : la cabrette, c'est l'accordéon qui rencontre la cornemuse !

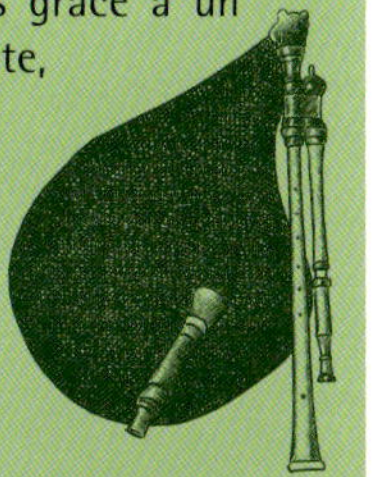

La rubrique du 13 h

LA FERME BRESSANE

Bourgogne

La Bresse bourguignonne a gardé de nombreuses traces de son passé rural, notamment dans son habitat. La ferme bressane, construite avec les matériaux de la région, est généralement composée d'un long bâtiment à colombages. Les murs en briques sont abrités par un avant-toit, sous lequel étaient suspendus des épis de maïs, appelés ici « panouilles » ; cette tradition revit lors des fêtes folkloriques. Le toit à quatre pans est pentu et couvert de tuiles plates. Autrefois, les fermes bressanes pouvaient être déplacées d'un village à l'autre, car elles n'avaient pas de fondations.

À table !

L'omelette de la mère Poulard

Basse-Normandie

Quand les pèlerins arrivaient affamés au Mont-Saint-Michel, il fallait leur servir quelque chose de rapidement préparé, à partir d'ingrédients dont on disposait facilement. C'est ainsi qu'est née l'omelette de la mère Poulard, faite simplement d'œufs bien battus et de bon beurre normand.

Ils ont marqué leur région…

Georges Pompidou

Île-de-France

Le nom de Georges Pompidou est bien sûr celui d'un ancien président de la République française mais, pour les Parisiens, c'est aussi celui du Centre national d'art et de culture Georges-Pompidou, dont il est à l'origine de la création et qui abrite une prestigieuse collection d'art moderne. Il est vrai que, depuis 1977, le bâtiment ne passe pas inaperçu pour qui se promène dans le centre de la capitale : ses créateurs, Piano, Rogers et Franchini, lui ont donné une esthétique avant-gardiste qui, à l'époque, en a choqué plus d'un. Sur l'imposante structure de verre et d'acier se détachent des tuyaux verts, jaunes, rouges et bleus qui donnent à l'ensemble un visage détonnant.

Bourges

mercredi 4 mai

lever : 6 h 26
coucher : 21 h 09

St Sylvain

À table !

Tarte comtoise

Franche-Comté

Pocher 1 saucisse fumée de Morteau pendant 30 min. Pendant ce temps, étaler 1 pâte feuilletée dans un moule à tarte.
Porter à ébullition 1 verre de vin blanc sec du Jura avec 2 c. à soupe de crème fraîche et ajouter 200 g de comté râpé. Poivrer et remuer jusqu'à ce que le mélange devienne fondant. Garnir aussitôt le fond de tarte avec la fondue et disposer la saucisse détaillée en tranches. Cuire 25 min à 180 °C et servir chaud avec une salade.

Quiz des villes & villages de France

Cette capitale européenne du boudin blanc, au cœur des Ardennes, « se répand gracieusement du haut d'une colline jusque sur la rivière d'Aisne » selon Victor Hugo.

La rubrique du 13 h

LE CANAL DES MOINES À AUBAZINE

Limousin

Au XIIe siècle, saint Étienne fonde deux abbayes cisterciennes à Aubazine, en Corrèze. L'une d'elles se trouvant trop loin de tout point d'eau, les moines entreprennent la construction d'un canal, pour amener l'eau du ruisseau du Coyroux jusqu'à eux. Creusé dans la roche ou bâti contre elle, le canal est un ouvrage exceptionnel, du fait de sa réalisation complexe. En plus d'alimenter le monastère, il irrigue prairies et jardins, et entraîne trois moulins. En 2006, une restauration devient indispensable, et, après quatre ans de travaux, la promenade du canal est de nouveau ouverte.

CITATION

Nord-Pas-de-Calais

« Ce pays te conviendrait, l'air y est coloré et la lumière tout à fait bien [...]. Il y a des bateaux et des maisons si jolies. Ensuite, l'âme du pays est pleine de charme et de mélancolie. »

André Derain (à propos de la Côte d'Opale)

Savoir-faire

Marin-pêcheur à Saint-Malo

Bretagne

Le *Grande Hermine* est le dernier grand chalutier usine français. Embarquant une trentaine de membres d'équipage, il part de Saint-Malo pour de longues et rudes campagnes de pêche en mer de Norvège. Les poissons remontés dans ses filets sont préparés et immédiatement surgelés.

Ils ont marqué leur région...

Raymond Maufrais

Guyane

Depuis son plus jeune âge, Raymond Maufrais rêvait devant les cartes. S'il réussit à vivre sa passion en devenant explorateur, c'est à celle-ci qu'il doit sa perte : en 1950, on retrouve son carnet de route. Le reporter toulonnais de 23 ans était parti seul en expédition dans la jungle guyanaise, on ne retrouva jamais le jeune homme, certainement mort de faim et d'épuisement, mais dont la disparition a donné lieu aux hypothèses les plus farfelues. Fin 1950, est créée à Toulon l'Association des amis de l'explorateur Raymond Maufrais, dédiée à sa mémoire, encore très active aujourd'hui.

Rethel

jeudi 5 mai

lever : 6 h 24
coucher : 21 h 11

Ste Judith

À table !

Filet mignon au roquefort en papillote

Midi-Pyrénées

Pour 4 personnes
Faire dorer dans du beurre 1 filet mignon de porc d'environ 500 g puis réserver.
Dans la même poêle, faire fondre 2 oignons émincés.
Dans un bol, mélanger 80 g de roquefort écrasé, 2 c. à café de moutarde, 40 cl de crème fraîche et du persil haché. Saler, poivrer. Poser le filet mignon sur une grande feuille d'aluminium, ajouter les oignons et le mélange au roquefort.
Fermer hermétiquement la papillote et enfourner pendant 45 min à 150 °C.

Savoir-faire

Fabricant de makila

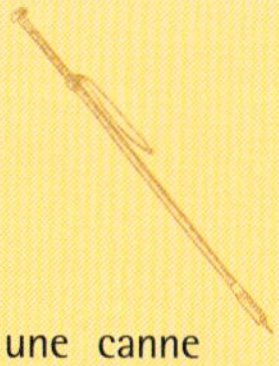

Aquitaine

Le makila n'est pas une canne comme les autres : ce bâton de marche du Pays basque cache dans son pommeau une pointe en acier. Pour faire un makila, on utilise un bâton de néflier, droit et sans nœuds, auquel on ajoute une poignée et une dragonne en cuir.

La rubrique du 13 h

ABBAYE DE SOLESMES

Pays de la Loire

Lorsque l'on emprunte la route qui longe la Sarthe, on ne peut quitter des yeux l'abbaye de Solesmes. Ses murailles dominent les eaux de la rivière en dégageant une impression de puissance. Fondée au XIe siècle par les bénédictins, Saint-Pierre de Solesmes n'était à l'origine qu'un prieuré. Devenue abbaye en 1837, elle est toujours en activité, et connue dans le monde entier pour être un des hauts lieux de la liturgie et du chant grégorien. Seule l'abbatiale est ouverte au public ; on peut y admirer un ensemble de sculptures, les *Saints de Solesmes*, chef-d'œuvre de la Renaissance française.

Un jour en *Corse*

5 mai 1992

Une tribune provisoire du stade Armand-Cesari de Furiani s'effondre lors de la demi-finale de la Coupe de France de football. La catastrophe cause dix-huit morts et près de trois mille blessés.

Devinette

Quelle cathédrale normande a été peinte à plusieurs reprises par Claude Monet ?

La cathédrale de Rouen. Elle a fait l'objet d'une série de peintures entre 1892 et 1894. Il en existe vingt-huit versions distinctes, avec une lumière variable et des points d'observation différents.

Ils ont marqué leur région...

Jacques Cœur

Centre

Un jour de février 1450, Agnès Sorel, la favorite du roi Charles VII, meurt brutalement alors qu'elle n'a même pas 30 ans. Bien que la malheureuse soit décédée lors d'un accouchement, un mystère plane autour de sa mort... Aurait-elle été empoisonnée ? On accuse alors Jacques Cœur, riche homme d'affaires originaire de Bourges, proche de la cour et nommé conseiller royal en 1442. Le roi mord à l'hameçon et l'arrête en 1451. Que l'histoire soit vraie ou fausse, qu'il ait été victime ou non d'un complot, on peut dire que Jacques Cœur aura laissé son empreinte dans l'histoire de France.

vendredi 6 mai

lever : 6 h 22
coucher : 21 h 12

Ste Prudence

À table !

Poulet bressan à la crème

Bourgogne

Pour 4 personnes
Découper 1 poulet de Bresse, le mettre dans une cocotte et le faire dorer dans du beurre. Mouiller avec 1 verre d'eau, ajouter 2 échalotes et 2 gousses d'ail émincées, du thym et du laurier. Saler et poivrer. Couvrir et laisser mijoter 1 h à feu doux. Retirer les morceaux et filtrer la sauce. Mélanger 1 jaune d'œuf et 20 cl de crème, puis ajouter à la sauce. Chauffer sans bouillir et en remuant. Réchauffer le poulet dans la sauce et servir accompagné de pommes vapeur.

Devinette

Quelle ligne non ferroviaire traverse la Lorraine ?

La ligne Maginot. Cette ligne de fortifications, construite pour empêcher les invasions lors de la Seconde Guerre mondiale, fut contournée par les Allemands pour envahir la Belgique et entrer en France par les Ardennes.

La rubrique du 13 h

LA MANUFACTURE DES GLACES DE SAINT-GOBAIN

Picardie

La création de la Manufacture royale des glaces par Colbert en 1665 va bouleverser à jamais l'histoire de ce petit village de l'Aisne. Le contrôleur général des finances de Louis XIV souhaite concurrencer les maîtres verriers vénitiens, et le savoir-faire de Saint-Gobain est définitivement reconnu quand la Manufacture fabrique les trois cent cinquante-sept miroirs de la célèbre galerie du château de Versailles. Le dernier atelier de production de verre, sur le site de Saint-Gobain, a fermé en 1995, mais on peut encore admirer le bâtiment construit sur les ruines d'un château du XIIIe siècle et sa porte monumentale en pierre de taille.

Savoir-faire

Tailleur sur cristal à Arques

Nord-Pas-de-Calais

Réaliser des motifs décoratifs sur des objets en cristal réclame beaucoup d'habileté et, souvent, plusieurs années d'apprentissage. Au seul son de la meule, le tailleur sculpte jusqu'à la limite de la résistance du cristal, il le façonne, joue avec la lumière et les reflets, pour livrer des pièces uniques.

Quiz des villes & villages de France

Deux tamanoirs et deux palmiers ornent le blason de cette ville d'outre-Atlantique qui eut l'honneur de voir naître Henri Salvador. Son célèbre bagne, définitivement fermé en 1946, a accueilli Alfred Dreyfus et Guillaume Seznec.

_ _ _ _ _ _ _

Cayenne

Ils ont marqué leur région...

Vincent Van Gogh

Provence-Alpes-Côte d'Azur

En 1888, à l'âge de 35 ans, Vincent Van Gogh quitte Paris pour s'installer en Provence : c'est le début de sa période « arlésienne ». Avec ses influences fauves, sa peinture convient parfaitement à la région que le peintre s'emploie à représenter dans des œuvres qui figurent aujourd'hui parmi les plus célèbres : les *Tournesols*, le *Champ de blé aux corbeaux*, et surtout la fameuse *Chambre de Vincent à Arles*. Grâce à cette toile, nous pouvons visualiser l'intime de cette pièce de la « maison jaune », dans laquelle Van Gogh avait l'habitude de peindre.

La mandragore sans racines

Une terrible particularité limousine

La mandragore est une plante. Une plante magique et terrible, que l'on nomme parfois la « main du diable ». Une plante de sorcière, qui hurle quand on la déterre, jusqu'à tuer celui ou celle qui s'acharne sur ses racines, dont la plupart ont une forme extrêmement proche de celle… de l'homme. Cet aspect troublant et ses nombreuses et puissantes vertus thérapeutiques contribuent, et ce depuis l'Antiquité au moins, à alimenter les superstitions et les légendes. Chaque peuplade, chaque village d'Europe a son avis sur cette plante de grimoire, ses origines, ses propriétés, sur la façon de la cueillir pour ne pas en mourir. Pourtant, la mandragore pousse aux abords de la Méditerranée. Dans le Limousin, ce n'est donc pas cette plante qui a terrorisé les habitants du pays de Bussière-Boffy, en des temps qui ne ressemblent plus aux nôtres. En effet, par un glissement dont on ignore la provenance, la mandragore n'est pas, dans cette région, qu'une plante redoutable, dont le seul nom faisait frémir, c'est également le nom d'un animal fabuleux, au moins aussi terrifiant.

Logeant dans une large cavité de la butte de Frochet, cette mandragore n'a pas de racine à forme humaine, mais une tête humaine, posée sur un corps de dragon. Cette bête monstrueuse, recouverte d'écailles, avait pour fâcheuse habitude – malgré son visage humain – de battre la campagne à la recherche de jeunes filles à torturer, puis à dévorer. Cette mandragore ne prêtait pas un regard aux hommes et aux vieilles femmes, récoltant les plus belles vierges de la région. Le seigneur de la province, courageux et habile, alla un jour trouver le monstre pour le convaincre de cesser de cueillir toutes les jeunes pucelles du pays, et il lui promit d'en tirer une au sort, chaque année, qui lui serait offerte, telle une jeune mariée. Chacun respecta sa part de marché pendant quelque temps, jusqu'à ce que la vierge choisie par le hasard fut, cette année-là, la fille dudit seigneur, promise à un chevalier valeureux et très épris.

On sait comme la rage des princes fait des miracles en ce type de circonstances, prêtant à l'héroïsme : ni une ni deux, le preux chevalier, dont l'épée venait d'être bénie – comme chacun sait, l'eau bénite est souvent d'une grande aide lors d'un affrontement contre un dragon –, se précipita dans les rochers à la recherche de la mandragore, par sa seule adresse ou par la bienveillance divine, du haut de sa monture, planta la lame en un seul coup fatal dans la gorge du monstre. Dans un immonde gargouillis, la bête s'écroula et rampa dans son sang jusqu'à, dit-on, un étang, où elle tomba pour ne plus jamais en sortir. C'est ainsi que la belle épousa son prince, et que mourut l'étrange bête de Bussière-Boffy, rare spécimen de mandragore sans racines.

La *France* en fête

La fête de la Victoire 1945

Date de fin des combats de la Seconde Guerre mondiale en Europe, le 8 mai est le jour de recueillement et de commémoration de la victoire alliée et de la fin des six années de barbarie. Pour les anglophones, cette journée est le *VE Day*, pour *Victory in Europe Day*. On célèbre aussi Jeanne d'Arc, qui délivra Orléans des Anglais le 8 mai 1429.

lundi 9 mai

lever : 6 h 18
coucher : 21 h 17

St Pacôme

À table !

Charlotte aux fruits rouges

Champagne-Ardenne

Pour 6 personnes
Mixer 200 g de fraises et 200 g de framboises et ajouter le jus de 1 citron. Tamiser. Faire ramollir 6 feuilles de gélatine dans de l'eau froide. Préparer un sirop, en portant à ébullition 150 g de sucre avec 2 c. à soupe d'eau et 2 gouttes de jus de citron. Mélanger la purée de fruits, la gélatine et le sirop. Monter 30cl de crème liquide en chantilly, puis l'incorporer au mélange. Tapisser un moule à charlotte avec 20 biscuits roses de Reims et verser la préparation. Réfrigérer 12 h.

Quiz des villes & villages de France

Réputée pour sa saucisse fumée aux essences d'épicéas, cette commune proche de la Suisse est aussi renommée pour son savoir-faire dans le domaine de l'horlogerie.

____

La rubrique du 13 h

PONT HENRI-IV À CHÂTELLERAULT

Poitou-Charentes

Commandé en 1556 par Henri II pour remplacer le pont précédent fragilisé par la guerre de Cent Ans et les crues, et inadapté à une circulation croissante, le pont de Châtellerault ne sera pourtant achevé qu'en 1609. En effet, la mort d'Henri II en 1559, puis les guerres de Religion ont suspendu le projet. Long de cent trente-deux mètres et large de vingt et un mètres, le pont enjambe la Vienne pour relier le quartier Renaissance au quartier ouvrier. Nommé successivement Grand-Pont et pont Sully, il sera définitivement baptisé pont-Henri IV au XIXe siècle. Il est désormais l'emblème et le poumon de Châtellerault.

CITATION

Bretagne

« Derrière vous est toute l'Europe, toute l'Asie ; devant vous c'est la mer et toute la mer. »

Gustave Flaubert (à Brest), Par les champs et par les grèves, 1885

Savoir-faire

Brasseur à Hochfelden

Alsace

À Hochfelden, dans le Bas-Rhin, la brasserie – familiale et à l'écart des grands groupes – est située au même endroit depuis 1640 et dirigée par la même famille depuis plus de cent cinquante ans. Brassage, fermentation, garde et conditionnement sont réalisés dans la plus pure tradition.

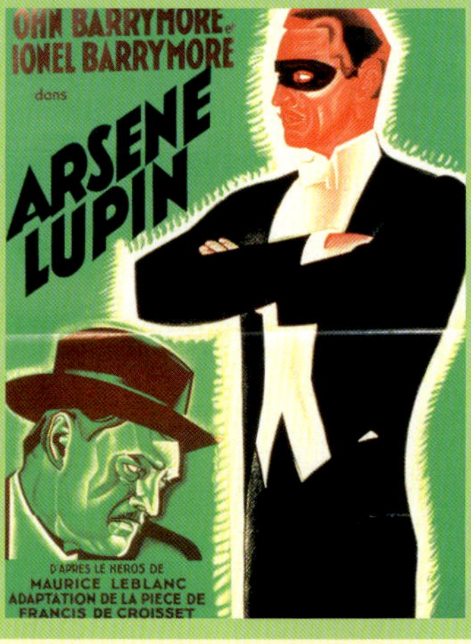

Ils ont marqué leur région…

Maurice Leblanc

Haute-Normandie

C'est en Seine-Maritime qu'Arsène Lupin connaît ses plus célèbres aventures. Le « gentleman cambrioleur » fait ainsi des apparitions à Rouen, mais aussi dans l'aiguille creuse d'Étretat, ou encore à l'abbaye de Jumièges. Maurice Leblanc, rouennais d'origine, crée ce personnage en 1905, pour le magazine *Je sais tout*, et prend très vite plaisir à situer ses intrigues dans les lieux qui ont bercé son enfance. En 1918, l'écrivain achète à Étretat une propriété qu'il baptise aussitôt le « Clos Lupin » ; il s'y rend chaque été. Elle est aujourd'hui devenue un musée.

Morteau

mardi 10 mai

lever : 6 h 16
coucher : 21 h 18

Ste Solange

Savoir-faire
Plumassières
Île-de-France

Au début du XXe siècle, le music-hall faisait appel à des plumassières pour enrichir les costumes des revues. Aujourd'hui, dans quelques ateliers parisiens, elles préparent encore des plumes destinées au milieu du spectacle, aux militaires, à la décoration et à la haute couture.

La rubrique du 13 h

LES FORTIFICATIONS DE CARCASSONNE
Languedoc-Roussillon

Les remparts de la cité de Carcassonne renferment deux mille cinq cents ans d'histoire : dès le VIe siècle, des Gaulois s'installent sur cette colline dominant l'Aude, et la cité se développe rapidement à la période romaine. Mais c'est surtout au Moyen Âge, en plein pays cathare – où la lutte entre les croisés et les albigeois fait rage –, que Carcassonne prend le visage qu'on lui connaît aujourd'hui. Restaurée au XIXe siècle par Viollet-le-Duc, la plus grosse forteresse d'Europe, inscrite au patrimoine mondial de l'Unesco, comprend une double enceinte, cinquante-deux tours, un château et une basilique.

À table !
Le melon de Cavaillon
Provence-Alpes-Côte d'Azur

Capitale du melon, Cavaillon, dans le Vaucluse, produit un fruit sucré et rafraîchissant, roi des étals à la belle saison. Sa chair orangée était très appréciée d'Alexandre Dumas, qui reçut douze melons par an jusqu'à sa mort, en échange du don de ses œuvres à la bibliothèque municipale.

Quiz des villes & villages de France

Capitale historique de l'Anjou, cette préfecture s'est développée autour d'un promontoire rocheux, sur lequel Louis IX fit construire une imposante forteresse.

Devinette

Qu'est-ce qu'un balbuzard pêcheur ?

Un rapace. Il nidifie dans la forêt d'Orléans et se nourrit uniquement de poissons capturés à la surface de l'eau. C'est une espèce considérée comme rare.

Ils ont marqué leur région...
Louis XVI
Lorraine

Année 1791 : en cette période révolutionnaire, Louis XVI est contraint par le peuple de rester à Paris, au palais des Tuileries. Le 20 juin, le roi s'échappe pour se réfugier à Varennes, dans la Meuse, accompagné de Marie-Antoinette et de leurs deux enfants. Les fuyards sont vite arrêtés et reconduits vers la capitale. Cette fuite dans le village lorrain contribue à provoquer, le 10 août 1792, la chute de la royauté, qui laisse place à la commune insurrectionnelle. Discréditant le roi aux yeux du peuple, elle précipite le sort qui lui est réservé : comme on le sait, il est guillotiné le 21 janvier 1793.

Angers

mercredi 11 mai

lever : 6 h 15
coucher : 21 h 19

Ste Estelle

À table !

Côtes de veau à la grenobloise

Rhône-Alpes

Pour 4 personnes
Entailler les bords de 4 côtes de veau et les plonger dans 2 œufs battus en omelette. Les égoutter et les passer dans de la chapelure. Dans une poêle, saisir les côtes dans du beurre pendant 3 min en les retournant, puis les laisser cuire 5 min par face, à feu doux. Couvrir et laisser cuire encore 5 min. Saler, répartir des rondelles de citron, des anchois à l'huile et des câpres sur les côtes et servir aussitôt.

Un jour en Lorraine

11 mai 2010

Après quelques années de réflexion, de conception et de construction, le petit frère du Centre Pompidou parisien est né : le Centre Pompidou-Metz, haut lieu de la culture européenne, est enfin inauguré.

La rubrique du 13 h

BERCK-SUR-MER

Nord-Pas-de-Calais

Berck-sur-Mer, dans le Pas-de-Calais, était autrefois un simple village de pêcheurs et le plus grand port d'échouage de France au début du XXe siècle. Avec l'ensablement progressif de l'estuaire, la ville s'est tournée vers d'autres activités. Réputée pour la qualité de son eau de mer, Berck a accueilli de nombreux malades : on la considère comme le berceau de la thalassothérapie. Aujourd'hui, la station balnéaire est connue pour ses dunes naturelles et son immense étendue de sable, qu'arpentent les chars à voile. En avril, ce sont des centaines de cerfs-volants qui flottent au-dessus de la plage.

DICTON
Pays de la Loire

Rouge soirée,
grise matinée,
belles journées.

Savoir-faire

Fabricant d'icônes à Flavigny

Bourgogne

La fabrication d'icônes – qui demande beaucoup de patience et de savoir-faire – débute, à l'abbaye de Flavigny, en 1984. Sur une planche de bois recouverte de tissu, puis encollée et sablée à plusieurs reprises, le moine dessine le sujet, applique les couleurs et les feuilles d'or, avant de vernir l'icône.

Ils ont marqué leur région…

Suzy Solidor

Provence-Alpes-Côte d'Azur

Chanteuse à succès, icône de la mode dans les années 1930, Suzy Solidor détient un record bien particulier. Pas moins de deux cents peintres ont en effet réalisé son portrait, et, parmi eux, des artistes tels que Dufy, Kisling, Picabia ou encore Cocteau. D'origine bretonne, Suzy monte faire carrière à Paris, puis se retire à la fin des années 1950 à Cagnes-sur-Mer. En 1973, la chanteuse fait don d'une quarantaine de ses portraits à sa ville d'adoption. Les curieux ont tout le loisir de les découvrir dans le boudoir du château Grimaldi.

jeudi 12 mai

lever : 6 h 13
coucher : 21 h 21

St Achille

Quiz des villes & villages de France

Au confluent de l'Oise et de la Seine, c'est dans cette ville picarde que Jeanne d'Arc fut arrêtée en 1430, avant d'être brûlée vive à Rouen.

_ _ _ _ _ _ _ _ _

Savoir-faire

Ébéniste à Revel

Midi-Pyrénées

En 1889, Alexandre Monoury, maître ébéniste réputé, s'installa à Revel, en Haute-Garonne. Avec lui, Revel devint « cité du meuble d'art », appellation qu'elle mérite encore aujourd'hui : la commune est l'un des principaux centres de formation des métiers de l'ameublement en France.

La rubrique du 13 h

LE PALAIS DU PARLEMENT DE BRETAGNE

Bretagne

Créé au XVIe siècle, après l'annexion de la Bretagne par la France, le parlement de Rennes, une cour de justice, veille aux intérêts de la province face au pouvoir royal ; les Bretons y sont donc très attachés. Après la dissolution du parlement à la Révolution, le palais devient une cour d'appel, fonction qu'il remplit toujours aujourd'hui. Toutefois, il a bien failli disparaître lors d'un incendie, qui le ravagea presque entièrement, en 1994. On décida de restaurer le bâtiment à l'identique, et, trois ans plus tard, la justice était de nouveau rendue dans le palais.

À table !

La flognarde aux pommes

Limousin

Mélanger 150 g de sucre en poudre avec 80 g de farine, ½ sachet de levure chimique et 1 sachet de sucre vanillé. Ajouter 4 œufs, 30 cl de lait et 4 c. à soupe de crème fraîche. Remuer de façon à obtenir une pâte homogène. Beurrer un moule et le tapisser avec 2 pommes coupées en lamelles très fines. Verser la préparation sur les pommes et faire cuire 35 min à 180 °C.

Un jour en Corse

12 mai 1972

Le parc naturel régional de Corse (*Parcu di Corsica*) est créé. Les terres qu'il englobe constituent une zone protégée de près de trois cent cinquante mille cinq cents hectares de superficie… c'est-à-dire près de quarante pour cent de la surface de l'île.

Ils ont marqué leur région…

Charles Martel

Poitou-Charentes

Poitiers est un haut lieu de l'histoire de France, en raison des exploits de Charles Martel : le 25 octobre 732, il fait triompher la chrétienté en repoussant les Maures, qui, après être passés par l'Espagne et la Provence, se dirigeaient vers Bordeaux et Poitiers. Il doit son surnom – qui signifie « marteau » – à ses précédents faits d'armes, auxquels celui-ci ne fait que s'ajouter : menant une politique d'unification du royaume, le maire du palais d'Austrasie avait déjà combattu férocement les peuples germaniques, se forgeant sa réputation de héros à la pointe de son épée.

Compiègne

vendredi 13 mai

lever : 6 h 12
coucher : 21 h 22

Ste Rolande

CITATION

Aquitaine

« L'histoire de Bordeaux est l'histoire de mon corps et de mon âme [...]. Les maisons, les rues de Bordeaux, ce sont les événements de ma vie. »

François Mauriac, Bordeaux ou l'Adolescence, 1924

À table !

Rillons de Tours

Centre

À une époque où la conservation de la viande était une préoccupation majeure, les Tourangeaux inventèrent une façon d'accommoder la poitrine de porc : les rillons, encore au menu de nombreux restaurants de la ville. Les morceaux sont assaisonnés et rissolés, avant d'être confits dans de la graisse.

Devinette

Quel animal marin de la famille des phocidés peut-on trouver dans la baie de Somme ?

Le phoque. Cette colonie de phoques veaux-marins est actuellement la plus importante des trois colonies de France et regroupe plus de la moitié de la population française.

La rubrique du 13 h

LE VILLAGE DE LODS

Franche-Comté

Amateurs de villages pittoresques, ne passez surtout pas votre chemin ! À quarante-cinq kilomètres de Besançon, Lods, classée parmi les Petites Cités comtoises de caractère, a gardé des traces de sa gloire passée. Le long de la Loue, au fil des barrages et des cascades, on revit le quotidien des forgerons du XVIIIe siècle. Près des anciens moulins, les maisons dominent la rivière, à flanc de colline. Mais la première richesse du village fut la vigne, et une balade à travers les ruelles en pente suffit pour s'en convaincre : les maisons de vignerons des XVIe et XVIIe siècles et leurs vastes caves se succèdent, jusqu'au musée de la Vigne et du Vin.

Savoir-faire

Charpentier de yoles de mer

Pays de la Loire

Pris entre collines et dunes, le marais de Monts, en Vendée, est inondé chaque hiver. Pour y circuler alors, il faut embarquer dans des yoles de mer, ces bateaux fabriqués en sapin, aux lignes courbes et au fond arrondi. Aujourd'hui, les yoles sont surtout utilisées par les amateurs de gibier d'eau.

Ils ont marqué leur région...

François Vatel

Picardie

On raconte que le prince de Condé, trempant un doigt gourmand dans une crème fouettée ratée, la trouva excellente et la surnomma « crème Chantilly ». On imagine aisément la fierté de son maître d'hôtel de l'époque, Vatel. Hélas, quelques années plus tard, alors que Louis XIV est invité au château de Chantilly, le poisson n'est pas livré à temps. Déshonoré, Vatel se transperce de son épée. Aujourd'hui encore, l'infortune le poursuit, puisque les mauvaises langues murmurent que la crème Chantilly ne serait même pas de lui...

samedi 14 & dimanche 15 mai

St Matthias — Ste Denise

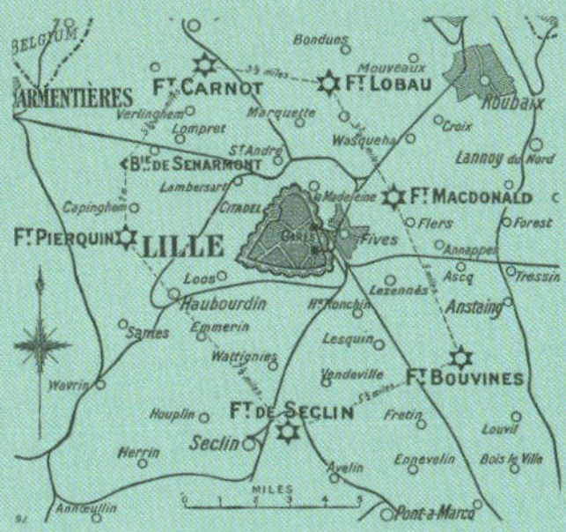

Lydéric et Phinaert

Les géants fondateurs

« Ceci est la véritable légende de Lydéric, premier comte de Flandre. »
Alexandre Dumas, Aventures de Lydéric, *1842*

Quand on consulte les archives de Lille, il est surprenant de constater que la première mention de la ville date de 1054. Les Lillois des siècles précédents ne devaient donc pas être très organisés pour égarer tant de documents… Ou se peut-il qu'aucun Lillois ne sût écrire ? Ils avaient en tout cas une bonne mémoire et, malgré l'absence de papiers l'attestant, de père en fils et de mère en fille, on sait encore aujourd'hui que la fondation de Lille ne date pas du XIe siècle, mais bien de l'an de grâce 640. Mais commençons par le commencement.

L'histoire remonte aux alentours de 620 et débute à Dijon, dont le prince est alors Salvaert. Ce dernier doit se rendre en Grande-Bretagne et prépare son voyage, tout en essayant de convaincre son épouse, Ermengaert, enceinte, de ne pas l'accompagner. Le trajet est long – et les routes beaucoup moins sûres qu'aujourd'hui –, mais Ermengaert n'est pas femme à rester à la maison, aussi partent-ils tous les deux vers l'Angleterre, en passant par les Flandres. Mais à peine ont-ils posé le pied sur les terres du seigneur Phinaert qu'ils tombent dans une embuscade orchestrée par le géant. Salvaert est sauvagement assassiné au bord de la route, mais Ermengaert parvient à s'enfuir dans une forêt voisine. Les voies étaient plus dangereuses, mais les ermites plus nombreux, ce qui offre, en la circonstance, une certaine compensation : la dame trouve un refuge, accouche dans la forêt, puis laisse à l'ermite le soin d'élever son enfant.

Nourrit au lait de biche, le petit Lydéric – l'ermite, par amour pour l'enfant, par flemme ou, à tant vivre seul, par oubli d'autres prénoms, le nomme comme lui – s'épanouit parmi les arbres et devient un brave jeune homme. Au jour de ses 20 ans, l'ermite lui conte l'histoire de ses parents. Fou de rage, Lydéric quitte aussitôt sa forêt natale et se met en quête de retrouver l'odieux Phinaert, lequel se trouve à Soissons, à la cour du roi Dagobert Ier. Au terme d'un duel féroce, Lydéric, agile et fougueux, parvient à transpercer Phinaert de son épée : son père est vengé. Le roi, ému par la bravoure du jeune homme, lui confie les terres du géant : en 640, il y fait bâtir la ville que vous savez.

La *Lorraine* en fête

La fête des Vieux Métiers à Azannes

La fête des Vieux Métiers d'Azannes, petit village de la Meuse, rassemble, tous les dimanches de mai, des milliers de curieux venus découvrir les savoir-faire des artisans qui opéraient au XIXe siècle. Au cœur du domaine des Roises, meuniers, forgerons, vanniers, sabotiers et dentellières montrent au public des techniques et outils d'un autre temps.

lundi 16 mai

lever : 6 h 08
coucher : 21 h 26

St Honoré

À table !

Le suisse de Valence

Rhône-Alpes

Malgré son nom, ce biscuit sablé, aromatisé aux écorces d'orange, a vu le jour dans la Drôme. Délicieux au goûter, il est en forme de personnage : il représente en réalité les gardes suisses chargés de veiller sur la dépouille du pape Pie VI, mort en exil à Valence.

CITATION

Basse-Normandie

« Et sur les sombres falaises
Les pêcheuses granvillaises
Tremblent au vent,
Pendant que tu ris sur l'onde,
De l'autre côté du monde,
Soleil levant ! »

Victor Hugo, « Les Paysans au bord de la mer », La Légende des siècles, 1883

La rubrique du 13 h

L'HORLOGE ASTRONOMIQUE DE STRASBOURG

Alsace

À Strasbourg, elle attire même ceux que l'on ne verrait jamais dans une église : il s'agit bien sûr de l'horloge astronomique de la cathédrale Notre-Dame. Cette curiosité date du XVIe siècle et comptait à l'époque parmi les « sept merveilles de l'Allemagne ». Au sommet de l'horloge, des automates s'animent au fil des heures : la Mort et les Quatre Âges de la vie, symboles du temps qui fuit, et le Christ bénissant les Apôtres. L'ouvrage forme un prodigieux ensemble de roues dentées et dorées. On contemple les mystérieux rouages qui capturent les secondes... et on ne voit plus le temps passer !

Un jour en *Lorraine*

16 mai 1920

C'est l'une des figures historiques les plus célèbres en France, une femme, qui est canonisée en ce jour : Jeanne d'Arc, la Pucelle d'Orléans, simple bergère qui aida l'armée française à battre les Anglais, pendant la guerre de Cent Ans.

Savoir-faire

Confiseur à Niort

Poitou-Charentes

Recette secrète qui se perd dans la nuit des temps, l'angélique confite séduit toujours les Niortais... et les autres ! L'angélique était autrefois cultivée jusqu'au pied du donjon de la ville. On lui prête des vertus médicinales, mais c'est bien en confiserie qu'elle a le plus de succès !

Ils ont marqué leur région...

Cabu

Champagne-Ardenne

Le politiquement correct, ce n'est pas la tasse de thé de Jean Cabut – plus connu sous le pseudonyme de Cabu –, dessinateur et humoriste né à Châlons-sur-Marne en 1938. Dans les années 1960 et 1970, il a brossé un portrait sans concession de la société française, dont le personnage le plus gratiné était certainement le fameux Beauf, né en 1976 dans l'album *Mon beauf*. Avec Reiser, il a fait les grandes heures du magazine *Charlie Hebdo*, après avoir commencé dans *Pilote* et *Hara-Kiri*. Il faut croire que le talent est une affaire de famille, car le chanteur Mano Solo, récemment disparu, était son fils.

mardi 17 mai

lever : 6 h 07
coucher : 21 h 27

St Pascal

Savoir-faire

Marionnettiste à Lyon

Rhône-Alpes

Créé à Lyon au début du XIXe siècle, Guignol est sans doute la plus célèbre des marionnettes. Traditionnellement, le marionnettiste utilise le bois, le papier mâché et le tissu, pour sculpter et modeler ses personnages. Alors Guignol, Gnafron et les autres peuvent s'animer.

Quiz des villes & villages de France

Au pied des Pyrénées, cette petite ville du pays Couserans, autrefois séparée en deux villages, a la particularité d'accueillir deux cathédrales romanes.

_ _ _ _ _ _ _ _ _ _ _ _

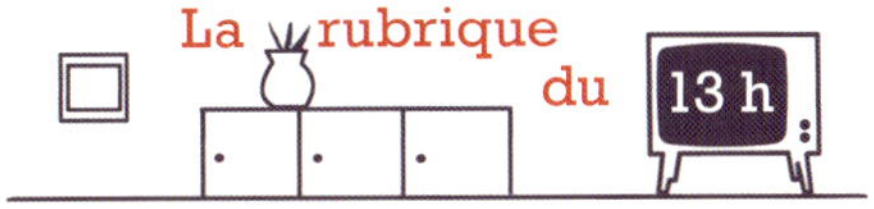

LA CITADELLE SOUTERRAINE DE VERDUN

Lorraine

Rendue tristement célèbre par la bataille du même nom, la citadelle de Verdun fut construite en 1625 et remaniée à la fin du XVIIe siècle par Vauban. Elle ne comportait pas alors les kilomètres de galeries qui furent creusées à la fin du XIXe siècle. En 1916, la citadelle fut la cible de milliers d'obus allemands et servit de refuge aux troupes françaises, entre deux incursions sur le front. Il est désormais possible de visiter ces souterrains, pour mieux comprendre ce que les poilus ont enduré durant cette terrible bataille. C'est parmi eux que fut désigné le Soldat inconnu.

Devinette

Quel grand tragédien est né dans la commune de La Ferté-Milon ?

Jean Racine, en 1639. On peut y visiter l'ancienne maison de sa grand-mère, où il vécut jusqu'à ses 10 ans et dans laquelle se trouve sa statue, sculptée par Pierre-Jean David.

À table !

Salade au saucisson de Paris

Île-de-France

Pour 4 personnes

Faire cuire 700 g de pommes de terre 25 min dans de l'eau salée. Les éplucher et les réserver. Éplucher et hacher très fin 1 grosse échalote. La mettre dans une casserole et mouiller avec 15 cl de vin blanc sec. Porter à ébullition. Ajouter 3 c. à soupe d'huile, 1 c. à soupe de vinaigre et ½ c. à soupe de moutarde. Laisser cuire 3 min et ajouter les pommes de terre coupées en rondelles. Chauffer 2 min. Enlever la peau d'un saucisson à l'ail de Paris et le couper en tranches épaisses. Les disposer sur les pommes de terre. Éteindre le feu et couvrir. Servir tiède, parsemé d'herbes fraîches ciselées.

Ils ont marqué leur région…

Auguste Escoffier

Provence-Alpes-Côte d'Azur

À qui doit-on la pêche Melba, ou encore les fraises Sarah Bernhardt ? Au célèbre Auguste Escoffier, bien sûr, rebaptisé le « roi des cuisiniers » et le « cuisinier des rois ». C'est dans le restaurant niçois de son oncle que le jeune apprenti fait ses débuts, à 13 ans. Quelques années plus tard, il part à la conquête de la capitale, où il finit par s'associer à César Ritz, en 1883. Sa renommée s'étend dans toute l'Europe. Escoffier investit alors les hôtels les plus prestigieux. Et, cerise sur le gâteau, il est le premier cuisinier à devenir officier de la Légion d'honneur, en 1928.

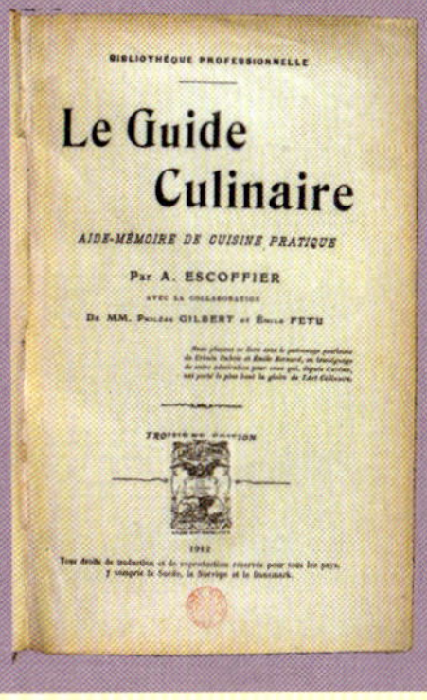
BIBLIOTHÈQUE PROFESSIONNELLE

Le Guide Culinaire

AIDE-MÉMOIRE DE CUISINE PRATIQUE

Par A. ESCOFFIER

AVEC LA COLLABORATION

De MM. Philéas GILBERT et Émile FETU

Saint-Lizier

mercredi 18 mai

lever : 6 h 05
coucher : 21 h 29

St Éric

CITATION

Lorraine

« Autour de Bosserville les grands vents tourmentent le ciel et balayent la Lorraine dont le cœur sommeille. »

Maurice Barrès, La Colline inspirée, 1913

Savoir-faire

Fondeur bronzier à Calvi

Corse

Alliage de cuivre, d'étain, le bronze est un métal très résistant, tout en restant malléable. Il permet de créer différents objets, des bijoux ou des armes, selon diverses inspirations. Après avoir coulé le bronze, le fondeur le lime et le patine, pour lui donner ses reflets et ses couleurs.

À table !

La fleur de sel de Guérande

Pays de la Loire

Produit rare et recherché, la fleur de sel ne peut être récoltée que si les conditions climatiques sont optimales. En effet, c'est grâce à l'action conjuguée du soleil et du vent que la pellicule de cristaux immaculés peut apparaître, pour le plus grand bonheur des gourmets.

La rubrique du 13 h

LES VESTIGES ROMAINS D'ORANGE

Provence-Alpes-Côte d'Azur

Fondée en 35 avant Jésus-Christ, sur un territoire gaulois, Orange était une colonie romaine. On ne s'étonnera donc pas des nombreux vestiges gallo-romains qui ont traversé les siècles pour arriver jusqu'à nous. Mais ce qui est le plus extraordinaire, c'est leur état de conservation admirable. C'est le cas de l'arc de triomphe – datant du Ier siècle –, qui marque l'entrée de la ville sur la via Agrippa. Cependant, le monument le plus emblématique de cette époque est le théâtre antique, le seul au monde à posséder un mur de scène d'origine ; il est aujourd'hui encore un lieu de spectacle.

Quiz des villes & villages de France

Connue sous le nom de « Rodumna » à l'époque gallo-romaine, cette ville de la Loire abrite la Maison Troisgros, l'un des fleurons de la gastronomie française.

_ _ _ _ _ _

Ils ont marqué leur région...

Gustave Eiffel

Bourgogne

Le nom de cet architecte et entrepreneur est mondialement connu puisqu'il désigne également la célèbre tour devenue le symbole de Paris. Né en 1832 à Dijon, Gustave Eiffel ne s'est pas contenté de réaliser ce monument auquel on résume trop souvent sa carrière. Hongrie, Portugal, Indochine... c'est dans le monde entier que ses ouvrages métalliques voient le jour au cours du XIXe siècle. Spécialisé dans les ponts, il commercialise notamment des ponts portatifs vendus en kit, ingénieux et modernes. Mais on lui doit aussi des gares, des viaducs et, plus surprenant, la structure en métal de la statue de la Liberté.

Roanne

jeudi 19 mai

lever : 6 h 04
coucher : 21 h 30

St Yves

Quiz des villes & villages de France

Cette ville côtière du Poitou, qui voit sa population quintupler en été avec l'arrivée des touristes, est le point de départ du Vendée Globe.

___ ______-_'______

Savoir-faire

Potier de grès à Noron-la-Poterie

Basse-Normandie

Noron doit le caractère inimitable de sa poterie à sa terre : une argile qui peut être cuite jusqu'à vitrification et devenir ainsi du grès. La spécialité de Noron est bien entendu le fameux cruchon à Calvados ; le flacon est orné d'une branche de pommier, et le bouchon est une tête de Normand.

CITATION

Centre

« Cette terre de Nohant où j'ai été élevée, où j'ai passé toute ma vie et où je souhaiterais pouvoir mourir. »

George Sand, Histoire de ma vie, 1855

La rubrique du 13 h

LA MONTAGNE DE REIMS

Champagne-Ardenne

En dépit de son nom, la Montagne de Reims n'a pas un relief très élevé : le mont Sinaï, son point culminant, s'élève à deux cent quatre-vingt-huit mètres. Autour de la montagne, on trouve plusieurs villages viticoles classés grands crus ; la route touristique du champagne passe d'ailleurs par la Montagne de Reims. L'autre attrait du site réside dans ses nombreux ensembles boisés, avec notamment la plus grande concentration de hêtres tortillards d'Europe : les faux de Verzy. Le mystère sur l'origine de ces arbres reste entier, mais leurs troncs et leurs branches tordus attirent chaque année des milliers de visiteurs.

À table !

La piperade au jambon de Bayonne

Aquitaine

Pour 4 personnes

Dans une poêle, faire revenir à l'huile d'olive 2 oignons et 2 gousses d'ail. Ajouter 4 tranches de jambon de Bayonne en lanières et 10 petits piments en bocal et faire cuire 40 min à feu doux. Ajouter ½ verre de vin blanc et 10 tomates pelées, saler, poivrer, sucrer et poursuivre la cuisson 10 min. Battre 8 œufs avec du persil et verser le mélange sur la préparation aux piments. Laisser cuire 5 min et servir.

Ils ont marqué leur région...

Franck Ribéry

Nord-Pas-de-Calais

Il y a vingt-sept ans, à Boulogne-sur-Mer, naissait Franck Ribéry. Nul ne savait alors qu'il deviendrait l'une des plus grandes stars du football français. Tout n'a pas toujours été rose : dans sa jeunesse, il manque de mourir dans un accident de voiture qui le projette à travers le pare-brise. Mais le Ch'ti a une passion, et il compte bien la vivre à fond. Il commence dans l'équipe de Boulogne-sur-Mer, puis gravit les échelons, aidé par ses qualités indéniables, qui font de lui un joueur offensif de grande valeur. En 2006, il accède au rang de star, en permettant à l'équipe de France d'égaliser face à l'Espagne lors de la Coupe du monde.

Les Sables-d'Olonne

vendredi 20 mai

lever : 6 h 03
coucher : 21 h 31

St Bernardin

Devinette

Qu'appelle-t-on une « trompette-de-la-mort » ?

Un champignon. Parfois nommée corne d'abondance, la trompette-de-la-mort est, malgré son nom sinistre dû à sa forme et sa couleur, un champignon comestible fort apprécié en France.

À table !

Kouign-amann

Bretagne

Son nom signifie en breton « gâteau de beurre » : en effet, il est déconseillé aux gourmets qui surveillent leur ligne ! Inventé à Douarnenez, il est fabriqué à partir d'une pâte à pain que l'on garnit d'un mélange de sucre et de beurre salé, qui caramélise à la cuisson.

La rubrique du 13 h

LE BOIS-DE-CISE

Picardie

« Dans mon pays de limon et de craie, j'ai appris la beauté des silex cassés, et leur usage », écrivait Robert Mallais, à l'origine du projet « Mémoire vivante de Picardie ». Autrefois une ancienne vallée boisée – c'est le seul bois naturel de hêtres et de chênes des côtes de la Manche –, le Bois-de-Cise est un lieu-dit de la commune d'Ault, à la limite de la Haute-Normandie ; c'est ici que naissent les falaises de craie du pays de Caux. Inscrit à l'inventaire des sites pittoresques, le Bois-de-Cise a connu une période d'essor au début du XXe siècle en devenant un lieu de villégiature très prisé. Le lieu-dit a conservé son charme d'antan, dont on s'imprègne en longeant les nombreuses villas de la Belle Époque et en parcourant le bois.

Savoir-faire

Tourneur sur bois dans le Jura

Franche-Comté

Le tour n'est plus actionné à la pédale, mais le tournage du bois se fait encore à la main. Le tourneur utilise principalement quatre outils pour façonner le bois : la gouge, le bédane, la plane et des anneaux, pour creuser l'intérieur du bois et réaliser de la vaisselle, par exemple.

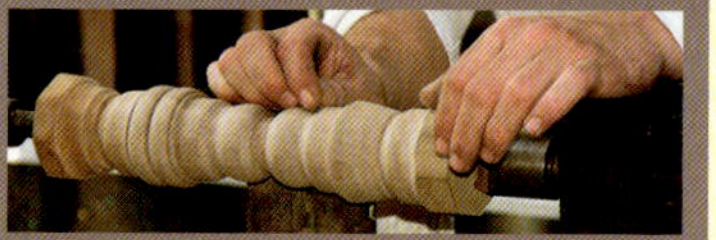

Un jour en *Centre*

20 mai 1983

Le virus du sida, ou VIH, est identifié par Luc Montagnier, Françoise Barré-Sinoussi et leur équipe. C'est une grande avancée pour la médecine, car la recherche d'un remède va enfin pouvoir commencer. Pour cette découverte, ils seront récompensés, en 2008, du prix Nobel de médecine.

Ils ont marqué leur région...

Cyril Lignac

Midi-Pyrénées

Son petit accent typique de la région ne trompe pas : le jeune chef est bien originaire de la région Midi-Pyrénées, plus précisément de Rodez, en Aveyron. Très médiatisé depuis ses apparitions télévisées où il tente de transmettre son goût des bonnes choses aux adeptes de la junk food ou de découvrir les chefs de demain, Cyril Lignac a travaillé chez les plus grands, notamment comme commis de cuisine chez Alain Passard ou comme sous-chef pâtissier chez Alain Ducasse. Aujourd'hui, à 33 ans, il se distingue par son amour du terroir et sa volonté de démocratiser la bonne cuisine.

samedi 21 & dimanche 22 mai

St Constantin St Émile

Mythes et légendes
Guyane

Le serpent du Saint-Laurent-du-Maroni

Pourquoi les plumes des oiseaux sont colorées

« Chaque oiseau a la couleur de son cri. »
Malcolm de Chazal

Il y a très longtemps, vivait sur la rive du fleuve Saint-Laurent-du-Maroni un jeune garçon, dont l'unique occupation était la chasse aux oiseaux. Il passait ainsi le plus clair de son temps dans la forêt, à défier les pauvres volatiles. Il ne les ramenait pas à sa famille ensuite, pour les préparer : leur viande n'avait pas d'intérêt, seul le jeu comptait. Il faut dire que la chasse aux oiseaux n'était pas de tout repos, et en attraper représentait un exploit : en ce temps-là, les oiseaux n'étaient pas colorés comme maintenant. Ils étaient au contraire tous blancs, d'un blanc insignifiant, presque transparent, et il était ardu de les déceler dans l'épaisse forêt, où le soleil ne pénètre que rarement. Mais tuer les enfants de Dame Nature, pour le plaisir, dans une région du monde où elle est si présente et si active, représente bien des dangers...

Un matin que l'imprudent chasseur rejoignait la rive du fleuve, où sa pirogue l'attendait, il aperçut une, puis deux, puis trente pierres aux couleurs éclatantes, chacune plus belle et plus vive que la précédente. Émerveillé et ravi, il décida de s'en faire un collier. Mais il avait à peine enfilé son ouvrage qu'il sentit ses membres rétrécir et sa tête s'enfoncer dans ses épaules : la nature se vengeait, il se fondait avec le collier multicolore, devenait ce collier, jusqu'à former un serpent aux couleurs des pierres. Il vécut dès lors sans s'éloigner du Maroni, dévorant d'abord des poissons, de plus en plus gros, puis des animaux plus imposants, puis tous les animaux. Devenant énorme et gigantesque, il finit, pour se rassasier, par avaler des hommes, beaucoup d'hommes. Il était magnifique et flamboyant, mais terrorisait la région : il fallut agir.

Le chef du village, dont le courage n'était pas le point fort, réunit tous les animaux et leur enjoignit de tuer le serpent, pour le bien de la communauté, en échange de sa superbe peau. Autant dire que les représentants de chaque espèce, connaissant la réputation de la bête, se gardèrent bien de se porter volontaires au nom des siens. Tout à coup, une voix fluette s'éleva tout de même : un petit oiseau se proposa de rendre ce service. Alors que tout le monde riait, ce dernier s'empara d'une flèche, s'envola et, piquant droit sur le serpent endormi sur la rive, lui transperça la gorge. Le chef, dont, en revanche, on pouvait dire qu'il était mesquin, se précipita sur la dépouille et la jeta à l'eau, afin que ce trophée, qu'il souhaitait en fait garder pour orner sa maison, ne lui échappât pas. Le petit oiseau, qui décidément n'avait peur de rien, sifflota, et l'on vit des centaines d'oiseaux de toute sorte voler à son secours, de chaque coin du ciel. Le serpent sorti de l'eau, chacun repartit avec un petit bout de peau de la bête. C'est alors que, au fur et à mesure qu'ils s'envolaient, le serpent devenait blanc et le plumage de chaque oiseau, au contraire, se colorait de la teinte du morceau de peau qu'il tenait dans son bec. Depuis ce jour, en Guyane, comme partout dans le monde, les flamants sont roses et rouges et les perroquets on ne peut plus chamarrés.

lundi 23 mai

lever : 6 h
coucher : 21 h 35

St Didier

Savoir-faire
Élevage de chèvres angoras à Laguenne

Limousin

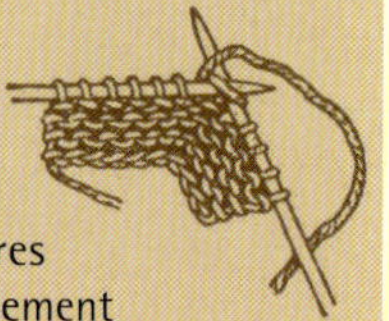

Originaires d'Asie Mineure, les chèvres angoras sont également élevées en France, comme à Laguenne, en Corrèze, non loin de Tulle. Les chèvres sont tondues deux fois par an. La toison est ensuite triée, puis le mohair est lavé, démêlé et transformé en fils d'une exquise douceur.

CITATION
Franche-Comté

« Besançon est une ville assise dans l'intérieur d'un fer à cheval que forme le Doubs. »

Honoré de Balzac, Albert Savarus, 1842

La rubrique du 13 h

LE CHÂTEAU DE CHAMBORD
Centre

Ce chef-d'œuvre de la Renaissance est le plus grand des châteaux de la Loire. Au cœur d'un gigantesque parc ceint d'un mur de trente-deux kilomètres, il témoigne de toute la démesure du jeune François Ier. Commandé en 1519, il ne sera achevé qu'à la fin du XVIIe siècle. Ce site exceptionnel du Loir-et-Cher renferme quelques joyaux, comme le grand canal, la réserve de faune sauvage – qui abrite plusieurs espèces animales, dont le sanglier et le cerf – ou le célèbre escalier à double révolution, attribué à Léonard de Vinci. Propriété de l'État depuis 1932, Chambord est l'un des monuments les plus visités de France.

À table !
Le rougail

La Réunion

Il s'agit d'un condiment indispensable pour accompagner le cari réunionnais. Cette sorte de petite salade se fait traditionnellement à base de dés de tomates, de piments, d'oignons et de gingembre, mais il existe de nombreuses variantes : presque tout est permis tant que ça reste très épicé.

Quiz des villes & villages de France

Cité internationale de la dentelle, elle héberge dans le bassin du Paradis la colonne Louis XVIII, qui rappelle le débarquement du roi en 1814.

_ _ _ _ _ _

Jardin Henri-Lecoq à Clermont-Ferrand

Ils ont marqué leur région...
Henri Lecoq

Auvergne

Si Henri Lecoq a donné son nom à un jardin et à un musée de Clermont-Ferrand, c'est pour sa précieuse contribution à la botanique au XIXe siècle. C'est pourtant par hasard que le pharmacien rencontre cette discipline : recevant une lettre par erreur, Lecoq décide de remettre celle-ci en main propre à Le Cocq, botaniste. Nommé professeur en minéralogie et botanique en 1827, le scientifique, devenu incontournable, dirige le musée et le jardin de botanique de Clermont-Ferrand, enrichissant les collections de l'un et apportant des aménagements somptueux à l'autre.

Calais

lever : 5 h 58
coucher : 21 h 36

St Donatien

Savoir-faire

Fabricant de poupées et de baigneurs à Étain

Lorraine

Dans cette usine de la Meuse, qui a ouvert ses portes en 1860, poupées et baigneurs sont fabriqués depuis 1912. Certains modèles, devenus légendaires, sont encore produits de nos jours. Chaque étape est réalisée à Étain : le modelage du corps, l'implantation des cheveux ou encore le maquillage.

Un jour en PACA

24 mai 1993

Pour la première fois, la Palme d'or du Festival de Cannes est remise à une femme, Jane Campion, pour son film *La Leçon de piano*.

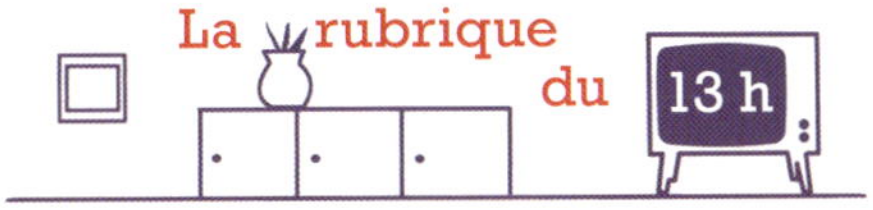

LA FLÈCHE DE LA CATHÉDRALE DE ROUEN

Haute-Normandie

En 1885, Bel-Ami, le héros de Maupassant, découvre la ville de Rouen et « la flèche aiguë de la cathédrale, surprenante aiguille de bronze, laide, étrange et démesurée ». Au cours des siècles précédents, la flèche de Notre-Dame-de-l'Assomption a subi plusieurs détériorations et quand, en 1822, elle est frappée par la foudre et prend feu, l'architecte Alavoine utilise la fonte, un matériau nouveau à l'époque, pour la remplacer. En 1876, ses cent cinquante et un mètres font de la cathédrale de Rouen le plus haut bâtiment du monde ; les Rouennais, où qu'ils soient, gardent toujours leur flèche à l'œil.

PACA en fête

Le Pèlerinage gitan

Des milliers de gitans se retrouvent chaque année aux Saintes-Maries-de-la-Mer pour honorer leur patronne, Sarah la Noire. Servante de Marie Jacobé et de Marie Salomé, elle aurait fui la Palestine et les persécutions après la mort du Christ. Sous les acclamations et les chants de la foule, les reliques de la sainte sont descendues de la chapelle, puis la statue de Sarah est portée vers la mer dans une grande procession populaire.

À table !

Les huîtres Marennes-Oléron

Poitou-Charentes

Le bassin de Marennes-Oléron est le plus important lieu de production d'huîtres en France. C'est aussi le seul endroit où l'on pratique la culture en claires : les huîtres sont affinées dans les anciens marais salants, profitant d'un apport d'eau de mer et d'eau douce qui donne cette chair incomparable.

Ils ont marqué leur région…

Julien Doré

Languedoc-Roussillon

Julien Doré a su imposer son personnage décalé, qui a séduit un public de tous âges. Surtout le public féminin, à vrai dire, car il est élu « homme le plus sexy de l'année » par le magazine *Elle* en 2007, année de sa victoire à la « Nouvelle Star ». Né en 1982, à Alès, dans le Gard, il a depuis conquis la France entière avec son album *Ersatz*, puis, récemment, grâce à ses talents d'acteur dans le film *Ensemble, nous allons vivre une très, très grande histoire d'amour…*

mercredi 25 mai

lever : 5 h 57
coucher : 21 h 37

Ste Sophie

À table !

Frappes

Corse

Mélanger 500 g de farine, 3 œufs, 150 g de sucre, 1 sachet de levure, 1 sachet de sucre vanille, le zeste râpé de 1 citron, 50 g de beurre, et 1 c. à soupe de pastis. Bien pétrir et ajouter un peu de lait pour assouplir la pâte. Laisser reposer 1 heure. Étaler la pâte. Faire frire des bandes de pâte dans un bain d'huile bien chaude et saupoudre de sucre.

Devinette

De quel matériau recyclé et inattendu l'armature du mur d'enceinte de la citadelle de Belle-Île-en-Mer est-elle constituée ?

De tessons de verre. Ce mur a été construit à la suite de la révolution socialiste de 1848, afin de transformer la citadelle en maison de détention pour les révolutionnaires ; parmi eux, Auguste Blanqui.

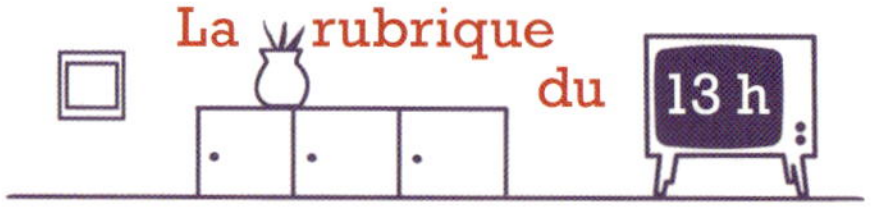

SAINT-GILLES

La Réunion

Sur le territoire de Saint-Paul, ce lieu-dit est un des sites les plus animés et les plus touristiques de La Réunion. Parfois surnommé le Saint-Tropez de l'île, il regroupe boutiques, restaurants et grands hôtels. La plage des Roches noires – une plage de sable fin qui doit son nom à un groupe de rochers émergeant des vagues – permet de pratiquer une multitude de sports aquatiques, en particulier le surf. C'est aussi à Saint-Gilles, sur un îlot artificiel au centre du port de plaisance, que se trouve l'aquarium de La Réunion, où l'on apprend beaucoup sur la faune locale.

Savoir-faire

Marinier

Île-de-France

Au début du xxe siècle, le réseau fluvial français était le plus important d'Europe. Les mariniers, s'ils sont beaucoup moins nombreux maintenant, sont toujours les dignes représentants d'une corporation qui attire chaque année de nouveaux membres, formés à Conflans-Sainte-Honorine, dans les Yvelines.

Paca en fête

La Bravade de Saint-Tropez

De Saint-Tropez, on entend plus souvent parler des frasques de la jet-set que de la Bravade, fête religieuse et militaire du printemps. Pourtant, quelques semaines avant l'invasion touristique, le célèbre village se transforme pour célébrer son saint patron, Torpes, tué par Néron, et dont le cadavre aurait dérivé jusqu'ici. Saint-Tropez se pare de blanc et rouge et, lors d'une bruyante procession, la statue du saint est escortée par des habitants vêtus de costumes provençaux.

Ils ont marqué leur région…

Général Bonchamps

Pays de la Loire

L'église de Saint-Florent-le-Vieil, en Maine-et-Loire, renferme une sculpture célèbre. Il s'agit de l'œuvre de David d'Angers, réalisée en 1825 pour orner le tombeau du général Bonchamps. La sculpture évoque un épisode des guerres de Vendée : pendant ces affrontements opposant royalistes et républicains, cinq mille prisonniers se retrouvent détenus dans l'église de Saint-Florent-le-Vieil, attendant leur exécution. Bonchamps, mortellement blessé, décide soudainement de leur faire grâce. Parmi eux, le père du sculpteur, qui lui rend hommage à travers cette œuvre.

jeudi 26 mai

lever : 5 h 57
coucher : 21 h 39

St Bérenger

CITATION

Haute-Normandie

« Ce petit nom d'Étretat,
nerveux et sautillant,
sonore et gai,
ne semble-t-il pas né
de ce bruit de galets
roulés par les vagues ? »

Guy de Maupassant, « Étretat »,
texte publié dans Le Gaulois du 27 août 1880

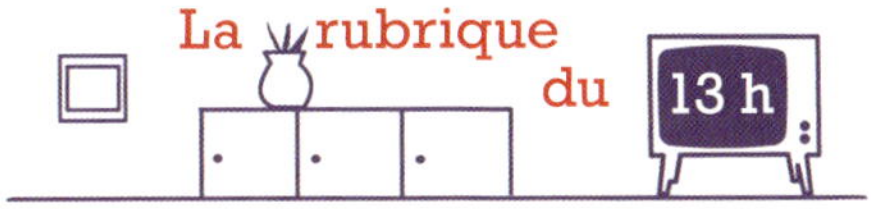

NOTRE-DAME-DU-PORT À CLERMONT-FERRAND

Auvergne

Même s'il n'y a pas la mer à Clermont-Ferrand, il existe un quartier du Port, qui a donné son nom à une basilique édifiée au XIe siècle, sur les vestiges d'une ancienne église. Au milieu des ruelles du centre historique de la capitale auvergnate, Notre-Dame-du-Port se cache, se fait désirer, pour apparaître tout à coup, sombre et majestueuse. Sur le chemin de Saint-Jacques-de-Compostelle, les pèlerins peuvent admirer la richesse des sculptures de la basilique, notamment sur le portail et les chapiteaux. L'extérieur de l'édifice, inscrit au patrimoine mondial de l'Unesco, a été entièrement rénové.

À table !

Potjevleesch

Nord-Pas-de-Calais

Ce plat – dont le nom signifie en flamand « petit pot de viandes » – se prépare avec des morceaux de poulet, de lapin, de porc et de veau. Cuites longtemps dans une terrine, avec des aromates, les viandes sont ensuite prises dans de la gelée. Le potjevleesch se mange froid, avec des frites.

Savoir-faire

Pêcheur à pied au Crotoy

Picardie

Plus de deux cent cinquante pêcheurs à pied sont déclarés au Crotoy. Quand la mer se retire de la baie de Somme, ils en ramassent les trésors : des coquillages, telles les moules ou les coques, mais aussi des plantes sauvages, comme la salicorne ou les oreilles de cochon, utilisées en guise de légumes ou de condiments.

PACA en fête

Les fêtes de la Transhumance

Alors que les troupeaux quittent les vallées pour les alpages, les villages de montagne du bassin méditerranéen font honneur aux éleveurs et à leurs bêtes. À Saint-Rémy-de-Provence, les moutons, chèvres et brebis font le tour de la ville sous le regard charmé des habitants et des touristes. À Aubrac, les vaches sont décorées de pompons, de fleurs, de rubans et de drapeaux, pour conjurer les esprits maléfiques.

Ils ont marqué leur région...

Albert Uderzo

Champagne-Ardenne

Dans une école de la petite ville de Fismes, dans la Marne, on pouvait rencontrer dans les années 1930 un enfant noircissant compulsivement ses cahiers, rêvant à sa future carrière de dessinateur. Le souhait du jeune Albert Uderzo n'est pas resté à l'état de fantasme, puisque c'est à cet autodidacte passionné que nous devons aujourd'hui une galerie de personnages tous plus drôles les uns que les autres, dont une certaine bande de Gaulois invincibles, née de sa rencontre avec René Goscinny en 1951.

vendredi 27 mai

lever : 5 h 56
coucher : 21 h 40

St Augustin

À table !

La tarte aux quetsches

Alsace

Pour 6 personnes
Étaler une pâte brisée dans un moule à tarte et piquer le fond à l'aide d'une fourchette. Saupoudrer le fond de tarte avec 50 g de sucre et 200 g de semoule de blé. Couper les quetsches lavées et dénoyautées en 2 dans le sens de la longueur. Les disposer sur le fond de tarte en serrant bien et saupoudrer le tout avec 75 g de sucre. Mettre au four chaud préchauffé à 220 °C pendant 30 min. Laisser refroidir et saupoudrer avec 100 g de sucre et de la cannelle en poudre avant de servir.

Quiz des villes & villages de France

Située au cœur du Pomerol, cette ville fut pendant des siècles le port d'arrivée des gabares qui remontaient la Dordogne chargées de bois de noisetier pour les vignobles.

_ _ _ _ _ _ _ _

La rubrique du 13 h

LE CHÂTEAU DE MONTSÉGUR

Midi-Pyrénées

C'est au sortir d'un petit sentier escarpé qu'on accède au château de Montségur, perdu entre ciel et terre sur son piton rocheux, au milieu des forêts de l'Ariège. Au XIIIe siècle, la citadelle fut le refuge de l'église cathare et subit pas moins de quatre sièges. Le 16 mars 1244, deux cent cinq cathares qui refusaient de renier leur foi furent brûlés vifs, et leur martyre mit fin à la lutte entre croisés et albigeois. Est-ce à cause de ce drame que le nom de « Montségur » affole encore les esprits ? Ou est-ce à cause du riche trésor de l'église cathare – le Graal, notamment – que la forteresse aurait abrité ?

Savoir-faire

Agriculteur dans la Beauce

Centre

Première région céréalière d'Europe, la Beauce est considérée comme le grenier à blé de la France. Cette région, très fertile et sans relief, est cultivée depuis la nuit des temps. Malgré les innovations techniques, les agriculteurs du XXIe siècle ont su préserver l'identité de la terre beauceronne.

Haute-Normandie en fête

Les Médiévales de Verneuil-sur-Avre

Chaque année, pendant un week-end de mai, Verneuil-sur-Avre se met à l'heure médiévale. Des dizaines de compagnies plantent leurs campements sur les promenades de la ville normande, pour présenter au public costumes et coutumes de nos ancêtres. Le clou du spectacle ? La reconstitution de la bataille de Verneuil, qui opposa en 1424 les Français aux Anglais, suivie d'un défilé qui rassemble chevaliers, troubadours et cracheurs de feu.

Ils ont marqué leur région...

Chevalier de Saint-George

Guadeloupe

« Par sa précellence à l'escrime, Saint-George acquiert une position d'invulnérabilité à la fois physique et sociale », a écrit Claude Ribbe. Cela n'a rien d'évident à l'époque, car Joseph, né en Guadeloupe, est le fils d'un riche planteur et d'une esclave affranchie : une peau noire est loin de faciliter l'ascension sociale à Paris, où il va suivre des études d'escrime à partir de 1756. Surmontant l'obstacle du racisme, il s'intègre grâce à sa maîtrise du violon et du clavecin, et à ses compositions, à tel point qu'il sera parfois surnommé le « Mozart noir ».

Libourne

Une façon comme une autre de devenir *leberou*

L'heure de souper était venue dans une métairie de Brageirac, comme l'on dit là-bas. Un couple de fermiers s'apprêtait à se mettre à table, quand on frappa à la porte. C'était un homme à l'allure dégingandée, déguenillée, démesurée et déprimée. Un homme, en somme, que l'on n'a point envie de voir entrer chez soi. Il se présenta comme un colporteur, mais le fermier ne souhaita pas en savoir davantage et, frissonnant sans trop savoir pourquoi, ferma la porte et mit le verrou. À cet instant précis, une tempête se leva : le vent se mit à rugir, le tonnerre à gronder, et l'un comme l'autre ne cessèrent qu'au petit matin.

La fermière se réveilla la première et, ouvrant la porte de la maison, remarqua, sur le sol, une ceinture, verte selon la légende, que le marchand ambulant avait dû laisser choir. Ce n'est pas parce que l'on vit les mains dans la terre que l'on n'est pas coquette, et la femme se dit qu'elle paierait le colporteur, si elle le revoyait, mais qu'elle la gardait en attendant : la ceinture lui plaisait beaucoup. Son mari, qui avait eu un mauvais pressentiment la veille, la pria de ne pas la porter, lui dit qu'elle n'était pas à elle. Mais, le soir même, dès qu'il fut couché, elle s'empressa de l'essayer.

La dégaine du colporteur et l'orage qui avait suivi son départ auraient dû lui mettre la puce à l'oreille : sitôt qu'elle eut passé l'accessoire, elle sentit son corps se couvrir de poils et fut prise d'un besoin irrépressible de se mettre à quatre pattes, de sortir en courant à travers les champs, de hurler à la mort et d'égorger des brebis. L'envie lui passa subitement au lever du soleil, et, redevenue humaine, la fermière se précipita jusqu'au puits pour y jeter la ceinture infernale. Mais quand on devient *leberou*, comprenez « loup-garou », on le reste sept ans : la faible femme dévora toutes les bêtes du canton, sept longues années durant, chaque nuit que Dieu fit, habitée par le diable.

La France en fête

La fête des Mères

La célébration de la fête des Mères remonte à la Grèce antique. À l'origine, il s'agissait de célébrer au printemps la mère des dieux, Rhéa. Chez les Romains, on célébrait les femmes mariées le 1er mars, lors de la fête des Matronalia. En France, Napoléon eut le premier l'idée de célébrer les mères, pour encourager la natalité. Aujourd'hui, cette fête est une véritable institution : les enfants mettent du cœur à l'ouvrage pour offrir à leur maman des gâteaux ou des objets confectionnés à l'école.

lundi 30 mai

lever : 5 h 53
coucher : 21 h 43

St Ferdinand

À table !

Jambon persillé

Bourgogne

Mets traditionnel, le jambon persillé est une épaule de porc, cuite dans un bouillon assaisonné d'oignon, de carotte, de thym, de laurier et de vin blanc. L'épaule est ensuite coupée en morceaux et mêlée à une préparation à la gelée et au persil. Autrefois servi à Pâques, ce jambon se déguste à l'apéritif ou en entrée.

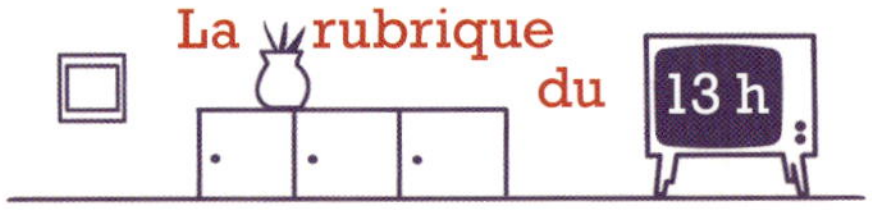

L'ABBAYE AUX HOMMES À CAEN

Basse-Normandie

Vers 1050, Guillaume le Bâtard, duc de Normandie, connu plus tard sous le nom de Guillaume le Conquérant, épouse sa petite-cousine Mathilde de Flandre. Le mariage est condamné par le pape, qui menace les époux d'excommunication. Pour racheter leur faute, ils font construire deux abbayes, où ils se feront enterrer : l'abbaye aux Dames, dédiée à la Sainte-Trinité, et l'abbaye aux Hommes, dédiée à saint Étienne. Restaurée aux XVIIe et XVIIIe siècles, l'abbatiale Saint-Étienne possède un magnifique chœur gothique ; les anciens bâtiments monastiques abritent l'hôtel de ville de Caen.

Savoir-faire

Savonnier à Marseille

Provence-Alpes-Côte d'Azur

Centre de production de savon dès le Moyen Âge, la Provence n'a cessé d'accroître sa réputation dans le domaine, avec le fameux savon de Marseille, médaille d'or à l'Exposition universelle de 1855. Aujourd'hui, la plupart des savons sont industriels, mais quelques savonniers maintiennent les anciennes méthodes.

La France en fête

La fête des Voisins

Enterrer la hache de guerre avec le jeune adepte du hard rock du quatrième étage ? Apprivoiser la voisine du premier, allergique à votre chat ? C'est l'objectif de la fête des Voisins – ou Immeubles en fête –, née il y a plus de dix ans, à l'initiative d'un Parisien, soucieux de développer les relations de bon voisinage. Cette fête s'est depuis étendue au-delà des frontières et rassemble aujourd'hui près de dix millions de voisins, dans les cours d'immeubles de cent cinquante villes d'Europe.

Devinette

Quelle espèce, alors en voie de disparition, est à l'origine de la création du parc de la Vanoise ?

Le bouquetin. Le parc national de la Vanoise a été le premier parc national créé en France en 1963, pour veiller à la sauvegarde de ce mammifère aux longues cornes recourbées.

Ils ont marqué leur région...

Léon Bel

Franche-Comté

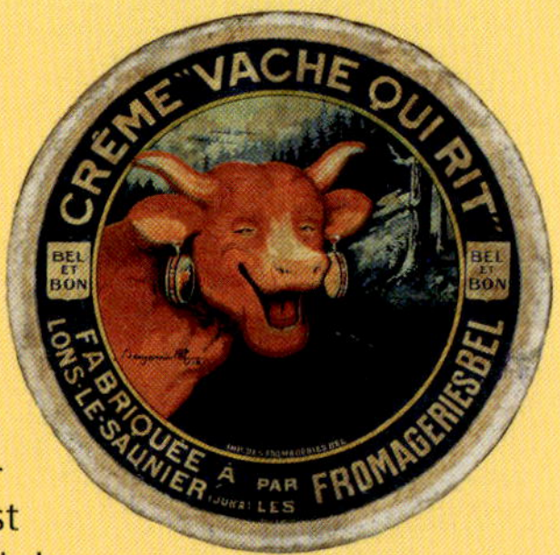

Un jour de 1926, Lons-le-Saunier voit s'installer une usine capable de produire jusqu'à vingt tonnes de fromage fondu par jour. Il ne s'agit pas de n'importe quel fromage, mais de La vache qui rit, que commercialise Léon Bel dans la célèbre boîte déjà ornée d'une vache rouge à l'époque. Son succès réside dans sa présentation en portions individuelles, ce qui représente à l'époque une grande innovation. L'usine continue à accomplir de bons et loyaux services dans la petite ville, et le fameux fromage est désormais connu dans le monde entier où cent vingt-cinq portions seraient consommées chaque seconde !

mardi 31 mai

lever : 5 h 52
coucher : 21 h 44

Visitation

À table !

Escalopes cauchoises

Haute-Normandie

Pour 4 personnes

Nettoyer 400 g de champignons de Paris, les émincer et les cuire à la poêle dans 20 g de beurre. Saler, poivrer et réserver.

Dans la poêle, faire fondre 20 g de beurre et y mettre 4 escalopes de veau. Cuire 3 min sur chaque face, à feu doux. Saler, poivrer et réserver. Émincer 2 oignons, les faire revenir dans 10 g de beurre jusqu'à ce qu'ils blondissent. Déglacer avec 20 cl de cidre brut et laisser réduire. Ajouter 10 cl de calvados, laisser réduire de nouveau. Ajouter 80 cl de crème fraîche, puis remettre les champignons et les escalopes. Laisser mijoter 5 min et parsemer de ciboulette avant de servir.

CITATION

Midi-Pyrénées

« L'Angleterre, après cela, a l'air d'une bonbonnière grouillante de vacanciers. »

Virginia Woolf (à propos de Souillac)

La rubrique du 13 h

L'ESCALIER DU ROI D'ARAGON

Corse

Dans la falaise impressionnante à laquelle la ville de Bonifacio semble s'accrocher, a été taillé un escalier surprenant. Ses cent quatre-vingt-sept marches conduisent de la citadelle jusqu'à la mer. Son nom fait référence à l'occupation espagnole de la Corse, et la légende veut qu'il ait été creusé en une nuit par les soldats du roi d'Aragon, Alphonse V le Magnanime, lors du siège de 1420 ; il semble en réalité qu'il soit l'œuvre de moines franciscains. Vu de la mer, il ressemble à un trait oblique tracé sur la roche, et sa forte déclivité exige une bonne condition physique, si on veut l'emprunter.

Savoir-faire

Fondeur à Sommevoire

Champagne-Ardenne

La première installation d'une fonderie à Sommevoire date de 1836, mais la renommée du village de la Haute-Marne viendra du rachat de cette fonderie par Antoine Durenne en 1857. Dès lors, il se spécialise dans la fonte d'ornement, et son savoir-faire se perpétue de nos jours.

Un jour en *Poitou-Charentes*

31 mai 1987

Le 31 mai 1987, le Futuroscope, un nouveau parc à thèmes, ouvre ses portes près de Poitiers. Ses attractions sont centrées sur la technique de l'image et permettent, par exemple, de regarder un film en 360°.

Ils ont marqué leur région...

Prince Zizim

Limousin

Dans quelles circonstances un prince ottoman s'est-il retrouvé dans la Creuse, au château de Bourganeuf ? Pour le comprendre, un peu d'histoire : le 3 mai 1481, Mehmed II, sultan de l'Empire ottoman, meurt, après avoir choisi Djem Sultan pour lui succéder. Mais l'aîné, avide de pouvoir, se livre à une guerre de succession contre son frère, guerre qu'il remporte. Commence alors l'exil de notre prince, sous la protection de Pierre d'Aubusson qui lui offre son château pour refuge entre 1486 et 1489. En témoigne la tour Zizim (du surnom donné à Djem), qui se dresse fièrement au centre de la ville.

mercredi 1er juin

lever : 5 h 52
coucher : 21 h 45

St Justin

Devinette

Quel homme célèbre, inventeur de la brouette et de la machine à calculer, est originaire de Clermont-Ferrand ?

Blaise Pascal (1623-1662). La Pascaline, sa machine à calculer, inventée en 1641 alors qu'il avait 18 ans, permettait de faire des additions et des soustractions.

À table !

Quiche lorraine

Lorraine

La quiche lorraine a dépassé les frontières de la région où elle a été créée et a subi maintes adaptations. Il faut cependant savoir que la recette traditionnelle est faite à partir d'une pâte brisée, de lardons, d'un mélange d'œufs et de crème, appelé « migaine », assaisonné de noix de muscade.

La rubrique du 13 h

LES ÎLES DU SALUT

Guyane

Véritable paradis au large de Kourou, l'archipel des îles du Salut a pourtant une histoire tourmentée. D'abord connues sous le nom d'« îles du Triangle », en raison de leur position, les trois petites îles furent débaptisées quand elles servirent de refuge aux colons du XVIIIe siècle qui fuyaient les épidémies sévissant en Guyane. Mais sur l'île Royale, l'île Saint-Joseph et l'île du Diable, la félicité fut de courte durée et, de « salut », il n'y en eut point pour les bagnards qui occupèrent l'archipel de 1852 à 1947. Dédiées au tourisme, les îles du Salut appartiennent désormais au Centre national d'études spatiales.

Savoir-faire

Tailleur de pierre à Châtillon-sur-Seine

Bourgogne

La pierre de Bourgogne est réputée pour être écologique et facile d'entretien. Utilisée à l'intérieur comme à l'extérieur, elle permet au tailleur de pierre d'exploiter toutes les facettes de son art : il peut travailler sur de petits ou de gros volumes, à l'aide de machines ou d'outils traditionnels.

Ils ont marqué leur région...

Bertrand Du Guesclin

Bretagne

Né à La Motte-Broons en Bretagne, Bertrand Du Guesclin a conquis sa notoriété à la pointe de son épée. Défense héroïque de la ville de Rennes assiégée en 1357, victoire contre le roi de Navarre en 1364, lutte acharnée contre les Anglais lors de la guerre de Cent Ans... Il aura bien mérité ses prestigieux titres de capitaine, duc, connétable de France et enfin seigneur de Pontorson, celui-ci lui étant remis par le roi d'Espagne en 1376. Cette grande figure de la chevalerie a inspiré Cuvelier, trouvère du XIVe siècle, qui a immortalisé ses prouesses dans les *Chroniques de Bertrand Du Guesclin*.

Un jour en France

1er juin 1806

Le 1er vendémiaire tombera-t-il le jour de l'équinoxe d'automne cette année ? Que faites-vous en fructidor ? Deux questions que l'on ne se posera a priori plus : le calendrier républicain est abandonné, après avoir été utilisé pendant moins de quinze ans.

jeudi 2 juin

lever : 5 h 51
coucher : 21 h 46

Ste Blandine

Savoir-faire

Buronnier dans l'Aubrac

Languedoc-Roussillon

Le buron est une construction en pierre, qui sert à la fabrication du fromage durant l'estive. Dès le XVIIIe siècle, les buronniers mènent leurs troupeaux de vaches sur les pâturages verts de l'Aubrac. En fort déclin, cette activité renaît depuis quelques années, dans des burons remis aux normes.

Quiz des villes & villages de France

Aux confins de la Beauce, du Perche et de l'Orléanais, cette ville changea de nom pendant la Révolution française et devint Dun-sur-Loir.

_ _ _ _ _ _ _ _ _ _

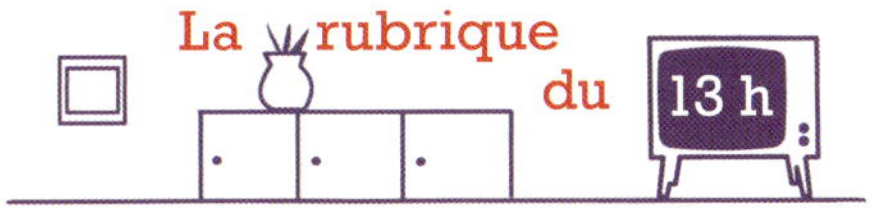

La rubrique du 13 h

LE CHÂTEAU DE MONTAIGNE

Aquitaine

Comment ne pas songer à l'auteur des *Essais* en se promenant à Saint-Michel-de-Montaigne? Tout dans le village rappelle son souvenir, le lieu le plus évocateur étant bien sûr le château où il est né. Après un incendie en 1885, il ne reste, hélas ! qu'une tour et quelques bâtiments. Mais n'était-ce pas finalement la partie la plus précieuse? C'est là que le philosophe s'isolait pour écrire, c'est là qu'il avait installé sa bibliothèque, là qu'il est mort… Seul vestige du XVIe siècle ouvert à la visite, on peut y lire des sentences grecques et latines que Montaigne avait peintes au plafond.

À table !

Le caghuse

Picardie

Cette spécialité, au nom bien mystérieux, du département de l'Aisne est en réalité une rouelle de porc mijotée avec une grande quantité d'oignons, du vinaigre et du vin blanc Traditionnellement, on laisse refroidir le caghuse avant de le servir avec des pommes de terre et de la salade.

La France en fête

Le jeudi de l'Ascension

Quarante jours après Pâques, l'Ascension célèbre la montée du Christ au ciel. Cette fête était traditionnellement précédée de trois jours de rogations, durant lesquelles les paysans priaient pour que les récoltes soient bonnes. Le jour férié est marqué dans plusieurs régions de France par des concours équestres, des fêtes de l'attelage et de l'âne.

Ils ont marqué leur région…

Jacques Tardi

Rhône-Alpes

Pilote, *L'Écho des Savanes*, *Libération* : voilà les noms de quelques-uns des journaux prestigieux dans lesquels Jacques Tardi fit ses débuts de dessinateur et scénariste de bande dessinée, dans les années 1970. Né à Valence, l'artiste a d'abord fréquenté les Beaux-Arts et les Arts décoratifs, avant de se consacrer à sa passion, la BD. Son personnage le plus célèbre est celui d'Adèle Blanc-Sec, jeune femme énigmatique, dont *Les Aventures extraordinaires* ont donné naissance à une longue série d'albums, à partir de 1976, et ont été adaptées récemment au cinéma.

Châteaudun

vendredi 3 juin

lever : 5 h 50
coucher : 21 h 47

St Kevin

À table !

Gratinée de saint-jacques au pont-l'évêque

Basse-Normandie

Pour 6 personnes

Mélanger 1 kg de noix de saint-jacques avec 3 c. à soupe de crème et réfrigérer 1 h. Sans égoutter, ajouter 1 verre de vin blanc sec. Faire cuire dans une casserole, sur feu doux, pendant 5 min. Égoutter les saint-jacques et faire réduire la sauce. Ajouter 200 g de pont-l'évêque écroûté et faire fondre. Saler peu et poivrer. Répartir les saint-jacques dans un plat allant au four et les napper de la sauce au pont-l'évêque. Passer le plat sous le gril, jusqu'à ce que ce soit gratiné. Servir aussitôt.

DICTON

Guyane

Il ne sert à rien de faire un bonnet à l'éléphant si on ne peut pas lui faire entrer la tête dedans.

La rubrique du 13 h

LE GRAIN DE SABLE DE BONIFACIO

Corse

Depuis les hauteurs de la vieille ville de Bonifacio, ce bloc de pierre, détaché de la falaise et planté dans la Méditerranée, fait effectivement penser à un grain de sable, par sa forme. Il est l'un des sites touristiques les plus courus de la cité corse, et c'est par la mer qu'on le découvre le mieux, à quelques dizaines de mètres de l'impressionnante paroi calcaire. De nombreux bateaux s'en approchent, pour admirer ses dimensions imposantes. Balayé par les vents et les flots, il est un rappel constant de ce qui attend Bonifacio, par suite de l'érosion des falaises.

Un jour en *Haute-Normandie*

3 juin 1877

Raoul Dufy, un artiste aux multiples talents, naît au Havre. Peintre, céramiste, décorateur d'intérieur, il a aussi illustré des ouvrages, notamment *Les Nourritures terrestres* d'André Gide.

Savoir-faire

Faire revivre le crochet à Roubaix

Nord-Pas-de-Calais

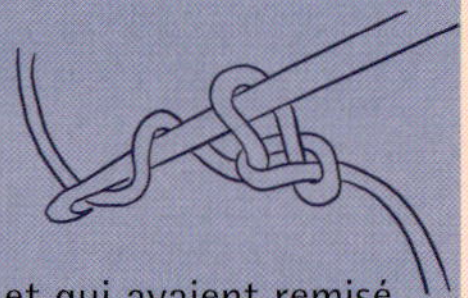

À ceux qui croyaient que l'époque du crochet était révolue et qui avaient remisé les ouvrages de leurs grands-mères dans des malles au grenier : vous aviez tort ! Des créateurs s'emparent aujourd'hui du tricot d'hier et le dépoussièrent pour en faire de véritables sculptures textiles.

Ils ont marqué leur région...

Madame Sans-Gêne

Alsace

À la cour de Napoléon Bonaparte, Catherine Hubscher ne passait pas inaperçue : ce n'est pas tous les jours qu'une ancienne blanchisseuse pouvait se vanter de côtoyer les grands de l'Empire. Pourtant, quand elle est devenue duchesse de Dantzig, suite aux exploits militaires de son époux, l'Alsacienne ne s'est pas laissé impressionner et n'a pas abandonné ses manières populaires. Sa gouaille et son franc-parler choquaient certains, mais sa bonté et sa générosité séduisaient l'Empereur. En 1893, soixante ans après sa mort, Victorien Sardou l'a immortalisée au théâtre sous le nom de « Madame Sans-Gêne ».

Vie et mœurs des korrigans

De l'art de l'approximation

« J'ai paru au jour, sous les dehors bénins d'un chaton de deux mois. Bonnes gens ! vous m'avez recueilli, sans savoir que vous hébergiez le dernier démon de cette Bretagne ensorcelée. "Gnome", "poulpiquet", "kornigaret", "korrigan", c'est ainsi qu'il fallait me nommer, et non "Poum" ! »
Colette, « Poum »

Leur nom est dur, âpre, laid. Oh ! certes, on prétend qu'ils chantent et dansent autour des dolmens et des menhirs... Mais ce n'est pas pour autant qu'ils sont joyeux et sympathiques. Non qu'ils ne puissent l'être ! Juste qu'on ne sait jamais. Les témoignages se contredisent, les légendes se croisent : on ne peut être sûr de rien, quand il s'agit de korrigans. On les dit généreux mais impitoyables, charitables mais terriblement susceptibles... Il y a tout de même deux ou trois choses qu'il faut apprendre, et que l'on tient de sources on ne peut plus fiables.

Ainsi, mieux vaut être averti qu'il arrive que les korrigans volent des bébés humains et les échangent contre les leurs. Qu'ils dépouillent donc un heureux couple de leur poupon joufflu et rosé, pour laisser, au creux des petits draps en broderies et dentelles, un être incertain, velu et difforme. Ces gens du petit peuple sont en effet parfois décrits comme de mignons lutins, mais, le plus souvent, comme des êtres affreux, voire polymorphes et grotesques. L'un vante leur chevelure splendide, mais un autre craint leurs yeux flamboyants : impossible d'être fixé.

Ce qui est indiscutable, cependant, c'est que les histoires dont ils sont les protagonistes, et dont la fin est heureuse, sont fort rares et se comptent, sans doute, sur les doigts de la main d'une dizaine de Bretons, tout au plus. Les défier ou les provoquer, c'est le tourment éternel assuré. Certains continuent d'affirmer qu'ils ne sont qu'espiègles et taquins. Qu'ils vivent sous terre, qu'ils ressemblent à des nains, mais que ce sont des gnomes inoffensifs. Mais alors d'où viendrait donc ce proverbe : « Vengeance de lutin, on n'en voit pas la fin » ? Un seul mot semble en somme indiqué, quand il s'agit de korrigans : méfiance !

La France en fête
La fête du Kouglof

Le kouglof, roi des gâteaux alsaciens, est célébré depuis une quarantaine d'années à Ribeauvillé. La légende raconte que les Rois mages y ont créé cette brioche aux raisins et l'ont offerte à l'un des habitants qui leur avait offert le gîte. Parmi les animations, on peut participer à la course au kouglof et au concours du meilleur kouglof, qui est l'occasion d'élire une reine.

lundi 6 juin

lever : 5 h 49
coucher : 21 h 49

St Norbert

Savoir-faire
Distillateur ambulant
Haute-Normandie

Il était jadis très fréquent de croiser dans les campagnes cet artisan, qui transformait le marc en eau-de-vie. Mais depuis la réglementation de 1954, le distillateur ambulant se fait plus rare. On le voit encore parfois, l'été, promener son alambic de ferme en ferme, le long de la route des fruits.

À table !
Le cachou
Midi-Pyrénées

Qui ne connaît pas la célèbre petite boîte jaune à ouverture tournante ? Apparue à la fin du XIXe siècle, alors que le cachou était déjà vanté pour ses propriétés médicinales, elle reste associée à Toulouse. La recette, tenue secrète, est un mélange de réglisse, de sucre, de gélatine et de menthe.

La rubrique du 13 h
LA CATHÉDRALE DE SENS
Bourgogne

Au Moyen Âge, Sens, dans le département de l'Yonne, était un archevêché prestigieux, dont dépendaient les évêchés de Chartres, d'Orléans ou encore de Paris. Cette domination s'est aussi manifestée sur le plan architectural, puisque le début de la construction – vers 1135 – de la cathédrale Saint-Étienne marque la naissance du style gothique. L'édification complète dure quatre siècles et s'achève avec l'ajout d'un grand transept gothique flamboyant. La Révolution endommage l'édifice, surtout les sculptures – saint Étienne est épargné –, mais, contrairement aux autres cathédrales, les deux bourdons sont préservés.

Quiz des villes & villages de France

Point de départ historique de la via Podiensis vers Saint-Jacques-de-Compostelle, cette ville de Haute-Loire doit aussi sa prospérité à la dentelle et à la lentille verte.

__ ___-__-_____

Ils ont marqué leur région...
Thibaud IV de Champagne
Île-de-France

Si l'on fait un détour par Provins, dans la Seine-et-Marne, on aura la chance de pouvoir déguster bonbons, confitures, thés ou miels, le tout parfumé à la rose. On pourra aussi, pour le plaisir des yeux, visiter une magnifique roseraie et admirer plus de trois cents variétés de rosiers, retraçant l'histoire de cette fleur emblématique de la ville. Mais pourquoi la rose ? Selon la tradition, c'est Thibaud IV de Champagne qui aurait rapporté une rose rouge à son retour de croisade, en 1240, et serait à l'origine de l'importation de la culture de la *rosa gallica officinalis*.

Un jour en France
6 juin 1908

Le divorce est autorisé en France à cette date. L'État a décidé de légaliser ce que l'Église interdit, c'est-à-dire la rupture des « liens sacrés » du mariage. On sait le succès qu'aura ce « nouveau sacrement ».

Le Puy-en-Velay

mardi 7 juin

lever : 5 h 48
coucher : 21 h 50

St Gilbert

Devinette

Dans le Poitou-Charentes, quelle ville française accueille tous les ans un festival international de bande dessinée ?

Angoulême. Le Festival international de la bande dessinée d'Angoulême est le principal festival de bande dessinée francophone. Il a lieu tous les ans en janvier depuis 1974.

Savoir-faire

Biscuitier à Belle-Isle-en-Terre

Bretagne

Entreprise familiale, la biscuiterie de Belle-Isle-en-Terre, dans les Côtes-d'Armor, existe depuis 1875. Parmi ses spécialités, encore préparées de façon traditionnelle et artisanale, on trouve bien évidemment la galette au beurre, qui a fait sa renommée.

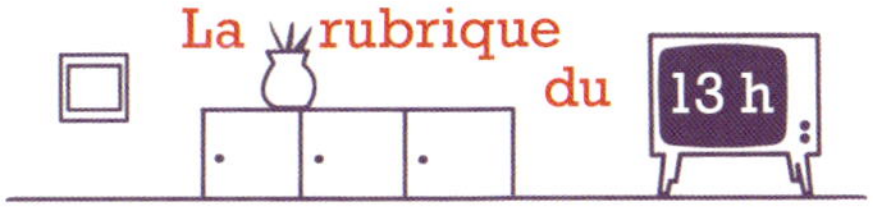

L'ÎLE FEYDEAU À NANTES

Pays de la Loire

Au XVIIIe siècle, sur ce qui n'était qu'un banc de sable, un quartier entier sort de terre. Consacrée au commerce maritime, l'île Feydeau – du nom de l'intendant qui l'a créée – devient le domaine des armateurs nantais. Au milieu du bras de la Loire qui traverse Nantes, les immeubles de granit et de tuffeau, habillés de larges porches, de fenêtres ouvragées et de balcons en fer forgé, témoignent de la prospérité du commerce triangulaire. Après les nombreuses inondations dues aux crues de la Loire, les bras du fleuve furent comblés dans les années 1930 et le quartier n'est plus une île que de nom.

À table !

Crêpes aux griottes de Fougerolles

Franche-Comté

Pour 4 personnes

Déposer, au centre de 8 crêpes, 1 c. à soupe de crème pâtissière et 5 griottes de Fougerolles (400 g pour les 8). Réaliser un paquet avec chaque crêpe et les retourner. Badigeonner les crêpes de beurre fondu et les saupoudrer de sucre. Passer les crêpes sous le gril et les servir dès qu'elles sont dorées, accompagnées d'une boule de glace au kirsch.

CITATION

Rhône-Alpes

« Ce que j'aime de Grenoble, c'est qu'elle a la physionomie d'une ville et non d'un grand village, avec une montagne au bout de chaque rue. »

Stendhal, Mémoires d'un touriste, 1838

Ils ont marqué leur région...

Patricia Kaas

Lorraine

Dès son enfance, Patricia Kaas exerce ses talents de chanteuse lors d'événements populaires, aux alentours de Forbach, en Moselle – elle y est née en 1966. Ses premiers grands succès ont lieu plus tard, en 1988 : dans « Mademoiselle chante le blues » ou « Mon mec à moi », sa voix rauque et sensuelle, les mélodies efficaces charment les oreilles du public français. Récompensée par une Victoire de la musique, elle ne s'arrête pas en si bon chemin : dix ans plus tard, en 2008, elle peut se vanter d'avoir écoulé plus de seize millions d'albums, et cela dans le monde entier.

mercredi 8 juin

lever : 5 h 48
coucher : 21 h 51

St Médard

Quiz des villes & villages de France

Cette ville du sud-est de la Corse attire de nombreux touristes. Depuis l'aéroport de Figari, ils viennent profiter des plages paradisiaques de la commune, dont celle de Palombaggia.

_ _ _ _ _ _ _ _ _ _ _ _

DICTON

Bourgogne

S'il pleut pour la Saint-Médard, la vendange diminue de quart.

À table !

La bouillabaisse

Provence-Alpes-Côte d'Azur

« Quand ça bouille, tu baisses »... le feu. C'est de cette vieille expression que viendrait le nom de la célèbre soupe de poissons qui était à l'origine un plat modeste, dégusté au retour de la pêche. Servie avec des croûtons aillés et de la rouille, elle est devenue un emblème de la cuisine marseillaise.

La rubrique du 13 h

LE CHÂTEAU DE POMPADOUR

Limousin

Le château qui domine le village d'Arnac-Pompadour, en Corrèze, doit sa renommée à la marquise du même nom, qui fut sa plus illustre propriétaire. D'origine médiévale, le bâtiment fut reconstruit au XVe siècle et remanié au XVIIIe. Louis XV, qui souhaitait anoblir Mme d'Étioles, sa favorite, le lui offrit en 1745, accompagné du titre de marquise. Vendu en 1760, le château, dont il ne reste aujourd'hui que l'aile sud et l'enceinte, est depuis cette époque un haras ; on peut visiter les écuries ou le magnifique hippodrome et assister à des spectacles équestres.

Savoir-faire

Les derniers canuts

Rhône-Alpes

On appelle « canuts » les ouvriers tisserands de la soie installés sur la colline de la Croix-Rousse, à Lyon, au XIXe siècle. Cette industrie a peu à peu disparu au XXe siècle, mais certains artisans tissent toujours selon les mêmes techniques, non pas pour en vivre, mais pour sauver un pan de l'histoire lyonnaise.

Ils ont marqué leur région...

Michel Delpech

Centre

« Ma famille habite dans le Loir-et-Cher / Ces gens-là ne font pas de manières. / Ils passent tout l'automne à creuser des sillons, / À retourner des hectares de terre. / Je n'ai jamais eu grand-chose à leur dire, / Mais je les aime depuis toujours. » En 1977, voilà les paroles de la chanson avec laquelle Michel Delpech célèbre les racines de sa famille d'agriculteurs. Même si l'auteur, compositeur et interprète à succès est lui-même né à Courbevoie, en région parisienne, cette chanson, qui deviendra un tube, témoigne de sa tendresse et de sa nostalgie pour la Sologne.

Porto Vecchio

jeudi 9 juin

lever : 5 h 47
coucher : 21 h 52

St Félicien

Savoir-faire
Fabricant de balai de sorgho
Aquitaine

Le balai en paille de sorgho apparaît dans le sud-ouest de la France au XIXe siècle. Il n'était alors composé que de quelques tiges nouées entre elles, agrémentées d'un manche en pin maritime pour faciliter sa manipulation. Aujourd'hui, une partie du balai est encore assemblée de manière traditionnelle.

La rubrique du 13 h

CHAUVIGNY, VILLE MÉDIÉVALE
Poitou-Charentes

Fondée par les évêques de Poitiers au XIe siècle, la ville haute de Chauvigny, qui offre un panorama magnifique sur la vallée de la Vienne, est un ensemble architectural atypique. En effet, pas moins de cinq châteaux médiévaux sont protégés par des remparts de deux kilomètres de long. Le donjon du château baronnial – le premier à être édifié – se dresse fièrement au cœur de la cité, mais c'est le château d'Harcourt qui est le mieux conservé ; l'été, il est le théâtre de numéros de fauconnerie spectaculaires. Quatre églises viennent compléter ce patrimoine médiéval remarquable.

Un jour en *Nord-Pas-de-Calais*
9 juin 1895

Inauguration du vélodrome de Roubaix, qui préfigure la course Paris-Roubaix, dont la première édition eut lieu l'année suivante. Mythique épreuve cycliste, son départ n'est plus donné à Paris, mais à Compiègne, depuis 1968.

À table !
Chaource
Champagne-Ardenne

Originaire de la ville de Chaource, dans l'Aube, ce fromage au lait de vache est protégé par une AOC depuis 1970. Souvent servi en fin de repas accompagné d'un verre de vin blanc de la région, il se déguste aussi à l'apéritif, souligné par une coupe de champagne.

DICTON
Picardie

À Saint-Félicien,
mouche à miel n'a plus de biens.

Ils ont marqué leur région...
Gioacchino Rossini
Île-de-France

Tout le monde connaît *Le Barbier de Séville*, au moins de nom. Cet opéra a été composé par Rossini, génie de l'opéra italien du XIXe siècle, qui a écrit ses premières sonates à l'âge de 12 ans. Son père violoncelliste lui a en effet transmis son amour pour la musique, ce qui poussa le jeune musicien à se former au conservatoire de Bologne, où il fit preuve de dons précoces. C'est pourtant Paris qui lui réserva l'accueil le plus triomphal, à tel point que le prodige devint premier compositeur du roi en 1825. Il mourut dans la capitale en 1868, après avoir abandonné la musique en pleine gloire.

vendredi 10 juin

lever : 5 h 47
coucher : 21 h 52

St Landry

À table !

Salade de pissenlits au lard

Auvergne

Pour 6 personnes

Trier et laver 400 g de pissenlits et les mettre dans un grand saladier avec 1 gousse d'ail pressée.
Faire frire 175 g de lardons et les verser chauds sur les pissenlits.
Déglacer la poêle avec 3 c. à soupe de vinaigre de vin ; ajouter aux pissenlits.
Saler et poivrer, bien mélanger.
Faire cuire 3 œufs mollets, les ajouter à la salade et servir aussitôt, avec des tranches de pain de campagne grillé.

Quiz des villes & villages de France

L'étymologie du nom de cette ville de la Manche vient du latin *aber*, qui signifie « estuaire ». Les manuscrits du Mont-Saint-Michel sont exposés dans le Scriptorial de la ville.

_ _ _ _ _ _ _ _ _

La rubrique du 13 h

LE BEFFROI DE BERGUES

Nord-Pas-de-Calais

Avant le film *Bienvenue chez les Ch'tis*, la ville de Bergues n'était pas aussi connue, mais elle méritait déjà qu'on s'y arrête, notamment pour son beffroi. Au XIVe siècle, la première tour communale ayant été détruite, on fit construire un deuxième beffroi, pour rythmer la vie de la cité flamande. Restauré au XVIe siècle, il résista au temps jusqu'à son dynamitage par les Allemands, en 1944. C'est en 1961 que Bergues inaugura son troisième beffroi, refait sur le modèle du précédent; les cinquante cloches d'origine, qui avaient été enterrées pendant la guerre, peuvent de nouveau sonner.

Devinette

Quel club de football d'une ville bourguignonne a été entraîné par Guy Roux pendant plus de quarante ans ?

L'Association de la jeunesse auxerroise (AJ Auxerre). L'équipe évolue en Ligue 1 et a remporté quatre coupes de France et un championnat de France.

Savoir-faire

Chaumier

Pays de la Loire

C'est en Loire-Atlantique, dans le marais de la Brière, que l'on compte le plus de chaumières en France. Depuis des siècles, le chaume recouvre les toitures : il les isole parfaitement tout en étant une ressource renouvelable. Si les outils sont plus performants, le travail du chaumier reste le même.

Ils ont marqué leur région…

Henri Charrière

Guyane

Le surnom d'Henri Charrière, « Papillon », vient du tatouage que le bagnard portait sur la poitrine. Accusé de meurtre et condamné aux travaux forcés à perpétuité en 1931, l'Ardéchois est déporté au bagne, en Guyane française. Mais il ne voit pas les choses de cette façon : un mois et demi après son emprisonnement, il disparaît, commençant une série d'évasions, dont la dernière, réussie, a lieu en 1941. Ses aventures ont inspiré un récit autobiographique, *Papillon*, qui a été adapté au cinéma, faisant de Charrière le bagnard le plus célèbre de Guyane.

Avranches

samedi 11 & dimanche 12 juin

St Barnabé St Guy

Mythes et légendes
Haute-Normandie

Le corset rouge

Au XIe siècle, le château de Bardouville appartenait, depuis des générations, aux seigneurs du même nom. Bertrand, descendant de cette fière lignée et fidèle serviteur de Guillaume le Conquérant, rentra en 1068 sur ses terres normandes, après avoir parcouru l'Angleterre au côté du duc. Il s'installa avec celle qu'il venait d'épouser, Yolaine de Montigny, dans la demeure de ses ancêtres. Mais sitôt revenu, il aspira à repartir combattre et laissa la jeune accouchée – car les époux avaient eu un fils – aux soins d'un prieur, lequel vivait dans la communauté des chanoines de Saint-Martin-de-Boscherville : don Raphaël Capelli. Bertrand partait rassuré : son fils semblait de faible constitution, mais l'homme de foi connaissait la médecine. Ce dernier, charitable et bienveillant, comme on l'imagine aisément, vint régulièrement au château veiller sur le petit héritier, mais il semble que, rapidement, c'est la jolie Yolaine qu'il visita exclusivement : ces deux-là étaient devenus amants.

Rumeur, médisances ? Les plus chastes affirment que oui, la majorité que non. Si elle n'a pas toujours raison, nous l'écouterons tout de même, pour cette fois, et voici ce qu'elle raconte. Afin de prévenir don Raphaël Capelli que la voie était libre, ou qu'elle l'attendait impatiemment, la femme volage accrochait son corset à la fenêtre, et le soi-disant saint homme n'avait qu'à traverser la Seine pour la rejoindre. Ce qu'il fit très souvent, sans plus penser à rien, et surtout pas au retour de Bertrand de Bardouville, qui advint cependant. Surprenant sa femme et son amant au beau milieu de la journée – et de sa chambre – dans le château normand, le seigneur, rompu à l'art de la guerre, se précipita sur le chanoine, en brandissant son épée, et le transperça de part en part. Le sang se répandit sur le sol, imbibant le corset de la belle infidèle. Il fit accrocher l'objet outrageant en haut d'une tour, à la vue de tous, puis, dit-on, obligea Yolaine à porter le vêtement maculé du sang de don Raphaël Capelli. Depuis ce temps, on parle du château de Montigny ou de Bardouville, mais souvent aussi, de façon plus romanesque, du château du corset rouge.

Languedoc-Roussillon en fête

Les ferias de Nîmes

La feria la plus populaire de France attire chaque année près d'un million de visiteurs. Cette fête traditionnelle d'origine espagnole marie lâchers de taureaux dans les rues le jour, folles danses au rythme des bandas et tournées des bodégas la nuit. Dans les arènes de Nîmes, la corrida soulève toujours autant de passions.

lundi 13 juin

lever : 5 h 46
coucher : 21 h 54

St Antoine

À table !

Le croquant de Collioure

Languedoc-Roussillon

Ce petit gâteau sec est un mets traditionnel des fêtes de la Pentecôte du Roussillon. Chaque matin, à Collioure, les passants viennent assister à la préparation artisanale de cette pâte, pétrie et garnie d'amandes, puis découpée en bâtonnets. Il faut ensuite patienter avant de pouvoir déguster !

Devinette

Quelle liqueur est exclusivement fabriquée dans la ville de Fécamp ?

La Bénédictine. Inventée au XIXe siècle par le négociant en vins Alexandre Legrand, elle est conçue à partir de vingt-sept épices orientales et de plantes locales, dans le palais Bénédictine.

La rubrique du 13 h

COLLIOURE

Languedoc-Roussillon

À quelques encablures de la frontière espagnole, Collioure se laisse bercer par la Méditerranée. Au pied des montagnes, le village catalan offre une lumière éclatante. Les artistes ne s'y sont pas trompés, et c'est en 1905 qu'Henri Matisse et André Derain y viennent capturer les couleurs des Pyrénées-Orientales, créant le fauvisme. La naissance du premier grand mouvement artistique du XXe siècle assure la renommée de Collioure et attire de nombreux peintres, qui posent leurs chevalets partout dans le village. Ce qui n'était qu'un modeste port de pêche devient alors la Cité des peintres.

Savoir-faire

Fabricant de foudre à Armagnac

Midi-Pyrénées

Les foudres sont des tonneaux de très grande capacité. Malgré la mécanisation, la main de l'homme est indispensable à leur fabrication. Les foudres d'Armagnac contiennent deux cent soixante-treize litres et peuvent garder l'eau-de-vie jusqu'à quarante ans dans leur ventre avant de la délivrer, parée de sa couleur or ambré.

La France en fête

Le lundi de Pentecôte

Le lundi de Pentecôte – cinquante jours après Pâques – célèbre la descente de l'Esprit saint sur les apôtres. Jusqu'au XVIIIe siècle, toute la semaine qui suivait ce lundi était fériée. À Honfleur, on fête en ce lundi la mer et les marins, lors d'une procession dans l'estuaire de la Seine.

Ils ont marqué leur région...

Maurice Domon

Picardie

L'année 1933 est importante dans l'histoire culturelle de la ville d'Amiens. Maurice Domon crée le théâtre des Chés Cabotans d'Amiens, lieu où les marionnettes sont reines, le terme « cabotan » désignant une marionnette en bois animée par une tringle et des fils. Mais cette institution est avant tout l'héritière d'une tradition, puisque, au XIXe siècle, on pouvait compter quatre-vingts scènes de ce genre à Amiens. La star de ce théâtre ? Il se nomme Lafleur et, vêtu d'un costume rouge de laquais, il est toujours accompagné de Sandrine, les deux compères ayant la particularité de s'exprimer en picard.

mardi 14 juin

lever : 5h46
coucher : 21h55

St Élisée

À table !

Gâteau de Metz

Lorraine

Râper 125 g de chocolat noir en copeaux. Fouetter 4 œufs avec 230 g de sucre. Ajouter 125 g de farine, 200 g de crème fraîche et le chocolat râpé. Verser la préparation dans un moule beurré et mettre au four préchauffé à 180 °C pendant 35 min. Démouler le gâteau encore chaud et attendre qu'une croûte se forme autour de lui ; l'intérieur doit rester moelleux.

Savoir-faire

Fabricant d'objets en noix de coco

Dom-Tom

Tout est bon dans la noix de coco ! On utilise la fibre qui recouvre la noix pour confectionner des cordes ou des tapis, mais c'est l'écorce qui est la partie la plus recherchée : nettoyée et poncée, elle sert à fabriquer de la vaisselle, des lampes ou des bijoux.

La rubrique du 13 h

LA CÔTE DE GRANIT ROSE

Bretagne

Au cœur de la Bretagne, à l'ouest des Côtes-d'Armor, une curiosité géologique magnifie la côte, la rendent exceptionnelle. Sur une trentaine de kilomètres, le granit breton prend une teinte rosée, d'où le nom donné à ce site parmi les plus visités du littoral breton. L'idéal pour l'admirer est d'emprunter les anciens sentiers des douaniers, comme celui de la pointe de Ploumanac'h, sur la commune de Perros-Guirec, le long des amoncellements de rochers et jusqu'au phare, lui aussi en granit. Les couleurs se mélangent – celles de la roche, de la mer et de la flore – pour former un tableau à couper le souffle.

Quiz des villes & villages de France

Ce village, niché au cœur du parc naturel du Haut-Jura, est la capitale française du jouet en bois, célébré chaque année avant Noël lors du festival « Idéklic ».

_ _ _ _ _ _ _-_ _-

_ _ _ _ _ _ _ _

Ils ont marqué leur région…

Claude Lelouch

Basse-Normandie

Deauville, célèbre ville de Basse-Normandie, est le cadre choisi par Claude Lelouch pour réaliser *Un homme et une femme*, sorti dans les salles en 1966. Une femme, inconsolable depuis la mort de son mari, y rencontre un homme victime d'un grave accident, dont l'épouse s'est suicidée. Tous deux vont vivre une histoire d'amour chaotique… L'acteur, scénariste et réalisateur a signé avec *Un homme et une femme* l'un de ses plus grands films, dont l'immense succès a été couronné par une Palme d'or à Cannes et par deux oscars.

Un jour en *Champagne-Ardenne*

14 juin 1658

Ce n'est pas dans le Sahara que le maréchal de Turenne remporte la fameuse bataille des Dunes, mais bien dans les environs de Dunkerque. Cet affrontement oppose les Espagnols aux Anglais et aux Français, alliés. La ville passe alors successivement sous les trois drapeaux dans la même journée !

Moirans-en-Montagne

mercredi 15 juin

lever : 5 h 46
coucher : 21 h 55

Ste Germaine

À table !

Rousselettes de Beauce

Centre

Mélanger 400 g de farine, 2 œufs et 1 pincée de sel. Ajouter 15 cl de crème fraîche, 75 g de beurre mou et 1 c. à soupe d'eau-de-vie. Pétrir jusqu'à obtenir une pâte homogène. Couvrir d'un linge et laisser reposer 3 h.
Abaisser la pâte sur un plan de travail fariné et la découper à l'aide d'emporte-pièces.
Plonger les figures dans la friture chaude, jusqu'à ce qu'elles soient gonflées et dorées.
Égoutter les rousselettes et les saupoudrer de sucre.

CITATION

Auvergne

« L'Auvergne produit des ministres, des fromages et des volcans [...]. La chèvre broute sur leur profil une espèce de pierre ponce poreuse [...] qui donne à son lait un peu rêche un petit goût de secousse tellurique. »

Alexandre Vialatte

La rubrique du 13 h

COLLÉGIALE DE MANTES-LA-JOLIE

Île-de-France

Alors que la ville souffrait sous les bombes, pendant la Seconde Guerre mondiale, la collégiale Notre-Dame résistait : ses deux hautes tours ajourées dominaient la Seine, ce qu'elles faisaient depuis le XIIIe siècle, et semblaient défier l'ennemi. Depuis, les quartiers alentours ont été reconstruits, tandis que Notre-Dame est restée, majestueuse. À l'intérieur, la grande rose de l'église rappelle celle de Notre-Dame de Paris, contemporaine. Surplombant l'orgue, elle illumine la nef et donne une grande clarté à l'édifice, malgré l'absence de transept.

Savoir-faire

Peintre sous verre à La Petite-Pierre

Alsace

L'engouement pour la peinture sous verre, en Alsace, est lié au développement de l'industrie du verre dans l'est de la France. Cette technique consiste à peindre l'envers d'une plaque de verre, en commençant par les détails du premier plan et en finissant par le fond.

Un jour en *Martinique*

15 juin 1502

Christophe Colomb a-t-il dansé une biguine en découvrant la Martinique ? L'histoire ne nous le dit pas. Ce que l'on sait, en revanche, c'est que, une fois de plus, ce n'est pas cette île qu'il cherchait, mais un passage vers les Indes, qu'il ne trouva pas.

Ils ont marqué leur région...

Laurent Ruquier

Haute-Normandie

Le présentateur ne manque pas de rappeler régulièrement son lien avec la Haute-Normandie, la région de sa naissance en 1963. C'est au Havre qu'il vit son enfance : il y passe déjà le plus clair de son temps à écouter la radio, passion qui ne le quittera pas. Il est aussi un enragé d'écriture et s'exerce très tôt au journalisme, faisant le bonheur de ses camarades de classe avec ses articles humoristiques. Il commence sa carrière d'animateur sur les radios locales du Havre et de Rouen, puis c'est bien sûr à Paris que son succès prendra l'ampleur que l'on connaît.

jeudi 16 juin

St Jean-François Régis

lever : 5 h 46
coucher : 21 h 56

Devinette

Pourquoi, en 1963, la grotte de Lascaux a-t-elle été fermée au public ?

Parce que les peintures s'abîmaient. Le gaz carbonique issu de la respiration des visiteurs et la chaleur ont causé la prolifération d'algues et des voiles de calcite sur les parois de la grotte.

Savoir-faire

Charpentier à Perpezat

Auvergne

Dans une région où les forêts représentent près de trente pour cent de la superficie totale, il n'est pas étonnant de rencontrer de nombreux artisans du bois. Pour des raisons écologiques, ce matériau est de plus en plus valorisé, assurant les beaux jours d'une profession pourtant ancestrale.

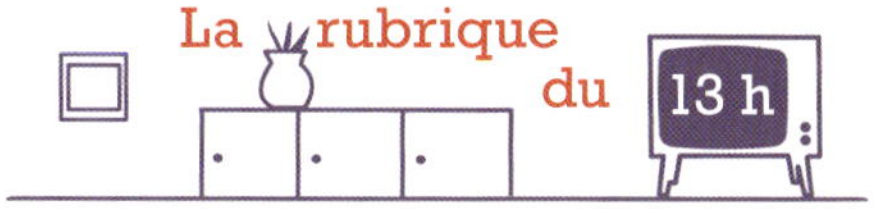

La rubrique du 13 h

LE LION DE BELFORT

Franche-Comté

Il veille sur la citadelle depuis plus d'un siècle. Sculpté par Frédéric Auguste Bartholdi, le *Lion de Belfort* commémore la lutte héroïque de la ville, qui a résisté pendant cent trois jours aux soldats prussiens, en 1870. Il aura fallu huit ans avant que les Belfortains puissent admirer, en août 1880, cette œuvre monumentale – vingt-deux mètres de long pour onze mètres de haut. Bartholdi s'est inspiré des sphinx égyptiens pour créer ce symbole de puissance et de résistance, et, au pied du lion, il a gravé : « Le monument représente, sous forme colossale, un lion harcelé, acculé et terrible encore dans sa fureur. »

À table !

Le pavé corrézien

Limousin

Proche du cantal, son voisin d'Auvergne, le pavé corrézien est un fromage à pâte pressée non cuite, au goût subtil de noisette. Il doit son nom à sa forme rectangulaire. Délicieux dégusté simplement avec un pain aux noix, il peut être utilisé en dés dans une salade, ou fondu.

Un jour en

Rhône-Alpes

16 juin 1974

Alexandre Astier, né le 16 juin 1974 à Lyon, est l'un des auteurs, réalisateurs, acteurs les plus doués de sa génération. « C'est pas faux ! », vous diront les fans de la série *Kaamelott*, qu'il a créée et dans laquelle il joue avec une grande partie de sa famille.

Ils ont marqué leur région…

Alfred de Vigny

Poitou-Charentes

Dans la commune de Champagne-Vigny se trouve le Maine Giraud, l'ancien manoir habité par Alfred de Vigny et ses ancêtres. Au XIXe siècle, le poète romantique venait y trouver la solitude et y chercher l'inspiration. Il a par ailleurs développé sur le domaine la culture de la vigne – elle y est encore pratiquée de nos jours. Un musée a été créé en l'honneur de l'illustre propriétaire, qui a laissé une empreinte indélébile sur cette propriété, située non loin d'Angoulême. On peut notamment pénétrer dans la pièce où le poète a écrit certaines de ses œuvres les plus célèbres.

vendredi 17 juin

lever : 5 h 46
coucher : 21 h 56

St Hervé

À table !

Jambon vendéen aux mogettes

Pays de la Loire

Pour 4 personnes

Faire tremper dans de l'eau 200 g de mogettes (haricots blancs), pendant 1 nuit, au réfrigérateur.

Le lendemain, peler 2 carottes, éplucher 1 oignon et le piquer de quelques clous de girofle. Couper 2 tomates en 4.

Égoutter les mogettes, les mettre dans une cocotte et les recouvrir largement d'eau froide. Porter à ébullition et ajouter les carottes, l'oignon, les morceaux de tomates et 1 bouquet garni. Saler, poivrer et cuire à feu moyen pendant 1 h 30.

Faire griller, dans une poêle très chaude, 4 tranches de jambon vendéen légèrement huilées, 30 s de chaque côté. Enlever une partie du bouillon des mogettes, parsemer de persil et servir avec le jambon grillé.

La rubrique du 13 h

DOMRÉMY-LA-PUCELLE

Lorraine

Petit village des Vosges, Domrémy ne serait peut-être pas passé à la postérité si une jeune paysanne prénommée Jeanne n'y avait vu le jour en 1412. C'est dans ce village, en bordure du Bois Chenu, qu'elle entendit les voix qui allaient précipiter son destin. La maison natale de la Pucelle d'Orléans a été conservée presque intacte : à l'intérieur, on peut visiter les chambres et le cellier. Les murs épais et le toit en pente sont caractéristiques des habitations paysannes lorraines de l'époque, et, sur la façade, dans une niche, figure une statue de Jeanne en armure et agenouillée.

CITATION

Champagne-Ardenne

« Le champagne doit être au vin ce que la haute couture est à la mode. »

Alfred Gratien

Quiz des villes & villages de France

Ce village du Finistère tient son nom d'une relique, un index, attribuée à saint Jean-Baptiste. Thomas Fersen a consacré une chanson grivoise à cette commune.

_ _ _ _ _ - _ _ _ _ - _ _ - _ _ _ _ _

Savoir-faire

Facteur d'arcs à Saint-Julien-en-Vercors

Rhône-Alpes

L'arc est un objet ancestral, puisqu'il existait déjà à l'âge préhistorique. Alors que son utilisation pourrait sembler obsolète, certains passionnés le font vivre et évoluer. Qu'il soit en bois, en fibre de verre ou en carbone, chaque pièce est unique et réalisée à la main.

Ils ont marqué leur région…

Pierre Ambrogiani

Provence-Alpes-Côte d'Azur

Avec sa palette aux couleurs chaudes et éclatantes, ce peintre expressionniste a revisité les paysages lumineux de la Provence, où il a vécu une grande partie de sa vie. Étalant sa peinture à larges coups de couteau et de truelle, l'ami de Chagall et Picasso dévoile à travers ses toiles modernes et audacieuses sa fascination pour les paysages méditerranéens : natures mortes représentant fruits d'été ou poissons du marché marseillais, scènes de la vie populaire, paysages côtiers, c'est toute la vie et la chaleur de cette région française qui sont immortalisées dans les toiles de Pierre Ambrogiani.

Saint-Jean-du-Doigt

Les enfants nantais

A la fin du IIIe siècle, la mythologie gauloise a cédé la place aux dieux des envahisseurs romains. À Nantes comme ailleurs, la religion de l'empereur fait loi, et, en application d'un décret impérial de Dioclétien, les chrétiens sont pourchassés : ils sont dénoncés, arrêtés et jugés. Si, au cours de ce procès, ils refusent de renoncer à leur foi, la torture et la mort les attendent. Pourtant, lorsque saint Clair arrive de Rome pour évangéliser l'Ouest et la ville portuaire alors florissante, le christianisme commence à se répandre, malgré les interdictions. C'est en ces sombres temps de persécutions que naissent, au sein d'une famille de notables gallo-romains, deux enfants : Donatien et Rogatien. Le premier, baptisé, est dénoncé, puis arrêté sous l'empereur Maximilien. Malgré son jeune âge, Donatien ne cède pas face au gouverneur et n'a de cesse d'affirmer sa foi en Dieu. Son frère est arrêté à son tour, refuse lui aussi de se convertir à la gloire de Mars et de Jupiter. La sentence tombe : les deux frères seront soumis au supplice du chevalet. Leur martyre prend fin par leur décapitation au glaive, et leur tragique histoire commence à circuler par-delà les murailles nantaises.

Les deux enfants, enveloppés de suaires, sont inhumés dans une nécropole païenne, au sein de la propriété familiale, jusque vers 325. Puis, l'empereur Constantin ayant autorisé le christianisme en 313, les dépouilles de Donatien et de Rogatien sont placées dans un sarcophage de marbre gris. La tombe des enfants nantais devient rapidement un lieu de culte, où viennent se recueillir de nombreux pèlerins, et un premier sanctuaire est érigé en l'honneur des martyrs, sous l'épiscopat de Karmundus, à la fin du Ve siècle, vers 490. Plusieurs églises se succèdent, à l'emplacement exact de la villa gallo-romaine de la famille des saints, où se trouve la basilique que nous connaissons aujourd'hui. Le cercueil des deux premiers chrétiens nantais connus à ce jour se trouve encore au cœur de l'édifice, qui porte leur nom.

La France en fête
La fête des Pères

La fête des Pères fut à l'origine fêtée par les chrétiens le 19 mars, jour de la Saint-Joseph. L'une des premières fêtes des Pères non religieuses fut créée aux États-Unis au début du XXe siècle, par le président Coolidge. En France, c'est la marque bretonne de briquets Flaminaire qui a décidé, en 1952, que nous fêterions les papas le troisième dimanche de juin.

lundi 20 juin

lever : 5 h 46
coucher : 21 h 57

St Silvère

À table !

Le boudin antillais

Antilles

Le boudin antillais est, comme le boudin noir classique, fabriqué à base de sang, de saindoux et de fines herbes. Mais ce ne serait pas les Antilles s'il n'y avait pas, en plus, dans la liste des ingrédients, des épices en abondance ! Surtout consommé à Noël, il s'accompagne merveilleusement d'un ti-punch !

CITATION

Limousin

« Pour la beauté générale, je préfère le Limousin aux autres provinces. Les collines, les vallons, les bois, les enclos, les cours d'eau, les lacs, les fermes éparses forment mille tableaux délicieux. »

Arthur Young

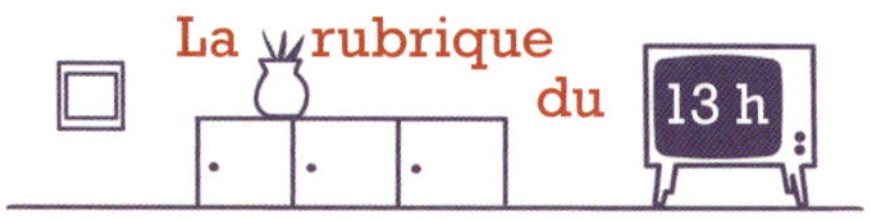

LES TROIS CHÂTEAUX DE RIBEAUVILLÉ

Alsace

Ribeauvillé, dans le Haut-Rhin, était autrefois le fief d'une noble famille alsacienne, les Ribeaupierre, qui avaient fait construire trois châteaux à flanc de montagne afin d'être protégés et d'avoir une vue totale sur leurs terres. Depuis le village et la rue principale, la silhouette des châteaux apparaît. On aperçoit tout d'abord les ruines du Haut-Ribeaupierre, puis c'est au tour du Grand Ribeaupierre, connu sous le nom de château de Saint-Ulrich, bien conservé, et enfin, le Girsberg, dont il ne reste qu'un donjon et un corps de logis, abandonnés au XVIe siècle.

Savoir-faire

Tamiserie à Chauvigny

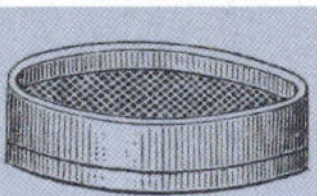

Poitou-Charentes

Nulle part ailleurs vous ne trouverez de tamis artisanaux, fabriqués en bois et recouverts d'une fine toile inoxydable. Indispensable, le tamis est utilisé par le jardinier pour les semences, le cuisinier pour la farine, les confitures et les boissons… et même par le chercheur d'or !

Devinette

Quel oiseau des régions côtières a inspiré le nom d'un type de voilier ?

Le goéland. Une goélette est un voilier à deux mâts, dont le plus grand est à l'arrière. Elle était utilisée au XVIIIe siècle pour la pêche à la morue à partir des ports de Paimpol et Fécamp.

Ils ont marqué leur région…

Jules Renard

Bourgogne

L'auteur du célèbre roman *Poil de carotte* est resté toute sa vie très attaché à la région de son enfance. Il commence néanmoins sa carrière à Paris, qu'il rejoint en 1881 et où, après avoir connu des débuts difficiles, il participe à la fondation de la revue *Mercure de France* et publie son premier roman, *L'Écornifleur*, en 1892. Pourtant, la vie parisienne ne lui fait pas oublier Chitry-les-Mines, village nivernais qui l'a vu grandir et qui est, pour lui, une source d'inspiration. Il y retourne régulièrement, en devient le maire en 1904 et le reste jusqu'à sa mort en 1910.

mardi 21 juin

lever : 5 h 46
coucher : 21 h 57

Été

Savoir-faire
Distillerie d'huiles essentielles à Lumio
Corse

La Corse fait partie de ces territoires où la nature, particulièrement la flore, est encore préservée. À Lumio, face à la baie de Calvi, ces précieuses plantes sont cueillies à la main et acheminées aussitôt à la distillerie où, par la magie de la chimie, elles livrent leurs essences.

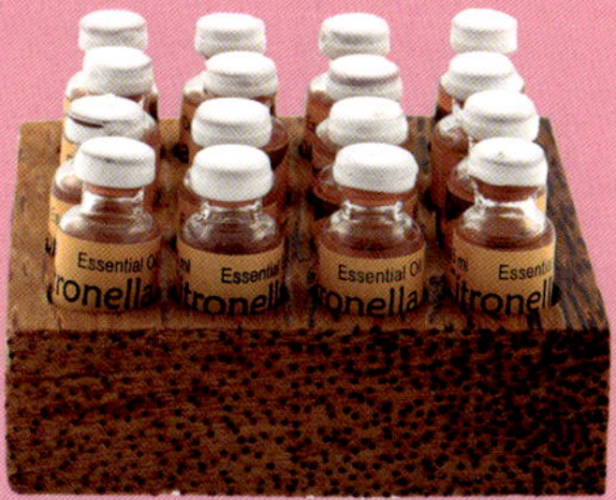

Quiz des villes & villages de France

Cette ville, préfecture du plus petit département français après Paris, tient son nom de l'imposant château qui domine la ville ; elle est connue pour son festival très « rock ».

_ _ _ _ _ _ _

La rubrique du 13 h

LA PLACE DUCALE DE CHARLEVILLE-MÉZIÈRES
Champagne-Ardenne

Principale place de la ville ardennaise, et son joyau architectural, la place Ducale est construite au début du XVIIe siècle sur le modèle de la place Royale à Paris, aujourd'hui place des Vosges. Conçue selon un plan rigoureusement géométrique, bordée de pavillons de briques et d'arcades, elle a accueilli sur ses pavés plusieurs monuments. La première fontaine installée au centre de la place fut remplacée en 1899 par une statue de Charles de Gonzague ; un siècle plus tard, une réplique de la fontaine initiale vint détrôner le fondateur de la ville à laquelle il avait laissé son nom.

À table !
La rosette de Lyon
Rhône-Alpes

La rosette est une partie de l'intestin du porc ; c'est ce boyau qui est utilisé pour le fameux saucisson. Spécialité de la capitale des Gaules, la rosette est préparée à partir de viandes nobles et a une période de maturation et d'affinage relativement lente.

Devinette

Quel théâtre de marionnettes picard fait de la concurrence au théâtre de Guignol ?

Le théâtre des Cabotins d'Amiens (Chés Cabotans, en picard). Fondé en 1933, son héros, Lafleur, ne parle que picard, et sa devise est : « Bien boire, bien manger et puis ne rien faire. »

La France en fête
Fête de la Musique

Instaurée en 1982 par Jack Lang, cette fête s'est depuis mondialisée : plus d'une centaine de pays laissent, en ce jour du solstice d'été, et nuit la plus courte de l'année, le public accéder aux musiques les plus variées. Elle permet aux musiciens et chanteurs, professionnels et amateurs, de se produire pendant toute la nuit dans les rues.

Ils ont marqué leur région…
Jean-Pierre Papin
Nord-Pas-de-Calais

Ce footballeur de légende est né dans le Pas-de-Calais, à Boulogne-sur-Mer, mais il a mis le cap vers le sud de la France pour faire carrière. C'est en effet à l'Olympique de Marseille, qu'il intègre en 1986, qu'il montrera tout ce dont il est capable : on retiendra une vingtaine de buts en moyenne par an entre 1988 et 1992, quatre titres de champion de France pour son équipe, entre autres exploits. Exploits qui lui confèrent, en 1991, le titre de Ballon d'or. Après un détour par l'étranger, il revient en France en tant que joueur avant de devenir entraîneur.

Belfort

mercredi 22 juin

lever : 5 h 47
coucher : 21 h 58

St Alban

CITATION

Île-de-France

« Visitez Londres, Amsterdam, Madrid, Vienne, vous ne verrez rien de pareil. C'est la capitale de la capitale. »

Louis-Sébastien Mercier (à propos du Palais-Royal), Le Tableau de Paris, 1781

À table !

Artichauts à la rennaise

Bretagne

Pour 6 personnes

Couper 6 artichauts en 4, enlever le foin et les nettoyer. Dans une cocotte, mettre 500 g de lard maigre détaillé en fines tranches, ajouter 2 oignons hachés, 1 carotte émincée, du thym et 3 clous de girofle. Poser les artichauts sur cette garniture et mouiller avec 1 verre de muscadet et 1 verre de bouillon. Couvrir et cuire à feu doux pendant 45 min. Servir avec des rondelles de citron et du persil.

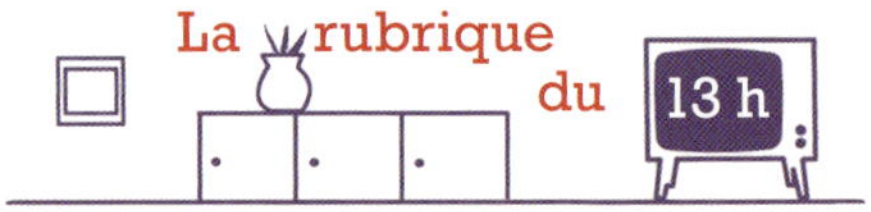

LES CALANQUES DE MARSEILLE À CASSIS

Provence-Alpes-Côte d'Azur

Le massif des calanques qui s'étend sur une vingtaine de kilomètres entre Marseille et Cassis, dans les Bouches-du-Rhône, est une source perpétuelle d'émerveillement. Les calanques, ces petites baies parfois profondes que la mer a creusées dans la roche, forment tantôt des ports naturels, tantôt des petites plages bordées par une Méditerranée cristalline aux mille nuances de bleu. Les falaises offrent un panorama exceptionnel et forment l'un des plus beaux sites d'escalade en France. Ici, la nature reprend ses droits : au milieu de la garrigue, les pins et les aigles sont les princes de ce paysage aride.

Devinette

Quelle chanson évoque la traversée d'une région française en sabots ?

« En passant par la Lorraine avec mes sabots. » Cette chanson française, appréciée particulièrement par les enfants, serait devenue populaire après la proclamation de la Troisième République en 1870.

Savoir-faire

Feuillardier à Châlus

Limousin

Artisans du bois, les feuillardiers étaient autrefois très nombreux dans les châtaigneraies limousines. Ils sont encore quelques-uns à faire perdurer ce métier difficile qui consiste à tailler à la hache des feuillards, de fines lamelles de châtaignier, utilisés pour cercler les tonneaux ou en vannerie.

Ils ont marqué leur région...

Charlemagne

Languedoc-Roussillon

Au VIIe siècle, Carcassonne est aux mains des sarrasins. Charlemagne assiège la cité avec son armée, mais dame Carcas, la femme du prince sarrasin Balaach, décide de résister. Au bout de cinq ans de siège, les seuls biens qui subsistent sont un pourceau et une mesure de blé. La princesse, astucieuse, engraisse le cochon avec le blé, puis le jette par-dessus les remparts. L'empereur, croyant que la ville est si riche qu'elle peut se permettre ce gâchis, abandonne le siège, mais la dame fait sonner le cor et propose une alliance. « Carcas sonne ! », se serait-on exclamé, d'où le nom de la ville.

jeudi 23 juin

lever : 5 h 47
coucher : 21 h 58

Ste Audrey

Un jour en Rhône-Alpes
23 juin 1999

Jeannie Longo remporte son trente-cinquième titre de championne de France de cyclisme. Elle est alors sûrement loin de se douter qu'elle en gagnera encore vingt et un. Les titres de cette increvable du vélo s'étalent sur une période de trente ans, qui va de 1979 à 2009 !

À table !
Le pruneau d'Agen

Aquitaine

La technique de séchage de la prune remonte à l'Antiquité mais le pruneau d'Agen ne naît qu'au XIIIe siècle, quand les croisés ramènent de Syrie une nouvelle variété de prunier. Le succès du pruneau d'Agen, apprécié pour son goût et sa valeur nutritive, ne s'est jamais démenti depuis.

Savoir-faire
Girouettier à Valognes

Basse-Normandie

Autrefois un privilège des nobles, la girouette s'invite aujourd'hui partout. Si le coq reste un élément de décor emblématique, le girouettier peut façonner mille et un motifs à partir de tôles d'aluminium, de feuilles de cuivre, de zinc ou de plomb qu'il découpe et soude.

La rubrique du 13 h

LE CHÂTEAU DU CLOS-LUCÉ

Centre

Du temps de Léonard de Vinci, le château du Clos-Lucé, à Amboise, s'appelait encore le château du Cloux. Joyau de la Renaissance, il est construit à la fois en briques et en pierres de tuffeau, extraites des carrières toutes proches ; sa bâtisse du XVe siècle n'a pratiquement pas été modifiée. C'est François Ier qui fit venir Léonard de Vinci au château en 1516 où ils devinrent amis. Dans ses bagages, le génie italien avait emporté trois toiles : *La Joconde*, *Sainte Anne* et *Saint Jean-Baptiste*, alors inachevé. Contre pension, le célèbre inventeur avait toutes libertés.

Quiz des villes & villages de France

On peut passer en bateau entre les tours de la Chaîne et la tour Saint-Nicolas pour sortir de cette ville de Charente-Maritime.

__ ________

Ils ont marqué leur région...
Audrey Tautou

Auvergne

Si l'actrice a incarné une authentique Parisienne dans *Le Fabuleux Destin d'Amélie Poulain* de Jeunet, c'est en Auvergne qu'elle a vu le jour en 1978, dans la ville de Beaumont. Elle rêve très tôt de devenir actrice, mais sa vocation ne reste pas à l'état de fantasme d'adolescente : après le bac, elle file à Paris étudier au cours Florent. En 2000, son premier grand rôle dans *Vénus Beauté* lui vaut le césar du meilleur espoir féminin. S'ensuivent une série de films à succès, et la petite brune devient même l'égérie de la marque Chanel avec le film *Coco avant Chanel* et une publicité pour le célèbre N° 5.

La Rochelle

vendredi 24 juin

lever : 5 h 47
coucher : 21 h 58

St Jean-Baptiste

À table !

Cassolette méditerranéenne

Provence-Alpes-Côte d'Azur

Égoutter le contenu de 2 boîtes de sardines à l'huile sans arêtes, l'écraser à la fourchette, puis le mélanger avec 300 g de caviar d'aubergines et 10 cl de crème liquide.
Verser cette préparation dans un petit plat à gratin et mettre au four préchauffé à 210 °C.
Au bout de 10 min, saupoudrer de 50 g de cubes de feta et de quelques olives noires, puis remettre au four 10 min supplémentaires.
Servir chaud.

Un jour en *Poitou-Charentes*

24 juin 1982

Jean-Loup Chrétien est le spationaute choisi pour effectuer le premier vol habité français dans l'espace. Il entre dans la navette russe *Soyouz T-6* le 24 juin 1982 et y demeure pendant cent quatre-vingt-neuf heures.

La rubrique du 13 h

CHÂTEAU-GAILLARD

Haute-Normandie

À la fin du XIIe siècle, Richard Cœur de Lion fait édifier une forteresse, pour défendre la vallée de la Seine contre les assauts de Philippe Auguste. Il choisit, aux Andelys, un éperon rocheux d'où l'on domine le fleuve ; un an plus tard, Château-Gaillard se dresse fièrement. Le château joue un rôle important dans les différents conflits qui opposent la France à l'Angleterre, avant de servir de carrière de pierres au XVIIe siècle. Le donjon reste l'élément le mieux conservé. Même en ruines, Château-Gaillard a traversé les siècles, avec les plantes que les croisés avaient rapportées de Palestine.

La *France* en fête

La Saint-Jean

Cette fête célèbre la naissance de saint Jean-Baptiste qui, selon la Bible, baptisa Jésus dans le Jourdain. Pour saluer l'arrivée de l'été, on allume dans toute l'Europe des feux de la Saint-Jean. On attribuait autrefois des vertus magiques et protectrices à ces feux de joie, qui purifiaient ceux qui dansaient autour et éloignaient les mauvais esprits.

Savoir-faire

Marqueteur à Dommartin

Franche-Comté

La marqueterie consiste en un découpage et un collage d'essences de bois pour décorer meubles, boiseries ou tableaux. La marqueterie est très utilisée dans la confection de boîtes à musique et coffrets à bijoux, mais elle est aujourd'hui remise au goût du jour, habillant des objets plus insolites.

Ils ont marqué leur région…

Gérard Jugnot

Île-de-France

Les premiers succès de ce Parisien de souche ont lieu au sein de la troupe du Splendid, aux côtés de Thierry Lhermitte et Christian Clavier, rencontrés sur les bancs du lycée. Depuis ces débuts dans les petits théâtres parisiens, chacun a fait carrière de son côté, avec le succès que l'on sait. Gérard Jugnot n'est pas en reste puisque, à 60 ans, il a élargi ses activités aux métiers de producteur et de réalisateur. Pourtant, c'est aux *Bronzés* et au *Père Noël est une ordure*, comédies inscrites au patrimoine de la comédie française, que l'on associe avant tout le nom de Jugnot.

samedi 25 & dimanche 26 juin

St Prosper St Anthelme

Mythes et légendes

Bourgogne

La petite chouette et les gargouilles

Au début du XIIIe siècle, alors que le Moyen Âge connaissait son apogée, que les fidèles se faisaient chaque jour plus nombreux et les églises plus hautes et ouvragées, il fut commandé à un jeune architecte, par la paroisse de Dijon, la construction d'une nouvelle église. Sans doute était-il d'un caractère rêveur, sinon il n'aurait jamais posé les yeux sur une petite boule grise, que la foule des badauds n'avait même pas remarquée : une chouette avait échoué dans une ruelle. Elle était à bout de forces, trempée et tremblante. Notre architecte, aussi sensible au sort des animaux qu'à l'élégance des dentelles de pierre et des hautes voûtes gothiques, ne se contenta pas de la recueillir et de la soigner. Il en fit une compagne. La chouette le suivait partout sur son chantier. Il lui faisait apprécier la dextérité et les prouesses des artisans et lui expliquait pourquoi de tels ouvrages n'avaient pas leur pareil. Les ouvriers commencèrent à regarder avec méfiance et curiosité cet architecte, qui semblait mettre un point d'honneur à enseigner la géométrie, la taille de la pierre et la charpente à une chouette.

La chouette, qui appréciait et recherchait la compagnie de cet homme particulier, n'était pas seulement reconnaissante de l'enseignement du jeune architecte. Comme une bonne disciple enthousiaste qu'elle était, vint le moment où elle put, à son tour, apporter son savoir et son expérience à son maître. Elle avait arpenté chaque ruelle et s'était penchée sur chaque fenêtre de la ville. Elle connaissait les travers et les qualités de tous ses habitants. Elle savait, mieux que n'importe qui, à quel point les Dijonnais pouvaient être bons ou mesquins, lâches ou courageux, ces hommes qui étaient capables de la pourchasser, tel un mauvais présage, comme de la sauver d'une mort certaine. Perchée sur l'épaule de son ami absorbé par ses croquis, elle lui indiqua comment faire surgir de son crayon toute la diversité de l'humanité. Elle cita les hommes, les imita, les compara, et des « discussions » passionnées qu'ils avaient tous deux naquit une vision juste et large.

Lorsqu'il fut temps de concrétiser ses dernières esquisses, l'architecte s'appliqua à restituer tout ce que la chouette lui avait appris sur ses congénères. Les tailleurs de pierre, loin de se douter que c'était une chouette qui inspirait leur travail, furent pour le moins surpris de ses exigences, mais exécutèrent à la lettre ce qui deviendrait les célèbres gargouilles. Toutefois, le travail était long, et le pauvre volatile avait laissé trop de plumes dans les bas-fonds de la ville, lors de ses études minutieuses du genre humain. Lorsque la dernière sculpture fut achevée et que l'architecte voulut lui montrer leur chef-d'œuvre, il était trop tard. Effondré par la perte de son amie, il décida que sa place était parmi ceux qu'elle avait si bien décrits, et c'est pourquoi, au milieu des gargouilles et des créatures de Notre-Dame de Dijon, ornant le tombeau de l'animal, se dresse une petite statue de chouette.

lundi 27 juin

lever : 5 h 48
coucher : 21 h 58

St Fernand

À table !

Far poitevin à l'oseille

Poitou-Charentes

Pour 6 personnes

Faire fondre dans une cocotte 2 kg de feuilles d'oseille épluchées et lavées, jusqu'à obtenir une purée. Dans un saladier, écraser 250 g de mie de pain imbibée de 1 petit verre de lait. Ajouter 4 œufs battus, 3 échalotes et 2 gousses d'ail émincées. Bien mélanger, saler et poivrer.Mélanger cette farce à l'oseille et ajouter 1 petit pot de crème. Cuire doucement pendant environ 20 min, en remuant souvent. Servir chaud ou froid.

Quiz des villes & villages de France

L'histoire a retenu que le château fort autour duquel est construite cette ville de Basse-Normandie a été édifié sur un nid d'aigles.

' _ _____

Devinette

Quel musée gourmand la ville alsacienne de Gertwiller abrite-t-elle ?

Le musée du Pain d'épices. Il regroupe dix mille objets retraçant l'histoire du pain d'épices et d'autres friandises locales, ainsi que des objets d'art populaire alsaciens.

La rubrique du 13 h

L'ABBAYE DE FONTEVRAUD

Pays de la Loire

C'est en 1101 que Robert d'Arbrissel, moine et ermite du village du même nom, en Ille-et-Vilaine, fonde l'abbaye de Fontevraud. Fait rare à l'époque, elle accueille à la fois des hommes et des femmes et, après la mort de son fondateur, elle sera dirigée exclusivement par des abbesses. Elle se développe très rapidement, reçoit de nombreux hôtes de marque et devient la nécropole royale des Plantagenêts. À la Révolution, l'abbaye est vouée à la destruction, mais Napoléon la transforme en prison en 1804 ; elle le restera jusqu'en 1963. Fontevraud est aujourd'hui un important centre culturel et l'un des monuments les plus visités du Val de Loire.

Savoir-faire

La sidérurgie à Pont-à-Mousson

Lorraine

Depuis le XIXe siècle, la sidérurgie fait battre le cœur de l'industrie mussipontaine. La ville de Meurthe-et-Moselle s'est notamment spécialisée dans la fonte et les canalisations et se distingue pour sa production de plaques d'égouts ou « regards de chaussée », selon l'appellation officielle.

Ils ont marqué leur région...

Jean-Baptiste Colbert

Bretagne

Si Brest est un port de commerce et un port militaire de premier plan, la ville doit beaucoup aux travaux entrepris par Jean-Baptiste Colbert – qui, entre autres fonctions, a été nommé secrétaire d'État à la Marine par Louis XIV, en 1669. Sous sa direction, de gigantesques chantiers sont commencés : fortification du port, construction de quais, développement de l'arsenal... Colbert poursuit l'œuvre entreprise à partir de 1631 par Richelieu, qui voulait faire de Brest un grand port maritime, et dont le souhait a été exaucé.

L'Aigle

mardi 28 juin

St Irénée

lever : 5 h 49
coucher : 21 h 58

Savoir-faire
Serrurier dans le Vimeu
Picardie

La serrurerie est l'âme du Vimeu – région naturelle de l'ouest de la Picardie – depuis le XVIIe siècle. Après avoir fourni toutes les clés de Paris, cette industrie n'a cessé de se développer : les serruriers ont su adapter leur savoir-faire unique aux nouveaux métaux et rester créatifs.

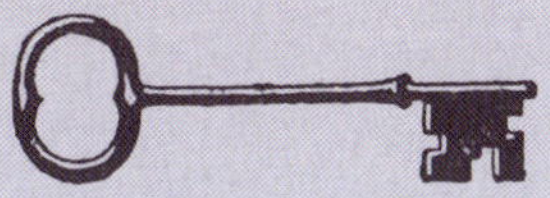

Quiz des villes & villages de France

Perchée sur un rocher calcaire, cette ville fut appelée la « Ville sans eau » jusqu'au XIXe siècle. La place de l'Airette offre un impressionnant panorama sur la moyenne vallée de l'Ardèche.

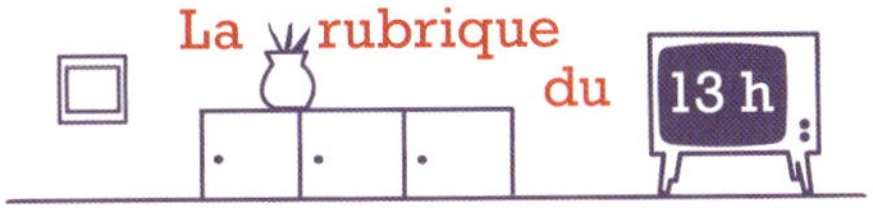

LA BIBLIOTHÈQUE SCHOELCHER
Martinique

Ce bâtiment emblématique de Fort-de-France, édifiée en 1887, était destiné à accueillir la collection de livres de Victor Schoelcher, ancien député de la Martinique et abolitionniste. Malheureusement, cette collection a disparu, brûlée et pillée en 1890. Qu'importe, le lieu a conservé son nom. Construite d'abord en métropole avant d'être démontée et transportée par bateau jusqu'à Fort-de-France, la bibliothèque étonne par son architecture : on trouve sur ses façades colorées des inspirations byzantines ou égyptiennes, associées à des matériaux nouveaux comme l'acier et le béton.

À table !
Veau aux olives
Corse

Pour 4 personnes
Dans une sauteuse, faire revenir, dans 2 c. à soupe d'huile, 1 kg de veau corse coupé en morceaux. Quand la viande est dorée, ajouter 2 oignons émincés, 2 gousses d'ail écrasées, du thym, du laurier, 1 pincée de 4 épices et 1 cube de bouillon de légumes. Saler et poivrer. Ajouter 1 petite boîte de concentré de tomates, 100 g d'olives vertes dénoyautées et 400 g de champignons de Paris en morceaux. Mouiller avec 4 verres d'eau, puis couvrir. Cuire à feu doux pendant environ 1 h et servir avec du riz.

CITATION
Midi-Pyrénées

« C'est une muraille et une montagne tout à la fois ; c'est l'édifice le plus mystérieux du plus mystérieux des architectes, c'est le colosseum de la nature. »

Victor Hugo (à propos de Gavarnie), En voyage. Alpes et Pyrénées, 1843

Ils ont marqué leur région…
Bertrand Cantat
Aquitaine

Laissons de côté les déboires du chanteur, et concentrons-nous sur sa carrière au sein du groupe Noir Désir, qui a eu tant de succès auprès du public français. Né à Pau en 1964, c'est à Bordeaux que sa vie prend un tournant décisif, car il y rencontre sur les bancs du lycée les amis qui deviendront les musiciens du groupe. Après avoir joué sur les petites scènes bordelaises, Noir Désir signe son premier contrat chez Barclay, en 1986. S'ensuit une série d'albums à succès, dont les chansons sont portées par les textes à la fois poétiques et engagés, et par le timbre de voix du chanteur.

Aubenas

mercredi 29 juin

lever : 5 h 49
coucher : 21 h 58

St Pierre, St Paul

À table !

Crapiau morvandiau

Bourgogne

Pour 6 personnes
Mettre 300 g de farine dans un saladier. Ajouter 6 œufs, 160 g de beurre fondu et 50 cl de lait. Bien mélanger.
Faire revenir 200 g de lardons fumés, les égoutter et les incorporer à la préparation.
Ajouter 1 pincée de muscade et poivrer.
Dans une poêle, faire chauffer de l'huile et verser la préparation. Dès qu'un côté est doré, retourner le crapiau pour le cuire de l'autre côté.

CITATION

Poitou-Charentes

« Ce français vieillot qu'on dédaigne,
Il est natif d'un haut Poitou
Et d'un lointain Paris itou. »

Nérée Beauchemin,
« Le vieux parler », Patrie intime, 1928

La rubrique du 13 h

L'ÎLE DE TATIHOU

Basse-Normandie

Au centre de la baie de Saint-Vaast la Hougue, l'île de Tatihou invite à la communion avec la nature. Autrefois terre des Vikings, puis théâtre des batailles entre la marine britannique et la France à la fin du XVIIe siècle, ce morceau de terre d'à peine trente hectares est devenu un centre muséographique et un observatoire ornithologique. Accessible à pied à marée basse, l'île n'est ouverte au public que depuis quelques années. Pourtant, la tour Vauban et les anciennes fortifications ont de quoi ravir les visiteurs, tout comme le jardin du littoral et les promenades dans la lande.

Un jour en Bretagne

29 juin 1949

Diffusion du premier journal télévisé « en direct de Cognacq-Jay », selon l'expression consacrée. C'est Pierre Sabbagh qui commente les reportages de ce premier JT, qui ne tardera pas à faire des émules.

Savoir-faire

Riziculteur en Camargue

Provence-Alpes-Côte d'Azur

Imaginée dès le XVIe siècle par Henri IV, la culture du riz en Camargue ne se concrétise que pendant la Seconde Guerre mondiale. Cette activité a changé à jamais le visage de la région, avec la multitude de canaux nécessaires à la culture du riz, semé au printemps et récolté à la fin de l'été.

Ils ont marqué leur région…

Saint Éloi

Limousin

C'est saint Éloi qui est à l'origine de Solignac, commune située dans la Haute-Vienne. Il en a en effet fondé l'abbaye en 652 sur une terre qu'il s'était vu offrir par le roi Dagobert, et la ville s'est constituée autour de l'édifice. Né près de Limoges, saint Éloi se distingua par ses dons d'orfèvre, d'où ses fonctions de monétaire royal et son statut de patron des forgerons et des orfèvres. Il s'agit du premier monastère fondé dans la région du Limousin, et la ville de Solignac conserve précieusement ce patrimoine qui constitue son histoire et son identité.

jeudi 30 juin

lever : 5 h 50
coucher : 21 h 57

St Martial

Devinette

Quelle île d'outre-mer française a été appelée l'« île aux fleurs » après sa découverte par Christophe Colomb en 1502 ?

La Martinique. C'est à l'influence de l'île voisine de la Dominique qu'elle doit son nom actuel.

Savoir-faire

Horloger du château de Versailles

Île-de-France

La chambre royale n'a pas changé depuis des siècles, mais le temps ne s'est pas arrêté au palais du Roi-Soleil. Deux fois par semaine, l'horloger de Versailles enfile ses gants blancs pour nettoyer, remonter et éventuellement réparer les cent cinquante pendules du château.

Quiz des villes & villages de France

Cette ville du Gard possède un pont datant du Ier siècle après Jésus-Christ, vestige d'un aqueduc de cinquante kilomètres allant jusqu'à Uzès et monument antique parmi les plus visités en France.

_ _ _ _ _

Nîmes

La rubrique du 13 h

LES EAUX DE VICHY

Auvergne

Connues dès l'époque romaine, les eaux thermales de Vichy, dans l'Allier, ne furent exploitées réellement qu'au XVIIIe siècle. On dénombre six sources à Vichy – trois chaudes et trois froides –, toutes riches en oligoéléments. Ces eaux, qui émergent à une température oscillant entre 22 °C à 43 °C, sont utilisées pour des cures de boisson afin de réduire des troubles liés principalement au foie, aux intestins, à l'estomac ou au pancréas. Les eaux de Vichy doivent être ingérées dès leur émergence à la source : en effet, plus l'eau est « vieille », plus ses propriétés diminuent.

À table !

Gratin de Dunkerque

Nord-Pas-de-Calais

Pour 4 personnes

Éplucher 5 grosses pommes de terre, les couper en rondelles et les cuire à l'eau.
Émincer 2 gros oignons et les faire roussir.
Préparer une sauce béchamel : faire fondre 40 g de beurre dans une casserole, ajouter 40 g de farine et former une pâte homogène, avant d'ajouter progressivement 75 cl de lait. Fouetter sans cesse jusqu'à épaississement. Poivrer, ajouter de la muscade.
Couper en fines lamelles 250 g de harengs doux fumés.
Mélanger tous les ingrédients et les répartir dans un plat à gratin.
Recouvrir de gruyère râpé et mettre au four pendant 20 à 30 min à 180 °C.
Servir avec une salade d'endives.

Ils ont marqué leur région...

Nicolas Appert

Champagne-Ardenne

De nos jours, on n'imaginerait pas vivre sans cette boîte métallique qui nous rend bien des services. C'est un Français, né en 1749 à Châlons-en-Champagne, qui a mis au point, après bien des recherches, une technique de stérilisation des aliments par la chaleur ; ils sont ensuite conservés dans des récipients hermétiques. Ancien cuisinier et confiseur, Nicolas Appert ouvre en 1802 la première usine de conserves au monde, débutant modestement avec dix employés. Il ne déposera pas de brevet, préférant faire bénéficier le plus grand nombre de sa précieuse invention.

vendredi 1er juillet

lever : 5 h 51
coucher : 21 h 57

St Thierry

À table !

Le bettelman

Alsace

Pour 6 personnes
Faire chauffer 50 cl de lait et le verser bouillant sur 5 pains au lait rassis. Écraser avec une fourchette et ajouter 125 g de sucre et 1 sachet de sucre vanillé, 1 pincée de cannelle, 4 œufs et 2 c. à soupe de kirsch. Bien mélanger et ajouter 800 g de cerises noires dénoyautées. Verser la préparation dans un moule à cake beurré, saupoudrer de chapelure et parsemer de noisettes de beurre. Cuire 1 h dans le four préchauffé à 210 °C.

DICTON

Corse

Il n'est jamais si bon navet que navet de juillet.

La rubrique du 13 h

LA CASAMAURES

Rhône-Alpes

Cette maison atypique, installée sur les hauteurs de Grenoble, à Saint-Martin-le-Vinoux, témoigne de l'engouement européen pour le style oriental au XIXe siècle. Construit sur quatre niveaux et supporté par cinquante-deux colonnes, le petit palais prenait place autrefois au milieu de splendides jardins. L'aspect exotique n'est pas la seule particularité de la maison : la Casamaures est le plus ancien bâtiment français en béton, le matériau utilisé pour sa construction étant du ciment moulé en pierres factices. Sauvée de la ruine dans les années 1980, la maison retrouve peu à peu son éclat d'autrefois.

Un jour en

Rhône-Alpes

1er juillet 1903

Pour la première fois, le peloton prend place sur la ligne de départ, avant de s'élancer pour la Grande Boucle. Petite course à l'origine, le Tour de France deviendra rapidement un événement incontournable dans le cyclisme international.

Savoir-faire

Peintre sur soie à Tours

Centre

La peinture sur soie a fait son apparition en Chine bien avant notre ère. Quand le tissage de soieries prit son essor à Tours au XVe siècle, les ouvriers qui avaient une âme d'artiste s'approprièrent cette technique. Aujourd'hui encore, les peintres sur soie ajoutent de la couleur et du relief à la douceur.

Ils ont marqué leur région…

Comte de Mirabeau

Franche-Comté

Dans la commune de La Cluse-et-Mijoux, près de Pontarlier, se dresse depuis le XIe siècle le château de Joux. En 1775, le destin de la forteresse a croisé celui d'Honoré Gabriel Riqueti, comte de Mirabeau. Le malheureux ne venait pas y séjourner pour profiter de l'air de la campagne : avant d'embrasser sa carrière politique, le jeune aristocrate menait une vie d'excès en tout genre et accumulait les dettes. C'est ainsi que, parmi les illustres prisonniers qui y ont séjourné, le château peut compter Mirabeau, emprisonné par son père désireux de lui faire renoncer à sa vie dissolue.

Les puces de Charlemagne

Même d'un bon chien, on attrape des puces.
Proverbe russe

Comme tous les grands souverains, Charlemagne, lorsque les affaires d'État lui en laissaient le temps, s'adonnait à la chasse avec passion. Sa résidence d'été à Thionville, en Moselle, lui offrait d'immenses espaces, et, accompagné d'une superbe meute de chiens, il chevauchait à travers les collines boisées, à la poursuite des cerfs et des sangliers. Mais les champs de bataille le rappelaient régulièrement à ses devoirs. Un jour qu'il s'apprêtait à traquer le gibier et à rapporter quelques trophées, la menace d'une invasion de ses terres par le roi saxon Witikind l'obligea à partir précipitamment. Pressé par l'urgence, il ne se soucia pas de ses chiens, qui, livrés à eux-mêmes, ne tardèrent pas à errer dans les rues de Thionville.

Hélas ! les chiens de l'empereur n'étaient pas seuls. Leurs puces les accompagnaient. Dispersés aux quatre coins de la ville, ils semèrent leurs parasites détestables. Ceux-ci ne tardèrent pas à se jeter goulûment sur tout ce qui vivait à Thionville. Très rapidement, tous les habitants furent pris de violentes démangeaisons. Les gens se tordaient, se grattaient et se frottaient, tandis que les puces croissaient et se multipliaient. Le spectacle de la populace agitée de spasmes était pathétique, et l'affaire devenait grave. On dépêcha l'un des missi dominici pour rapporter l'histoire à Charlemagne. Mais les pauvres missi dominici avaient ramené avec eux leur lot de puces et, lorsqu'ils arrivèrent à la cour impériale, l'une d'elles sauta sur la barbe de l'empereur. C'était trop d'irrespect pour ce dernier, et il décida d'enfermer les chiens dans son château, pour régler le problème. Malheureusement, les insectes en profitèrent pour se jeter sur tout les gens du château de la vénérable demeure, qui devint rapidement invivable et, bien sûr, infréquentable.

C'est alors qu'un jeune baron eut l'idée de construire une tour destinée à accueillir les chiens de l'empereur et leurs hôtes minuscules, mais envahissants. Une tour hermétiquement close, d'où les puces ne pourraient jamais partir. C'est ainsi que fut construite la tour aux Puces, encore debout aujourd'hui, et grâce à laquelle les habitants de Thionville furent débarrassés de leur délicat problème.

Provence-Alpes-Côte d'Azur **en fête**

La fête du Costume d'Arles

Chaque été, près d'un millier d'Arlésiens participent au *passo carriero* – un défilé qui aboutit au célèbre théâtre antique – pour faire revivre les costumes de l'ancien temps, des fastes de la cour de Louis XVIII à la Belle Époque. Tous les trois ans, une reine est intronisée : il s'agit de l'Arlésienne de 18 à 24 ans qui a su démontrer qu'elle maîtrisait non seulement le costume traditionnel, mais aussi les us et coutumes du pays d'Arles.

lundi 4 juillet

lever : 5 h 53
coucher : 21 h 56

St Florent

À table !

Acras à la morue

Dom-Tom

Mixer 250 g de morue préalablement dessalée avec 1 oignon, 2 gousses d'ail, 1 piment oiseau, du persil haché, du sel et du poivre. Verser le mélange dans un saladier et ajouter 250 g de farine, 2 œufs, et ½ verre de lait. Mélanger jusqu'à l'obtention d'une pâte ni trop liquide ni trop sèche. Rajouter de l'eau, si besoin est. Prendre de la pâte à l'aide d'une cuillère à soupe et la déposer délicatement dans l'huile bouillante. Laisser cuire les acras 2 à 3 min et les égoutter avant de servir.

Un jour en *France*

4 juillet 2001

Sauve qui peut, la France est envahie par un gros monstre vert ! Gozilla ? Non, Shrek, un ogre nauséabond, qui a emprunté le chemin des salles obscures. C'est Alain Chabat, toujours aussi drôle, qui double le héros des marais.

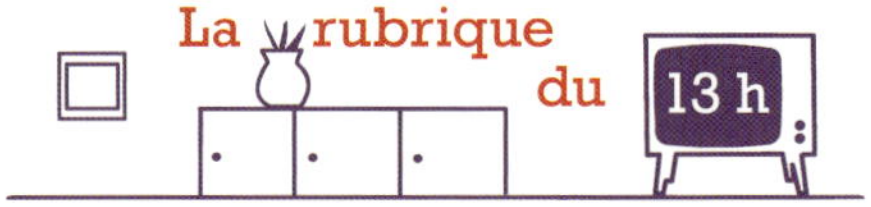

LE PUITS DE MOÏSE À DIJON

Bourgogne

Monastère de l'ordre des chartreux, fondé à Dijon au XIVe siècle, la chartreuse de Champmol a disparu avec la Révolution. Le site est aujourd'hui un centre hospitalier, et, de ses vestiges, il ne reste que deux œuvres de Claus Sluter : le portail de la chapelle et un ensemble sculpté, le *Puits de Moïse*. Placé autrefois au milieu d'un bassin dans le cloître et symbolisant la fontaine de vie, il constitue le socle d'un calvaire : Moïse et cinq autres prophètes de l'Ancien Testament ont le visage marqué par la douleur devant le supplice du Christ.

DICTON

Provence-Alpes-Côte d'Azur

Si le chat se frotte l'oreille,
le mistral se réveille.

Savoir-faire

Restaurateur du patrimoine ancien à Courteranges

Champagne-Ardenne

Le patrimoine français souffre à la suite des incendies, des tempêtes ou tout simplement sous les assauts du temps ; des charpentiers et des menuisiers, suivant les conseils d'un architecte, interviennent sur les façades, toitures ou clochers, en alliant les techniques traditionnelles aux techniques actuelles.

Ils ont marqué leur région...

Gilles de Rais

Pays de la Loire

L'histoire de Barbe-Bleue, ce personnage terrifiant qui tue ses épouses successives écrite par Charles Perrault est certes un conte, mais elle tient son origine d'une personne qui a bel est bien existé ! Né à Champtocé en 1404, Gilles de Rai, un homme fortuné a commencé par mener une carrière militaire sous Charles VII, mais il s'est ensuite consacré à des activités liées au satanisme et à la magie noire. Celles-ci auraient donné lieu à l'assassinat de centaines d'enfants, dont les squelettes ont été retrouvés chez lui. De quoi avoir des frissons dans le dos...

mardi 5 juillet

lever : 5 h 53
coucher : 21 h 56

St Antoine-Marie

Devinette

Qui est la sainte patronne de l'Alsace ?

Sainte Odile. Le mont Sainte-Odile est un haut lieu de la culture alsacienne où les gens se rendent en pèlerinage. C'était également un ancien lieu de culte celte.

Savoir-faire

Le tissu basque

Aquitaine

Le Pays basque est composé de sept provinces, que l'on retrouve symboliquement dans les sept rayures du tissu de la région. Originellement en lin – il servait alors de nappe les jours de fête –, le tissu basque est aujourd'hui en coton et rappelle souvent les couleurs du drapeau basque.

La rubrique du 13 h

LES ANCIENNES MAISONS DES TEINTURIERS DE CASTRES

Midi-Pyrénées

Ruinée et meurtrie par les guerres de Religion – la croisade des albigeois –, Castres, dans le département du Tarn, a retrouvé de sa splendeur au Moyen Âge, grâce à l'industrie du textile. Aujourd'hui, les drapiers, tisserands, teinturiers et tanneurs ont disparu, mais leurs anciennes maisons, dont les fondations baignent dans l'Agout, la rivière qui traverse Castres, font tout le charme du quai des Jacobins. À pied ou lors d'une promenade en bateau, on peut admirer les façades de bois et de torchis, les galeries peintes de toutes les couleurs et les caves qui ouvraient autrefois directement sur la rivière.

À table !

Confiture de lait

Haute-Normandie

Porter à ébullition 1 l de lait entier avec 500 g de sucre et laisser cuire à feu très doux, en remuant souvent, jusqu'à ce que le lait ait diminué de moitié et pris une couleur de caramel clair. Parfumer selon le goût (cannelle, vanille, rhum…) et conserver au réfrigérateur.

Quiz des villes & villages de France

Cette commune du Bassin parisien est connue du monde entier pour ses paysages immortalisés par Van Gogh, qui y peint peu avant sa mort plus de soixante-dix toiles.

_ _ _ _ _ _ - _ _ _ - _ _ _ _

Ils ont marqué leur région…

Brigitte Bardot

Provence-Alpes-Côte d'Azur

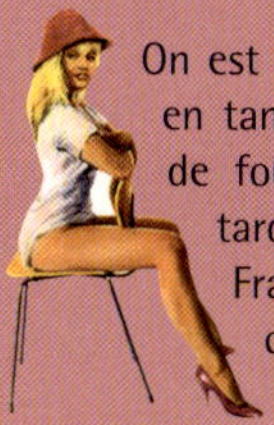

On est en 1950. Elle a 16 ans, il en a 22. Elle tourne pour la première fois, lui est présent en tant qu'assistant. Le film, *Les lauriers sont coupés*, ne se fait pas, mais c'est le coup de foudre entre Brigitte Bardot et Roger Vadim. C'est lui qui lui offre six ans plus tard son premier grand rôle, dans *Et Dieu… créa la femme*. Un accueil mitigé en France, une révélation aux États-Unis, où le film fait scandale. Paradoxalement, ce succès qui donne naissance au mythe « B.B. » est le cadeau d'adieu de Vadim. Leur histoire s'achève en effet, mais la carrière de Bardot, elle, est lancée.

Auvers-sur-Oise

mercredi 6 juillet

lever : 5 h 54
coucher : 21 h 55

Ste Mariette

Un jour en France
6 juillet 1880

Ce n'est pas une date que la France a retenue, c'est pourtant ce jour-là que le 14 juillet est choisi comme fête nationale de l'Hexagone, en commémoration de la prise de la Bastille.

Savoir-faire
Granitier à Trégastel
Bretagne

L'identité géologique et architecturale de la Bretagne est profondément marquée par le granite et ses différentes nuances. Dompter la pierre rosée de Trégastel et ses cristaux de quartz et de feldspath est difficile, mais, après avoir été scié et débité, le granite garantit la qualité de la construction.

À table !
Gaufres picardes
Picardie

Dissoudre 30 g de levure de boulanger dans un peu de lait tiède, puis la mélanger, dans une jatte, avec 500 g de farine, 4 jaunes d'œufs (réserver les blancs), 2 pincées de sel, 1 sachet de sucre vanillé et 1 c. à soupe de sucre. Ajouter petit à petit 1 l de lait jusqu'à obtenir une pâte lisse. Faire fondre 150 g de beurre et l'ajouter à la préparation. Laisser reposer 1 h. Battre les 4 blancs d'œufs en neige, les ajouter délicatement à la pâte et faire les gaufres en suivant le mode d'emploi de l'appareil.

La rubrique du 13 h
LES ÎLES SANGUINAIRES
Corse

Cet archipel de quatre îlots porte bien son nom, tant le soleil, quand il se couche, sublime la couleur rouge sombre de la roche magmatique, qui lui donne cet aspect hostile. Les îles Sanguinaires marquent l'entrée du golfe d'Ajaccio, sur lequel elles offrent une vue imprenable. Désertes depuis l'automatisation du phare en 1985, elles accueillent toutefois des visiteurs venus admirer les ruines d'une ancienne tour génoise du XVIe siècle, les colonies d'oiseaux marins, qui nichent paisiblement, ou encore les nombreuses plantes rares, qui s'épanouissent sur le relief accidenté.

Quiz des villes & villages de France

Connue pour son bois, son hippodrome et sa Cartoucherie, cette ville du Val-de-Marne accueille l'un des plus vastes châteaux forts de France.

_ _ _ _ _ _ _ _ _

Ils ont marqué leur région...
Thierry Le Luron
Île-de-France

Le 25 novembre 1985, le Parisien fait sensation lors de son mariage avec... Coluche, qui a revêtu pour l'occasion une robe de mariée. Cette union « pour le meilleur et pour le rire », selon l'expression des jeunes tourtereaux, est certes l'un des épisodes les plus célèbres de sa carrière, mais son talent ne se limite pas à ce genre de provocations : imitateur hors pair, c'est avec un grand succès qu'il interprète les voix de Johnny Halliday, Line Renaud et François Mitterrand, entre autres « victimes ». Emporté par un cancer à 34 ans, il reste une référence pour un bon nombre d'humoristes français.

Vincennes

jeudi 7 juillet

lever : 5 h 55
coucher : 21 h 55

St Raoul

Savoir-faire

Gentiannaire sur les monts du Cantal

Auvergne

Activité autrefois très développée sur les hauts plateaux cantaliens, l'arrachage de gentiane est aujourd'hui saisonnier. Munis d'une longue et fine fourche, les gentiannaires déterrent les fleurs jaunes et leurs racines qui, une fois séchées, serviront à la confection du fameux apéritif.

CITATION

Rhône-Alpes

« Lyon est une ville arrosée par trois grands fleuves : le Rhône, la Saône et le Beaujolais, qui n'est jamais limoneux ni à sec. »

Léon Daudet

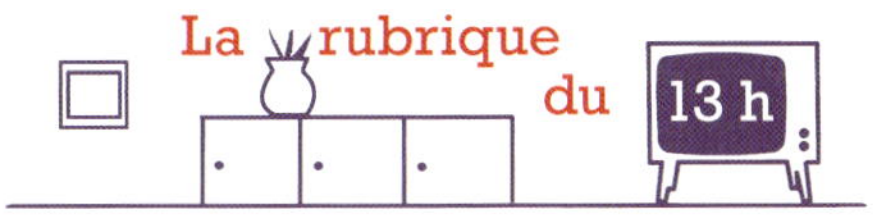

LA PISCINE DE ROUBAIX

Nord-Pas-de-Calais

Curieux nom pour un musée ! Et pourtant, La Piscine de Roubaix est un lieu culturel consacré aux XIXe et XXe siècles. Depuis 2001, textiles, meubles, céramiques, photos, sculptures et peintures ont investi l'ancienne piscine de la ville du Nord, qui est devenue le musée d'Art et d'Industrie André-Diligent. Le grand bassin, bordé de statues, occupe toujours une place centrale dans le magnifique bâtiment Art déco, construit dans les années 1930. Illustrant l'histoire de Roubaix, les collections de la piscine-galerie proposent, selon un parcours thématique, un voyage dans le passé.

À table !

La bergamote de Nancy

Lorraine

Ce petit bonbon translucide remonte au XVIIIe siècle, lorsque les ducs de Lorraine introduisent la bergamote à Nancy.
Le bergamotier est un agrume qui pousse par hybridation d'un citronnier sur un oranger sauvage ; son essence, mélangée à du sucre cuit, donne la bergamote de Nancy.

Devinette

Quel fromage typique de la gastronomie franc-comtoise est surnommé « la colle » ?

La cancoillotte. C'est un fromage à base de lait de vache, très pauvre en matières grasses, car fabriqué à partir de petit-lait, que l'on obtient après l'écrémage du lait.

Ils ont marqué leur région...

Hans Arp

Alsace

Chapeau à moustache, *Oiseaux dans un aquarium* ou *Torse-fruit*... les titres des œuvres de Hans Arp – ou Jean, son vrai prénom – ne laissent aucun doute sur sa veine surréaliste. Ce Strasbourgeois commence en 1917 son activité de sculpteur, au moment où le mouvement mené par André Breton n'en est qu'à ses débuts. L'artiste réalise des sculptures aux formes abstraites tout en rondeurs, typiques de l'époque, mais se consacre également à la peinture et à la poésie. Strasbourg lui montre aujourd'hui son attachement en prêtant son nom à plusieurs lieux et institutions de la ville.

vendredi 8 juillet

lever : 5 h 56
coucher : 21 h 54

St Thibaut

À table !

La carotte de Créances

Basse-Normandie

La Manche est le premier département français producteur de carottes. La ville de Créances a su tirer parti de ses sols très fertiles, les mielles – des plaines de sable en bord de mer –, et d'engrais naturels, les algues. Depuis 1960, la carotte de Créances bénéficie d'une AOC.

Bretagne en fête

La fête des Brodeuses de Pont-l'Abbé

C'est au cœur du pays bigouden que les brodeuses, dont chacun connaît les coiffes en dentelle de plus de trente centimètres de haut, sont mises à l'honneur chaque année. Alors que les artisans montrent leurs savoir-faire, la musique, la danse et les dégustations occupent une place de choix. La fête s'achève avec l'élection de la reine des brodeuses.

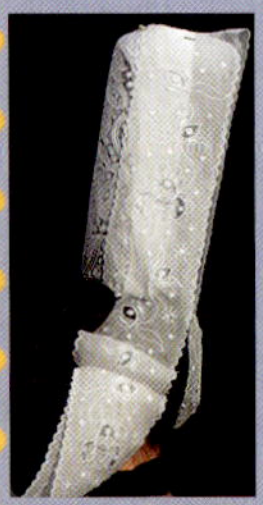

La rubrique du 13 h

GUJAN-MESTRAS ET SES SEPT PORTS

Aquitaine

La tradition maritime est bien ancrée à Gujan-Mestras : avec ses sept ports, la cité est complètement tournée vers la mer. Autrefois grand port sardinier, la ville est aujourd'hui considérée comme la capitale de l'ostréiculture dans le bassin d'Arcachon, et, depuis 1991, le lycée de la Mer forme de nombreux jeunes aux métiers de la conchyliculture. Les ports gujanais sont aussi des sites de construction navale reconnus, où les illustres embarcations du passé côtoient les yachts les plus luxueux : la tradition cohabite avec les nouvelles technologies.

Savoir-faire

Polymériste à Mesnil-sous-Vienne

Haute-Normandie

L'argile polymère est une matière souple et malléable, utilisée autrefois pour fabriquer principalement des poupées. L'argile polymérise après cuisson et peut ensuite être sculptée et polie pour devenir des bijoux ; on en trouve aujourd'hui de toutes les couleurs.

Un jour en *France*

8 juillet 1990

À partir de cette date, plus besoin de se précipiter pour faire ses courses le samedi. Oublier un élément de sa liste n'est plus une catastrophe pour le repas dominical. En effet, les épiceries peuvent désormais ouvrir le dimanche.

Ils ont marqué leur région...

Patrick Chamoiseau

Martinique

En 1992, le lauréat du Goncourt est un Martiniquais, récompensé pour son roman *Texaco*, dont le titre renvoie à un quartier de Fort-de-France. Un siècle et demi de l'histoire de la Martinique et de sa colonisation y est retracé : l'œuvre offre au lecteur un portrait de l'identité créole et de sa culture. Car, avec Confiant et Bernabé, Chamoiseau est le fondateur de la « créolité », définie dans *Éloge de la créolité* comme une « annihilation de la fausse universalité, du monolinguisme et de la pureté », c'est-à-dire l'acceptation d'une identité complexe issue de l'apport de cultures diverses.

samedi 9 & dimanche 10 juillet

Ste Amandine St Ulrich

La dame de Lusignan

« Les bras nus cerclés d'or et froissant le brocart
De sa robe argentée aux taillis d'aubépines,
Mélusine apparaît entre les herbes fines,
Les cheveux révoltés, saignante et l'œil hagard. »
Jean Lorrain, « Mélusine », L'Ombre ardente, *1897*

Il y a bien longtemps, vivaient réfugiées au royaume d'Albany, en Écosse, une fée et ses trois filles, loin d'un père sans parole. En grandissant, les trois jeunes filles voulurent se venger de l'homme dont leur mère avait toujours dit tant de mal et l'enfermèrent dans une montagne merveilleuse : elles avaient hérité des pouvoirs de la fée. Cette dernière, justement, fut contre toute attente fort contrariée par le manque de respect de ses filles envers celui qu'elle avait fui, et chacune fut sévèrement punie. L'aînée, qu'elle jugea plus responsable, fut ainsi condamnée à devenir, chaque samedi, jusqu'au nombril, un serpent.

La jeune Mélusine quitte son pays, traverse l'Atlantique et erre de bois en forêts. Un soir, dans la forêt de Coulombier, à la fontaine de Soif, elle fait la connaissance de Raymond de Lusignan. Désespéré, le seigneur a fui ses terres, où il est recherché pour avoir tué son oncle. Mélusine lui promet de le faire innocenter, s'il l'épouse en lui jurant de ne jamais venir la voir le samedi. Le marché est conclu, et tous deux vivent heureux : dix enfants naissent de leur union. Tandis que Raymond parcourt la Bretagne, Mélusine s'adonne à la construction. La nuit, grâce à « quelques dornées de pierre et une goulée d'ève », la fée bâtit des forteresses. Elle cesse son ouvrage dès qu'on la surprend – c'est pourquoi il manque ainsi la dernière pierre de la flèche de Niort. Elle est bien sûr à l'origine du château de Lusignan, qu'elle occupe avec son mari.

Ce dernier, toujours par monts et par vaux, entend parfois les gens médire : le samedi, que peut faire Mélusine sinon passer du temps avec un amant? Le frère de Raymond, notamment, n'a de cesse de lui parler de la prétendue affaire. Il ne l'écoute pas. Ou peu. Du moins les premières années. Mais la rumeur est tenace, et le mari amoureux : un jour, n'y tenant plus, il colle l'oreille à la porte de la pièce où la fée se réfugie chaque semaine. N'entendant rien, il se baisse, et, par le trou de la large serrure moyenâgeuse, aperçoit sa femme se baignant, nue, humaine de la tête au ventre, serpent au-dessous. Mélusine, l'apprenant, s'enfuit, dit-on, par la fenêtre, et s'envola comme si elle eût porté des ailes. Le mari, désespéré à nouveau, se fit ermite. La fée, quant à elle, se mit à hanter la région, et revint dans le château de Lusignan répandre sa plainte, chaque fois que mourait l'un de ses habitants.

lundi 11 juillet

lever : 5 h 58
coucher : 21 h 52

St Benoît

À table !

Le tripous de Naucelle

Midi-Pyrénées

Cette spécialité aveyronnaise est préparée à partir de morceaux de panse de veau farcis avec du jambon de pays et du persil. Roulés et attachés, les morceaux cuisent près de 8 h dans un bouillon d'aromates et de vin blanc. Le tripous se consomme à toute heure de la journée.

Devinette

Quel nom de ville française varoise a été inspiré par un animal fantastique ?

Draguignan. Elle doit son nom au dragon qui fut terrassé par saint Hermentaire, évêque d'Antibes, qui devint le patron de la ville.

La rubrique du 13 h

ÉGLISE SAINTE-CROIX À NANTES

Pays de la Loire

Datant de la fin du XVIIe siècle, l'église Sainte-Croix se trouve dans le quartier médiéval de Nantes : dès le XIIe siècle, on trouve une paroisse à l'endroit de son édification. Autrefois, l'église servait de chapelle au château du Bouffay, qui n'existe plus aujourd'hui, mais qui a laissé son nom au quartier. De style jésuite, Sainte-Croix a la particularité d'être surmontée d'un beffroi métallique, orné d'anges sonnant des trompettes dorées. Après la destruction de la tour du Bouffay en 1848, le beffroi fut conservé et installé sur le clocher de l'église en 1860.

DICTON

Alsace

Veux-tu oignons, seigle, petits pois ?
Sème-les vers la Saint-Benoît.

Savoir-faire

Conserverie à Collioure

Languedoc-Roussillon

La réputation des anchois de Collioure remonte au Moyen Âge. De nos jours, des centaines de tonnes d'anchois sont pêchées chaque année au filet, en Méditerranée, puis les poissons sont préparés à la main dans les conserveries du village : au sel, en saumure ou à l'huile.

Ils ont marqué leur région...

François Villon

Centre

Au XVe siècle se tenait à Blois la cour de Charles d'Orléans, le prince poète. Vers 1457, ce beau monde eut l'honneur d'accueillir François Villon, poète à la vie tumultueuse. En effet, celui-ci s'est forgé, tout au long de son existence, une réputation de malfaiteur, accumulant les procès – assassinat du prêtre Philippe de Sermoise, blessure du notaire François Ferrebouc – et les emprisonnements pour des motifs variés... Cela ne manque pas, le poète finit incarcéré à Meung-sur-Loire, ce qui signe la fin de sa présence à la cour. Malgré son talent, ce sont surtout ses frasques qui auront marqué la région !

mardi 12 juillet

lever : 5 h 59
coucher : 21 h 52

St Olivier

Savoir-faire
Fabricant de pinasses à Cap-Ferret
Aquitaine

Embarcation typique du bassin d'Arcachon, la pinasse est un bateau à fond plat et à l'avant relevé, fabriqué traditionnellement en pin des Landes. Utilisée autrefois par les pêcheurs et les ostréiculteurs, la pinasse est aujourd'hui très prisée des plaisanciers.

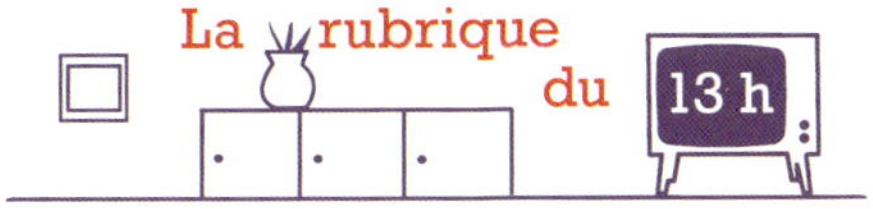

LE VIEUX-PORT DE LA ROCHELLE
Poitou-Charentes

Le Vieux-Port est le symbole de la cité : depuis mille ans, il assure sa renommée et sa prospérité, les périodes les plus marquantes de son histoire étant la guerre de Cent Ans, pendant laquelle la ville devient anglaise et exporte donc en Angleterre, et le XVIIe siècle, avec le trafic colonial vers l'Amérique. Toujours animé, le Vieux-Port est le cœur de la ville et son poumon économique : c'est un important port de commerce, de pêche – il accueille les plus grands chalutiers – et de plaisance ; il marque un passage obligé sur la côte atlantique, et les plus grands paquebots y font escale.

Un jour en
Languedoc-Roussillon
12 juillet 2010

C'est le lancement de la 25e édition du Festival de Radio France et Montpellier. Un événement important pour la région, et dont le succès croît d'année en année. Il permet au public, pendant une quinzaine de jours, d'écouter des concerts, à Montpellier et dans ses environs, la plupart étant gratuits.

À table !
Cerises flambées au kirsch
Franche-Comté

Pour 4 personnes
Laver 500 g de cerises et les dénoyauter en récupérant le jus. Faire fondre 50 g de beurre. Ajouter les cerises, 100 g de sucre, 3 c. à soupe de kirsch et le jus. Laisser chauffer quelques minutes sur feu doux en mélangeant délicatement.
Répartir 8 boules de glace à la vanille dans des coupes. Verser les cerises chaudes dessus et servir aussitôt.

Quiz des villes & villages de France

Le moine Ivy, qui fonda cette cité bretonne au VIIe siècle, y fit construire un fameux pont sur le Blavet. La ville accueille la finale du Kan ar Bobl, un concours de musique bretonne.

_ _ _ _ _ _ _

Ils ont marqué leur région...
Joseph Opinel
Rhône-Alpes

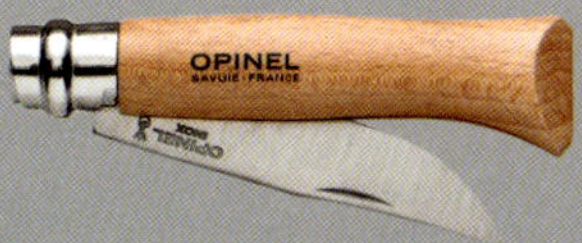

L'histoire du couteau à la lame repliable est solidement ancrée dans la région savoyarde. En 1890, Joseph Opinel, né d'une famille de forgerons, crée ses premiers couteaux dans l'atelier d'Albiez-le-Vieux. Dès lors, la fabrication s'industrialise peu à peu, et le succès ne se fait pas attendre : médaillé d'or en 1911, Joseph Opinel s'agrandit jusqu'à l'ouverture d'une usine moderne près de Chambéry en 1927. En 1955 est ajoutée une bague de sécurité, détail qui vient parfaire le produit. Joseph Opinel décède en 1960, laissant derrière lui un objet mythique, qui n'a pas fini de nous rendre service.

Pontivy

mercredi 13 juillet

lever : 6 h
coucher : 21 h 51

St Henri

Devinette

Quelle ville de l'Orne est surnommée la « Capitale du boudin noir » ?

Mortagne-au-Perche. Une foire au boudin noir y a lieu tous les ans, avec au programme le concours international du meilleur boudin noir et le concours du plus gros mangeur de boudin.

À table !

La Verveine du Velay

Auvergne

Cette liqueur confectionnée dans le Velay, en Haute-Loire, est obtenue à partir d'une trentaine de plantes, dont la principale est la verveine. L'herbe de Vénus, comme l'appelaient les Romains, macère plusieurs mois avant d'être distillée, puis vieillie en fûts de chêne.

DICTON

Languedoc-Roussillon

Jusqu'aux derniers jours de juillet, laisse ton blé dans le grenier.

La rubrique du 13 h

LES CLOCHERS-PORCHES

Limousin

Le clocher-porche est une des caractéristiques de l'architecture romane limousine ; il ne s'élève pas au centre de l'église, mais à l'entrée. Le clocher-porche a plusieurs fonctions : symboliser la grandeur de l'Église, embellir et fortifier l'édifice sur le modèle du château fort et accueillir davantage de fidèles, surtout lors de pèlerinages. C'est le cas par exemple de la collégiale Saint-Léonard-de-Noblat, en Haute-Vienne, située sur les chemins de Saint-Jacques-de-Compostelle. Souvent en granit, les clochers-porches limousins sont couverts de bardeaux de châtaigniers ou d'ardoises.

Savoir-faire

Sculpteur de mobilier en métal à Puycelsi

Midi-Pyrénées

Le métal peut être utilisé pour fabriquer n'importe quel objet, n'importe quel meuble. Qu'il soit récupéré ou façonné de toutes pièces, il se plie à volonté, change de couleur, de texture. Sculpté, chauffé ou scié, il est sans cesse réinventé.

Ils ont marqué leur région...

Henri Désiré Landru

Île-de-France

Versailles, le 7 novembre 1921 : le Tout-Paris se presse aux portes du tribunal, impatient d'assister à l'ouverture d'un procès qui fait grand bruit. C'est celui d'Henri Désiré Landru, soupçonné d'avoir rejoué l'histoire de Barbe-Bleue dans sa maison de Gambais. Dix femmes y seraient entrées, mais jamais ressorties... Auraient-elles été assassinées ? Landru nie obstinément, non sans faire tourner en bourrique ses accusateurs pendant le procès. Faute de preuves, la vérité ne sera jamais établie. L'accusé est tout de même guillotiné en 1922, emportant son mystère avec lui.

jeudi 14 juillet

lever : 6 h 01
coucher : 21 h 50

Fête nationale

Savoir-faire

Chapelier à Terre-de-Bas

Guadeloupe

Ils ne sont plus nombreux aujourd'hui à fabriquer le salako, la coiffe traditionnelle de l'archipel des Saintes. Réalisé artisanalement avec du madras et du bambou, le salako ressemble aux couvre-chefs asiatiques. Ses larges bords protégeaient autrefois les pêcheurs du soleil.

La rubrique du 13 h

ABBAYE DE SAINT-RIQUIER

Picardie

Saint-Riquier est une très ancienne cité monastique fondée par Riquier, évangélisateur de la Picardie. La célèbre abbaye de ce bourg, à l'ouest d'Amiens, connut son apogée au IXe siècle. Plusieurs fois reconstruite, elle offre aux amateurs d'art et d'architecture plusieurs joyaux du XVIe siècle : sa salle du trésor et ses peintures murales, mais surtout sa façade, qui constitue un bel exemple de gothique flamboyant, avec son unique tour et ses nombreuses sculptures. Les bâtiments conventuels de l'abbaye abritent aujourd'hui un musée départemental qui évoque la vie rurale et artisanale picarde.

À table !

Le biscuit rose de Reims

Champagne-Ardenne

Le secret de cette spécialité, qui accompagne si bien le champagne, est jalousement gardé par la dernière biscuiterie à le produire. Né à la fin du XVIIe siècle, le biscuit tient son nom de sa double cuisson. Sa teinte rosée vient d'un colorant naturel à base de cochenille.

La *France* en fête

La Fête Nationale

La fête nationale française, qui célèbre la prise de la Bastille, au début de la Révolution, en 1789, est célébrée à Paris par un impressionnant défilé militaire sur les Champs-Élysées, et dans tout le pays par des feux d'artifice. Les bals des pompiers, donnés dans les casernes ou sur les places publiques, perpétuent la tradition des bals républicains.

Un jour en *Auvergne*

14 juillet 1964

Du Tour de France 1964, ce qu'il faut retenir, c'est le duel entre Jacques Anquetil et Raymond Poulidor – les rivaux de toujours – dans l'étape du puy de Dôme. Le suspense est à son comble, mais, lors de l'arrivée à Paris, Poulidor ne fera malheureusement pas mentir son surnom d'« Éternel Second ».

Ils ont marqué leur région...

Lætitia Casta

Corse

En 1993, une jeune fille de 15 ans profite de ses vacances sur la plage de San Ambrogio, en Haute-Corse, région d'où sa famille paternelle est originaire. D'une grande beauté déjà, elle y est repérée par l'agence de mannequins Madison. C'est le point de départ de sa carrière, au cours de laquelle elle devient l'égérie des plus grands : Jean-Paul Gaultier, Givenchy et L'Oréal, notamment, s'arracheront le top modèle. Elle sera même choisie en 1999 comme nouvelle Marianne. Et cela, sans jamais perdre son naturel !

vendredi 15 juillet

lever : 6 h 02
coucher : 21 h 49

St Donald

À table !

Anchoïade

Provence-Alpes-Côte d'Azur

Pour 4 personnes
Égoutter 125 g d'anchois à l'huile et les éponger. Peler 3 gousses d'ail. Couper 1 figue en petits morceaux. Piler tous les ingrédients au mixeur en ajoutant de l'huile, du vinaigre et le jus de 1 citron. Lorsque le mélange est homogène, en tartiner des tranches de pain de campagne. Faire griller dans le four très chaud. Servir avec une salade de tomates.

CITATION

Île-de-France

« Ajoutez deux lettres à Paris : c'est le paradis. »

Jules Renard, Journal, 1895

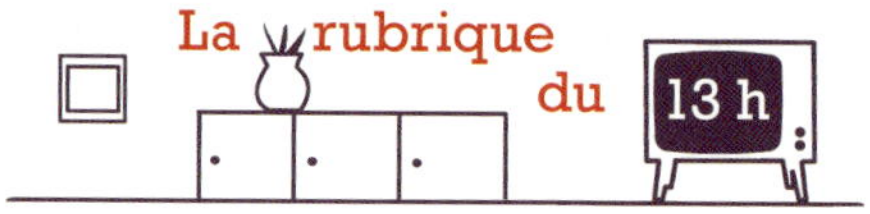

L'ÎLE DE BRÉHAT

Bretagne

À deux kilomètres du continent, dans les Côtes-d'Armor, l'archipel de Bréhat comprend une centaine d'îles et d'îlots. L'île principale regroupe en fait deux îles, l'île Sud et l'île Nord, reliées entre elles par le pont Vauban, un pont de pierre. On ne circule qu'à pied ou à vélo sur celle qu'on surnomme « l'île aux Fleurs » ; le climat est si doux qu'on y trouve même des plantes méditerranéennes et exotiques. Au fil de la promenade, on aperçoit le phare du Paon, en granite rose, qui signale les écueils dangereux ou le pittoresque moulin à marée du Birlot.

Savoir-faire

Lunetier à Sens

Bourgogne

Le lunetier réalise et adapte la paire de lunettes aux besoins de son client. Dans la lunetterie artisanale, toute la morphologie est prise en compte : la ligne des sourcils, l'écartement des pupilles, la courbe des oreilles... Et, suivant le matériau choisi, les lunettes deviennent une œuvre d'art.

Devinette

Dans quelle ville de Charente est enterré François Mitterrand ?

Jarnac. Il y est né le 26 octobre 1916 et repose au cimetière des Grand'Maisons. Sa maison natale, transformée en musée, est ouverte au public depuis 2006, date du dixième anniversaire de sa disparition.

Ils ont marqué leur région...

Stanislas Ier

Lorraine

Si l'on se promène à Nancy, impossible de passer à côté de la place Stanislas, construite entre 1751 et 1755 par Emmanuel Héré et classée au patrimoine mondial de l'Unesco. Stanislas Leszczyński est le nom d'un roi de Pologne, devenu duc de Lorraine en 1736. Nancy a été profondément marquée par le passage de cet homme qui avait décidé de faire de la cité lorraine une des plus belles villes européennes. Il engagea de nombreux architectes pour construire notamment la place de la Carrière, la place de l'Alliance et le parc de la Pépinière.

samedi 16 & dimanche 17 juillet

Notre-Dame du Mont-Carmel

Ste Charlotte

Mythes et légendes

Corse

Orge abattu, sac ventru, langue pendue, sac perdu

« Je n'ai pas douté de moi, mais des autres, j'ai eu peur des bavardages, des caquets. »
Honoré de Balzac, Le Curé de village, *1841*

U*na volta era* – comme l'on dit lorsqu'on raconte une histoire en Corse – une mère et son fils, qui n'avaient pour vivre qu'un champ d'orge. Quand le temps fut venu d'abattre les céréales, le jeune homme fut bien navré : le Vent des gorges avait trop soufflé, toute l'orge était tombée. Sa mère, fière et peu commode, l'envoya demander réparation auprès dudit vent. Qui vivait lui aussi avec sa mère. Le paysan s'assit avec elle et attendit. Tramontane arriva d'abord, du nord, puis Gregale, du nord-est, et enfin le Vent des gorges apparut. La mère de tous les vents expliqua la situation à son fils, et le vent, parfois violent, mais pas méchant, donna un sac au jeune homme. Une seule mise en garde accompagnait le don : « Si tu en parles au roi, il te le prendra ! »

Rentrant chez lui, ce dernier eut faim. Il prononça donc la formule que le vent lui avait dite : « Petit sac ventru, donne-moi de quoi être repu ! » Il en sortit immédiatement une belle coppa, dont le paysan avait justement fort envie. Repu comme prévu, il arriva chez sa mère, lui remit le sac, s'émerveilla avec elle, et lui donna la consigne : pas un mot à qui que ce soit. Mais la mère avait dans le village de nombreuses amies, qui elles-mêmes avaient de nombreuses amies, dont certaines avaient des amies qui connaissaient le roi... À peine eut-elle révélé l'existence du sac que ses paroles furent portées par le vent et les commères, et que le souverain la convoqua et s'empara du sac.

La mère se lamenta un peu, mais, habituée désormais à avoir tout ce qu'elle voulait, envoya de nouveau son fils chez les vents glaner un peu d'argent. Le jeune homme avoua l'inconduite verbale de sa mère et la perte du merveilleux petit sac, puis tenta d'obtenir autre chose. Cela ne fit aucune histoire, on lui en donna un autre, ainsi qu'une nouvelle formule : « Trois rien que pour moi. » Une fois chez lui, sa mère se précipita sur le sac en récitant la phrase magique. Trois bâtons sortirent alors, rouant de coups la tête de la vieille bavarde. Le garçon referma le sac pour épargner sa mère, riant toutefois sous cape : tout de même, elle ne l'avait pas volé !

Nord-Pas-de-Calais en fête

La journée de la bataille d'Azincourt

C'est la victoire d'Henry V d'Angleterre sur la « fleur de la chevalerie française » qui rassemble chaque été, au cours d'une reconstitution historique sur le site de la bataille, entre Boulogne-sur-Mer et Arras, des centaines de passionnés d'histoire médiévale. Cinq mille archers étaient alors venus à bout de vingt-cinq mille soldats français. En cette journée exceptionnelle, joutes équestres, tournois de tir à l'arc et marché artisanal replongent la cité d'Azincourt en 1415.

lundi 18 juillet

lever : 6 h 06
coucher : 21 h 47

St Frédéric

À table !

Clafoutis

Limousin

Pour 6 personnes

Laver et équeuter 450 g de cerises noires et les laisser macérer dans 50 g de sucre. Dans un saladier, mélanger 80 g de farine, 100 g de sucre et une pincée de sel. Ajouter 4 œufs battus et bien mélanger. Ajouter enfin 25 cl de crème liquide et 25 cl de lait en continuant de remuer. Beurrer une tourtière et y disposer les cerises. Verser dessus la pâte et cuire environ 35 min au four préchauffé à 180 °C.

Devinette

Combien de ponts la ville de Paris compte-t-elle ?

Paris comporte trente-sept ponts au-dessus de la Seine. Quatre d'entre eux sont des passerelles accessibles uniquement aux piétons et deux autres sont des ponts ferroviaires. Trois relient l'île Saint-Louis au reste de Paris.

La rubrique du 13 h

LA CHAPELLE NOTRE-DAME-DU-HAUT DE RONCHAMP

Franche-Comté

À la fin de la Seconde Guerre mondiale, la chapelle de Ronchamp est détruite, alors que le site est un important lieu de pèlerinage dédié à la Vierge depuis des siècles. On fait donc appel à Le Corbusier, qui termine la nouvelle chapelle en 1955. Depuis, elle attire autant les fidèles que les férus d'architecture. Réalisée avec une ossature en béton – le toit est laissé brut, tandis que les murs sont blanchis à la chaux – et des pierres de récupération, elle étonne par sa forme : son architecture tout en courbes rappelle le paysage vallonné des Vosges qui l'entoure.

Savoir-faire

Feutrière à Lyon

Rhône-Alpes

Le feutre est une étoffe obtenue en foulant de la laine de mérinos et en l'agglutinant avec du savon. Le feutrage à la main permet toutes les libertés : on peut varier les formes et surtout mêler l'étoffe à d'autres matières, comme la soie ou le tulle, pour faire du vêtement une sculpture.

Quiz des villes & villages de France

Ce village des Landes tient son nom de l'épouse de Napoléon III, qui aimait y séjourner. Deux sources alimentent cette station thermale : la source Christine-Marie et la source Impératrice.

_ _ _ _ _ _ _ - _ _ _ - _ _ _ _ _

Eugénie-les-Bains

Ils ont marqué leur région…

Jean Zay

Provence-Alpes-Côte d'Azur

Pour Jean Zay, l'établissement de congés payés en 1936, par le Front populaire, est une excellente nouvelle. Mais cela ne suffit pas. Il est intimement convaincu que, outre des moments de loisirs, l'homme a besoin de culture et d'instruction. Ministre de l'Éducation nationale et des Beaux-Arts, il encourage notamment le développement des bibliobus, ces bibliothèques mobiles qui ont pour but de rendre les livres accessibles à tous. Il propose même, en 1939, la mise en place du fameux Festival de Cannes… qui devra patienter l'année suivante pour voir le jour, déclaration de guerre oblige.

mardi 19 juillet

lever : 6 h 07
coucher : 21 h 46

St Arsène

Un jour en
Île-de-France
19 juillet 1900

Qu'est-ce qui est mis en service ce jour-là, qui est une première en France et qui permet d'aller d'une porte à une autre ? C'est bien entendu la ligne une du métropolitain de Paris, qui relie, initialement, la porte Maillot à la porte de Vincennes.

Savoir-faire
Fabriquant de pains d'épices
Alsace

Le pain de miel existe depuis des siècles en Orient et devint si populaire au Moyen Âge qu'on vit l'apparition d'une corporation de « pain d'épiciers ». Cette activité diminua au milieu du XXe siècle, concurrencée par l'industrie, mais certains établissements alsaciens perpétuent cette tradition.

La rubrique du 13 h

LES ARÈNES DE NÎMES
Languedoc-Roussillon

Les arènes de Nîmes sont un amphithéâtre bâti sur le modèle du Colisée romain. Construit à la fin du Ier siècle, cet édifice antique est l'un des mieux conservés au monde. La façade, d'une symétrie architecturale parfaite, se compose d'arcades établies sur deux niveaux. De forme ovale, les arènes accueillaient les célèbres jeux du cirque. Au VIe siècle, elles sont transformées en forteresse par les Wisigoths, et, au XIIe siècle, un château est édifié à l'intérieur. Après la restauration achevée au XIXe siècle, elles redeviennent un lieu de divertissement.

À table !
Lapin au vouvray
Centre

Pour 4 personnes
Découper 1 lapin d'environ 1,5 kg. Émincer 6 échalotes et 2 oignons. Dans une cocotte, faire dorer 250 g de lardons, ajouter les morceaux de lapin, les oignons et les échalotes. Mouiller avec 20 cl de vouvray et 10 cl de bouillon de volaille. Saler, poivrer et ajouter 1 bouquet garni. Laisser cuire 40 min à feu moyen. Ce plat est encore meilleur réchauffé.

DICTON
Guyane

Il ne sert à rien de faire un bonnet à l'éléphant si on ne peut pas lui faire entrer la tête dedans.

Ils ont marqué leur région…
Pierre Corneille
Haute-Normandie

Le choix de sa carrière n'a pas été un dilemme cornélien pour le dramaturge natif de Rouen. Dès sa première comédie, *Mélite*, en 1629, le succès est au rendez-vous. Mais son premier triomphe a lieu avec sa tragi-comédie du *Cid*, au théâtre du Marais, en 1637. Bien que cette pièce donne lieu à des controverses, en raison de son non-respect des règles classiques, elle fait entrer Corneille au panthéon des grands auteurs de théâtre français. Les années suivantes, c'est à la tragédie qu'il se consacre – avec des pièces comme *Horace* ou *Cinna* –, sous la protection de la cour, avant de s'éteindre en 1684.

mercredi 20 juillet

lever : 6 h 08
coucher : 21 h 45

Ste Marina

Quiz des villes & villages de France

Cette ville, surnommée « la Fleur du jardin de France », le jardin étant la Touraine, est connue pour son château, sa collégiale Saint-Mexme et son église Saint-Étienne.

______

Savoir-faire

Étameur à Gramat

Midi-Pyrénées

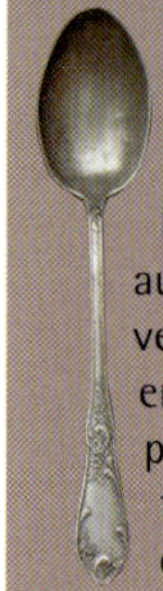

Autrefois, le travail de l'étain était très répandu et les objets en étain envahissaient le quotidien. Son usage est aujourd'hui davantage tourné vers l'industrie, mais il existe encore des étameurs qui perpétuent une tradition, souvent familiale, en reproduisant des objets ou en les restaurant.

À table !

Le préfou de Vendée

Pays de la Loire

Alors que les thermomètres n'existaient pas, les boulangers testaient la température de leur four en y glissant un morceau de pâte beurrée et aillée. C'est cette coutume qui a donné son nom à cette spécialité vendéenne que l'on déguste à l'apéritif : il s'agissait du pain qui précédait la fournée.

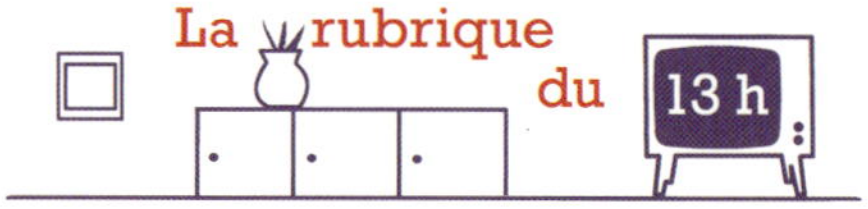

LE CIMETIÈRE DU PÈRE-LACHAISE

Île-de-France

Le plus grand et le plus célèbre des cimetières parisiens est un véritable musée à ciel ouvert. Ici, la promenade dans le dédale des allées n'est pas macabre, la curiosité n'est pas morbide. Avant de devenir un cimetière au XIXe siècle, cette colline du XXe arrondissement de la ville était un domaine jésuite et l'un de ses pensionnaires fut le confesseur de Louis XIV, François d'Aix de La Chaise, qui donna son nom au site. Visiter le Père-Lachaise, c'est revivre l'histoire commémorée par de nombreux monuments et des tombes grandioses d'hommes et de femmes célèbres.

CITATION

Auvergne

« Pascal aimait tellement l'Auvergne qu'il naquit à Clermont-Ferrand. »

Alexandre Vialatte

Ils ont marqué leur région…

Jules Verne

Picardie

Nantais d'origine, Jules Verne épouse une Amiénoise. Après quelques années passées sur la côte, au Crotoy, toute la famille prend ses quartiers dans la capitale picarde. L'écrivain apprécie très vite cette « ville sage, policée, d'humeur égale », qui est « près de Paris, assez pour en avoir le reflet sans le bruit insupportable et l'agitation stérile ». Amiens lui inspire même une nouvelle intitulée *Une ville idéale, le rêve de l'an 2000*. Alors, si l'on se fie au caractère visionnaire de Jules, les Amiénois peuvent être fiers de leur cité.

Chinon

jeudi 21 juillet

lever : 6 h 09
coucher : 21 h 43

St Victor

Savoir-faire
Ânier
Poitou-Charentes

Le baudet du Poitou était déjà un compagnon des hommes au Moyen Âge. Rien d'étonnant, donc, à ce que la région compte de nombreux âniers. À notre époque, l'âne est moins utilisé pour le labour que pour la balade : l'animal, docile, porte alors jusqu'à quarante kilos, tout en gardant un pas sûr.

Devinette

Quel est le point culminant de l'île de La Réunion ?

Le piton des Neiges, à ne pas confondre avec un reptile des grands froids… Ce volcan endormi s'élève à trois mille soixante-neuf mètres et offre aux randonneurs courageux une vue imprenable sur l'île.

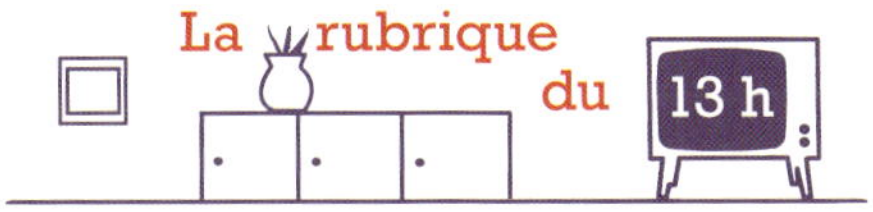

LE PLAN INCLINÉ DE SAINT-LOUIS-ARZVILLER
Lorraine

Dans un silence surprenant, les bateaux gravissent un dénivelé de près de quarante-cinq mètres sur le canal qui relie la Marne au Rhin. Ce qui, auparavant, demandait une journée de navigation se fait maintenant en quelques minutes, grâce à une incroyable prouesse technique : un plan incliné qui remplace les dix-sept écluses d'autrefois. Cet ascenseur à bateaux transversal, unique en Europe, est l'une des attractions de la région. Il a permis de renforcer le trafic fluvial entre Strasbourg et Paris, même si la navigation de plaisance a peu à peu remplacé le trafic marchand.

Quiz des villes & villages de France

Entre les vallées du Tavignanu et de la Restonica, cette cité insulaire est, avec moins de cinq mille étudiants, la plus petite ville de France accueillant une université.

_ _ _ _ _

À table !
Les sarments du Beaujolais
Rhône-Alpes

Ces chocolats, dans leur emballage traditionnel et raffiné, rendent hommage à celui dont on dit qu'il est le troisième cours d'eau de Lyon, après le Rhône et la Saône : le beaujolais. En forme de cep de vigne, le sarment est un chocolat garni de marc égrappé du beaujolais.

Ils ont marqué leur région…
Paul Bert
Bourgogne

Ancien polytechnicien, docteur en droit et en médecine, professeur de physiologie et membre de l'Académie des sciences – excusez du peu –, ce natif d'Auxerre a fortement contribué à l'évolution scientifique du XIXe siècle, notamment dans le domaine de la plongée sous-marine. Mais ses activités ne se sont pas limitées à ce domaine, puisque l'homme s'est également illustré dans la vie politique. Une de ses actions les plus marquantes est certainement sa contribution, avec Jules Ferry, à l'instauration de l'école publique gratuite et laïque.

Corte

vendredi 22 juillet

lever : 6 h 10
coucher : 21 h 42

Ste Marie-Madeleine

À table !

La fraise de Plougastel

Bretagne

La fraise, telle qu'on la connaît aujourd'hui, apparaît en Bretagne au XVIIIe siècle : avant cela, on ne connaissait en France que la fraise des bois. Une nouvelle variété rapportée du Chili s'acclimate parfaitement à la région et devient, avec le temps, un de ses produits traditionnels.

Un jour en *Centre*

22 juillet 1487

Au feu ! Un incendie, parti probablement d'un atelier où l'on travaillait le bois, se répand dans toute la ville de Bourges. Il détruit plus d'un tiers de l'agglomération et entraîne probablement le déclin de cette cité, auparavant prestigieuse.

LES ÉGLISES À PANS DE BOIS

Champagne-Ardenne

Dans une région où la pierre est rare, il n'est pas étonnant de trouver des maisons faites en torchis, en terre et en bois. Ce qui surprend davantage, c'est de voir des églises bâties de la même manière. C'est pourquoi l'Aube offre un patrimoine unique en France : les églises à pans de bois, avec leur ossature en chêne et leurs murs blanchis à la chaux, témoignent du savoir-faire des charpentiers des XVIe et XVIIe siècles. Leur édification était plus rapide et moins coûteuse que celle des autres églises du pays, construites en pierres monumentales, et, comme celles-ci, elles ont résisté au temps.

Savoir-faire

Huilerie à Availles-en-Châtellerault

Poitou-Charentes

Loin des machines industrielles, il existe encore en France des artisans qui fabriquent de l'huile de noix de manière traditionnelle. C'est le cas de cette huilerie : les cerneaux sont broyés à la meule, puis cuits, avant de passer par le pressoir, pour devenir ce liquide ambré si parfumé.

Devinette

Quel héros d'Alexandre Dumas et personnage historique est né dans le Gers, sous le nom de Charles de Batz-Castelmore ?

D'Artagnan. En quittant le Gers pour Paris en 1630, il emprunte le nom de sa mère, Françoise de Montesquiou d'Artagnan. Son entrée chez les mousquetaires daterait de 1644.

Ils ont marqué leur région…

Saint-John Perse

Guadeloupe

Dans *Images à Crusoé*, le poète célèbre la beauté de l'île de son enfance : « C'est le soir sur ton Île et à l'entour, ici et là, partout où s'arrondit le vase sans défaut de la mer ; c'est le soir couleur de paupières, sur les chemins tissés du ciel et de la mer. » S'il s'est installé en métropole en 1899, il n'en oublie pas pour autant ses origines : né à Saint-Léger-des-Feuilles, il y a vécu jusqu'à l'âge de 12 ans et reste imprégné de ses racines guadeloupéennes. Poursuivant une carrière brillante de poète et de diplomate, il obtient le prix Nobel en 1960.

L'étoile déchue

« L'edelweiss, fleur solaire couleur de lune. »
Sylvain Tesson, Aphorismes sous la lune et autres pensées sauvages, *2008*

De toutes les étoiles que l'on pouvait admirer depuis les alpages savoyards, la plus belle était aussi la plus mystérieuse. Elle était bien connue des bergers de la région. Et pour cause : elle avait, disait-on, le pouvoir d'exaucer le vœu du premier à l'apercevoir, à la tombée de la nuit. Mais rares étaient les chanceux qui avaient pu en apprécier l'éclat. En effet, alors que ses sœurs, sages et obéissantes, respectaient scrupuleusement les consignes célestes et se déplaçaient en bon ordre au rythme des saisons, notre farouche étoile ne tenait pas en place. Sa curiosité l'avait amenée à se lier d'amitié avec un berger du Miravidi ; lui seul avait su lui parler avec des mots qu'elle comprenait et lui seul savait en quoi elle était différente de ses semblables.

Mais leur relation privilégiée attisait la jalousie. Notamment celle du prince voisin, dont l'avidité égalait la fortune : de tous les joyaux de son trésor, aucun n'avait l'éclat de l'étoile. Comme la plupart des gens, il ne l'avait jamais entraperçue, et sa frustration en était d'autant plus grande : comment un simple berger pouvait-il être l'ami d'une étoile, tandis qu'un homme auquel rien ne pouvait être refusé ne pouvait l'approcher ? Il la voulait pour lui et ordonna au berger de convier l'étoile dans son château.

Le pauvre berger, qui ne pouvait risquer de s'attirer le courroux du prince, n'eut pas d'autre choix que d'obéir. La mort dans l'âme, il se mit en marche vers les hauts alpages, où il avait pour habitude de venir converser avec la belle. Lorsqu'elle parut, il lui expliqua la triste mission dont il était chargé. En entendant ses mots, toute la voûte céleste sursauta d'indignation : qu'une étoile s'abaisse à rendre visite à un misérable humain n'était pas concevable, et l'harmonie entre la terre et le ciel en serait à jamais bouleversée. Mais cette étoile avait trop d'amitié pour le berger, et trop de curiosité pour le monde. Elle n'hésita pas un instant. Elle s'apprêtait à le rejoindre, afin qu'il l'accompagne au château du prince, quand la cour céleste, résolue à préserver l'ordre ancien, décida de punir la dissidente. L'étoile fut bannie à tout jamais du ciel et condamnée à rester perchée sur les montagnes les plus escarpées, à la merci des hivers terribles, de la sécheresse et du vent, loin de ses sœurs et loin des hommes, dans la plus profonde solitude.

Cet astre devenu une fleur, si belle, mais si triste, c'est l'edelweiss, l'étoile solitaire des sommets escarpés. Elle pousse dans les rochers inaccessibles, là où le regard des bergers et des promeneurs ne porte pas.

lundi 25 juillet

lever : 6 h 14
coucher : 21 h 39

St Jacques le Majeur

À table !

Salade jurassienne

Franche-Comté

Pour 4 personnes

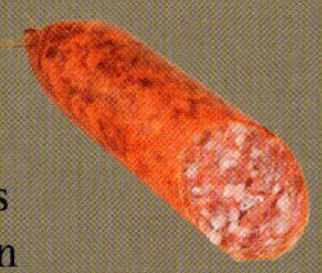

Ébouillanter 2 grosses saucisses fumées quelques minutes et les découper en rondelles. Les faire revenir sans matière grasse dans une poêle. Laver 4 pommes de terre sans les éplucher, les couper en morceaux et les faire rissoler avec 200 g de champignons. Toaster 4 tranches de pain de mie, les couper en diagonale et les tartiner de crème fraîche. Sur 4 assiettes, déposer un mélange de salades assaisonnées, 4 tomates coupées en quartiers, puis répartir les pommes de terre et les champignons. Disposer par-dessus le pain de mie et les rondelles de saucisse.

Quiz des villes & villages de France

Ce village de Saône-et-Loire a fêté en 2010 les mille cent ans de la fondation de la célèbre abbaye bénédictine qui lui a donné un rayonnement européen au Moyen Âge.

_ _ _ _ _

La rubrique du 13 h

L'OBSERVATOIRE DE MEUDON

Île-de-France

Dépendant de l'Observatoire de Paris, le site de Meudon occupe le Château-Neuf, aménagé par Mansart pour le Grand Dauphin au début du XVIIIe siècle. Ravagé par un incendie, le château perd ses deux ailes et est transformé en observatoire en 1876, avec le soleil pour principal axe de recherche. Sa coupole abrite la plus grande lunette d'Europe, classée monument historique en 1972. Depuis la terrasse, la vue sur la ville et les environs est superbe : les passants observent les lumières de Paris, tandis que les astronomes observent les lumières du ciel.

Un jour en *Aquitaine*

25 juillet 1137

C'est un jour de liesse, puisqu'il célèbre l'union de Louis VII et Aliénor d'Aquitaine. Joie qui ne durera pas, puisque le mariage sera annulé une quinzaine d'années plus tard, privant la Couronne de tout l'ouest de la France – qu'Aliénor lui avait apporté –, pour le plus grand bonheur d'Henri II, roi d'Angleterre, qu'elle épouse en secondes noces.

Savoir-faire

Paysan charcutier

Corse

Sur l'île de Beauté, où la charcuterie est un patrimoine régional, la méthode artisanale est de plus en plus pratiquée : le charcutier est éleveur, mais aussi paysan, puisqu'il cultive lui-même de quoi nourrir ses bêtes dans des conditions respectant l'environnement.

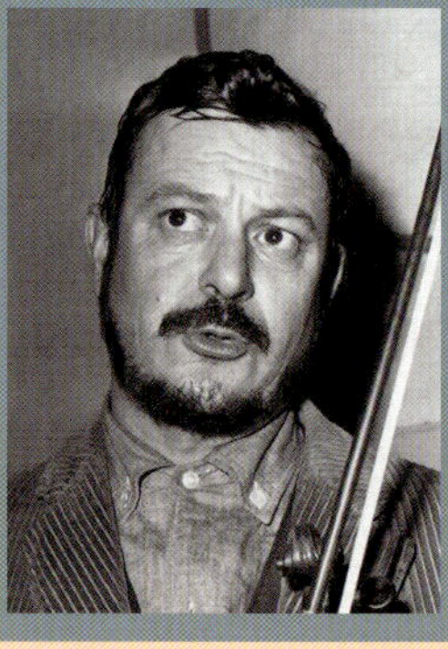

Ils ont marqué leur région…

Boby Lapointe

Languedoc-Roussillon

« Vous écrivez bien, quoique vos idées soient complètement loufoques », disait l'un de ses professeurs. Ce qui se confirmera dans ses chansons : les jeux sur les mots leur confèrent un caractère absurde, à la limite du surréalisme. Même s'il chante « Je suis né au Chili maman était au lit et mon Papa auchi […] », le Languedoc-Roussillon est sa région natale, plus précisément Pézenas, où il a vu le jour en 1922. « Ce satané Boby Lapointe, depuis qu'il a tourné le coin, à Pézenas comme à Paris ses copains et admirateurs ont du mal à s'y habituer », dira Brassens à sa mort, en 1972.

Cluny

mardi 26 juillet

lever : 6 h 15
coucher : 21 h 38

Ste Anne

Savoir-faire

Plisseur à Paris

Île-de-France

Le plisseur exerce son art dans l'ameublement et dans l'habillement. Aujourd'hui, il travaille pour la haute couture, il réalise des costumes de spectacles ou des restaurations pour des musées. Pour imprimer les plis, le tissu est roulé dans un métier à plisser et enfourné dans une étuve.

Bretagne en fête

Le Grand Pardon de Sainte-Anne-d'Auray

Grand lieu de pèlerinage français, la basilique de Sainte-Anne-d'Auray attire chaque été des dizaines de milliers de fidèles, venus rendre hommage à la mère de la Vierge Marie. En Bretagne, le « pardon » désigne une fête liée à une démarche pénitentielle, en l'honneur d'un saint. Processions, messes, vêpres et nuit d'adoration se succèdent pendant deux jours, dans le cœur spirituel de la région.

La rubrique du 13 h

LA PETITE FRANCE À STRASBOURG

Alsace

La Petite France est un site incontournable du vieux Strasbourg. Ce quartier, en partie détruit pendant la Seconde Guerre mondiale, puis réhabilité, fait revivre l'histoire de la capitale alsacienne. Bâti sur la rivière de l'Ill, il était habité par des pêcheurs, des meuniers et des tanneurs : on peut encore admirer les maisons à colombages et leurs greniers, où séchaient les peaux, ou se promener dans la rue des Moulins. Gardée par le barrage Vauban et quatre tours médiévales, la Petite France appartient à la Grande Île de Strasbourg, inscrite au patrimoine mondial de l'humanité.

À table !

Le piment d'Espelette

Aquitaine

À la fin de l'été, sa belle couleur rouge orne les façades blanches des maisons sur lesquelles il sèche en guirlandes. Très parfumé, le piment d'Espelette est utilisé depuis des siècles à la place du poivre dans la gastronomie basque. Depuis 2000, il bénéficie d'une AOC.

DICTON

Bretagne

Mort ou vivant, à Sainte-Anne une fois doit aller tout Breton.

Ils ont marqué leur région...

Jules César

Auvergne

En 52 avant Jésus-Christ a lieu la bataille de Gergovie, qui oppose les Romains, menés par Jules César, aux Gaulois, sous les ordres de Vercingétorix. Le lieu exact de cet affrontement, situé à proximité de Clermont-Ferrand, a été régulièrement l'objet de controverses. Cette bataille peut être considérée comme la seule véritable victoire des Gaulois contre l'armée romaine. Le récit qu'en a fait César dans ses *Commentaires de la guerre des Gaules* la décrit pourtant comme un événement banal, sans doute parce que son ego démesuré ne supportait pas la défaite !

mercredi 27 juillet

lever : 6 h 16
coucher : 21 h 36

Ste Nathalie

À table !

Friture d'éperlans de la Marne

Île-de-France

Pour 2 personnes
Verser 120 g de farine dans un plat. Y rouler 300 g d'éperlans, pour bien les fariner, et les jeter dans un tamis par petites poignées de manière à ôter l'excédent de farine. Dans une friteuse ou une sauteuse, faire chauffer 50 cl d'huile d'arachide à 170 °C. Y jeter les éperlans en petites quantités et les laisser frire environ 2 min. Les sortir et les égoutter sur du papier absorbant. Saler et poivrer la friture. Servir avec des citrons et du persil.

Devinette

Quels monuments l'Église fait-elle détruire ou transformer en Bretagne, au Moyen Âge, pour mettre fin aux rites païens ?

Les menhirs. Certains d'entre eux ont été christianisés, c'est-à-dire qu'on a gravé une croix sur l'une de leurs faces ou qu'on en a planté une à leur sommet.

La rubrique du 13 h

LES JARDINS DU PRIEURÉ NOTRE-DAME D'ORSAN

Centre

Le prieuré de Maisonnais fut fondé en 1107 par Robert d'Arbrissel, et, à sa mort, il lui légua son cœur. On retrouve ce symbole partout dans les jardins, avec bien d'autres : le labyrinthe mène à un pommier en son centre et rappelle la difficulté d'accéder au paradis, la roseraie n'est constituée que de fleurs roses et blanches, les couleurs de Marie… C'est en 1992 que deux architectes découvrent ce lieu laissé à l'abandon et le transforment en un jardin médiéval d'inspiration monastique, avec un potager, des vergers et des clos séparés par des murs végétaux ; un lieu idéal pour la méditation.

Savoir-faire

Saunier à Guérande

Pays de la Loire

Le travail des sauniers permet d'extraire le sel de l'eau de mer par évaporation naturelle. À Guérande, l'exploitation des marais salants est artisanale, non mécanisée, si bien que la production reste faible. Mais qu'importe la quantité puisque le sel gris récolté de juin à septembre est de qualité !

CITATION

Languedoc-Roussillon

« Cirque grandiose au cœur des gorges de la Vis qui sépare le causse du Larzac du causse de Blandas, Navacelles coupe le souffle à celui qui le découvre tout à coup, faille vertigineuse éventrant le causse silencieux et infini. »

Georgette Milhau

Ils ont marqué leur région…

Sœurs Delemer

Nord-Pas-de-Calais

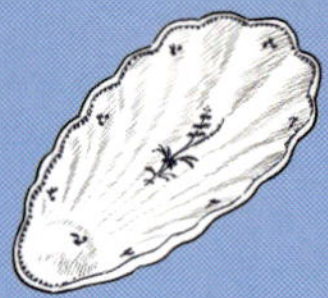

L'histoire de la porcelaine d'Arras commence avec Louise, Marguerite, Robertine et Constance Delemer, qui décident de fonder une fabrique de porcelaine en 1770. Le public est vite attiré par leurs créations, grâce au bleu d'Arras, couleur qu'elles réalisent à partir des matières premières locales et dont elles seules ont le secret. La manufacture ferme ses portes en 1790, et les dames disparaissent sans héritiers. Ce n'est que presque deux siècles plus tard, en 1960, que l'on découvre le secret de la fabrication de ce bleu qui a fait leur succès.

jeudi 28 juillet

lever : 6 h 18
coucher : 21 h 35

St Samson

CITATION

Corse

« […] un monde encore en chaos, une tempête de montagnes que séparent des ravins étroits où roulent des torrents ; pas une plaine mais d'immenses vagues de granit et de géantes ondulations de terre couvertes de maquis ou de hautes forêts de châtaigniers. »

Guy de Maupassant, Le Bonheur, 1884

La rubrique du 13 h

LE CENTRE RECONSTRUIT DU HAVRE

Haute-Normandie

Exemple unique de reconstruction, le centre-ville du Havre est considéré comme l'une des réalisations les plus significatives du xxe siècle et il est inscrit, depuis 2005, sur la liste du patrimoine mondial de l'Unesco. En 1944, Le Havre est meurtri : cent cinquante hectares de la ville normande ont été détruits par les bombardements alliés. Alors qu'il est vain de vouloir tout rebâtir à l'identique, Auguste Perret, surnommé le « Poète du béton », réinvente la ville dans un souci de cohérence et de rationalité. Il faudra attendre près de vingt ans avant que la renaissance du Havre ne soit totale.

Savoir-faire

Tourneur sur corne à Lavans-lès-Saint-Claude

Franche-Comté

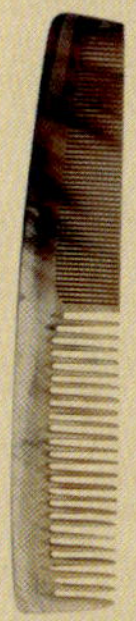

Antilopes, zébus, boucs ou vaches des quatre coins du monde fournissent au « corgnard » sa matière première. Le travail de la corne, une tradition jurassienne, se fait au tour, à la meule ou à la fraise, et de cette étrange matière organique naissent bijoux, bibelots, stylos et cannes.

À table !

Velouté de fraises

Poitou-Charentes

Pour 4 personnes

Laver 1 kg de fraises et les équeuter. En réserver 8 pour la décoration et mixer le reste. Passer le coulis et le réserver au frais. Mettre 2 jaunes d'œufs dans une terrine. Verser 20 cl d'huile d'arachide en mince filet et fouetter jusqu'à obtention d'une émulsion onctueuse. Mélanger cette préparation au coulis de fraises, ajouter 10 cl de vinaigre de framboises, 40 g de crème fraîche et 10 cl de pineau des Charentes rosé. Bien mélanger et réserver au frais. Servir le velouté dans des assiettes creuses avec 2 fraises découpées en lamelles. En Charentes, ce dessert est servi avec un biscuit appelé « roulé ».

Quiz des villes & villages de France

Les Baralbins, habitants de ce bourg de la Champagne crayeuse situé à quelques kilomètres de Colombey-les-Deux-Églises, vivent principalement de la vigne et de la culture du chanvre.

_ _ _-_ _ _-_ _ _ _

Ils ont marqué leur région…

Pablo Casals

Midi-Pyrénées

« Les plus grands solistes du moment étaient présents. Ce fut un concert exceptionnel […], ce fut le premier Festival de Prades. » Voilà comment le fondateur du Festival de musique de chambre de Prades en décrit la première édition. Le violoncelliste Pablo Casals est espagnol, mais il se voit contraint de s'installer en France, pour des raisons politiques, et choisit la ville de Prades. Sollicité par des amis musiciens, il fonde le Festival en 1950, en l'honneur de Jean-Sébastien Bach, mort deux siècles auparavant. Soixante ans plus tard, les concerts sont toujours au rendez-vous, pour le plus grand bonheur des mélomanes.

Bar-sur-Aube

vendredi 29 juillet

lever : 6 h 19
coucher : 21 h 34

Ste Marthe

Devinette

De quel château s'est inspiré Hergé pour dessiner le château de Moulinsart, demeure du capitaine Haddock ?

Le château de Cheverny. Censé être situé en Belgique dans la bande dessinée, il est pourtant la réplique de ce château de la Loire, mais amputé de ses ailes.

À table !

La pochouse

Bourgogne

Pour 6 personnes
Laver 2 kg de poissons d'eau douce et les tronçonner. Faire fondre 100 g de beurre dans une cocotte et faire revenir 50 g de lardons, 1 gousse d'ail, 2 oignons et 1 poireau émincés. Ajouter les morceaux de poisson et 1 bouquet garni. Verser 1 bouteille de chardonnay et un peu d'eau, jusqu'à ce que le poisson soit immergé. Cuire 20 à 25 min à feu moyen et retirer les morceaux de poisson. Faire réduire le jus de moitié, puis remettre le poisson. Battre 25 cl de crème et 1 jaune d'œuf, et mélanger au jus pour le lier, sans faire bouillir ; assaisonner. Servir très chaud accompagné de croûtons frottés à l'ail.

La rubrique du 13 h

NOTRE-DAME DE FOURVIÈRE À LYON

Rhône-Alpes

Depuis le XIIe siècle, plusieurs édifices religieux se sont succédé sur les ruines romaines de la colline de Fourvière, appelée « la colline qui prie » par opposition à la Croix-Rousse, le quartier des ouvriers, et donc « la colline qui travaille ». La basilique que l'on connaît aujourd'hui date de la fin du XIXe siècle. Remarquable par son style et par sa décoration éclatante, riche en mosaïques, Notre-Dame de Fourvière est autant un lieu de culte qu'un lieu de culture. Des offices y sont célébrés chaque jour, et de nombreux visiteurs gravissent la colline pour la visiter.

Savoir-faire

Producteur de vanille à Saint-André

La Réunion

Produit réunionnais de renommée mondiale, la vanille est introduite sur l'île Bourbon en 1819. Son exploitation requiert beaucoup de patience, puisqu'il faut quatre à six ans pour voir apparaître sur l'orchidée des fleurs, qui sont ensuite fécondées. Enfin, la plante encore verte est bouillie et séchée.

Quiz des villes & villages de France

Jean Moulin est né dans cette ville de l'Hérault, où les habitants, qui répondent au nom de Biterrois, peuvent se promener sur le plateau des Poètes.

_ _ _ _ _ _ _

Ils ont marqué leur région...

Goya

Aquitaine

Bordeaux aura eu l'honneur d'accueillir, pendant plusieurs années, un des génies de la peinture espagnole. C'est en effet dans la ville de Gironde que s'est installé Francisco de Goya à la fin de sa vie, pour fuir le régime répressif du roi d'Espagne Ferdinand VII. Le peintre et graveur y est décédé le 16 avril 1828, laissant derrière lui une œuvre – faite de portraits de cour et de scènes satiriques ou fantastiques – qui a suscité plus tard l'admiration de très grands artistes comme Delacroix et Picasso.

Béziers

Une beauté diabolique

Les diablesses sont répandues en Guadeloupe. Mieux vaut ne pas les croiser, et si cela devait vous arriver, prenez bien garde à ce que personne ne le sache. Les superstitieux ne tarderaient pas à vous éviter et à médire de vous. On dit qu'elles se promènent à toute allure sur des chariots, jouant parfois du tambour, mais elles savent aussi se faire discrètes. Ainsi en témoigne la triste histoire de Judith.

Judith avait une sœur, mais elle était sans conteste la plus belle des deux. Bien que Lydie fût la préférée de leur mère, et que la pauvre Judith ne connût pendant toute son enfance que les mauvais traitements, les brimades et les corvées, sa dure vie de labeur avait épargné son élégance et sa grâce. Ses mains n'étaient pas abîmées par le dur travail aux champs de canne, et son sourire faisait fièrement rempart aux vexations quotidiennes et à la méchanceté. Tous les hommes étaient attirés par cette jeune fille, et leurs regards envieux exaspéraient sa sœur et sa mère, qui s'acharnaient de plus belle sur la pauvre Judith. Pourtant, à la fascination se mêlaient la méfiance et la crainte, et Judith allait toujours seule.

Le diable avait bel et bien joué un rôle dans le malheur de Judith. C'est du moins ce que pensait la majorité, crédule. Lors de son baptême, une femme solitaire s'était invitée à la fête. Personne ne la connaissait ni ne savait d'où elle venait. Mais la beauté inquiétante qu'elle dégageait avait dissuadé les convives de l'en chasser. Après que ses hôtes lui eurent permis de se laver les pieds dans une cuvette de terre cuite, comme le prévoyait l'usage, elle s'approcha du berceau, prit l'enfant dans ses bras et, tout en entreprenant une danse étrange, la berça à plusieurs reprises.

Emporté par la fête, tout le monde avait oublié l'impression singulière ressentie lors de l'arrivée de l'inconnue. Et ce n'est que le lendemain matin que quelqu'un, en ramassant la cuvette où elle s'était lavé les pieds, constata que celle-ci contenait des poils de bouc. Il n'en fallut pas plus pour que se répande, en quelques instants, la nouvelle : l'innocente enfant avait été baptisée par le diable. Aussi serez-vous bien inspiré de vérifier – quand l'occasion vous sera donnée d'arpenter la Guadeloupe – de passer votre chemin, si vous constatez que la femme qui vous aborde cache sous sa robe des sabots de bouc.

Un jour en Haute et Basse-Normandie

31 juillet 1947

La « moitié » musicale et amoureuse de Charden, Stone – de son vrai nom Annie Gautrat –, naît à Paris. C'est pourtant en rendant hommage à une autre région, où les vaches sont « rousses, blanches et noires » et où l'on boit du « bon cidre doux » que le duo rencontre le succès, grâce à son tube *Made in Normandie*.

lundi 1er août

- lever : 6 h 23
- coucher : 21 h 29

St Alphonse

Devinette

Quel célèbre peintre néerlandais a séjourné dans la commune d'Auvers-sur-Oise ?

Vincent Van Gogh. Il y arrive en 1890 et y peint soixante-dix de ses toiles au cours des derniers mois de sa vie. D'autres peintres, tels que Paul Cézanne ou Camille Pissarro, y puiseront leur inspiration.

À table !

Le munster

Alsace

Ce petit fromage rond orangé est apparu au Moyen Âge dans le massif des Vosges. Sa saveur franche et relevée et son nez caractéristique ont conquis les tables de gourmets. Apprécié sur un simple morceau de pain, il entre aussi dans la composition de plusieurs plats alsaciens.

La rubrique du 13 h

LA STATUE NOTRE-DAME DE FRANCE DU PUY-EN-VELAY

Auvergne

La ville du Puy-en-Velay est dominée par le rocher Corneille, un vestige volcanique qui culmine à sept cent cinquante-sept mètres. À son sommet trône, depuis 1860, une gigantesque statue de la Vierge. Du haut de ses seize mètres – sans son piédestal –, Notre-Dame de France tient l'Enfant Jésus dans ses bras, et tous deux semblent bénir et protéger la cité. Modelée dans le fer fondu de deux cent treize canons pris aux Russes pendant la guerre de Crimée, la statue pèse cent dix tonnes. On peut monter à l'intérieur et, lorsqu'on arrive au niveau de son cou, après avoir gravi deux cent soixante-deux marches, on est récompensé par un panorama époustouflant.

Savoir-faire

Fabricant d'anches à Hyères

Provence-Alpes-Côte d'Azur

Sans une anche de qualité, le talent du clarinettiste ou du saxophoniste ne serait rien. À Hyères, dans le Var, où poussent des miliers de roseaux, la fabrication de ces délicates lamelles est une spécialité depuis plus d'un siècle, et la ville accueille chaque année le Festival de l'anche.

Un jour en *Aquitaine*

1er août 1583

Les urnes ont parlé : Michel de Montaigne est réélu maire de Bordeaux. L'auteur des *Essais*, très attaché à sa région, a en effet exercé cette fonction, tout comme son père avant lui.

Ils ont marqué leur région...

Pierre Mignard

Champagne-Ardenne

Dans le Ve arrondissement de Paris, les amateurs d'art peuvent admirer la coupole de l'ancien couvent du Val-de-Grâce, fondé par la reine Anne d'Autriche au début du XVIIe siècle. Cette coupole, décorée d'une fresque intitulée *La Gloire des bienheureux*, a été peinte par Pierre Mignard en 1663. C'est l'une des œuvres les plus remarquables de l'artiste originaire de Troyes, grand admirateur des peintres de la Renaissance italienne qui, pour peindre ses Vierges et ses portraits aristocratiques, puisait notamment son inspiration chez Carrache et le Corrège.

mardi 2 août

lever : 6 h 24
coucher : 21 h 28

St Julien

CITATION
Bourgogne

« En Bourgogne, il y a des gens qui portent des vestes bordeaux. Le contraire est parfaitement impossible. »

Philippe Geluck,
Le Tour du Chat en 365 jours, 2006

Savoir-faire

Façonneur de velours à Querrieu

Picardie

À Querrieu, le savoir-faire des anciennes manufactures royales se perpétue avec le gaufrage, la sculpture et l'impression du velours en trois dimensions. Avec ces techniques traditionnelles, que l'on croyait perdues à jamais, le mobilier des XVIIIe et XIXe siècles accède à une seconde vie.

Quiz des villes & villages de France

Cette ville thermale, construite en amphithéâtre sur une colline en terrasses au-dessus du Gave, accueille chaque année en septembre la Réunion des amateurs de chiens pyrénéens.

_______-______

La rubrique du 13 h

LA PLAGE DE DEAUVILLE

Basse-Normandie

Cette station balnéaire du Calvados est mondialement connue pour son Festival du film américain, mais aussi – et surtout – pour ses planches. Les planches, c'est le nom donné à la promenade du bord de mer de Deauville. Il fait bon y flâner – certains diront même que c'est un passage obligé – pour profiter de la Manche. En longeant les cabines de bain, baptisées du nom de stars américaines, on se retrouve transporté dans le temps, à l'époque des premiers congés payés, puis du film *Un homme et une femme* : cette plage huppée dégage alors un charme suranné.

À table !

Canistrelli

Corse

Pour 6 personnes

Mélanger 500 g de farine, 1/2 sachet de levure et 150 g de sucre. Faire un puits et ajouter 20 cl d'huile d'olive, 20 cl de vin blanc sec et 1 c. à soupe de pastis. Mélanger du bout des doigts sans pétrir. Étaler la pâte, découper dedans des rectangles et les diposer sur la plaque du four huilée. Cuire 40 min au four préchauffé à 150 °C, en surveillant : les canistrelli doivent être dorés.

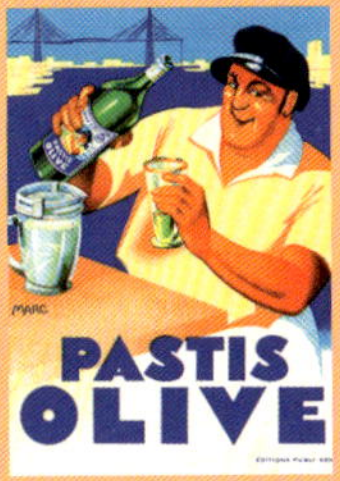

Ils ont marqué leur région...

Jacques Martin

Rhône-Alpes

10

Parmi les figures historiques de la télévision et de la radio françaises figure un Lyonnais : il s'agit de Jacques Martin, qui pendant plus de trois décennies a animé des programmes populaires pour les petits et les grands. Dans « Ainsi font, font, font », l'animateur a notamment participé à l'émergence de talents qui sont aujourd'hui des incontournables de la scène humoristique française. Le 14 septembre 2007, Jacques Martin est décédé à 74 ans, laissant d'innombrables souvenirs aux téléspectateurs. Qui a pu oublier « L'école des fans » et ses artistes en herbe, venus chanter devant leurs parents ?

Argelès-Gazost

mercredi 3 août

lever : 6 h 26
coucher : 21 h 26

Ste Lydie

À table !

L'oignon doux des Cévennes

Languedoc-Roussillon

Culture traditionnelle des Cévennes depuis deux cents ans, l'oignon doux est cultivé en terrasses, sur des coteaux bien exposés. Récolté à la main en août, il est délicieux aussi bien cru que cuit, et l'on dit de lui qu'il est *douça couma lou pan*, « doux comme le pain ».

Devinette

Quelle plante des Alpes est aussi appelée « pied-de-lion » ou « étoile-d'argent » ?

L'edelweiss. Une légende raconte que l'étoile ayant guidé les Rois mages s'établit par la suite dans les Alpes, une nuit de mai.

La rubrique du 13 h

LA CATHÉDRALE SAINT-LOUIS DE FORT-DE-FRANCE

Martinique

Sur la place Monseigneur-Romero, plusieurs églises se sont succédé : la première fut incendiée par les Hollandais en 1674, la deuxième résista tant bien que mal aux siècles suivants, avant d'être complètement détruite par un tremblement de terre, puis par un nouvel incendie et un cyclone à la fin du XIXe siècle. Loin d'être découragés, les Martiniquais demandent à Henry Picq de construire un édifice résistant, et, pour cela, il utilise une structure métallique. Achevée en 1895, la cathédrale Saint-Louis est réputée pour sa décoration intérieure et ses vitraux retraçant l'histoire de la ville.

CITATION

Lorraine

« Autour de Bosserville les grands vents tourmentent le ciel et balayent la Lorraine dont le cœur sommeille. »

Maurice Barrès, La Colline inspirée, 1913

Savoir-faire

Architecte des bâtiments de France

France

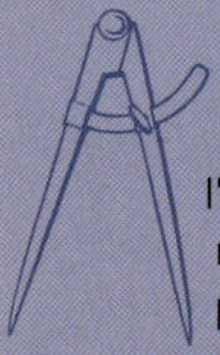

Créée sous François Ier, cette fonction a évolué au fil des siècles, mais l'objectif reste le même : respecter et entretenir le patrimoine. L'architecte des bâtiments de France dirige des chantiers de restauration et conseille : il est possible d'urbaniser tout en restant cohérent avec l'architecture ancienne.

Ils ont marqué leur région...

Rouget de Lisle

Alsace

Notre hymne national a une histoire : ce célèbre chant est connu de tous sous le nom de *La Marseillaise*, mais, en réalité, son auteur l'aurait d'abord baptisé *La Strasbourgeoise*. C'est en effet dans la ville alsacienne que Rouget de Lisle, officier du génie, a composé en 1792 son *Chant de guerre pour l'armée du Rhin*. Ce sont les Parisiens qui ont récupéré et rebaptisé ce chant entonné par les fédérés marseillais lors de leur entrée dans la capitale. Depuis, cet hymne, symbole de la Révolution, est repris lors de tous les événements officiels.

jeudi 4 août

lever : 6 h 27
coucher : 21 h 25

St Jean-Marie Vianney

Savoir-faire

Perruquier à l'Opéra de Paris

Île-de-France

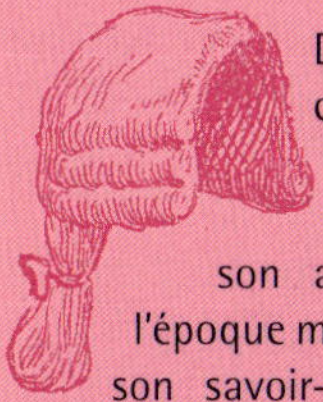

D'une importance considérable à la cour de Versailles, le perruquier a vu son activité décliner à l'époque moderne. Cependant, son savoir-faire est toujours recherché dans le monde du spectacle. Le perruquier fabrique et entretient les postiches, mêlant authenticité et esthétisme.

Midi-Pyrénées en fête

Les fêtes de Bayonne

La capitale basque et gasconne est envahie, chaque été, par des centaines de milliers de fêtards pour les cinq jours de la *feria Baiona*. Chacun suit la coutume vestimentaire qui consiste à s'habiller tout en blanc, avec un foulard et une ceinture rouge, la *cinta*. Les corridas, courses de vachette, bandas et concerts dans les bodegas se succèdent dans une atmosphère d'allégresse générale. Tous les ans, un nouveau record est battu, celui du *Paquito Chocolatero*, une tradition qui consiste à rassembler des milliers de noceurs, qui s'assoient par terre et imitent des rameurs maniant l'aviron.

La rubrique du 13 h

LE PONT DE L'ÎLE DE RÉ

Poitou-Charentes

Sur une courbe de près de trois mille mètres de longueur et de quarante mètres de hauteur, cet ouvrage d'art est l'un des plus longs ponts de France. Sa construction commence en 1987, suite à un arrêté préfectoral d'utilité publique, et s'achève un an plus tard. Vu du ciel, il semble gracile et élancé ; il est pourtant capable de résister au vent, à la houle, à la chaleur, aux chocs ou aux séismes, notamment grâce aux milliers de tonnes de béton et d'acier utilisées pour sa construction. Il ne faut que quelques minutes pour franchir les cinq kilomètres de mer qui séparent Ré du continent.

À table !

Le welsh

Nord-Pas-de-Calais

Pour 4 personnes

Faire griller 4 tranches de pain de mie et les disposer dans 4 plats individuels allant au four. Disposer 1 tranche de jambon sur chaque tranche de pain. Couper 300 g de cheddar en dés. Dans une casserole, faire chauffer 2 c. à soupe de moutarde, ½ verre de bière brune, 1 c. à café de Worcestershire sauce et quelques gouttes de Tabasco. Allumer le four. Ajouter le cheddar à partir de l'ébullition et baisser le feu ; remuer jusqu'à obtention d'un mélange homogène. Verser la sauce dans les 4 assiettes, sur le pain et le jambon, et enfourner pendant quelques minutes. Servir dès la sortie du four.

Un jour en *Paca*

4 août 1997

122 ans et 5 mois, c'est l'âge de Jeanne Calment lors de sa mort ! D'une santé de fer, la doyenne de l'humanité faisait encore du vélo à 100 ans. Le secret de sa longévité, d'après elle : l'huile d'olive, le chocolat et le porto.

Ils ont marqué leur région...

Simone Michel-Lévy

Franche-Comté

Emma, Françoise, Mme Royale, Mme Bertrand..., Simone Michel-Lévy a revêtu les identités les plus diverses au cours de son existence. Et pour cause, elle faisait partie des plus ardents résistants de la Seconde Guerre mondiale. Née en 1906 à Chaussin, dans le Jura, elle ne vivra que trente-neuf ans, avant d'être pendue au camp de Flossenbürg. Organisation de réseaux de transport, hébergement de radios, sabotages... : en cinq ans d'activité dans la Résistance, elle aura consacré toute son énergie à la défense de son pays, jusqu'à sa mort, dix jours seulement avant la libération du camp où elle était prisonnière.

vendredi 5 août

lever : 6 h 30
coucher : 21 h 22

St Abel

À table !

Douillons normands

Haute-Normandie

Pour 4 personnes
Peler et enlever le cœur de 4 pommes en laissant un fond. Emplir le cœur de chaque pomme avec du beurre fondu. Étaler 500 g de pâte feuilletée et découper 4 carrés. Mettre une pomme sur chaque carré et saupoudrer de sucre. Badigeonner le pourtour de la pâte avec 1 jaune d'œuf et empaqueter la pomme en soudant bien. Cuire environ 8 min à 230 °C. Servir avec de la crème anglaise et du caramel.

Quiz des villes & villages de France

Cette ville de l'Est, qui possède le plus grand musée de l'automobile du monde, est riche en surnoms : la « Cité du Bollwerk », la « Manchester française », ou la « Ville aux cent cheminées ».

_ _ _ _ _ _ _ _

La rubrique du 13 h

LES BASTIDES

Midi-Pyrénées

Dans le sud-ouest de la France, les XIIIe et XIVe siècles virent se construire des communautés urbaines appelées « bastides ». De taille très variable, elles obéissent au même plan : dans un quadrillage régulier, les rues se croisent autour d'une place centrale généralement bordée d'arcades, tandis que des murailles ferment la bastide. L'objectif de ces villes-marchés était de protéger les habitants – les nouveaux arrivants recevaient un terrain pour bâtir et cultiver – et de partager les taxes et les revenus. Les bastides existent toujours : la ville de Montauban est l'une des plus anciennes.

Savoir-faire

Restaurateur et fabricant de gabares traditionnelles

Pays de la Loire

Avant l'avènement du chemin de fer, la gabare était le principal moyen de transport de marchandises dans la région de la Loire. Ces grands bateaux à voile rectangulaire pouvaient acheminer plus de quatre-vingts tonnes de sel, charbon, bois ou vin. De nos jours, les gabares naviguent à des fins touristiques.

Paca en fête

Les fêtes de la Lavande de Digne-les-Bains

La fleur, cultivée dans les campagnes des alentours depuis le Moyen Âge, est à l'honneur début août, en pleine période de moisson.
Un grand corso parfumé – les chars sont enfouis sous des tonnes de fleurs – est ouvert par l'arroseuse de lavande. Distribution de bourses de lavande aux spectateurs, défilés en costumes provençaux, feux d'artifice et fête foraine rythment, pendant quatre jours, la vie de la capitale de la lavande.

Ils ont marqué leur région…

Boris Vian

Île-de-France

Écrivain, chansonnier et musicien, il aura souvent choqué ses contemporains avec ses textes sans concession : sa chanson *Le Déserteur* a été longtemps censurée, tandis que son roman *J'irai cracher sur vos tombes* l'a conduit devant les tribunaux. Mais Boris Vian, né à Ville-d'Avray en 1920, est avant tout un grand poète qui, après avoir animé les nuits de Saint-Germain-des-Prés grâce à ses talents de trompettiste de jazz, s'est consacré à l'écriture et nous a offert des œuvres comme *L'Arrache-cœur* ou *L'Écume des jours*, qui figurent toujours en bonne place sur les tables de chevet des adolescents.

Mulhouse

samedi 6 & dimanche 7 août

St Octavien — St Gaétan

Mythes et légendes
Centre

Les flambettes

Vivait autrefois en Sologne un berger nommé Ludre. C'était un homme bon et paisible. Une nuit, il fut réveillé en sursaut. Une minuscule petite vieille, que recouvrait intégralement une immense chevelure blanche et qui était sortie de nulle part, se tenait sur le pas de sa porte. Elle venait chercher celui qui lui avait promis sa main, en échange de quelques services qu'elle lui avait rendus. Ludre comprit alors que la petite vieille ratatinée n'était autre qu'une flambette, dont il avait eu la malchance de s'attirer les bonnes grâces. Expliquons-nous : il n'est pas rare de voir glisser à la surface des étangs solognots de petites flammes bleues. Ce sont les esprits tourmentés et mal intentionnés des défunts, qui entraînent sournoisement les imprudents au plus profond des eaux dormantes. Ce sont, en somme, des flambettes. Le berger, invoquant le vœu qu'il avait fait auprès de son saint patron de rester chaste, repoussa donc celle qui le provoquait. En rage, elle disparut dans la nuit. Mais, alors qu'il allait pour se rendormir, ses chiens furent pris d'une soudaine excitation et se mirent à courir après ses brebis, dispersant le troupeau aux quatre coins du domaine. Au point du jour, Ludre prit enfin conscience que les brebis qu'il tentait en vain de regrouper n'étaient que d'espiègles flambettes. Terrassé par sa folle course autant que par l'acharnement des flambettes dont il était la cible, il alla se coucher, triste et abattu. Son dépit ne fit que s'accroître, lorsqu'il constata, le lendemain matin, qu'une de ses ouailles manquait à l'appel. Et lorsqu'un bûcheron lui ramena la brebis noyée, qu'il avait sortie à grand-peine de l'étang voisin, Ludre se sentit profondément désespéré.

Et l'histoire se reproduisit : chaque nuit, la petite vieille venait lui faire des avances, qu'il rejetait, et les flambettes venaient tourmenter le berger. Chaque matin, il rentrait épuisé d'une course vaine après des brebis imaginaires. Et, une semaine plus tard, huit de ses bêtes avaient disparu. Il ne dormait ni ne mangeait, et déambulait, hagard, faisant peine à voir. Complètement désemparé, il finit par s'adresser à l'un de ses collègues, renommé pour sa sagesse. Selon le vieux berger, la seule solution connue pour se débarrasser de la flambette consistait à lui tondre la chevelure, lorsque, de nouveau, elle se présenterait à lui sous la forme d'une petite vieillarde. La nuit suivante, la vieille revint comme à l'accoutumée, et, au lieu de la repousser, il accepta ses avances : lorsqu'elle fut endormie près de lui, il se saisit de son ciseau à tondre la laine et, d'un coup sec, coupa ses longs cheveux. Le berger s'aperçut alors qu'il était seul et qu'il n'y avait rien à côté de lui, hormis son bâton de cormier. Inquiet, il alla compter ses ouailles. À sa plus grande joie, il ne manquait aucune bête et les huit noyées étaient à nouveau présentes dans le troupeau. Ludre retrouva sommeil, appétit et bonhomie. Il prit soin d'éviter les flambettes qui rôdaient toujours dans les environs, et jamais plus il ne perdit une de ses brebis.

Rhône-Alpes en fête

La fête du lac d'Annecy

Depuis cent cinquante ans, un spectacle pyromélodique unique au monde embrase la Venise des Alpes pendant un week-end. L'origine de cette fête remonte au rattachement du duché de Savoie à la France ; à cette occasion, des réjouissances exceptionnelles, dont Napoléon III était l'invité d'honneur, avaient été organisées. Les pieds dans l'eau et les yeux au ciel, près de deux cent mille badauds profitent aujourd'hui de cette fête de nuit lacustre – le spectacle pyrotechnique le plus impressionnant d'Europe –, qui les tient en haleine pendant près d'une heure trente.

lundi 8 août

lever : 6 h 32
coucher : 21 h 18

St Dominique

Devinette

Quelle reine du XVIe siècle laissa son nom à une prune ?

La reine Claude de France, première épouse de François Ier. Les reines-claudes, prunes vertes importées d'Asie, ont été baptisées ainsi en l'honneur de celle qui était surnommée la « Bonne Reine ».

À table !

Caillettes de la Drôme

Rhône-Alpes

Pour 6 personnes

Blanchir 2 min, dans de l'eau bouillante salée, 200 g de feuilles de blettes et 200 g de feuilles d'épinards. Hacher 500 g d'échine de porc, 100 g de foie de porc, un mélange d'herbes, 2 gousses d'ail et les feuilles de blettes et d'épinards. Mélanger le tout avec 1 œuf et former des boulettes légèrement aplaties. Entourer les boulettes de crépine et les placer dans un plat allant au four. Préparer 1 l de bouillon et arroser les caillettes. Laisser cuire 1 h à 150 °C, en retournant et en arrosant régulièrement les caillettes de bouillon.

La rubrique du 13 h

LA FONTAINE CHAUDE DE DAX

Aquitaine

Première ville thermale de France, Dax doit sa réputation à l'importante minéralisation de ses eaux, mais aussi à sa Fontaine chaude, également appelée « fontaine de la Nèhe », du nom de la déesse nordique des eaux vives. La fontaine possède un important débit de deux mille quatre cents mètres cubes par jour, et l'eau jaillit à plus de soixante degrés Celsius, à l'emplacement d'un ancien bassin romain. C'est la source française la plus chaude, et autrefois les ménagères s'y approvisionnaient directement pour faire la cuisine ! Cette température est due au trajet très profond de l'eau, qui se réchauffe au contact de la roche.

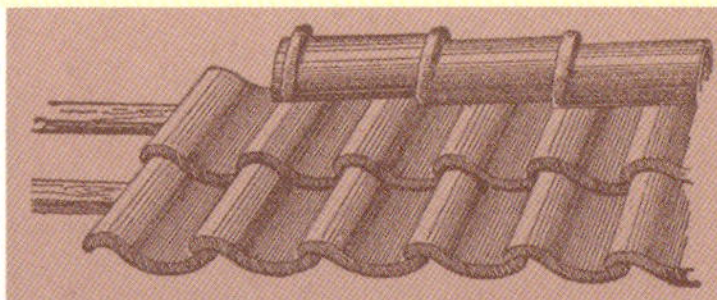

Savoir-faire

Tuilier à Soulaines-Dhuys

Champagne-Ardenne

La transformation de l'argile humide en terre cuite fait partie depuis très longtemps de l'artisanat champenois. À Soulaines-Dhuys, dans l'Aube, une tuilerie utilise encore une méthode de fabrication à l'ancienne, qui se transmet à chaque génération.

Un jour en *Midi-Pyrénées*

8 août 2003

« Le monde n'est pas une marchandise ! » C'est l'un des slogans que défendent les manifestants altermondialistes – au nombre de trois cent mille, selon les organisateurs du rassemblement – qui se sont réunis sur le plateau du Larzac, en compagnie de José Bové, pour protester contre la mondialisation.

Ils ont marqué leur région...

Paul Verlaine

Lorraine

À Metz, les nostalgiques et les amateurs de poésie seront émus en passant devant la maison natale de Verlaine, à l'angle de la rue Poncelet et de la rue de la Haute-Pierre. L'église Notre-Dame, rue de la Chèvre, peut être fière d'avoir célébré son baptême, même si le poète est loin d'avoir mené une vie conforme aux principes de la religion catholique, entretenant son goût pour l'absinthe et vivant une relation sulfureuse avec Rimbaud. Sa formule célèbre, « De la musique avant toute chose », résume bien l'essence de sa poésie : il y travaille un vers libre, dégagé des contraintes académiques.

mardi 9 août

lever : 6 h 34
coucher : 21 h 17

St Amour

Savoir-faire
Charron à Saint-Ours
Auvergne

Ce métier a presque disparu, puisqu'ils ne sont qu'une poignée en France à toujours fabriquer ou réparer des roues en bois. Le charron débite le bois et le cercle : la fabrication de la roue est entièrement manuelle, à la satisfaction des collectionneurs, des haras ou des possesseurs d'attelage.

Bretagne en fête
Le Festival interceltique de Lorient

Le Festival interceltique de Lorient est né il y a quarante ans. Ce Woodstock druidique accueille un concours de bagadoù, ces formations musicales bretonnes composées de bombardes, de binious et de percussions. Le dimanche, près de quatre mille artistes, danseurs, chanteurs et musiciens, évoluant en costumes traditionnels, participent à la grande parade des nations celtes.

Vue d'Ajaccio : peinture conservée au musée Fesch

La rubrique du 13 h

LE PALAIS FESCH D'AJACCIO
Corse

L'oncle de Napoléon, le cardinal Fesch, a donné son nom à ce palais qui accueille le musée des Beaux-Arts d'Ajaccio, ainsi qu'une chapelle et une bibliothèque. Grand amateur d'art, le cardinal possédait la plus grande collection de peintures jamais constituée – environ seize mille tableaux, réalisés sur une période de six siècles – avec une préférence pour les peintres italiens. À sa mort, une infime partie de ses œuvres fut léguée à Ajaccio, et le palais Fesch est aujourd'hui le plus important fonds d'art italien en France, après le musée du Louvre.

À table !
Flamiche aux poireaux
Picardie

Pour 6 personnes
Nettoyer, laver et émincer 1 kg de poireaux, en supprimant les parties vertes, et les cuire doucement dans 100 g de beurre. Battre 2 œufs avec 20 cl de crème fraîche et, hors du feu, ajouter ce mélange aux poireaux. Assaisonner.
Étaler une pâte brisée dans un moule à tarte beurré et verser la garniture. Recouvrir d'un second disque de pâte brisée. Souder les bords et faire une cheminée au centre. Cuire au four pendant 35 min à 180 °C et servir chaud.

DICTON
Limousin

Pluie menue, femme barbue,
jamais bon à être connues.

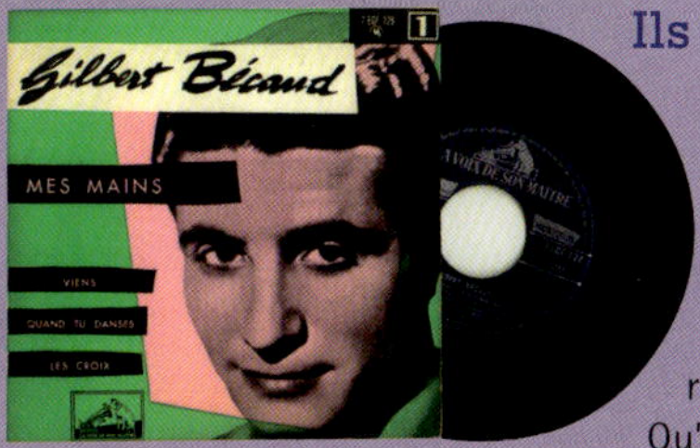

Ils ont marqué leur région...
Gilbert Bécaud
Provence-Alpes-Côte d'Azur

À la fin des années 1940, François Silly, alias Gilbert Bécaud, jeune pianiste toulonnais, se met en quête d'un travail. Il se présente dans un piano-bar, accompagné de sa mère, afin de remplacer le pianiste habituel. Le patron lui refuse le poste, arguant qu'il ne porte pas de cravate. Qu'à cela ne tienne. Sa maman découpe le bas de sa robe bleue à pois blancs, Gilbert noue le tissu autour de son cou et retourne voir le patron. Ce dernier le laisse jouer, puis l'embauche sur-le-champ. En souvenir de cette aventure, le chanteur s'est toujours présenté sur scène avec une cravate à pois.

mercredi 10 août

lever : 6 h 35
coucher : 21 h 15

St Laurent

DICTON

Île-de-France

Firmament rosé au couchant,
signe de vent.

Savoir-faire

Cordonnier traditionnel à Montpellier

Languedoc-Roussillon

La cordonnerie traditionnelle est un savoir-faire ancestral, qui se transmet souvent d'une génération à l'autre. À l'aide d'une multitude d'outils, le cordonnier travaille le cuir – il le découpe, le coud, afin qu'il épouse parfaitement le pied – et redonne ainsi vie aux chaussures.

À table !

Salade de gésiers

Midi-Pyrénées

Pour 6 personnes
Laver 3 belles sucrines et les sécher. Couper 18 tranches dans 1 baguette et les toaster. Les frotter ensuite avec 1 gousse d'ail. Faire chauffer 300 g de gésiers de canard confits, coupés en lamelles. Assaisonner la salade. Sur chaque assiette, disposer la salade, des cerneaux de noix concassés, 3 croûtons et les gésiers. Parsemer de copeaux de foie gras.

La rubrique du 13 h

LES ONZE ÉCLUSES D'HÉDÉ

Bretagne

À une vingtaine de kilomètres au nord de Rennes, Hédé est le point de départ d'une fabuleuse balade le long du canal d'Ille-et-Rance. Construit au XIXe siècle à la demande de Napoléon, ce canal, qui relie Rennes à Saint-Malo, avait pour but de réduire les risques d'isolement suite à un éventuel blocus anglais. À Hédé, la dénivellation est de près de trente mètres : onze écluses se succèdent sur environ deux kilomètres, pour permettre aux bateaux de gravir cet « escalier ». Le long de cette échelle, on peut admirer les maisons éclusières décorées et fleuries ; l'une d'elles retrace l'histoire du canal.

Devinette

Qu'est-ce qu'un « trou normand » ?

Un petit verre de calvados servi entre deux plats. Il est censé faciliter la digestion et redonner l'appétit lors des grands repas traditionnels normands. De nos jours, il est servi accompagné d'un sorbet à la pomme.

Ils ont marqué leur région…

Pasteur Oberlin

Alsace

La plus grande invention de Jean-Frédéric Oberlin est sans doute celle des écoles maternelles. Avant lui, incapables d'aider leur famille aux travaux de la campagne, les jeunes enfants, considérés comme inutiles, sont livrés à eux-mêmes. C'est dans l'intérêt pour son prochain et pour le développement de la région pauvre du Ban de la Roche que le pasteur concrétise, à partir de 1767, de multiples projets à la fois économiques et sociaux. Il développe une vision moderne de la religion protestante, considérant que le bien-être matériel est nécessaire à l'élévation spirituelle.

jeudi 11 août

lever : 6 h 37
coucher : 21 h 13

Ste Claire

Savoir-faire

Sérigraphe à Lille

Nord-Pas-de-Calais

Cette technique d'imprimerie – dont le nom signifie « écriture sur soie » – s'est popularisée au XXe siècle avec les plus grands artistes de l'époque. La sérigraphie traditionnelle utilise des encres spéciales, sur divers supports, tels que le bois, le métal, le carton, le béton ou encore le verre.

Quiz des villes & villages de France

La légende raconte que le château fort de cette petite ville, située entre Poitiers et Niort, a été construit par la fée Mélusine, pour son mari Raymondin.

_ _ _ _ _ _ _ _

La rubrique du 13 h

LA TOUR DE L'HORLOGE D'AUXERRE

Bourgogne

Au cœur du quartier piétonnier d'Auxerre, centre historique de la ville, se dresse la tour de l'Horloge. Une première tour avait été érigée à l'époque gallo-romaine et, sur ses vestiges, une nouvelle fut bâtie au XVe siècle, qu'on appela d'abord « tour Gaillarde ». Utilisée dans les premiers temps comme prison, elle fut par la suite transformée en beffroi. L'horloge et son mécanisme se trouvent dans une chambre adossée à la tour, qui forme une arche au-dessus de la rue. En plus de marquer l'heure, les aiguilles indiquent les mouvements du Soleil et de la Lune.

À table !

Liqueur de mirabelles

Lorraine

Écraser 1 kg de mirabelles avec leurs noyaux et les faire macérer dans 1 l d'eau-de-vie pendant 3 mois dans un récipient bien fermé. Au bout de ce temps, passer la préparation et la mélanger à un sirop fait avec 20 cl d'eau et 500 g de sucre. Filtrer, embouteiller et boucher.

Devinette

En 1947, quel festival français voit le jour sur une scène installée dans la cour du palais des Papes ?

Le Festival d'Avignon. Fondé par Jean Vilar, il a lieu chaque été en juillet dans les rues et les multiples théâtres du centre historique de la ville.

Ils ont marqué leur région...

Gérard Depardieu

Centre

C'est sous les traits de Jean-Claude, un jeune délinquant en cavale, que Gérard Depardieu interprète son premier grand rôle cinématographique en 1974, dans *Les Valseuses* de Bertrand Blier. Après ses débuts au théâtre, ce succès lance la carrière du jeune homme de 26 ans, qui a quitté la ville de Châteauroux pour venir percer à Paris. Mais notre armoire à glace ne s'en tiendra pas aux rôles de durs à cuire : pendant sa carrière, il épousera tous les registres, de la comédie au film historique, du cinéma d'auteur au blockbuster, s'imposant vite comme indispensable au cinéma français.

Lusignan

vendredi 12 août

lever : 6 h 38
coucher : 21 h 12

Ste Clarisse

Un jour en *Languedoc-Roussillon*

12 août 1988

Ce jour-là, les plus chanceux sont présents au concert que Michael Jackson donne à Montpellier, lors de sa tournée « Bad ». Des milliers de fans français et étrangers sont venus écouter et regarder le *King of pop* dans un show exceptionnel.

À table !

Le pontarlier

Franche-Comté

C'est à Pontarlier, le berceau français de l'absinthe, que cet apéritif est né. Après l'interdiction de la « liqueur qui rend fou » en 1915, les distilleries du Doubs périclitèrent. Quelques années plus tard, elles reçurent l'autorisation de distiller l'anis vert, beaucoup moins alcoolisé que l'absinthe.

La rubrique du 13 h

LE CHÂTEAU DE CHANTILLY

Picardie

Associé pour toujours aux princes de Condé, le château de Chantilly est la pièce maîtresse d'un vaste domaine constitué depuis le Moyen Âge et sévèrement amputé à la Révolution. Dans ces lieux illustres ont défilé les hôtes les plus prestigieux : rois, philosophes, auteurs et dignitaires. Le château actuel, reconstruit par le duc d'Aumale, date du XIXe siècle. À sa mort, cet héritier du dernier des Condé le légua à l'Institut de France, ainsi que sa collection d'œuvres d'art. Le château comprend aujourd'hui l'un des plus beaux musées de peintures anciennes en France.

Savoir-faire

Restaurateur de luminaires à Pont-Scorff

Bretagne

Restaurer un lustre est un travail long et minutieux, qui demande une maîtrise dans plusieurs domaines : il faut le nettoyer, l'électrifier aux normes actuelles, sans le dénaturer, et préserver l'unité esthétique, alors que les pièces qu'il faut remplacer n'existent parfois plus.

CITATION

Rhône-Alpes

« Si Paris est la capitale de la France, Lyon est la capitale de la province. »

Albert Thibaudet

Ils ont marqué leur région…

Jean Honoré Fragonard

Provence-Alpes-Côte d'Azur

Bien qu'il y soit né, Fragonard ne se rendra qu'une seule fois à Grasse à l'âge adulte, sur l'invitation de son cousin, qui demeure au cœur de la ville. Cependant, il ne vient pas les mains vides. Il apporte en effet avec lui une série de quatre toiles, *Les Progrès de l'amour dans le cœur d'une jeune fille*. À l'origine, il s'agit d'une commande de la comtesse Du Barry. De peur que l'on n'établisse un rapprochement entre ces peintures et sa liaison avec Louis XV, la comtesse les a tout simplement refusées. Fragonard ajoute alors à ses toiles quelques fleurs et les installe chez son cousin. Rien ne se perd…

La rédemption d'un pécheur chassant chasser

« Quand on donne la main à Dieu, il ne la lâche pas si facilement. »
Julien Green, Le Revenant, Journal 1946-1950, *1951*

Fils de Bertrand, duc d'Aquitaine et descendant direct du roi Pharamond, Hubert avait passé quelques années à la cour du roi Thierry Ier, avant de s'établir en Austrasie. Il y épousa Floribane, la fille de Dagobert. À cette époque, Hubert se préoccupait peu, c'est le moins que l'on puisse dire, d'être un bon chrétien, et encore moins de servir fidèlement le Christ : il n'avait d'intérêt que pour la chasse. Sa passion avait pris une telle ampleur qu'elle l'aveuglait, et il ne s'aperçut pas que son épouse, délaissée, dépérissait de jour en jour. C'est lors d'une course interminable après un cerf magnifique que le Christ lui-même, las de voir cet homme se perdre dans son orgueil et son égoïsme, se manifesta sous la forme d'un crucifix, ornant les bois de l'animal. Il lui conjura de changer de route et de se rendre immédiatement chez Lambert, évêque de Maastricht, pour y suivre son enseignement. Ce fut là le premier miracle auquel fut mêlé saint Hubert. Obéissant sans réfléchir à la parole divine, il se rendit immédiatement chez ledit évêque.

Commença alors pour le chasseur en quête de rédemption une vie d'ascèse et de prières. Il y expia la mort de sa femme, qui avait succombé en donnant naissance à son fils, et pourvut à l'éducation de celui-ci. Mais Hubert était appelé à de plus hautes destinées : un ange vint le voir pour lui enjoindre de se rendre à Rome, et il entreprit sans plus tarder un long pèlerinage vers la capitale pontificale. Au cours de ce périple, Lambert fut assassiné. La nuit précédant l'arrivée d'Hubert à Rome, Dieu s'adressa au pape Serge pour lui annoncer la mort tragique de l'évêque, ainsi que son intention de le remplacer par Hubert. Le souverain pontife trouverait l'homme en question le lendemain, agenouillé devant le tombeau de saint Pierre. Naturellement, lorsque le pape trouva Hubert à l'endroit indiqué, il lui fit part du projet divin qui le concernait. Mais Hubert était désormais pétri d'humilité et, si les anges ne s'en étaient pas mêlés, une fois de plus, en apparaissant vêtus des habits de saint Lambert, il n'aurait probablement pas accepté un tel honneur.

La volonté du Tout-Puissant de conduire Hubert sur le chemin de la sainteté était donc perceptible. Elle devint évidente lors de la cérémonie au cours de laquelle le pape lui conféra les ordres sacrés : deux nouveaux miracles se produisirent. Tout d'abord, un ange, envoyé de Marie, lui apporta une étole. C'était le signe que ses prières avaient été entendues, et qu'il exercerait sa fonction d'évêque comme nul autre. Puis, ce fut saint Pierre qui lui apporta une clef d'or, dont il tirerait le pouvoir de déjouer les esprits malins acharnés sur les hommes et les bêtes. De son vivant, Hubert fut un célèbre thaumaturge de la rage. En 1282, l'ancien chasseur – invétéré et peu soucieux du respect et de l'harmonie entre les hommes et toutes les créatures de Dieu qu'il avait été – fut canonisé et devint le saint patron des chasseurs.

lundi 15 août

lever : 6 h 42
coucher : 21 h 06

Assomption

À table !

Andouillettes de Troyes

Champagne-Ardenne

Pour 4 personnes

Mélanger ½ verre de vin blanc avec 1 c. à soupe de moutarde. Piquer 4 andouillettes à la fourchette, pour éviter qu'elles n'éclatent, et les faire dorer dans une poêle à feu doux pendant 5 min. Ajouter 2 échalotes émincées et le mélange de vin blanc et de moutarde. Laisser mijoter encore 10 min et servir avec des pommes vapeur.

Un jour en

Nord-Pas-de-Calais

15 août 1945

La guerre est finie, un arrêt condamne le maréchal Pétain à la dégradation nationale. Il sera ensuite condamné à mort à l'unanimité par la Haute Cour de justice. Cette sentence ne sera cependant pas appliquée, suite à la grâce du général de Gaulle, et Pétain mourra en captivité.

La rubrique du 13 h

LE PARC DU PUY-DU-FOU

Pays de la Loire

Quatrième parc à thèmes français par sa fréquentation, le Puy-du-Fou a vu le jour en 1978, sur un lieu-dit de la commune des Épesses, dans le département de la Vendée. Ce qui n'était au départ qu'un spectacle nocturne, retraçant la vie d'une famille vendéenne, est devenu au fil du temps une incroyable machinerie, qui emploie des centaines de comédiens, cavaliers, techniciens et fait appel à des milliers de bénévoles. À travers ses différents spectacles et animations, le Puy-du-Fou offre un voyage dans le temps, des gladiateurs au XVIIIe siècle, en passant par les Vikings et le Moyen Âge.

Savoir-faire

Tisaneur à Saint-Pierre

La Réunion

À Saint-Pierre, le tisaneur n'est pas seulement celui qui ramasse herbes et fleurs pour préparer des tisanes et les vendre sur le marché. Il est aussi celui qui connaît leurs propriétés et les utilise pour guérir. Ce savoir-faire ancestral se transmet de génération en génération.

La France en fête

L'Assomption

La fête de l'Assomption commémore, chez les chrétiens, l'élévation de la Vierge au ciel. Le 15 août est souvent l'occasion de fêter la moisson dans les campagnes, avec des reconstitutions de récoltes et de battages d'autrefois. C'est aussi, dans la plupart des villes littorales du Nord, un jour où l'on célèbre la mer, avec de pittoresques bénédictions au large.

Ils ont marqué leur région…

Juliette Gréco

Île-de-France

Les débuts à Paris sont loin d'être idylliques pour la jeune femme, qui s'y retrouve seule après la déportation de sa famille en 1942. Elle fréquente Saint-Germain-des-Prés, où elle survit tant bien que mal. Ce sont des scènes comme celle du Bœuf sur le toit qui accueillent d'abord la Muse de Saint-Germain-des-Prés. La chanteuse doit une partie de son succès à la qualité des textes de son répertoire, allant de Ferré à Gainsbourg, en passant par Brel : un succès tel qu'elle s'exporte vite à l'étranger, où la Parisienne triomphera aussi bien au cinéma que dans la chanson.

mardi 16 août

lever : 6 h 44
coucher : 21 h 05

St Armel

Savoir-faire

Calligraphe à Urt

Aquitaine

Ora et labora, « prie et travaille » : voilà ce que préconisait saint Benoît. C'est pour cette raison que l'art monastique s'est développé chez les bénédictins et qu'il perdure aujourd'hui. Au monastère de Belloc, on peut admirer le travail d'un calligraphe en train de magnifier les textes sacrés.

CITATION

Bretagne

« Voilà donc ce fameux champ de Carnac qui a fait écrire plus de sottises qu'il n'y a de cailloux. »

Gustave Flaubert,
Par les champs et par les grèves, 1885

La rubrique du 13 h

ESPACE PAUL-REBEYROLLE À EYMOUTIERS

Limousin

Né à Eymoutiers et disparu en 2005, Paul Rebeyrolle est un peintre français majeur du XXe siècle. Le centre d'art qui porte son nom a ouvert ses portes dans la Haute-Vienne en 1995. Outre des œuvres de l'enfant du pays, il accueille des expositions temporaires d'art contemporain. Le bâtiment est bordé par un ruisseau, le Planchemouton, dans lequel les cendres de Rebeyrolle ont été dispersées. Implanté sur un ancien site industriel de la commune, le centre est fait de bois et de verre. Carré et de plain-pied, il bénéficie de beaucoup de lumière, ce qui met en valeur les peintures et les sculptures.

Devinette

À quoi servaient autrefois les feuilles de hêtre en Auvergne ?

À remplir les matelas et les édredons, une fois séchées. Elles étaient changées une fois par an, en automne.

À table !

Lotte au camembert

Basse-Normandie

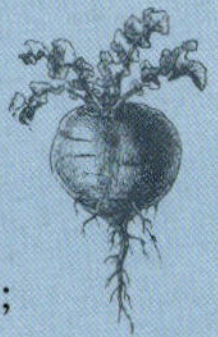

Pour 4 personnes

Détailler en julienne 2 poireaux, 4 carottes et 2 navets et couper 1 pomme en petits dés ; faire cuire les légumes et la pomme dans du beurre. Éplucher et couper en morceaux 800 g de lotte. Faire bouillir ½ l de cidre avec ½ l de fumet de poisson. Pocher la lotte quelques minutes dans le bouillon frémissant, égoutter et réserver au chaud. Faire réduire le jus presque entièrement et ajouter 30 cl de crème. Déposer le mélange de légumes chaud dans 4 assiettes creuses et répartir la lotte. Recouvrir le poisson de lamelles de camembert et arroser de sauce à la crème.

Ils ont marqué leur région…

Antoine Bellacoscia

Corse

Dans son *Histoire corse*, Maupassant parle de « vagabonds [...] qui vivent sur les sommets, dans les roches et les broussailles, nourris par la population, grâce à la terreur qu'ils inspirent ». Parmi ceux-ci, il évoque les « frères Bellacoscia dont la situation de bandits est presque officielle et qui occupent le Monte d'Oru, aux portes d'Ajaccio, sous le nez de l'autorité ». Voilà qui résume bien la carrière d'Antoine Bellacoscia et de son frère, bandits notoires, qui malgré plusieurs meurtres ont tenu les autorités en échec de 1848 à 1892, devenant des personnages légendaires de l'histoire corse.

mercredi 17 août

lever : 6 h 45
coucher : 21 h 03

St Hyacinthe

À table !

Farinette

Auvergne

Pour 2 personnes

Casser 2 œufs dans une jatte et les battre en omelette avec 1 pincée de sel. Incorporer 2 c. à soupe de farine et 10 cl de lait. Laisser reposer quelques instants.Faire fondre 25 g de beurre dans une poêle bien chaude et verser la préparation. Lorsque la farinette commence à épaissir, baisser le feu et laisser dorer. Quand elle se décolle des bords, retourner la farinette en remettant 25 g de beurre et finir la cuisson. Servir bien chaud. La farinette se mange salée (avec des herbes, du fromage...) ou sucrée (avec de la confiture, des fruits...).

DICTON

Franche-Comté

À Arbois on y rit,
on y sonne,
on y boit.

La rubrique du 13 h

LE PALAIS DES ÉVÊQUES DE QUIMPER

Bretagne

Le Palais épiscopal était la résidence principale de l'évêque de Cornouaille, seigneur de Quimper. Édifié au début du XVIe siècle par l'évêque Claude de Rohan entre la cathédrale et les quais de l'Odet, il fut sans cesse agrandi et reconstruit jusqu'au XIXe siècle, offrant ainsi une vision de l'architecture bretonne à travers les époques. Les parties les plus remarquables sont la tour d'escalier au décor Renaissance – le pan le plus ancien du bâtiment –, le cloître néogothique ou encore la salle des fresques. Depuis 1911, le palais accueille les collections du Musée départemental breton.

Un jour en *Aquitaine*

17 août 1932

Jean-Jacques Sempé est un illustrateur de presse et d'albums reconnu, notamment celui du célèbre et très populaire *Petit Nicolas* de Goscinny. Il naît en ce jour à Bordeaux, et c'est dans le journal *Sud-Ouest* qu'il publie quelques-uns de ses premiers dessins.

Savoir-faire

Choucrouterie à Obenheim

Alsace

Après avoir récolté à la main les choux cultivés dans le terroir alsacien, il est temps de les placer en cuve, taillés en fines lamelles, pour la fermentation. Protégés par une légère saumure et privés du contact de l'oxygène, les choux fermentent une à deux semaines et se conservent jusqu'à un an.

Ils ont marqué leur région...

George Sand

Centre

À Nohant, dans le Berry, se trouve la maison où vécut, au XIXe siècle, l'écrivain George Sand. Celle-ci y a demeuré pendant son enfance et son adolescence, mais elle y a également passé une grande partie de sa vie et écrit bon nombre de ses œuvres les plus célèbres. Inspirée par cet environnement berrichon, Aurore Dupin – c'est son vrai nom – a émaillé ses écrits des impressions que lui inspiraient les paysages de sa chère région : « Il me semblait que la Vallée Noire, c'était moi-même ; c'était le vêtement de ma propre existence », affirme-t-elle dans son roman *Valentine*.

jeudi 18 août

lever : 6 h 46
coucher : 21 h 01

Ste Hélène

Quiz des villes & villages de France

Située au sommet d'un piton et dominant de cent vingt mètres la rivière Aveyron, le nom latin de cette ville, *Segodunum*, signifie « la colline de seigle ».

Savoir-faire

Couvreur ornemaniste à la Charité-sur-Loire

Bourgogne

Comme son nom l'indique, cet artisan orne les toitures : il restaure ou ajuste faîtages, lucarnes, œils-de-bœuf ou frises. Avant de parer les toits de leurs plus beaux atours, il façonne, soude et assemble, au sein de son atelier, le zinc, le cuivre, le laiton et le plomb.

La rubrique du 13 h

LE CENTRE SPATIAL DE KOUROU

Guyane

Le centre spatial guyanais de Kourou voit le jour en 1964 et, quatre ans plus tard, il inaugure son premier lancement avec une fusée-sonde Véronique. Par sa position géographique, le site de Kourou est parfait pour l'implantation d'un port spatial : il est peu habité, ce qui limite les risques, et sa proximité avec l'équateur, du fait de la rotation de la Terre, augmente la vitesse des fusées. Intégré à l'Agence spatiale européenne en 1973 – le premier lancement d'Ariane a lieu en 1979 –, Kourou a été le théâtre de plus de cinq cents lancements, auxquels il est possible d'assister.

À table !

Rillettes de maquereau fumé

Provence-Alpes-Côte d'Azur

Enlever la peau de 4 filets de maquereau au poivre et écraser grossièrement la chair. Ajouter 4 c. à soupe de crème épaisse, 1 c. à soupe de jus de citron et 2 oignons nouveaux hachés avec leur vert. Tartiner ces rillettes sur des tranches de pain de campagne grillées.

Devinette

Quel homme politique français célèbre a choisi de s'installer dans la petite commune de Colombey-les-Deux-Églises ?

Charles de Gaulle. Il la choisit parce qu'elle est à mi-chemin entre Paris et ses garnisons de l'Est et du Nord, et s'y installe en 1934.

Ils ont marqué leur région…

Jean-Baptiste Oudry

Picardie

C'est au XVIIIe siècle, sous la houlette du peintre et dessinateur Jean-Baptiste Oudry, que la manufacture de Beauvais connaît son heure de gloire. Les tapisseries produites à l'époque sont exportées dans toute l'Europe. Aujourd'hui, une vingtaine de lissiers travaillent encore dans la manufacture, que l'on peut visiter et qui est rattachée au Mobilier national. Les gestes techniques demeurent identiques, et c'est à l'aide d'un nuancier, qui ne compte pas moins de quatorze mille couleurs, que les dessins demandés sont fidèlement reproduits.

LA LAITIERE ET LE POT AU LAIT

Rodez

À table !
Le poirat
Centre

Pour 4 personnes
Éplucher et couper 500 g de poires en dés. Ajouter 4 c. à soupe d'eau-de-vie, 50 g de sucre et quelques tours de moulin à poivre. Laisser macérer. Étaler 2 abaisses de pâte brisée de 200 g chacune. Garnir un moule à tarte beurré avec le premier disque et répartir les poires. Souder hermétiquement avec le second disque. Dorer la pâte avec 1 œuf battu et faire une cheminée. Cuire à 170 °C pendant 45 min.

La rubrique du 13 h

LE CIRQUE DE NAVACELLES
Languedoc-Roussillon

La Vis est une rivière cévenole qui traverse les départements du Gard et de l'Hérault. Pendant des millions d'années, elle a creusé de nombreuses gorges dans la région, notamment celles de Navacelles, formant ainsi un cirque naturel. À cet endroit, il y a six mille ans, un des méandres de la Vis s'est asséché pour devenir un immense espace de verdure. Chaque année, des milliers de visiteurs admirent ce canyon grandiose aux versants arides ainsi que les plateaux de Blandas et du Larzac. Plus loin, en contrebas, la Vis poursuit son cours et s'écoule en cascades aux abords du village.

Savoir-faire
Dominotier à Nancy
Lorraine

La dominoterie est une technique d'impression à partir d'une gravure sur bois, utilisée notamment, autrefois, dans la fabrication des cartes à jouer. Malgré les innovations, certains artisans continuent d'utiliser cette technique, et le résultat est bien plus qu'un jeu.

Un jour en *Auvergne*
19 août 1883

Coco Chanel vient au monde. Orpheline à l'adolescence, elle apprend la couture assez jeune auprès des chanoinesses de Moulins. Pour notre plus grand bonheur, elle abandonne bien vite la confection des layettes pour se lancer dans celle de robes et de chapeaux, avec le succès que l'on connaît.

CITATION
Basse-Normandie

« Je réserve le mois d'août pour voir un petit pays appelé Trouville, qui fourmille de motifs charmants. »

Jean-Baptiste Camille Corot

Ils ont marqué leur région...
Lucien Neuwirth
Rhône-Alpes

Les femmes ont dû attendre l'application de la loi Neuwirth du 28 décembre 1967, qui porte le nom de cet homme politique originaire de Saint-Étienne, pour pouvoir utiliser légalement la pilule contraceptive. S'il est encouragé par le général de Gaulle – « C'est vrai ; transmettre la vie, c'est important ! Il faut que ce soit un acte lucide. Continuez », lui aurait dit celui-ci –, Neuwirth ne s'en sort pas pour autant sans difficultés. Il se voit notamment qualifier de « Fossoyeur de la France » ou surnommer « Immaculée contraception », par ses détracteurs de l'époque.

samedi 20 & dimanche 21 août

St Bernard St Christophe

Le ronchon de Gonfaron

Tel est pris qui croyait prendre

Il y avait dans le temps jadis, à Gonfaron, une procession en l'honneur du saint patron, Quinis. Le cortège traversait le village jusqu'à la chapelle dédiée au protecteur, située sur les hauteurs, suivant un parcours bien établi. Chaque année, les Gonfaronnais étaient chargés de nettoyer les rues autour de leur maison, pour faire place belle au défilé. Mais il y avait dans ce village un homme récalcitrant, qui n'avait que faire de cette tradition ; et le nettoyage faisait très rarement partie de ses occupations. Il se refusa donc à déblayer le passage, clamant à la ronde que, si saint Quinis trouvait la rue trop sale, il n'aurait qu'à passer par-dessus. Après tout, les saints font des miracles, celui-ci n'avait qu'à voler. « Non mais ! », ajoutait généralement le bougon, en guise de ponctuation. Personne ne fut surpris par l'attitude de ce ronchon chronique, néanmoins chacun fut quelque peu abasourdi d'un tel manque de respect envers le saint.

Saint qui, d'ailleurs, en fut sans doute plus contrarié que tout le village réuni. Les autorités firent le nécessaire pour que les rues soient tout de même toutes nettoyées, et saint Quinis fut honoré dans la joie et la bonne humeur. Mais, quelques semaines plus tard, alors que le réfractaire descendait tranquillement de la Carnaraute, sur son âne, la bête, exaspérée par les taons, dit-on, se mit à cavaler jusqu'à un ravin, qu'elle sauta d'un bond faramineux : on eût dit qu'elle volait. L'atterrissage fut rude pour le cavalier, qui eut mal au dos pendant des jours durant, suite à sa chute. Mais le reste du village s'amusa, lui, pendant des semaines de ce qu'il considérait comme une chute dans le sens littéraire du terme. Les Gonfaronnais virent dans cet événement une concluion cocasse à l'histoire de saint Quinis : le saint s'était vengé, le vieux ronchon était bien puni pour son arrogance ! Et chacun d'ajouter, en guise de ponctuation, un sonnant : « Bien fait ! »

Aquitaine en fête

Le Festival de force basque de Saint-Palais

Chaque été, Saint-Palais devient le théâtre de démonstrations de force. La fête tire son origine des prouesses des Aizkolariak, ces bûcherons basques qui travaillaient à la hache et se lançaient des défis. L'ancienne capitale de la Basse-Navarre accueille les hommes forts de la région, venus s'affronter au tir à la corde, aux courses et aux épreuves de lever de ballots de paille, ou encore de charrettes de plus de trois cents kilos.

lundi 22 août

lever : 6 h 52
coucher : 20 h 53

St Fabrice

À table !

Le gâteau vendéen

Pays de la Loire

Dans une terrine, mettre 150 g de farine, ½ sachet de levure et 1 pincée de sel. Battre 4 œufs avec 80 g de sucre, 1 sachet de sucre vanillé et 1 c. à soupe de rhum. Incorporer à la farine et mélanger. Ajouter 3 c. à soupe de lait froid. Ajouter à la préparation l'équivalent de 2 bols de fruits de saison, coupés en morceaux, et verser le tout dans un moule beurré. Mettre dans le four chauffé à 180 °C pendant 35 min et servir le lendemain.

Quiz des villes & villages de France

Cette ville d'outre-mer, dont les habitants sont appelés les « Foyalais », a été marquée par la personnalité d'Aimé Césaire, poète et maire de la ville de 1945 à 2001.

?

_ _ _ _ - _ _ - _ _ _ _ _ _

La rubrique du 13 h

LA SALINE ROYALE D'ARC-ET-SENANS

Franche-Comté

Cette manufacture du XVIIIe siècle est remarquable du fait de son excellent état de conservation. À trente-cinq kilomètres de Besançon, la saline royale d'Arc-et-Senans traitait les eaux très faiblement salées – les saumures – afin d'en restituer le sel ; on utilisait le bois de la forêt voisine de Chaux pour évaporer la saumure. La saline est l'œuvre de l'architecte Claude-Nicolas Ledoux, qui composa un vaste ensemble de bâtiments en forme d'arc de cercle, une véritable petite ville, avec ses logements pour les ouvriers ou encore sa prison. Concurrencée par l'exploitation du sel marin, la saline a fermé ses portes en 1895.

Un jour en *Île-de-France*

22 août 1962

Ce jour-là, à Clamart, Charles de Gaulle échappe à un attentat, qui restera dans la mémoire de tous comme l'attentat du Petit-Clamart. Ce n'est ni la première ni la dernière fois qu'on essaie d'attenter à la vie du président, mais il en réchappera toujours.

Savoir-faire

Le bleu de Lectoure

Midi-Pyrénées

Connue depuis l'Antiquité pour son pigment bleu, *Isatis tinctoria*, une plante aux fleurs jaune vif, a fait la renommée des « pastelliers » du pays de Cocagne, à la Renaissance. Longtemps délaissé, ce pigment naturel, obtenu par broyage et séchage de la plante, est aujourd'hui redécouvert.

Ils ont marqué leur région...

Marcel Proust

Basse-Normandie

« Quand le matin, le soleil venait de derrière l'hôtel, découvrant devant moi les grèves illuminées jusqu'aux premiers contreforts de la mer, il semblait m'en montrer un autre versant et m'engager à poursuivre, sur la route tournante de ses rayons, un voyage immobile et varié à travers les plus beaux sites du paysage accidenté des heures », écrit Marcel Proust en 1919 dans son roman *À l'ombre des jeunes filles en fleurs*. Il est question ici de Cabourg, où l'écrivain a passé de nombreux étés. Il a bien souvent évoqué, dans son œuvre, la station balnéaire, la rebaptisant « Balbec ».

Fort-de-France

mardi 23 août

lever : 6 h 53
coucher : 20 h 51

Ste Rose

Un jour en France
23 août 1998

C'est la création par l'Unesco, en France et dans le monde entier, de la Journée internationale du souvenir de la traite négrière et de son abolition. La date choisie rappelle la révolte des esclaves de Saint-Domingue, alors colonie française.

Savoir-faire
Boulanger à l'ancienne à La Haye-de-Routot
Haute-Normandie

Le four à pain, datant de 1845 et restauré dans les années 1980, est aujourd'hui un musée. Cependant, en saison, chaque dimanche, un boulanger prépare son pain comme autrefois : il pétrit la pâte, allume et chauffe le four, ôte les braises et les cendres et enfourne les pains.

La rubrique du 13 h
RODEMACK
Lorraine

Aux frontières de la France, de l'Allemagne et du Luxembourg, la cité médiévale de Rodemack est l'un des plus beaux villages de l'Hexagone. Parce qu'elle est entourée d'une enceinte de sept cents mètres de remparts, on la surnomme « la petite Carcassonne lorraine ». À l'intérieur de ces remparts, après avoir franchi la porte de Sierck, on peut admirer la tour de l'ancienne prison, en forme de demi-lune, la chapelle Notre-Dame ou le vieux pressoir. Ce patrimoine médiéval est complété par le château, propriété de la Communauté de communes de Cattenom et Environs, depuis 2004, et ouvert au public.

À table !
Le tourtou corrézien
Limousin

Pendant limousin de la galette bretonne, le tourtou faisait autrefois office de pain pour accompagner rillettes et plats en sauce, comme le ragoût ou le civet. Aujourd'hui, cette fine crêpe de sarrasin se consomme garnie, mais également en version sucrée.

CITATION
Provence-Alpes-Côte d'Azur

« La Côte d'Azur est la serre où poussent les racines. Paris est la boutique où on vend les fleurs. »

Jean Cocteau

Ils ont marqué leur région…
Pierre Larousse
Bourgogne

Le célèbre fondateur de la Librairie Larousse et Boyer, créée en 1852, est d'abord un instituteur déçu des manuels archaïques dont il dispose pour dispenser son enseignement. C'est ce qui le décide à rédiger son premier ouvrage, la *Lexicologie des études primaires*, destiné à apprendre l'orthographe et l'art de l'écriture aux enfants. Le fameux dictionnaire, qui voit le jour en 1856, marque le commencement de la longue carrière de cet éditeur dont le nom résonne aujourd'hui, dans tous les esprits, comme synonyme de « dictionnaire ».

mercredi 24 août

lever : 6 h 55
coucher : 20 h 49

St Barthélemy

DICTON
Alsace

Cigognes à la Saint-Barthélemy,
un doux hiver nous est promis.

À table !

Le paris-brest

Île-de-France

Cette pâtisserie doit son nom à sa forme : une couronne qui rappelle une roue de vélo. En effet, ce gâteau, fait de pâte à choux et de crème pralinée, est apparu au début du XXe siècle, en hommage à la célèbre course cycliste. Traditionnellement, de la pâte est utilisée pour figurer les rayons de la roue.

Devinette

Quelle course automobile mythique, à laquelle a failli participer Steve McQueen, a lieu tous les ans dans la Sarthe ?

Les Vingt-Quatre Heures du Mans. Cette compétition d'une durée de vingt-quatre heures a lieu au mois de juin chaque année, près de la ville du Mans.

La rubrique du 13 h

LES CAVES D'ÉPERNAY

Champagne-Ardenne

Épernay est une charmante ville de la Marne qui possède plusieurs monuments exceptionnels. Mais ce qu'il ne faut absolument pas manquer, ce sont ses caves. Située en plein cœur du vignoble champenois, Épernay est la véritable capitale du champagne. La cité regroupe les sièges des maisons les plus prestigieuses. Celles-ci entreposent, depuis le XVIIIe siècle, leur précieux breuvage dans des caves : elles sont creusées dans la craie et courent sous la ville sur près de cent dix kilomètres. Des centaines de milliers de bouteilles vieillissent ici, dans les entrailles de la terre.

Savoir-faire

Graveur sur verre à Fouras

Poitou-Charentes

La gravure sur verre artisanale se réalise à main levée, à l'aide d'une pointe de diamant. Flacons, tables ou parois vitrées sont ainsi décorés minutieusement. Alternant opacité et transparence, le graveur sur verre sublime chaque pièce par ces jeux de lumières.

Ils ont marqué leur région...

Jean Ferrat

Rhône-Alpes

L'auteur-compositeur a choisi l'Ardèche, plus précisément Antraigues-sur-Volane, pour mener une existence paisible à partir des années 1970. À cette époque, il ne se produit plus sur scène, mais continue à enregistrer des disques qui ont un grand succès. L'artiste s'investit dans la vie de la région, qui l'inspire à la fois sur le plan poétique – la chanson *La Montagne* est écrite en son hommage – et politique, puisqu'il devient adjoint à la Culture auprès du maire communiste de la petite bourgade. Il restera fidèle à l'Ardèche, qui le verra s'éteindre le 13 mars 2010, à 80 ans.

jeudi 25 août

lever : 6 h 56
coucher : 20 h 47

St Louis

Savoir-faire

Restaurateur de pianoforte à Marchainville

Basse-Normandie

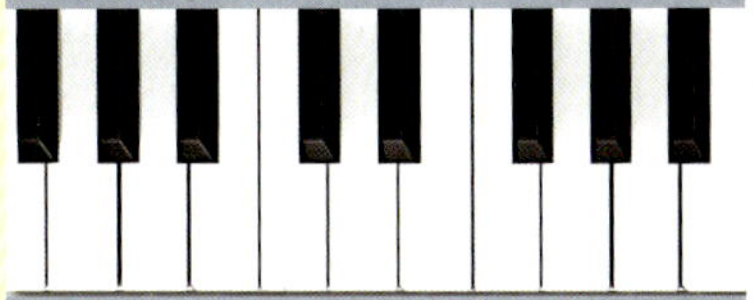

Ancêtre du piano, le pianoforte a supplanté le clavecin – dont il a gardé la forme – au XVIIIe siècle, car il permettait de nuancer davantage les sons. Restaurer la sonorité originale de ces vieux instruments est un travail de recherche, un travail historique autant qu'artistique.

DICTON

Pays de la Loire

Si la lune de Saint-Louis
se fait au beau,
sois réjoui.

La rubrique du 13 h

LE PARC FLORAL D'ORLÉANS

Centre

Lieu le plus fréquenté du Loiret, le parc floral d'Orléans existe depuis 1963, année de la création d'un nouveau quartier de la ville : le quartier de La Source. Évoluant au fil des saisons, le parc a su se renouveler au long des décennies. Il entraîne les promeneurs sur les sages allées ou dans les mystérieux sous-bois, à travers les pelouses et les différents jardins : jardins de roses, de dahlias, d'iris ou de rocaille. Les trente-cinq hectares du parc sont un paradis pour les amoureux de la nature, avec en son centre, comme par magie, l'émergence d'une des sources du Loiret.

À table !

Le jambon de Bayonne

Aquitaine

Le jambon de Bayonne, produit dans le bassin de l'Adour, se caractérise par sa couleur rouge foncé et sa chair moelleuse. Il faut entre neuf mois et un an pour obtenir ce résultat fondant. Les méthodes de fabrication n'ont guère changé depuis des siècles, et on frotte encore le jambon au piment d'Espelette.

Languedoc-Roussillon en fête

Les fêtes de la Saint-Louis à Sète

C'est dans la ville de Georges Brassens, à Sète, que se tiennent, fin août, les joutes nautiques les plus célèbres de France. Les combats sont précédés de défilés de jouteurs, habillés de blanc et coiffés de canotiers. Sur les tintaines, ces longues barques colorées, dix rameurs et deux musiciens propulsent les combattants munis de lances à bout ferré et de boucliers. Pour celui qui fera tomber l'adversaire, c'est la gloire assurée.

Ils ont marqué leur région...

Henri Salvador

Guyane

« Dans mon île / Ah comme on est bien / Dans mon île / On n'fait jamais rien / On se dore au soleil / Qui nous caresse / Et l'on paresse / Sans songer à demain [...] », chantait Henri Salvador, évoquant son attachement à Cayenne, qui l'a vu naître en 1917. Le chanteur a amené le bon vent de Guyane jusqu'en métropole, où il est vite devenu populaire grâce à des chansons poétiques et humoristiques, comme *Le Blues du dentiste* ou *Rock and Roll Mops*, composées en duo avec Boris Vian. Décédé en 2008 à l'âge de 90 ans, son talent et sa personnalité en font un artiste incontournable de la chanson française.

vendredi 26 août

lever : 6 h 58
coucher : 20 h 45

Ste Natacha

Quiz des villes & villages de France

On vient contempler, dans cette ville de l'Yonne, la fosse Dionne, source météorique, résultant de l'infiltration d'eaux de pluie, aménagée en lavoir par le chevalier d'Éon, au XVIIe siècle.

La rubrique du 13 h

LA CITÉ DU TRAIN À MULHOUSE

Alsace

Le plus grand musée européen du chemin de fer est né de la passion de deux hommes pour le monde du rail. Ouvert officiellement en 1976, il accueille chaque année des milliers de visiteurs. Dans les deux grands halls qui composent le musée, les curieux déambulent entre les vieilles locomotives, les wagons populaires et les wagons de luxe. À travers cette immense collection, de nombreux thèmes sont abordés, dans des mises en scène ludiques et passionnantes : les vacances, la montagne ou encore la guerre. Enfin, le grand circuit de trains miniatures fait retrouver son âme d'enfant.

Savoir-faire

Élagueur grimpeur à Bastia

Corse

L'élagage est une étape indispensable à la fructification de l'arbre. Pour accomplir cette tâche difficile, mieux vaut ne pas avoir le vertige et aimer travailler en plein air ! Les élagueurs se doivent d'être en bonne condition physique, pour grimper et manier la tronçonneuse.

À table !

Le chateaubriand

Bretagne

Le chateaubriand est une épaisse tranche de bœuf, prise dans le milieu du filet, que l'on fait griller à feu vif, badigeonnée de beurre, avant de baisser le feu. Selon la légende, le célèbre écrivain originaire de Saint-Malo réclamait son filet cuit entre deux tranches de bœuf qu'il ne mangeait pas par la suite.

Devinette

À quel célèbre établissement pénitencier français le film *Papillon*, de Franklin J. Schaffner, fait-il référence ?

Au bagne de Cayenne. Il fut fermé en 1946, sous l'impulsion des reportages d'Albert Londres qui dévoilaient ses horreurs.

Ils ont marqué leur région...

Jean-Henri Fabre

Provence-Alpes-Côte d'Azur

En 1879, la commune de Sérignan-du-Comtat, dans le Vaucluse, voit s'installer l'entomologue Jean-Henri Fabre au mas de l'Harmas. Qu'est-ce que l'entomologie ? Le scientifique la décrit comme l'observation d'« une société aussi nombreuse que choisie, et dont la conversation ne manquera pas de charmer ma solitude si je parviens à savoir la provoquer ». En d'autres termes, il s'agit des insectes ! De son étude passionnée, cet « Homère des insectes », selon l'expression de Victor Hugo, tirera ses *Souvenirs entomologiques*, œuvre encyclopédique sur la vie des papillons, cigales et autres scarabées.

Tonnerre

samedi 27 & dimanche 28 août

Ste Monique St Augustin

Mythes et légendes
Île-de-France

Conte de ruelle

Au fond d'un petit passage de la capitale, œuvrait, du lever du jour jusqu'à la tombée de la nuit, un tapissier. Il travaillait dur, mais s'ennuyait souvent : la ruelle était mal éclairée, et peu de Parisiens s'aventuraient à passer devant sa boutique, qu'il avait pourtant repeinte en rose, dans l'espoir d'égayer le passage. En vain : personne ne s'y arrêtait jamais. Pourtant, Yves – car tel était son nom – était rarement opposé à l'idée de faire un brin de causette. Aussi lui arrivait-il de parler tout seul, ou de se lamenter auprès de ses fauteuils éventrés, inertes, en passe d'être rembourrés et recouverts de taffetas ou de velours. « Ce n'est pas que votre compagnie me déplaise, leur disait-il, mais vous êtes toujours si muets, si immobiles... Si seulement j'avais un petit compagnon, qui mette un peu de vie dans cette poussière... »

L'homme se croyait abandonné de tous. Mais, à tant se plaindre, on finit toujours par trouver une oreille compatissante. Et, à Paris comme ailleurs, de petites créatures féeriques occupent leurs journées en offrant aux humains la possibilité d'être enfin heureux et de réaliser leur vœu le plus cher. Ainsi, le triste refrain d'Yves avait été entendu. Une nuit, alors que le tapissier s'était endormi sur un canapé, la ruelle s'éclaira d'une étrange lumière, un courant d'air rassembla sur le sol de la boutique boules de coton, bribes de mousse, restes de fils de laine et de soie... Et, tout à coup, la lumière disparut, le petit vent cessa, le tapissier se réveilla, et le petit amas au sol jappa. Incrédule, Yves s'approcha : minuscule sur le parquet, un chiot, remuant la queue, le fixait de son tendre regard, déjà reconnaissant. C'était une petite chienne, couleur de vanille, dont les oreilles avaient la douceur du velours.

Dès lors, la vie du tapissier changea. Car, non seulement il avait de la compagnie jour et nuit, mais la petite boule de poils, qui ne songeait qu'à jouer et à se faire gratter le ventre, commença à intriguer et à attirer les passants : une si jolie petite bête ici, c'est que le passage ne devait pas être si effrayant... C'est ainsi que la ruelle s'anima joyeusement : les enfants venaient caresser la chienne, ravie, et jouer devant la boutique, les badauds s'arrêtaient enfin, pour parler à Yves de la pluie et du beau temps, et de sympathiques jeunes gens vinrent ouvrir boutique à côté de l'atelier. Encore aujourd'hui, on peut lire, à l'entrée du passage, une petite inscription sur un coin de trottoir : « Dans cette rue, tous les gens sont amis. »

DICTON

Picardie

À la Saint-Augustin,
le soleil a grillé le serpolet
et le thym.

lundi 29 août

lever : 7 h 02
coucher : 20 h 39

Ste Sabine

À table !

Céteaux de l'île d'Oléron

Poitou-Charentes

Pour 4 personnes
Écailler et vider 24 céteaux. Les fariner et les poêler dans 10 cl d'huile et 50 g de beurre. Servir les céteaux frits avec du citron et du persil ciselé.

CITATION

Centre

« Dans la région de l'Indre,
la nature change d'aspect,
les vallons s'enfouissent,
les plateaux s'élèvent,
la végétation prend de l'essor,
les eaux se précipitent,
les talus profonds se hérissent
de rochers. »

George Sand, Légendes rustiques, 1858

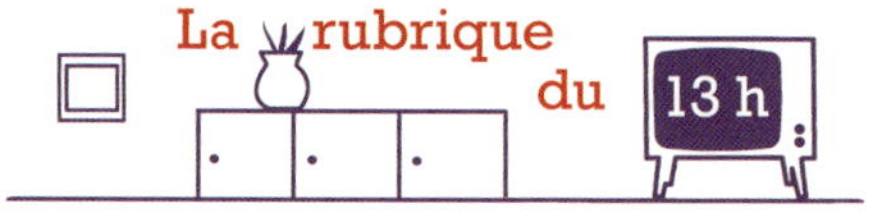

LIEU UNIQUE DE NANTES

Pays de la Loire

Le Lieu unique est un lieu de vie et de culture à Nantes. Comme son nom l'indique, il regroupe plusieurs activités : café, restaurant, hammam, boutiques, mais aussi librairie, salle de concert et hall d'exposition. Mais le Lieu unique, c'est également l'héritage de la biscuiterie nantaise, puisque cet espace culturel a investi l'ancienne usine LU, gardant au passage les célèbres initiales. La tour LU, restaurée à l'identique dans un décor Art nouveau, culmine à trente-huit mètres et accueille les visiteurs dans le gyrorama, une plateforme d'où ils peuvent admirer le panorama.

Quiz des villes & villages de France

Situé dans la vallée de la Mauvaise, l'un des plus petits affluents de la Saône, ce bourg viticole du Beaujolais tient son nom de Jules César lui-même.

_ _ _ _ _ _ _ _

Savoir-faire

Les mineurs du Bourneix

Limousin

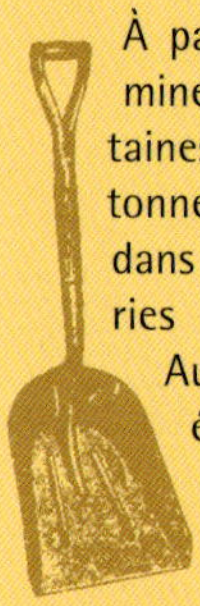

À partir des années 1980, les mines ont fait vivre des centaines de familles, et plusieurs tonnes d'or ont été extraites dans les kilomètres de galeries du sous-sol limousin. Aujourd'hui, le gisement est épuisé, mais personne n'a oublié le courage de ces hommes à la recherche de la précieuse pépite.

Ils ont marqué leur région…

Seigneur de La Palice

Auvergne

Après avoir participé, entre autres combats, à la bataille de Marignan, le maréchal Jacques II de Chabannes est tué à Pavie en 1525. En hommage au défunt seigneur de La Palice, qui tient son nom d'une commune auvergnate, les soldats entonnent cette chanson : « Hélas, La Palice est mort, / Il est mort devant Pavie. / Hélas, s'il n'était pas mort, / Il serait encore en vie. » Ces paroles, qui, il faut bien l'avouer, décrivent une réalité pour le moins évidente, ont donné lieu à l'expression « lapalissade », la langue française offrant la postérité au malheureux Auvergnat.

Julienas

mardi 30 août

lever : 7 h 03
coucher : 20 h 37

St Fiacre

Devinette

Quelle commune surnomme-t-on la « Ville aux cent cheminées » ?

Mulhouse. Cette périphrase fait référence au passé industriel de la ville et aux multiples cheminées d'usines que l'on peut encore voir dans son architecture actuelle.

Savoir-faire

L'usine sucrière de La Trinité

Martinique

Introduite sur l'île au XVIIe siècle, la canne à sucre fait vivre des milliers de Martiniquais, même s'il n'existe plus qu'une seule usine sucrière. Outre la production du sucre et la distillation du jus, la canne est aussi utilisée comme engrais, ou pour produire de l'électricité.

La rubrique du 13 h

ABBAYE DU BEC-HELLOUIN

Haute-Normandie

Entre Rouen et Lisieux, dans un village typiquement normand, au milieu d'un paysage de bocages et de vergers, se dresse la majestueuse abbaye bénédictine Notre-Dame du Bec. C'est au XIe siècle que la communauté d'Herluin s'implante dans la vallée du Bec – de là viendra le nom du village qui entoure le monastère. Plusieurs fois détériorée et abandonnée, l'abbaye voit ses derniers moines chassés au XIXe iècle. Elle sert tour à tour d'écuries ou de logements militaires. Les splendides bâtiments des XVIIe et XVIIIe siècles ne sont rendus à la vie monastique qu'en 1948.

À table !

Charlotte au jambon

Picardie

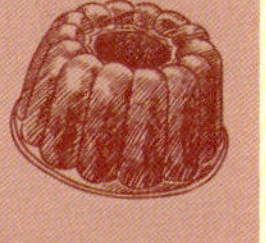

Pour 8 personnes
Faire une béchamel : dans une casserole, mélanger 50 g de beurre fondu à 30 g de farine et verser petit à petit 50 cl de lait, sans cesser de remuer. Laisser cuire doucement, en mélangeant, jusqu'à ce que la béchamel épaississe ; retirer du feu et assaisonner. Battre 6 œufs en omelette, ajouter 6 c. à soupe de crème fraîche, 1 c. à café de paprika, 1 pincée de sel et 600 g de jambon en dés. Mélanger la béchamel avec 1 petite boîte de concentré de tomates et le mélange œufs-jambon. Verser le tout dans un moule à charlotte bien beurré et faire cuire au bain-marie et à four préchauffé à 180 °C, pendant 30 min. Servir froid nappé d'un coulis de tomates.

DICTON

Champagne-Ardenne

Les souris qui creusent trop bas,
les fourmis qui bâtissent trop haut,
présagent un hiver peu chaud.

Ils ont marqué leur région…

Marcel Aymé

Bourgogne

L'écrivain bourguignon est né en 1902 à Joigny, dans le département de l'Yonne. Après avoir vécu de petits boulots à droite et à gauche, il publie son premier roman à l'âge de 24 ans, *Brûlebois*. Trois ans plus tard seulement, il reçoit un premier prix littéraire, et pas des moindres, puisqu'il s'agit du prix Renaudot, pour *La Table-aux-Crevés*. Très prolixe, l'auteur se consacre à l'écriture de romans, de nouvelles et de textes destinés au cinéma. Son éclectisme se confirmera avec les *Contes du chat perché*, série d'albums qui ont occupé les tables de chevet de bon nombre d'enfants.

mercredi 31 août

lever : 7h05
coucher : 20h35

St Aristide

À table !
La pachade
Auvergne

Pour 4 personnes

Râper 4 grosses pommes de terre et les mélanger avec 1 œuf. Saler et poivrer et laisser reposer quelques minutes.
Bien égoutter la préparation en exprimant le jus avec les mains et cuire sous forme de galette, dans une poêle, dans de l'huile bien chaude. Quand la pachade est grillée, la retourner, en la faisant glisser sur une assiette et en retournant la poêle sur l'assiette. Terminer la cuisson et manger la pachade avec une salade.

La rubrique du 13 h

LE PALAIS DE JUSTICE D'AURILLAC
Auvergne

Le palais de justice d'Aurillac constitue, avec la gendarmerie et la maison d'arrêt de la ville, un ensemble architectural. Les trois édifices s'articulent dans un rectangle entouré d'un jardin : la maison d'arrêt et la gendarmerie forment les ailes, tandis que le palais de justice est au centre. Datant de la seconde moitié du XIXe siècle, il est édifié dans un style rappelant l'Antiquité : sa façade arbore un impressionnant péristyle surmonté d'un fronton, soutenu par des colonnes monumentales ; les ailes du bâtiment correspondent à un style plus classique. Le palais de justice d'Aurillac est ouvert à la visite.

Savoir-faire
Confiturerie à Bar-le-Duc
Lorraine

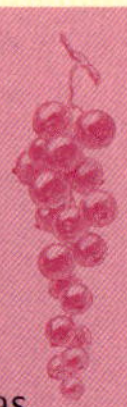

À Bar-le-Duc, on ne trouve pas la mer, mais on trouve du caviar. Ce caviar lorrain, spécialité de la ville depuis le XIVe siècle, est en réalité de la confiture de groseilles. Chaque fruit est épépiné soigneusement à la plume d'oie, taillée en biseau, avant d'être figé dans un sirop de sucre brûlant.

Quiz des villes & villages de France

Capitale du pays d'Auge, située au cœur du bocage, cette ville est connue des catholiques pour la basilique Sainte-Thérèse, deuxième lieu de pèlerinage en France.

_ _ _ _ _ _ _

Un jour en *France*
31 août 1933

Les quatre plus grandes compagnies aériennes françaises fusionnent et donnent naissance à Air France. Le groupe a subi de très nombreux changements depuis sa création, notamment en ce qui concerne son image : en février 2009, un nouveau logo, qui se veut plus international, a ainsi été adopté.

Ils ont marqué leur région...
Diane de Poitiers
Centre

Catherine de Médicis ne portait pas Diane de Poitiers dans son cœur. Favorite du roi Henri II, elle a longtemps été la rivale de la reine et a su utiliser cette liaison pour s'imposer à la cour. À Anet, ville située dans le département de l'Eure-et-Loir, nous pouvons encore admirer une partie du château magnifique conçu par Philibert Delorme, construit spécialement pour elle entre 1547 et 1552. Pourtant, Diane de Poitiers n'en aura pas profité toute sa vie, car, à la mort d'Henri II, elle fut chassée de la cour par Catherine de Médicis, soucieuse de reprendre ses droits.

Lisieux

jeudi 1er septembre

lever : 7 h 06
coucher : 20 h 33

St Gilles

Devinette

Quelle gare est surnommée la « gare des betteraves » ?

La gare de TGV Haute-Picardie. Née dans un contexte conflictuel entre Amiens et Lille, la gare a été construite au milieu des champs, sur la commune d'Ablaincourt-Pressoir.

Savoir-faire

Taxidermiste en Sologne

Centre

La taxidermie, également appelée « naturalisation », est le fait de donner à un animal mort une posture et une apparence vivantes. Le taxidermiste ou empailleur – autrefois, on reformait le corps de la bête avec de la paille – travaille pour les musées ou pour les milieux chasseurs.

DICTON

Haute-Normandie

Il pleut et fait solei,
c'est le diable qui bat sa femme
avec un martet.

La rubrique du 13 h

LE PORT DE DUNKERQUE

Nord-Pas-de-Calais

Le grand port maritime de Dunkerque a plus de trois siècles, et pourtant, la plupart de ses installations sont récentes. Détruit lors des deux guerres mondiales, il a été reconstruit chaque fois, et il ne reste plus rien de l'enceinte fortifiée qu'il formait autrefois avec la ville ; mais, avec ses dix-sept kilomètres de long, il n'y tiendrait de toute façon plus ! Aujourd'hui, le port de Dunkerque a abandonné sa vocation de pêche et s'est tourné vers les ressources énergétiques. Il accueille des navires colossaux, lesquels peuvent transporter jusqu'à trois cent mille tonnes de cargaison.

À table !

Fondue creusoise

Limousin

Pour 4 personnes

Mélanger 4 c. à soupe de farine avec 2 verres de lait. Faire cuire 1 fromage de lait de vache dans ce mélange en remuant jusqu'à ce que ça épaississe. Assaisonner. Déguster cette fondue sur des pommes de terre.

Ils ont marqué leur région…

Guy Lux

Île-de-France

Le 17 juillet 1962 est diffusée la première édition du jeu « Intervilles » : les téléspectateurs découvrent la fameuse vachette et des jeux aussi comiques que périlleux. L'émission est alors présentée par Guy Lux, qui a aussi participé à sa création. D'autres programmes inoubliables sont nés de l'imagination débordante de l'animateur parisien, qui a une prédilection pour les jeux télévisés, concept dont il est l'un des inventeurs. Il a notamment présenté « Jeux sans frontières », « Le palmarès des chansons », et a même lancé « La Classe » dans les années 1980, cette fois en tant que producteur.

vendredi 2 septembre

lever : 7 h 08
coucher : 20 h 31

Ste Ingrid

À table !

Cake alsacien

Alsace

Pour 6 personnes
Mélanger 250 g de sucre en poudre, 1 sachet de sucre vanillé et 250 g de beurre ramolli.
Ajouter 4 œufs et 10 cl de lait, puis 300 g de farine, 1 sachet de levure et 1 pincée de sel.
Travailler la pâte jusqu'à obtenir un mélange homogène.
Verser la préparation dans un moule à cake beurré et cuire 45 min à 200 °C.
Mélanger 5 c. à soupe de sucre glace avec 10 cl de jus de citron.
Verser ce glaçage sur le cake refroidi et laisser durcir.

DICTON

Languedoc-Roussillon

En septembre,
le fainéant peut
aller se pendre.

La rubrique du 13 h

LES PIROGUES DU MARONI

Guyane

Beaucoup de déplacements en Guyane se font en pirogue : plus on s'avance dans la forêt et plus les routes se font rares, seuls les fleuves permettent alors de ravitailler les villages reculés. Parce qu'il marque la frontière entre la Guyane française et le Surinam, le Maroni est une voie commerciale privilégiée : les pirogues acheminent chaque jour plusieurs tonnes de marchandises. Le long des berges, elles se comptent par centaines. Utilisées par tous – pêcheurs, médecins, postiers, gendarmes, écoliers –, les pirogues se frayent un chemin à travers les nombreux rapides du Maroni.

Quiz des villes & villages de France

Cette cité de Charente n'est pas seulement la capitale d'une liqueur du même nom, c'est aussi une ville de culture, où l'on peut assister chaque été au Festival « Blues Passions ».

_ _ _ _ _ _

Savoir-faire

Maître barbier à Paris

Île-de-France

La vie moderne pousse les gens à aller toujours plus vite, et les hommes se contentent d'un rasoir électrique. Il existe pourtant un maître barbier, dans la capitale, qui pourrait bien les faire changer d'avis : il rase et met en forme les moustaches, à l'ancienne. Messieurs, si vous preniez le temps ?

Ils ont marqué leur région…

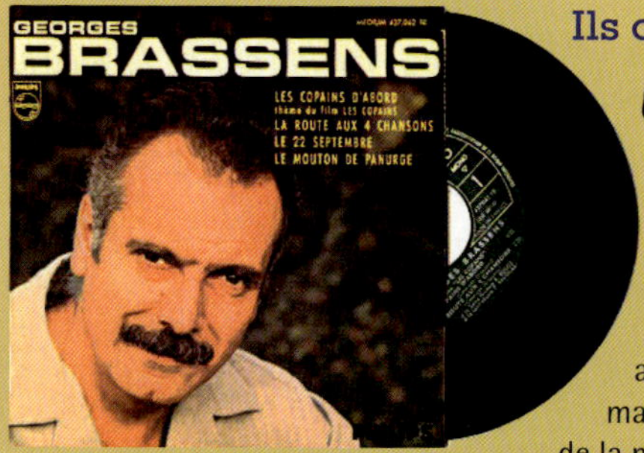

Georges Brassens

Languedoc-Roussillon

Une dégaine d'ours bougon, la pipe et la moustache, pour le physique ; héritier de Villon et de Hugo, pour le goût de la langue bien troussée ; athée et pacifiste, libertaire et chantre avant l'heure de l'amour libre : à sa discrète compagne, il ne fera qu'une « non-demande en mariage » ; fidèle en amitié – « les copains d'abord » – et à ses origines : c'est « juste au bord de la mer, à deux pas des flots bleus », à Sète, sa ville natale, que Georges Brassens repose depuis 1981, là où « tous chargés de parfums, de musiques jolies » soufflent le mistral et la tramontane.

Cognac

samedi 3 & dimanche 4 septembre

St Grégoire — Ste Rosalie

Mythes et légendes
Picardie

Que Dieu vous bénisse !

« L'éternuement absorbe toutes les fonctions de l'âme... »
Blaise Pascal, Pensées, *1670*

Il fut un temps où les lutins étaient nombreux dans la région. Et les Picards s'en méfiaient. La plupart du temps, les lutins devaient leur « infériorité » à un non-respect des commandements de Dieu : ils étaient comme ils étaient parce qu'ils n'avaient pu accéder à l'état d'homme auquel ils étaient pourtant destinés. Ces petits êtres étaient donc souvent aigris et prompts à humilier les humains. Cependant, nul n'avait eu à se plaindre du lutin d'Englebelmer, dont l'unique manie fâcheuse était d'éternuer dès que l'on s'approchait de lui. Ceux qui croisaient sa route étaient sûrs de supporter ses lancinants « atchiiiiiii » sur plusieurs lieues. Mais si on l'entendait de loin, il était impossible de le voir. Les gens s'étaient habitués à la présence invisible de celui qu'ils appelaient l'« éternueu », et n'y prêtaient plus guère attention.

Un soir d'été, un paysan rentrant du marché entendit non loin de lui sur le chemin le drôle de bruit : « atchiiiiiii ». Comprenant là qu'il s'agissait de l'éternueu, l'homme ne s'en préoccupa pas et poursuivit son chemin. Mais, au bout de plusieurs heures d'éternuements intempestifs, il perdit patience. Faisant brusquement volte-face, il s'adressa à l'invisible lutin : « Que Dieu vous bénisse ! Mais allez-vous continuer longtemps ainsi ? » À cet instant surgit de derrière un buisson un petit être vêtu de blanc. Il vint vers le paysan et le remercia chaleureusement. Depuis plusieurs siècles, il attendait que quelqu'un réponde « Que Dieu vous bénisse » à ses éternuements ! C'était l'unique condition nécessaire pour le délivrer du supplice auquel Dieu l'avait condamné pour le punir de toutes les mauvaises actions qu'il avait jadis commises. Il remercia une dernière fois le paysan avant de disparaître à nouveau. Mais, à compter de ce jour, plus personne n'entendit l'éternueu d'Englebelmer éternuer.

Nord-Pas-de-Calais **en fête**

La Grande Braderie de Lille

Ce sont près de trois millions de visiteurs qui se pressent chaque année dans les rues de la capitale des Ch'tis, pour un immense vide-greniers de deux jours et une soirée de concerts. Cette fête a une origine médiévale : les valets avaient obtenu le droit de vendre, une fois par an, les anciens objets et vêtements de leurs maîtres. Aujourd'hui, les ruelles du Vieux-Lille se partagent entre les étals des particuliers et ceux des boutiques.

lundi 5 septembre

lever : 7h12
coucher : 20h25

Ste Raïssa

À table !

La pulenda

Corse

De nombreux plats corses sont à base de châtaigne, comme la pulenda, une sorte de pain mou. On fait cuire dans un chaudron de la farine de châtaigne, de l'eau et du sel, tout en remuant à l'aide d'un bâton spécial. On sert ensuite la pulenda, en tranches, avec de la charcuterie, du brocciu et des œufs.

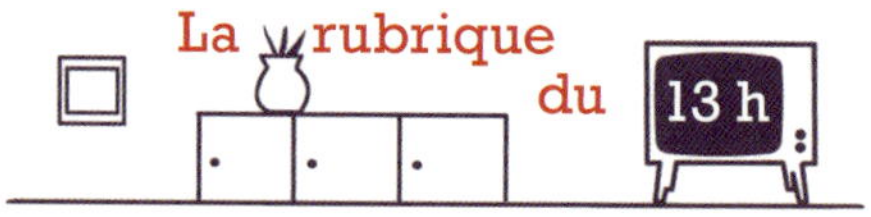

LE VIEUX GRANVILLE

Basse-Normandie

Derrière ses remparts, le cœur historique de Granville a gardé des allures de cité corsaire. Installée sur la presqu'île de la Pointe du Roc, la vieille ville, appelée aussi « ville haute », était autrefois une forteresse chargée de défendre le Mont-Saint-Michel ; dès le XVe siècle, les Anglais avaient compris l'importance stratégique de cet emplacement. Aujourd'hui, les ruelles mènent aux anciennes villas d'armateurs ou à l'église Notre-Dame du Cap Lihou, où fut baptisé Christian Dior. Station balnéaire réputée, Granville a conservé dans un musée les vestiges de son prestigieux passé.

Savoir-faire

Fabricant d'appeaux à Saint-Didier

Provence-Alpes-Côte d'Azur

Dans cette commune du Vaucluse, non loin de Carpentras, on fabrique des appeaux depuis le XIXe siècle. Réalisés au départ dans des noyaux de cerise, des morceaux d'écorce ou des plumes, les appeaux sont aujourd'hui fabriqués en cuir, en bois ou en laiton et essayés à l'oreille, comme autrefois.

Un jour en

Haute-Normandie

5 septembre 1944

Pendant la Seconde Guerre mondiale, le centre-ville du Havre est presque entièrement détruit. Ce malheur donnera néanmoins l'occasion à Auguste Perret de reconstruire un ensemble urbain, dont la réussite sera couronnée par son classement au patrimoine mondial de l'Unesco.

Quiz des villes & villages de France

Cette ville manufacturière du Lot-et-Garonne est surtout connue pour ses « prunes séchées », dont on disait qu'elles permettaient d'éviter le scorbut aux marins.

_ _ _ _

Ils ont marqué leur région...

Gustave Courbet

Franche-Comté

Le maître du réalisme au XIXe siècle a été souvent inspiré par sa région natale, qui est le cadre de plusieurs de ses œuvres. C'est le cas d'*Une après-dînée à Ornans*, des *Paysans de Flagey revenant de la foire*, ou encore d'*Un enterrement à Ornans*, qui est l'une de ses peintures les plus célèbres. Cette toile monumentale, dont la modernité a fait sensation quand elle a été présentée au Salon de 1850, a inspiré ce commentaire à un critique d'art de l'époque : « Mais quelle vérité, bon Dieu ! Et où a-t-on jamais vu réunie une collection de personnages aussi laids, d'une trivialité aussi atroce et aussi sale ? »

Agen

Savoir-faire
Cartonniste à Hirson
Picardie

La réalisation de meubles en carton se développe de plus en plus : solides et écologiques, ils offrent également une plus grande fantaisie et un gain de temps dans la réalisation. Après sa récupération, le carton est découpé, collé, poncé, décoré et imperméabilisé.

Devinette

Qu'est-ce que l'*ochju*?

Le mauvais œil corse. C'est une croyance populaire qui implique l'existence d'un démon. Le fluide malfaisant atteint surtout les enfants et se traduit par de fortes migraines et une grande lassitude. Il peut être combattu par des amulettes et des rituels.

La rubrique du 13 h

LA FONTAINE DES ÉLÉPHANTS DE CHAMBÉRY
Rhône-Alpes

Avec les années, ces quatre pachydermes sont devenus l'emblème de la capitale savoyarde. Point de départ du quartier piéton de la ville, la fontaine des Éléphants fut construite en hommage au général de Boigne, bienfaiteur de la ville, et inaugurée en 1838. Le monument comporte une colonne, surmontée de la statue du général, et une fontaine. L'eau sort par les trompes de quatre éléphants, une espèce que le militaire avait ramenée des Indes. Les animaux sont tronqués, réunis par la croupe, si bien que la fontaine est surnommée « les Quatre sans cul » par les Chambériens.

DICTON
Martinique

Ce que tu jettes aujourd'hui
avec le pied,
tu le ramasses demain
avec la main.

À table !
Gardiane de taureau
Languedoc-Roussillon

Pour 6 personnes

La veille, faire mariner 2 kg de daube de taureau avec 1 bouteille de vin rouge, 3 oignons émincés, 5 gousses d'ail pelées et hachées, 4 carottes en rondelles, 300 g de lardons, 300 g d'olives noires, du thym et du laurier. Le lendemain, égoutter le tout en séparant la viande du reste des ingrédients. Dans une cocotte, faire revenir les légumes et les lardons dans de l'huile d'olive. Verser 2 c. à soupe de farine et lier en versant le vin de la marinade. Remuer.

Ajouter ½ bouteille de vin supplémentaire, selon la consistance désirée. Mettre la viande dans la cocotte, saler et poivrer.

Couvrir et cuire à feu très doux pendant 3 h 30.

Ils ont marqué leur région…
Jacques Lhoste
Pays de la Loire

En 1933, Adolph Hitler est élu à la chancellerie allemande. Progressivement, face à la politique du dictateur, la rébellion s'organise. Parmi les résistants figure un certain Jacques Lhoste, originaire de la Mayenne. Diffusion de tracts, de faux papiers d'identité : il est actif et le paie en étant déporté en 1944 à Buchenwald. Pourtant, il en faut plus pour arrêter Lhoste dans ses combats. Il consacre le reste de sa vie à sa région, en s'impliquant dans la vie politique. Il sera notamment conseiller municipal de Laval et président de la chambre des métiers de la Mayenne.

mercredi 7 septembre

lever : 7 h 15
coucher : 20 h 21

Ste Reine

CITATION

Bourgogne

« Je revois des prés, des bois profonds que la première poussée des bourgeons embrume d'un vert insaisissable. »

Colette, Les Vrilles de la vigne, 1908

Savoir-faire

Joaillerie artisanale à Péseux

Franche-Comté

Le joaillier dessine, conçoit et fabrique des bijoux. La patience et la précision sont indispensables pour réaliser des pièces uniques. L'artisan mélange les formes, les couleurs et les matières : qu'elles soient précieuses ou ordinaires, elles deviennent des joyaux.

À table !

Beignets au maroilles

Nord-Pas-de-Calais

Pour 4 personnes

Dissoudre 15 g de levure de boulanger dans 10 cl de bière. Ajouter 1 pincée de sel et 75 g de farine. Bien mélanger et laisser reposer 1 h. Couper un maroilles en tranches de 1 cm d'épaisseur. Passer les tranches dans la farine, puis dans 1 jaune d'œuf battu, et de nouveau dans la farine. Les placer 15 min au réfrigérateur. Tremper les tranches de maroilles dans la pâte à beignet et les faire frire 3 min environ. Servir les beignets avec une salade.

La rubrique du 13 h

LES BORIES DE PROVENCE

Provence-Alpes-Côte d'Azur

Les bories sont des cabanes en pierres sèches, construites et utilisées par les bergers provençaux. Selon l'endroit où elles avaient été édifiées, elles servaient de granges, d'abris pour les animaux ou d'habitations saisonnières. Bâties avec des pierres locales et sans mortier, les bories témoignent du génie des paysans des XVIIIe et XIXe siècles, en matière de construction. Ces cabanes ne sont plus utilisées depuis longtemps, mais certaines ont été bien conservées, notamment dans le magnifique village de Seillans, dans le Var, où l'on peut en observer plus de quatre-vingts.

Devinette

Quel poète français a popularisé la « douceur angevine » ?

Joachim Du Bellay. Né en Anjou, il évoque sa région d'origine dans les Regrets, recueil de poèmes qu'il écrivit lors de son voyage à Rome, de 1553 à 1557, et qui ne s'adresse pas à une femme, mais à son pays natal.

Ils ont marqué leur région...

Guy de Maupassant

Haute-Normandie

Lorsque l'on songe à un auteur normand, c'est souvent le nom de Maupassant qui vient en premier. Et ce n'est pas tout à fait un hasard. Car si c'est à Paris que l'écrivain connaît la notoriété dans les années 1880, c'est l'esprit du pays de Caux que révèle sa plume. Le patois cauchois, les traditions, rien ne lui échappe. Y compris les aspects moins flatteurs, comme l'avarice, la dureté, voire la férocité. Ses descriptions de sa région natale sont si précises et aiguisées que Flaubert lui-même lui demande conseil avant de rédiger certains passages de son roman *Bouvard et Pécuchet.*

jeudi 8 septembre

lever : 7 h 16
coucher : 20 h 19

St Adrien

Savoir-faire

Aquafortiste à Charleville-Mézières

Champagne-Ardenne

L'aquafortiste grave des estampes à l'eau-forte : à l'aide d'une pointe sèche, il grave des sujets sur une plaque de métal, qui est ensuite plongée dans un bain d'acide, l'eau-forte. Puis la planche est encrée et placée sous la presse, afin d'être imprimée sur du papier humide.

Quiz des villes & villages de France

Cette ville vinicole est située au cœur du parc naturel régional des Alpilles. La fontaine Nostradamus, sculptée au XIXe siècle, rend hommage au célèbre astrologue qui y naquit.

_____-____

__-________

La rubrique du 13 h

LE CLOÎTRE DE MOISSAC

Midi-Pyrénées

Certains n'hésitent pas à dire du cloître de Moissac, dans le Tarn-et-Garonne, qu'il est le plus beau du monde. Il est en tout cas sans doute le plus beau de France et le mieux conservé : achevé en 1100, il a su traverser les siècles intact. Au long des quatre galeries identiques, les soixante-seize chapiteaux font de Moissac l'un des sommets de l'art roman et le plus ancien cloître historié. Reposant sur des petites colonnes de marbre, ces chapiteaux, d'inspiration antique et orientale, mêlent bestiaires – familier et fantastique – et scènes religieuses, dans une invitation au calme et à la méditation.

À table !

Le chocolat martiniquais

Martinique

Pour 6 personnes

Chauffer, sans laisser bouillir, 1 l de lait demi-écrémé avec 1 boîte de lait concentré non sucré, 2 bâtons de cannelle, 1 zeste de citron vert et 1 gousse de vanille. Prélever un peu de ce lait pour y délayer 4 grosses c. à soupe de chocolat noir en poudre, mélanger le tout et cuire 10 min sans bouillir. Ajouter ½ boîte de lait concentré sucré et poursuivre la cuisson encore 10 min. Délayer 1 c. à soupe de Maïzena dans un peu d'eau froide et ajouter à la préparation. Laisser épaissir jusqu'à obtenir un mélange onctueux : c'est prêt !

CITATION

Île-de-France

« Le ciel à Paris a ses propres lois qui opèrent indépendamment de la ville en dessous. »

Paul Auster, La Chambre dérobée, 1988

Ils ont marqué leur région…

Régine Zylberberg

Île-de-France

Danseuse de talent, chanteuse à succès, amie des stars, Régine Zylberberg commence sa carrière de « reine de la nuit » au Whisky à Gogo, lieu de fête et de débauche parisien. Le personnage est un véritable phénomène et finit par ouvrir son propre établissement, rue du Four. « Chez Régine » devient un haut lieu des nuits parisiennes, cannoises, puis new-yorkaises, que les VIP s'arrachent tout au long des années 1960 et 1970. Mais sa carrière tonitruante ne s'arrête pas là : la dame finit par s'assagir et se consacrer à sa carrière de chanteuse et à son association, SOS Drogue International.

Saint-Rémy-de-Provence

vendredi 9 septembre

lever : 7 h 18
coucher : 20 h 17

St Alain

À table !

Poulet aux pommes

Haute-Normandie

Pour 4 personnes

Couper 1 poulet de 1,5 kg en morceaux. Saisir les morceaux au beurre dans une sauteuse, jusqu'à coloration. Réserver. Éplucher 5 pommes reinettes et les couper en tranches de 1 cm d'épaisseur. Dans le fond de la cocotte, placer une couche de pommes, puis le poulet. Saler et poivrer. Couvrir avec le reste de pommes. Arroser avec ½ verre de calvados. Couvrir et enfourner pendant environ 45 min à 170 °C.

Île-de-France en fête

La fête de l'Huma

Organisée par le journal *L'Humanité* depuis quatre-vingts ans, la fête de l'Huma comprend de nombreuses activités politiques, culturelles et de divertissement. Elle attire chaque année près d'un demi-million de sympathisants de gauche ou de mélomanes au parc de la Courneuve, près de Paris, pour des expositions, des débats et des concerts. De nombreux artistes, tels que Stevie Wonder, Leonard Cohen et les Pink Floyd, s'y sont produits.

La rubrique du 13 h

LA PLACE DE LA BOURSE DE BORDEAUX

Aquitaine

Cette place, l'une des plus élégantes de France, a connu plusieurs noms : d'abord, place Royale, puis place de la Liberté et place Impériale, avant de devenir la place de la Bourse, en 1848. Ses belles dimensions mettent parfaitement en valeur les façades du XVIIIe siècle des bâtiments qui l'entourent. Depuis l'été 2006, elle est dotée d'un miroir d'eau : une grande dalle de granit se recouvre périodiquement de quelques centimètres d'eau, avant de se retirer dans un étonnant nuage de brume. L'ensemble de la place de la Bourse se reflète ainsi dans cette somptueuse surface, à la fois minérale et aquatique.

Savoir-faire

L'art de la terre vernissée à Luceau

Pays de la Loire

Souvent utilisée dans la poterie de vaisselle, la terre vernissée est une céramique poreuse, qui se caractérise par une argile rouge. Afin de pouvoir contenir des liquides, les objets en terre vernissée sont enduits d'une glaçure translucide et cuits aux alentours de mille degrés Celsius.

Un jour en *Lorraine*

9 septembre 1989

Ce jour marque le début de la construction de l'aéroport Nancy-Metz : les deux grandes villes de Lorraine seront désormais desservies par un site aéroportuaire plus grand, qu'elles se partageront.

Ils ont marqué leur région…

André Marie Ampère

Rhône-Alpes

Né en 1775 dans une commune au nom poétique de « Poleymieux-au-Mont-d'Or », près de Lyon, le physicien et chimiste André Marie Ampère a apporté une contribution précieuse aux recherches dans le domaine de l'électricité, comme le prouve l'attribution de son nom à une unité de mesure d'intensité électrique. Créateur d'une discipline nouvelle appelée l'« électromagnétisme », il s'illustre aussi dans le domaine de la chimie, étant notamment le premier à distinguer les notions d'atome et de molécule. Nous lui devons de nombreuses inventions d'importance, comme celle du télégraphe électrique.

samedi 10 & dimanche 11 septembre

Ste Inès St Adelphe

Mythes et légendes
Languedoc-Roussillon

L'origine du Pescalune

Une bien curieuse histoire est liée à la petite ville de Lunel, située au pied des collines cévenoles et en bordure des étangs de Camargue. Cette légende a vu le jour il y a des années de cela, à l'époque où les vignes prolongeaient les ruelles étroites et où le canal et le port n'avaient pas été rebouchés.

Ninon et Albin s'y aimaient alors éperdument, bien que leurs parents eussent pour eux de tout autres projets. Il leur était de ce fait impossible de se donner rendez-vous en plein jour sans risquer de s'attirer les foudres de leurs familles. Aussi redoublaient-ils d'ingéniosité pour se retrouver en cachette, à l'heure où les honnêtes gens sont couchés. Un soir d'été, le baron Gaucelm organisa des festivités auxquelles furent conviés tous les Lunellois. Naturellement, les deux amants en profitèrent pour s'éclipser et profiter à leur manière de la soirée. La nuit était fort avancée, la plupart des gens s'en étaient retournés chez eux et les rues semblaient désertes. Distraits par leurs sentiments, Ninon et Albin déambulaient sans se soucier des éventuels indiscrets qu'ils auraient pu croiser, quand le baron en personne sortit en trombe d'une ruelle, gesticulant, criant et, manifestement complètement ivre, se trouva nez à nez avec les amants. Il venait de se réveiller d'un terrible cauchemar au cours duquel la lune avait été chassée du ciel par le soleil. Albin, qui cherchait avant tout à ne pas attirer l'attention sur cette escapade, tenta d'apaiser le baron hystérique, en lui assurant que la lune n'avait pas dû être chassée bien loin, puisqu'il avait vu son reflet dans le canal un instant plus tôt. Mais, loin de rassurer le baron, la nouvelle ne fit qu'accroître sa panique : il comprit que la lune était en train de se noyer.

Il entreprit de rassembler tous les hommes vaillants encore debout afin de procéder au sauvetage de l'astre à grand renfort de cannes à pêche et d'épuisettes. Inutile de dire que cette tentative de sauvetage se solda par un échec. Le prêtre de la paroisse, qui avait de l'affection pour les pauvres tourtereaux et qui, quoiqu'un peu consterné par la stupidité de ses ouailles, observait la scène avec un certain amusement, eut alors une brillante idée. S'adressant à l'assemblée, il expliqua que le seul moyen de faire revenir la lune à sa place était de célébrer sur-le-champ les noces d'Albin et Ninon. Leurs parents furent bien obligés d'accepter. Alors le prêtre mena tous ceux qui étaient présents sur le parvis de l'église et leur demanda de lever les yeux au ciel. La lune s'y tenait immobile et solidement accrochée. Les Lunellois ne tentèrent plus jamais de pêcher le reflet de la lune dans le canal. Mais de cette fameuse nuit est né le fameux Pescalune, personnage mythique de la petite ville du Sud.

lundi 12 septembre

lever : 7 h 22
coucher : 20 h 10

St Apollinaire

Quiz des villes & villages de France

Ville de naissance de La Boétie, cette cité médiévale, dite « Capitale du Périgord noir », a la plus forte densité en monuments historiques classés de France.

______-__-______

À table !

Les tripes à la mode de Caen

Basse-Normandie

Cette façon d'accommoder les tripes est très ancienne et l'un des plats les plus connus de la gastronomie normande. Il faut patienter de longues heures avant que les tripes ne développent toutes leurs saveurs.

Un jour en Aquitaine

12 septembre 1940

Découverte par hasard, la grotte de Lascaux abrite l'un des plus beaux ensembles de peintures préhistoriques. Pour éviter la détérioration de ces chefs-d'œuvre, c'est une copie de la grotte qui est aujourd'hui montrée aux visiteurs.

La rubrique du 13 h

LES HOSPICES DE BEAUNE

Bourgogne

L'hôtel-Dieu, mondialement connu de nos jours, fut créé pour venir en aide aux indigents, après la guerre de Cent Ans, qui s'est achevée au XVe siècle. Il n'a jamais cessé ses activités depuis 1452 et, s'il est aujourd'hui une structure moderne, il n'oublie pas les plus démunis. Ainsi, chaque année, les hospices de Beaune – c'est le nom donné à la communauté qui s'est fédérée autour de l'hôtel-Dieu – organisent une vente aux enchères de vins du domaine, et les revenus sont consacrés à l'amélioration des équipements médicaux et du confort des malades ainsi qu'à la conservation du patrimoine historique.

Savoir-faire

Sériciculteur à Aumessas

Languedoc-Roussillon

La sériciculture – l'élevage des vers à soie ou magnans – est pratiquée dans les Cévennes depuis le Moyen Âge. À Aumessas, presque toutes les familles possédaient une magnanerie dans le grenier. Malgré la concurrence de la soie industrielle, des irréductibles restent attachés à une fabrication artisanale.

Sériciculture au Vigan, dans le Gard

Ils ont marqué leur région...

Auguste Bartholdi

Alsace

« Je lutterai pour la liberté, j'en appellerai aux peuples libres. Je tâcherai de glorifier la république là-bas, en attendant que je la retrouve un jour chez nous. » Tel est le projet que le Colmarien Auguste Bartholdi réalise en 1886 sur l'île de Bedloe, face à Manhattan. Depuis, les visiteurs du monde entier peuvent admirer – et même escalader, si toutefois ils sont prêts à gravir les trois cent cinquante-quatre marches qui mènent au sommet – la statue de la Liberté, figure monumentale dont le simple index mesure deux mètres quarante-quatre centimètres de long !

Sarlat-la-Canéda

mardi 13 septembre

lever : 7 h 23
coucher : 20 h 08

St Aimé

Savoir-faire
Doreur sur bois à Noyal
Bretagne

Travaillant souvent en collaboration avec les monuments historiques et les musées de France, le doreur sur bois crée ou restaure des objets et des meubles anciens et précieux, souvent marquetés. En appliquant délicatement les feuilles d'or, il leur redonne tout leur éclat.

Devinette

Quelle fête populaire bien connue trouverait une de ses origines dans la célébration de la sortie d'hibernation des ours ?

La Chandeleur. Dans certaines régions françaises, la Chandeleur était appelée « Chandelours » en souvenir de ce culte.

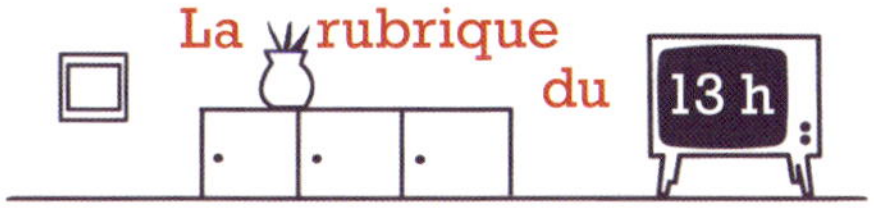

LE DÉSERT DES AGRIATES
Corse

Autrefois un ensemble de terres fertiles – cette région était le grenier à blé de la Corse –, le désert des Agriates est aujourd'hui un désert de pierres ocre et rouges : les cultures sur brûlis et les incendies ont entraîné ce changement d'aspect. Ce paysage magnifique et désolé s'étend, en bord de Méditerranée, sur environ quinze mille hectares, dont une partie appartient au Conservatoire du littoral. Les plages et leurs eaux cristallines contrastent avec l'aridité et la chaleur écrasante du désert. Saisissants de beauté, les Agriates sont arpentés, chaque année, par des centaines de randonneurs.

À table !
Tofailles
Lorraine

Pour 6 personnes

Peler 1 kg de pommes de terre farineuses et les découper en rondelles. Dans une cocotte beurrée, alterner des couches de pommes de terre avec 250 g de tranches de lard fumé et 1 gousse d'ail écrasée. Terminer par des pommes de terre et assaisonner. Fermer la cocotte et faire cuire environ 1 h 30 sur feu doux.

CITATION
Champagne-Ardenne

« Le géranium, le zinnia, le bégonia distillaient en l'air le plus plat les arômes de la Champagne. »

Jean Giraudoux, Bella, 1926

Ils ont marqué leur région…
Denise Fabre
Provence-Alpes-Côte d'Azur

C'est à Télé Monte-Carlo en 1961 que Denise Fabre, alors âgée de 19 ans, fait ses premiers pas de speakerine. Deux ans plus tard, la jeune Niçoise monte à Paris et rejoint Antenne 2. Très vite, tout s'enchaîne : animatrice pendant plus de trente ans sur TF1, chroniqueuse radio sur France-Inter ou encore Europe 1… Deux Sept d'or dans l'escarcelle, l'un de la meilleure présentatrice télé en 1975 et l'autre de la meilleure animatrice en 2001, Denise Fabre reste fidèle au poste. Elle anime, en 2010 encore, la tournée « Âge tendre et têtes de bois ».

mercredi 14 septembre

lever : 7 h 25
coucher : 20 h 06

St Materne

Quiz des villes & villages de France

Ancienne capitale du Perche, cette ville, célèbre pour les prouesses de pilotes automobiles, abrite les fortifications gallo-romaines les mieux conservées de France.

-- ----

À table !

L'ail rose de Lautrec

Midi-Pyrénées

La légende veut que l'ail rose soit apparu dans la région au Moyen Âge, mais c'est véritablement après la Seconde Guerre mondiale que la production s'est développée. Une fois récolté, en août, l'ail est séché et pelé jusqu'à la dernière peau, qui révèle la couleur rosée des gousses.

La rubrique du 13 h

LA BAIGNOIRE DE JOSÉPHINE

Martinique

La Baignoire de Joséphine est un célèbre fond blanc sur la côte atlantique de la Martinique, c'est-à-dire un fond sablonneux de faible profondeur, au milieu des flots. On y accède par bateau, kayak ou yole de pêche, car la Baignoire de Joséphine se situe à plus de deux kilomètres de la côte. C'est ici que les békés – les grandes familles descendant des premiers colons – se rejoignaient. Aujourd'hui, touristes et Martiniquais s'y retrouvent avec la sensation agréable d'être en pleine mer pour barboter, un verre de rhum à la main, avant d'aller explorer les îlets alentour.

Savoir-faire

L'art des fontaines pétrifiantes à Saint-Nectaire

Auvergne

Cet art étonnant consiste à réaliser des moules, puis à les placer au contact d'une source d'eau fortement minéralisée. Pendant des mois, le calcaire se dépose dans le moule et donne ensuite un bas-relief – en calcaire –, dont la finesse fait penser à l'ivoire.

Un jour en *Languedoc-Roussillon*

14 septembre 1910

Gaston Defferre naît dans la petite commune de Marsillargues, dans l'Hérault. Il restera célèbre pour son rôle dans la Résistance, et comme maire emblématique de la ville de Marseille.

Ils ont marqué leur région...

Maréchal du Plessis-Praslin

Centre

Amateurs de sucreries, sachez que la praline, cette délicieuse confiserie, a été inventée à la fin du XVIIe siècle par le maréchal du Plessis-Praslin. Le mérite reviendrait plus précisément à son cuisinier, Lassagne, qui en aurait inventé la recette composée d'amandes rissolées dans du sucre bouillant. En 1662, le nom du bonbon s'orthographie « prasline », en référence au patronyme du maréchal. Une fois à la retraite, celui-ci fonde la Maison de la Praline à Montargis, dans le Loiret. Racheté en 1902, l'établissement existe encore aujourd'hui sous le nom de « Confiserie Mazet ».

Le Mans

jeudi 15 septembre

St Roland

lever : 7 h 26
coucher : 20 h 04

Savoir-faire
Bouchonnerie à Cestas
Aquitaine

L'Aquitaine est l'une des régions pionnières dans le travail du liège, grâce à sa forêt naturelle de chênes-lièges, et, avec le développement de la bouteille en verre, les bouchonneries se multiplient. Aujourd'hui, l'objectif reste le même : assurer la bonne conservation des vins.

Alsace en fête
La fête de la Choucroute et du Folklore

Ce sont des montagnes de choux qui envahissent, pendant un week-end, le village de Meistratzheim, pour faire honneur à la spécialité culinaire de la région. Chars remplis de choux, orchestres folkloriques, marchés aux puces, tombolas et défilés en costumes traditionnels locaux animent cette ville alsacienne, à la veille de l'automne. En ce mois de septembre, la choucroute est également fêtée à Holtzwihr et à Krautergersheim, dite la « Capitale de la choucroute ».

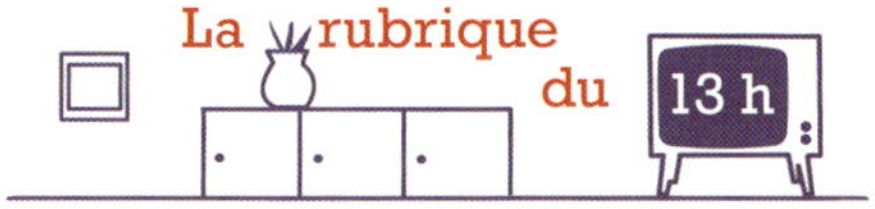

LES PANS DE TRAVASSAC
Limousin

Ces impressionnants murs de quartzite ne sont pas naturels, mais bien l'œuvre de l'homme. À partir du XVIIe siècle, on exploite les nombreux filons d'ardoise corréziens, en laissant d'immenses plaques de quartzite, une roche trop dure pour être travaillée. Dans les sept filons parallèles, les ouvriers creusent parfois jusqu'à deux cents mètres de profondeur. Aujourd'hui, les gisements sont presque épuisés, mais les puits sont toujours là, quelquefois remplis d'eau. Des passerelles ont été aménagées pour visiter le site, et un musée présente le travail des ardoisiers.

À table !
La cancoillotte
Franche-Comté

Autrefois, on comptait autant de recettes de cancoillotte que de familles. Cette spécialité est réalisée avec du lait de vache caillé et pressé, que l'on fait fondre dans de l'eau et du beurre. Délicieux sur du pain ou des pommes de terre, la cancoillotte est très utilisée dans la cuisine franc-comtoise.

CITATION
Basse-Normandie

« Ne soyez à la cour,
si vous voulez y plaire,
Ni fade adulateur,
ni parleur trop sincère,
Et tâchez quelquefois de répondre
en Normand. »

Jean de La Fontaine,
« La Cour du Lion », Fables, 1678

Ils ont marqué leur région…
Pierre Loti
Poitou-Charentes

En 1934, à Tahiti, on inaugure la statue de Julien Viaud, né à Rochefort-sur-Mer quatre-vingt-quatre ans plus tôt. Cet officier de marine a utilisé, tout au long de sa carrière, les formidables opportunités de voyages que lui offrait son métier, pour nourrir son inspiration d'écrivain. En 1872, une escale à Tahiti lui donna l'idée de prendre le pseudonyme de Loti, et il écrivit dans la foulée son célèbre roman *Le Mariage de Loti*, où il dépeignait la Polynésie. Durant plus de trois décennies, il parcourut le globe, à bord de pas moins de trente-huit navires, ramenant dans sa région natale ses souvenirs de terres lointaines.

vendredi 16 septembre

lever : 7 h 27
coucher : 20 h 02

Ste Édith

DICTON
Limousin
Si les châtaignes et les raves
venaient à manquer,
la France serait ruinée.

À table !
Tarte au rocroi
Champagne-Ardenne

Étaler 1 pâte feuilletée dans 1 tourtière. Couper en lamelles 1 fromage de Rocroi bien fait et les disposer sur le fond de tarte. Battre 150 g de crème avec 3 œufs et assaisonner, puis verser le mélange sur la tarte. Cuire environ 30 min à 180 °C.

La rubrique du 13 h

LES ÎLES DE LÉRINS
Provence-Alpes-Côte d'Azur

À moins d'un kilomètre au large de Cannes, les îles de Lérins invitent à une redécouverte de la nature. Cet archipel est composé de quatre îles : les deux principales sont l'île Sainte-Marguerite et l'île Saint-Honorat. Sainte-Marguerite, recouverte d'une épaisse forêt de pins, de chênes et d'eucalyptus, est la plus proche de la ville de Cannes, à laquelle elle est rattachée. Saint-Honorat, quant à elle, appartient à l'abbaye de Lérins : une communauté monastique habite l'île depuis le ve siècle, et le monastère-donjon protégeait autrefois les frères contre les pirates.

Savoir-faire
Mercier à Dunkerque
Nord-Pas-de-Calais

Cette très ancienne activité est en train de renaître ; autrefois membres d'une puissante corporation, les merciers avaient peu à peu été supplantés par l'industrie textile. Mais la mode est de nouveau au fait main, et ils ressortent leur linge ancien, leur dentelle et leurs boutons de nacre.

Devinette

Quelle plante, à laquelle il vaut mieux éviter de se frotter, symbolise la ville de Nancy ?

Le chardon. Il fait référence à la devise « Qui s'y frotte, s'y pique », allusion à la victoire de 1477 contre Charles le Téméraire

Ils ont marqué leur région…
Mata Hari
Île-de-France

Le 15 octobre 1917, une femme est fusillée dans les fossés de la forteresse de Vincennes. « Margaretha Geertruida Zelle » est son nom de naissance, « Mata Hari » son pseudonyme de danseuse orientale, mais on aura surtout retenu sa carrière d'espionne, durant laquelle elle a officié en tant qu'« agent H 21 ». Originaire des Pays-Bas, elle s'installe à Paris en 1916 et devient espionne pour le compte de l'Allemagne, n'hésitant pas à user de ses charmes pour obtenir des renseignements en haut lieu. Cette partie de la vie de ce personnage intrigant sera beaucoup romancée et donnera lieu à de nombreux films.

samedi 17 & dimanche 18 septembre

St Renaud — Ste Nadège

Mythes et légendes
Midi-Pyrénées

L'habit ne fait pas le moine...

...mais l'agneau peut faire le monstre

Loin de nous l'intention de vous inculquer l'idée qu'il faut se méfier de tout et de tout le monde. L'être humain est déjà bien assez sur ses gardes comme ça, pour tout et n'importe quoi. Néanmoins, lorsque, dans le Tarn, vous marchez au bord d'un paisible ruisseau, d'une rivière qui semble calme ou d'un torrent qui ne vous semble pourtant pas dangereux, prenez bien garde de ne pas vous approcher d'un agneau si vous en voyez un. Et même, si vous en apercevez un, partez en courant sans vous retourner. Il se trouve en effet dans cette région un Drac fort habile qui prend, dit-on, l'aspect de la plus innocente bête pour attendrir les promeneurs, puis les jeter à l'eau. Certains bigots prétendent qu'un signe de croix suffit à se débarrasser de l'animal.

Il y a pourtant une femme, une fois, qui se fit surprendre malgré ses prières et ses appels au Tout-Puissant et à nombre de saints. Le Drac l'entraîna au fond d'une rivière : on le sait, le Drac est un voleur de femme. Elle resta dans le palais aquatique du monstre plusieurs années, s'occupant de sa progéniture. La plupart des démons peuplant ce genre d'endroit sont invisibles à nos yeux humains. Pourtant, un jour que la jeune femme se blessa à l'œil, qu'elle frotta jusqu'à le faire rougir d'effrayante manière, elle devint capable de les voir tous. Et croyez-nous, elle en vit beaucoup ! Cela bien sûr inquiétait le Drac, qui décida de la relâcher. Malgré cette liberté retrouvée loin des créatures de l'enfer, elle continua à les voir. Le Drac l'apprit, vint la trouver sur la terre ferme et lui demanda quel était l'œil qui lui permettait ainsi de voir plus qu'elle ne le devrait. La fille désigna le droit et, en moins de temps qu'il n'en faut pour le dire, la bête le creva.

Basse-Normandie en fête
Les Journées des plantes de Courson

Nées de la volonté de créer une rencontre entre pépiniéristes, collectionneurs et amateurs, les Journées des plantes se déroulent deux fois par an, au printemps et à l'automne, dans le parc du domaine de Courson. L'objectif de l'élite de la botanique européenne, rassemblée ici, est de faire découvrir, au plus grand nombre, les nouveautés dans le domaine végétal et de développer la connaissance des végétaux intéressants pour leurs qualités esthétiques, odorantes ou thérapeutiques.

lundi 19 septembre

Ste Émilie

lever : 7 h 32
coucher : 19 h 56

DICTON
Guadeloupe
Tous les crabes connaissent leur trou.

À table !
Pounti du Cantal
Auvergne

Pour 6 personnes
Hacher 300 g de lard, 300 g de viande de porc, 1 gros oignon haché et 1 poignée de persil et mélanger. Ajouter 200 g de feuilles de blettes émincées finement et du thym. Saler, poivrer et réfrigérer 1 h.
Dans un saladier, mélanger 120 g de farine, 40 cl de lait et 4 œufs battus en omelette.
Ajouter le mélange de porc, de façon à obtenir une préparation homogène.
Verser dans un plat haut et enfoncer 150 g de pruneaux dénoyautés dans la pâte.
Cuire 10 min au four préchauffé à 210 °C, puis baisser le feu et poursuivre la cuisson pendant 45 min à 170 °C.

La rubrique du 13 h

LA FORÊT DE BROCÉLIANDE
Bretagne

Beaucoup de mystères et de suppositions entourent la mythique forêt de Brocéliande et sa véritable situation géographique, puisqu'on la place tantôt en Bretagne, tantôt outre-Manche. Mais il est généralement admis qu'il s'agit de la forêt de Paimpont, en Ille-et-Vilaine, autrefois appelée « Brécilien ». Il paraît impossible de se promener dans cette forêt – le plus grand massif forestier de Bretagne – sans avoir à l'esprit les mille et une légendes qui entourent le lieu. Pourtant, que l'on croie ou non à ces mythes, la forêt de Paimpont possède de réels atouts, comme la fontaine de Barenton ou le chêne à Guillotin.

Savoir-faire
Restauratrice de tableaux à Chânes
Bourgogne

La restauration de tableaux prolonge – et parfois sauve – la vie d'une œuvre sur bois ou sur toile. L'artisan travaille à la fois sur le châssis et sur la couche picturale, afin d'améliorer l'état et l'aspect esthétique du tableau, qui est nettoyé et repeint, quand cela est nécessaire.

Quiz des villes & villages de France

Ce village de montagne, site archéologique important de la vallée de la Roya, fête en juillet saint Éloi, le patron des muletiers.

_ _ _ _ _

Ils ont marqué leur région…
Alain
Basse-Normandie

« Je vois un progrès qui se fait et se défait d'instant en instant, qui se fait par l'individu pensant, qui se défait par le citoyen bêlant », écrit le philosophe Alain en 1911, dans *Propos sur les pouvoirs*. Originaire de Mortagne-au-Perche dans l'Orne, de son vrai nom Émile-Auguste Chartier, il se découvre, au lycée, une passion pour la philosophie – ce qui le mène jusqu'à l'agrégation, qu'il obtient en 1892. D'abord professeur, il devient un auteur prolixe, dont l'œuvre la plus célèbre est constituée des *Propos*, somme impressionnante d'articles regroupés par thèmes et écrits à partir de 1906.

Tende

mardi 20 septembre

lever : 7 h 33
coucher : 19 h 53

St Davy

Devinette

Quel point culminant de la montagne de Reims porte le même nom que le mont biblique sur lequel Moïse aurait reçu les dix commandements ?

Le mont Sinaï. Point culminant du département de la Marne, il offre une vue idéale sur la région.

Savoir-faire

Éventailliste à Saillans

Rhône-Alpes

Symbole social ou extravagance, l'éventail a toujours joué un rôle important dans les sociétés du monde entier. Mélangeant les matières, les formes et les motifs, l'éventail est un objet d'art, qu'il soit signe de pouvoir, de fantaisie, objet utilitaire ou accessoire de mode.

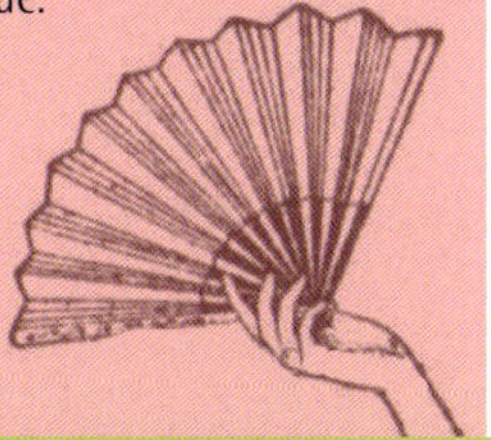

La rubrique du 13 h

LE MONASTÈRE ROYAL DE BROU

Rhône-Alpes

Édifié sur les lieux d'un ancien prieuré du XIe siècle, le monastère royal de Brou, à Bourg-en-Bresse, résulte de la volonté de Marguerite d'Autriche d'offrir un somptueux écrin pour le tombeau de son mari, Philibert le Beau, duc de Savoie. À partir de 1506, elle demande aux plus grands artistes et maîtres d'œuvre flamands d'ériger ce remarquable exemple de gothique flamboyant. Le monastère, qui comporte une église et trois cloîtres, est achevé en 1532, deux ans après la mort de Marguerite. Depuis 1922, le musée municipal de Bourg-en-Bresse est installé dans le monastère.

À table !

Les mentchikoffs

Centre

À la fin du XIXe siècle, la France s'entiche de la Russie ; et partout des nouveaux produits « à la russe » sont créés. À Chartres, le confiseur Daumesnil invente un bonbon, qu'il baptise du nom d'un prince russe. Le mentchikoff est un cœur de chocolat enrobé de meringue suisse.

Quiz des villes & villages de France

Le nom de cette ville, située sur le plateau de Saclay, signifie étymologiquement « petit palais », en référence au château qu'y possédait au VIe siècle Childebert Ier.

_ _ _ _ _ _ _ _ _

Ils ont marqué leur région...

Paul Ricard

Provence-Alpes-Côte d'Azur

Le chant des cigales, le tournoi de pétanque à l'ombre des platanes... et « un petit jaune ». C'est dans les années 1930 qu'apparaît le pastis, suite à l'interdiction de l'absinthe en 1915. Paul Ricard s'impose très vite comme le leader du marché, avec son « Ricard, le vrai pastis de Marseille ». Il est le premier à inscrire sur l'étiquette de son apéritif anisé ce vieux terme occitan qui signifie à l'origine « mélange, pâté », ou encore « ennui ». En 1975, il met pour ainsi dire un terme à la concurrence en fusionnant avec la société Pernod et son célèbre Pastis 51.

Palaiseau

mercredi 21 septembre

lever : 7 h 35
coucher : 19 h 51

St Matthieu

DICTON
Bretagne

Qui voit Ouessant voit son sang,
qui voit Molène voit sa peine,
qui voit Sein, voit sa fin,
qui voit Groix voit sa croix.

À table !

La jonchée

Poitou-Charentes

Ce fromage frais est un lait caillé aromatisé à l'eau de laurier. Étalé sur des feuilles de joncs de marais tissées – c'est de là qu'il tire son nom –, le fromage est ensuite roulé. Plus on le laisse s'égoutter, plus le goût est prononcé ; on le déroule au moment de servir.

Un jour en
Midi-Pyrénées

21 septembre 2001

C'est un bien sombre jour à Toulouse, où une onde de choc secoue la ville : une explosion dans l'enceinte de l'usine AZF cause la mort de trente personnes et en blesse plus de deux mille.

La rubrique du 13 h

LE FOUR SOLAIRE DE MONT-LOUIS

Languedoc-Roussillon

À la fin des années 1940, on décida de construire le premier four solaire à double réflexion du monde, à Mont-Louis, dans les Pyrénées-Orientales, en raison du nombre très élevé d'heures d'ensoleillement par an. À l'intérieur de la citadelle Vauban, des centaines de miroirs, installés dans une parabole, renvoient la lumière vers un point unique, générant une température pouvant aller jusqu'à trois mille degrés Celsius. Cette première expérience a permis l'utilisation grandeur nature de l'énergie solaire, à des fins expérimentales. Aujourd'hui, le four est utilisé pour la cuisson de céramiques.

Savoir-faire

Peintre en trompe-l'œil à Molsheim

Alsace

Le trompe-l'œil, comme son nom l'indique, consiste à tromper le regard ; le peintre cherche donc à être le plus réaliste possible. Avant de peindre un mur ou une très grande toile, il réalise une maquette ou utilise les outils informatiques, pour faire des simulations.

Ils ont marqué leur région...

Pascal Olmeta

Corse

Le célèbre gardien de but français est né à Bastia le 7 avril 1961. C'est à l'Olympique de Marseille et à l'Olympique lyonnais que son talent s'est affirmé et qu'il a connu la célébrité. Il a notamment remporté deux fois le Championnat de France. Mais il a également joué dans les équipes de sa terre natale – à Bastia et à Ajaccio –, où il a défendu les couleurs de l'île de Beauté. Après avoir mis fin à sa carrière sportive, il s'est investi dans le secteur associatif, à partir de 2006, en fondant une association – Un sourire, un espoir pour la vie – destinée à améliorer le sort des enfants malades et de leurs familles.

jeudi 22 septembre

lever : 7 h 36
coucher : 19 h 49

St Maurice

Savoir-faire
Ferblantier à Saint-Leu
La Réunion

Autrefois, on trouvait un ferblantier dans chaque village de l'île : il fallait des bassines, des seaux et des arrosoirs solides aux ménagères qui allaient chercher de l'eau. L'avènement du plastique a changé la donne, et le ferblantier façonne moins d'objets usuels et plus d'objets décoratifs.

Devinette

Quelle ville était alimentée en eau par le pont du Gard ?

Nîmes. Pont-aqueduc romain à trois niveaux, construit dans la première moitié du Ier siècle et enjambant le Gardon, il assurait la continuité de l'aqueduc romain qui menait l'eau d'Uzès à Nîmes.

La rubrique du 13 h

LA GROTTE D'OSSELLE
Franche-Comté

Cette grotte, à cheval sur les départements du Jura et du Doubs, est l'une des plus anciennes cavernes touristiques du monde, puisqu'elle se visite depuis le début du XVIe siècle. Ses splendides cristallisations colorées et translucides continuent d'émerveiller. La rivière souterraine, qui a creusé la cavité sur plusieurs kilomètres, est toujours là, apaisée, et un petit pont édifié au XVIIIe siècle permet de la traverser. Outre la beauté de son décor, la grotte d'Osselle est également connue comme étant la plus importante nécropole d'ours des cavernes, avec des milliers de squelettes enfouis.

À table !
Les rillettes du Mans
Pays de la Loire

Rabelais appelait ce mets la « brune confiture de cochon ». En effet, pour confectionner des rillettes, on cuit longuement de la viande de porc dans du gras, avec des aromates. L'ensemble est ensuite écrasé, pour former un pâté, excellent avec des cornichons.

Quiz des villes & villages de France

La capitale des vins de Bourgogne, siège du Festival du film policier – qui se déroulait à Cognac jusqu'en 2007 –, est surtout connue pour ses hospices.

_ _ _ _ _ _

Ils ont marqué leur région…
Pierre de Ronsard
Centre

Né en 1524, à Couture-sur-Loir, dans le Loir-et-Cher, Pierre de Ronsard est victime d'une surdité précoce qui le pousse vers une destinée littéraire alors qu'il se dirigeait vers la carrière des armes. N'étant pas homme à se laisser décourager par une déconvenue, il se lance avec détermination dans sa nouvelle passion : son ambition est de renouveler la poésie française ! Longtemps oublié, son œuvre est redécouvert au XIXe siècle et n'a eu de cesse depuis d'occuper une place de choix dans nos manuels scolaires et nos bibliothèques. Qui n'a pas récité un jour « Mignonne allons voir si la rose » ?

Beaune

vendredi 23 septembre

lever : 7 h 37
coucher : 19 h 47

St Constant

À table !

Sucre d'orge de Moret-sur-Loing

Île-de-France

Créé au XVIIe siècle par des religieuses bénédictines, le sucre d'orge de Moret-sur-Loing semblait avoir disparu avec le monastère, à la Révolution. Mais l'une des sœurs revint, pour transmettre la recette de ce bonbon de sucre, cuit dans de la tisane d'orge, et assurer la renommée du village.

Un jour en Réunion

23 septembre 1913

Rolland Garros n'est pas seulement le nom d'un tournoi de tennis qui se déroule en France, c'est aussi celui de l'homme qui a traversé, pour la première fois, la Méditerranée en avion, à cette date.

La rubrique du 13 h

LE CHÂTEAU DU GRAND JARDIN DE JOINVILLE

Champagne-Ardenne

Ce château de la Haute-Marne ne pouvait porter un nom plus juste : il est entouré d'un vaste parc romantique, où de nombreuses essences de bois se côtoient, et d'un jardin géométrique Renaissance. Restaurés par le conseil général du département, ces espaces verts montrent ce qu'était l'art des jardins dans la première moitié du XVIe siècle, et l'on y trouve aujourd'hui ce que l'on y trouvait à l'époque : le jardin des simples et ses plantes aromatiques, des arbres à fruits et des fleurs. De plus, des concerts, des expositions ou des rencontres culturelles y prennent place.

Savoir-faire

Fabricant d'abat-jour

Midi-Pyrénées

À notre époque, les abat-jour ne sont guère plus fabriqués artisanalement. Cela a pourtant des avantages : le travail de finition est irréprochable, et la pièce créée est unique. L'artisan réalise d'abord une carcasse métallique, qu'il habille ensuite de tissus, de perles, de franges ou de figurines.

Paca en fête

Les Prémices du riz

La fête des Prémices du riz est liée à une réalité économique importante pour la Camargue : les moissons de la céréale, en septembre. Quartiers, associations et familles préparent avec enthousiasme un corso riche en couleurs, avec un défilé de chars et d'Arlésiens, dans leurs costumes traditionnels, mêlant le noir à des teintes vives. Tirés par des tracteurs, les chars sont décorés avec des fleurs de saladelle, une plante typique de la région.

Ils ont marqué leur région…

Chevalier d'Éon

Bourgogne

De folles rumeurs planent autour du mystérieux « chevalier d'Éon », brillant ambassadeur sous Louis XV. Homme, femme, hermaphrodite, ou tout simplement fou ? L'imagination de ses contemporains est débordante, mais pas totalement injustifiée : le diplomate et espion du roi avait en effet l'habitude de se travestir en femme. Les péripéties engendrées par ce goût pour les robes et les jupons lui vaudront, en 1777, un exil de six ans à Tonnerre, sa ville natale. Reconnu officiellement de sexe féminin, il aurait osé paraître à la cour habillé en homme !

samedi 24 & dimanche 25 septembre

Ste Thècle St Hermann

Mythes et légendes
limousin

Les roches de Villemonteix

Lors du terrible supplice auquel le Christ fut condamné, Marie, folle de chagrin, sentit ses forces l'abandonner et s'écroula aux pieds de son fils crucifié. À cet instant, deux anges que Dieu, compatissant pour la souffrance d'une mère, avait envoyés pour l'accompagner dans sa douleur, la soulevèrent délicatement et l'emportèrent loin du mont des Oliviers. Un paisible voyage commença pour elle. Ils traversèrent ainsi la Méditerranée, et gagnèrent l'Occident. La vue d'une région si verte et si pleine de senteurs intrigua Marie, qui souhaita descendre et se recueillir dans cet endroit qui semblait respirer la paix.

À peine avait-elle touché le sol et fait quelques pas que des cailloux, restés prisonniers des plis de sa robe, s'en échappèrent et roulèrent au sol. En les voyant, elle eut une prière : que la beauté de ces lieux touche un jour la terre de Judée, et que de simples fragments de pierre enlevés au pays de souffrance qu'elle venait de quitter puissent eux aussi trouver la sérénité en un lieu si luxuriant. Les pierres commencèrent alors à croître. Rapidement, les deux graviers qu'elle avait enlevés par mégarde à Jérusalem devinrent d'énormes rochers. Ébahie par ce miracle, elle ne s'aperçut pas immédiatement de la présence d'une cavité en forme de berceau à la base de l'un des rochers. En regardant avec insistance, elle constata d'ailleurs que celle-ci n'était pas vide et qu'un nouveau-né y était allongé. L'émotion qui se mêlait à son immense peine et la joie d'un si étonnant spectacle lui fit monter les larmes aux yeux. Ruisselant sur la pierre, elles creusèrent une cavité dans le second rocher. Puis sa peine s'apaisa. Les larmes cessèrent de rouler, et le nouveau-né s'évapora de son berceau de pierre. Alors les anges la soulevèrent à nouveau et la ramenèrent en Judée.

Un berger qui avait vu la Vierge Marie transportée dans les airs par des anges se pressa de rentrer au village et parvint à convaincre ses habitants d'ériger une chapelle en mémoire de l'extraordinaire scène dont il avait été témoin. Cette histoire marqua les esprits pendant de nombreux siècles. Longtemps, la tradition voulut que les jeunes mariées déposent leur bouquet sur l'autel de Marie dans l'église du village. En échange, leur était accordée la chance de voir venir un nouveau-né aussi beau que celui que Marie avait trouvé dans le caillou devenu rocher.

Le mont des Oliviers

lundi 26 septembre

lever : 7 h 42
coucher : 19 h 41

St Damien

À table !

Côtes de veau limousines

Limousin

Pour 4 personnes

Saler et poivrer 4 côtes de veau et les faire cuire à la poêle 7 min sur chaque face. Tenir au chaud. Couper 2 cèpes en lamelles et émincer 1 échalote. Les faire revenir à la poêle dans du beurre. Arroser de 2 verres de vin rouge et laisser réduire de moitié. Ajouter 1 verre de fond de veau et laisser cuire 5 min à feu doux. Napper les côtes de veau avec la sauce obtenue et servir avec une compotée de pommes.

CITATION

Lorraine

« Je désire reposer [...] en face de cette ligne bleue des Vosges d'où monte jusqu'à mon cœur fidèle la plainte des vaincus. »

Jules Ferry (testament)

Quiz des villes & villages de France

Ville de naissance de Jean Jaurès, cette sous-préfecture du Tarn est le lieu de l'affaire Sirven, du nom d'un couple de protestants défendus et innocentés par Voltaire en 1771.

La rubrique du 13 h

LE PARC DES BUTTES-CHAUMONT

Île-de-France

Créé en 1867 à la demande de Napoléon III, le parc des Buttes-Chaumont fut inauguré à l'occasion de l'Exposition universelle. Le troisième plus grand jardin de Paris – il s'étend sur près de vingt-cinq hectares – se situe sur l'emplacement d'anciennes carrières. Très vallonnée et peu fertile, la « colline » a nécessité de grands aménagements pour devenir l'un des espaces verts les plus fréquentés de la capitale : le parc comprend de nombreuses pelouses et de nombreux sentiers pour la promenade, ainsi qu'un lac desservi par deux ruisseaux, entouré de cascades et de grottes.

Savoir-faire

Redécouvrir les matériaux ancestraux à Sahurs

Haute-Normandie

Pourquoi utiliser des solvants, des peintures et des matières industrielles quand on peut recourir à des ressources ancestrales et écologiques ? L'artisan crée des pièces uniques – meubles, bibelots, tableaux – à partir de sable, de chaux, de ponce, de chanvre ou de plâtre.

Ils ont marqué leur région...

Nicolas Blasset

Picardie

« Je me livrais à cette réflexion que les travaux de Blasset, son nom même, ne sont connus que dans la seule ville d'Amiens et ses environs [...]. C'était donc un devoir de bon citoyen que de tirer de l'oubli un homme qui, par son génie, a su se placer au premier rang à l'époque où il vivait. » Comme M. Dubois, auteur du XIXe siècle, l'a fait avant nous, rendons hommage à ce sculpteur méconnu qu'est Nicolas Blasset. Car c'est en partie grâce à lui que la cathédrale d'Amiens est à présent reconnue comme un édifice d'exception.

Castres

mardi 27 septembre

lever : 7 h 43
coucher : 19 h 38

St Vincent de Paul

DICTON
Franche-Comté
Arc-en-ciel du soir met la pluie en retard.

Savoir-faire
Chaufournier à Nanteuil

Poitou-Charentes

La chaux est obtenue après la cuisson du calcaire à mille degrés Celsius. La calcination dure plusieurs jours, ce qui oblige les chaufourniers à se relayer près du four, pour avoir une température constante. De nos jours, la chaux est utilisée dans l'industrie, la construction ou encore l'agriculture.

Devinette

Quelle île française est appelée l'« île de Beauté » ?

La Corse. Les Grecs anciens l'appelaient Kallistè, c'est-à-dire « la plus belle ». Elle est pourtant considérée par les généraux romains comme une terre hostile et sauvage, d'où ils ramenaient de nombreux esclaves.

La rubrique du 13 h

LE PONT-CANAL DE BRIARE

Centre

Construit à la fin du XIXe siècle, le pont-canal de Briare, dans le Loiret, mesure six cent soixante-deux mètres, ce qui en fait l'un des plus longs du monde. Il enjambe la Loire – évitant ainsi une traversée parfois dangereuse du fleuve capricieux –, afin de relier les bassins de la Seine et de la Saône. Le pont-canal a permis de développer fortement l'activité fluviale dans la région : chaque année, des milliers de péniches et de bateaux de plaisance l'empruntent. La voie navigable est entièrement métallique – la maçonnerie en a été confiée à Gustave Eiffel – pour permettre à la Loire de s'écouler en cas de forte crue.

À table !
Le gros lait

Bretagne

Il s'agit d'un fromage frais de lait de vache : dans les fermes, on faisait fermenter du lait frais quotidiennement et on le mangeait avec du sucre ou avec des pommes de terre. Pour fabriquer ce plat, on prélève du gros lait restant et on le mélange à 1 l de lait frais bouilli.

Ils ont marqué leur région...
Claire Chazal

Auvergne

La célèbre journaliste, présentatrice du journal télévisé depuis bientôt deux décennies, a vu le jour à Thiers, dans le Puy-de-Dôme. Si elle rêve de devenir danseuse à l'Opéra, étant enfant, c'est sur les bancs de l'école HEC qu'elle fait ses études, avant de connaître sa première expérience dans le journalisme à Europe 1. Comme tous les journalistes, elle fait ses armes en tant que pigiste dans diverses rédactions. C'est en 1988 qu'elle se tourne vers le petit écran, d'abord avec Antenne 2, puis avec TF1, chaîne à laquelle elle restera fidèle et où elle deviendra une véritable vedette.

mercredi 28 septembre

lever : 7 h 45
coucher : 19 h 36

St Venceslas

Un jour en France
28 septembre 1958

Sous la présidence de René Coty, les Français ont massivement dit : « Oui ! » Par référendum, ils ont ainsi adopté le projet de Constitution fondateur de la Ve République.

À table !
La châtaigne ardéchoise
Rhône-Alpes

Pendant des siècles, la châtaigne fut l'aliment du pauvre, et le châtaignier était un arbre si précieux qu'on le surnommait « l'arbre à pain ». Aujourd'hui, les châtaigneraies ardéchoises ont été bien réduites, mais le département fournit encore 50 % de la production nationale.

Quiz des villes & villages de France

Cette ville limitrophe de Paris, où vécut la danseuse de cancan La Goulue, détient l'une des plus fortes concentrations d'antiquaires et de brocanteurs au monde.

_ _ _ _ _ - _ _ _ _

La rubrique du 13 h
LE LAC DE GÉRARDMER
Lorraine

Le lac de Gérardmer est le plus grand lac des Vosges : il s'étend sur cent quinze hectares, et un sentier d'environ six kilomètres permet d'en faire le tour à pied. Il constitue, avec les lacs de Retournemer et de Longemer, un grand ensemble formé par les glaciers du quaternaire. Les eaux pures du lac de Gérardmer en font un lieu très prisé des pêcheurs – on y trouve notamment de la lotte d'eau douce – et des amateurs d'activités aquatiques : voile, baignade, aviron. La traversée du lac est d'ailleurs une épreuve sportive organisée en été, chaque année, et ouverte à tous.

Savoir-faire
Créateur de fleurs artificielles à Lisieux
Basse-Normandie

La fabrication de fleurs artificielles est un art ancestral, déjà connu en Égypte, il y a plusieurs milliers d'années. Cette pratique a deux intérêts : écologique et esthétique. En effet, aucune fleur n'est irréalisable ! Faites à la main, pétale après pétale, elles mêlent les matériaux les plus divers.

Ils ont marqué leur région...
René Princeteau
Aquitaine

Si l'on veut se recueillir sur la tombe d'Henri de Toulouse-Lautrec, artiste de la fin du XIXe siècle, qui a immortalisé la vie des cabarets parisiens, il faut se rendre au cimetière du village de Verdelais, en Gironde. On peut y admirer le tombeau de l'artiste réalisé par René Princeteau, peintre originaire de Libourne. Princeteau a été non seulement l'ami, mais aussi le professeur et le protecteur d'Henri, étant de vingt ans son aîné. La postérité de Toulouse-Lautrec dépasse largement la sienne, mais ses représentations de courses de chevaux ont connu un vif succès en son temps.

Saint-Ouen

jeudi 29 septembre

lever : 7 h 46
coucher : 19 h 34

St Gabriel

CITATION

Provence-Alpes-Côte d'Azur

« Le soleil semble se coucher dans un verre de tavel aux tons rubis irisés de topaze. Mais c'est pour mieux se lever dans les cœurs. »

Frédéric Mistral

Savoir-faire

Créer des objets en bois flotté à Porto-Vecchio

Corse

On appelle « bois flotté » des branches qui se sont échouées sur les plages. Le lent travail de l'eau, du sable et des rochers ont poli le bois et lui ont donné une douce couleur blanche. Les jeux de branches du bois flotté symbolisent le renouveau de la décoration épurée et naturelle.

La rubrique du 13 h

PASSAGE POMMERAYE À NANTES

Pays de la Loire

Dans le passage Pommeraye, le temps semble s'être figé. Certes, le contenu des vitrines a changé, mais l'esprit du XIXe siècle est toujours là. C'est à partir de 1837 que Louis Pommeraye a l'idée de couvrir un petit quartier commerçant de Nantes. Cette aventure est de courte durée pour lui, puisqu'il est ruiné en 1848 et obligé de vendre, mais c'est la naissance d'un des lieux les plus emblématiques de la ville. Les trois niveaux de cette galerie marchande, restaurée au XXe 0siècle, sont reliés par un escalier monumental, et les Nantais continuent de flâner devant les boutiques élégantes.

À table !

Salade périgourdine

Aquitaine

Pour 6 personnes

Égrainer une petite grappe de raisins blancs, laver les fruits, les couper en 2 et ôter les pépins. Dans un saladier, préparer une vinaigrette. Y mélanger 180 g jeunes pousses, 6 cerneaux de noix concassés, 6 marrons en bocal, détaillés en morceaux, et le raisin. Couper 12 gésiers de canard confits en 2 et les poêler 3 min. Déposer les gésiers sur la salade avec 3 fines tranches de foie gras coupées en 2 et 12 tranches de magret de canard séché. Servir aussitôt.

Devinette

Quel personnage de bande dessinée représente la provinciale bretonne telle que la voyait l'élite bourgeoise parisienne du début du XXe siècle ?

Bécassine. Ce personnage est créé par le dessinateur Joseph Pinchon et apparaît dans *La Semaine de Suzette*, le 2 février 1905. Bécassine revient sur le devant de la scène en 1979, avec le tube de Chantal Goya : « [...] Bécassine, c'est ma cousine [...] ».

Ils ont marqué leur région...

Alexandra Rosenfeld

Languedoc-Roussillon

En 2006, décorée de l'écharpe de la région Languedoc-Roussillon, Alexandra Rosenfeld remporte la couronne de Miss France. Née en 1986 à Béziers, dans l'Hérault, la jeune femme a gravi progressivement les échelons de reine de beauté dans des compétitions locales. De Miss Pays d'Hérault à Miss Europe, il y a du chemin, mais cela ne lui est pas monté à la tête, et la belle a réaffirmé un lien très fort avec sa région natale en devenant ambassadrice du Languedoc-Roussillon, en 2008. Ce rôle lui a notamment permis de promouvoir les mets et les vins de son terroir, dont elle est particulièrement fière.

vendredi 30 septembre

lever : 7 h 48
coucher : 19 h 32

St Jérôme

À table !

Fricassée de morue

Languedoc-Roussillon

Pour 4 personnes

Éplucher 400 g de pommes de terre, les cuire à l'eau et les couper en rondelles. Mettre 600 g de filet de morue dans une casserole et cuire à petits bouillons pendant 20 min. Dans une poêle, avec 1 c. d'huile d'olive, faire fondre 400 g de tomates coupées en morceaux, 2 oignons émincés, 3 gousses d'ail hachées, du sel et du poivre. Badigeonner d'huile d'olive un plat allant au four et disposer les rondelles de pommes de terre, puis le poisson effeuillé. Recouvrir le tout avec la concassée de tomates. Enfourner 10 min à 180 °C et servir.

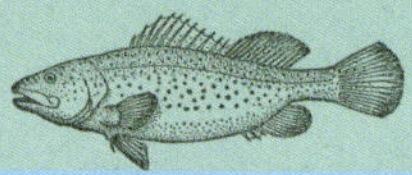

Quiz des villes & villages de France

Cette ville, située en face de l'île de Bréhat, dont le nom signifie en breton la « tête de l'étang », est le port de départ du *Pêcheur d'Islande* de Pierre Loti.

_ _ _ _ _ _ _

La rubrique du 13 h

LA MONTAGNE DES SINGES

Alsace

À Kintzheim, dans le Bas-Rhin, environ trois cents singes vivent en liberté, bien loin du continent africain, d'où ils sont originaires ! Depuis 1969, la montagne des Singes accueille des macaques berbères, appelés également « magots ». Dans un parc constitué d'une forêt de près de vingt-cinq hectares, les singes se déplacent comme bon leur semble, sans crainte d'aller à la rencontre des visiteurs. Ce parc animalier, où les conditions de vie sont similaires à celles de la vie sauvage, est l'endroit rêvé pour observer de près le comportement de ces animaux si attachants.

Savoir-faire

Tavaillonneur aux Bouchoux

Franche-Comté

Dans l'habitat jurassien, le toit est souvent en bois, pour isoler parfaitement. Il doit aussi être épais, pour résister à des conditions climatiques souvent rudes. Le tavaillonneur taille à la main de petites planchettes de mélèze ou d'épicéa, qu'il aplanit ensuite, afin qu'elles se chevauchent sur la toiture.

Un jour en *Normandie*

30 septembre 1989

Actrice emblématique reconnue par le public et par ses pairs – elle a notamment été récompensée par un oscar – et épouse du non moins charismatique Yves Montand, Simone Signoret meurt à Autheuil-Authouillet, à l'âge de 64 ans.

Ils ont marqué leur région...

Francis Poulenc

Midi-Pyrénées

En 1936, le pianiste et compositeur parisien gravit les deux cent trente-trois marches qui mènent au sanctuaire de la Vierge noire de Rocamadour, dans le Haut-Quercy, lieu qui attire les pèlerins depuis des siècles. L'artiste pleure la disparition d'un talentueux confrère, Ferroud, et, bouleversé, ressent le besoin de se tourner vers la religion. Ce lieu baigné d'une atmosphère de paix et de spiritualité fait monter en lui l'inspiration, et le musicien se met à l'écriture de ses *Litanies à la Vierge noire*, mise en musique de la prière récitée par les pèlerins de Rocamadour.

Paimpol

samedi 1er & dimanche 2 octobre

Ste Thérèse de Lisieux

St Léger

Mythes et légendes

Bourgogne

Un géant sans gêne

« Croyez-le, si voulez ; si ne voulez, allez-y voir. »
François Rabelais, Le Quart Livre, *1552*

Un peu partout en France la trace du légendaire géant de Rabelais est encore visible : pierres déplacées par Gargantua, montagnes accidentellement érigées… En Bourgogne, demeurent solidement posés sur le sol blocs et roches au nom du géant, mais le langage également évoque le passage de gargantua dans la région : on dit d'un ivrogne qu'il a une « gueule de Gargantua », d'un gros mangeur que c'est un « Gargantua » tout court, d'une personne bedonnante qu'il a un « ventre comme gargantua », etc. Surtout, on raconte encore de drôles d'histoires à propos des tribulations du grand homme et des mésaventures de certains Bourguignons l'ayant croisé.

Certains se plaisent encore à raconter celles d'un meunier qui eut en son absence la visite du géant vorace. Immense, Gargantua savait fort bien qu'il ne pourrait manger à sa faim dans les maisons ordinaires. Dans les moulins, en revanche, il y avait toujours beaucoup de farine, ingrédient avec lequel on fait beaucoup de choses. Évidemment, à tant manger, il faut bien parfois se soulager d'autant ! Quittant le moulin, le géant déféqua non loin, en plein milieu du chemin. Le meunier qui partait justement avec son âne chercher du bois, se retrouva tout embourbé dans l'exécrable excrément. L'animal têtu ne voulut plus faire un pas, et le meunier brailla. Gargantua l'entendant fit trois enjambées en arrière, et sortit le meunier et son âne de l'embarras. Il trouva néanmoins que le petit homme avait fait beaucoup de bruit pour bien peu, et reprit son chemin sans plus d'excuses, riant sous cape.

Île-de-France **en fête**

La Nuit Blanche

Rendre l'art accessible à tous, gratuitement, pendant une nuit, tel est l'objectif de la Nuit blanche, créée à Paris en 2002. Chaque année, un directeur artistique choisit un thème et les lieux insolites où mettre en scène les œuvres, qui, contemplées la nuit, prennent une autre dimension. Cette manifestation populaire permet aux Parisiens de se confronter à l'art contemporain, comme ils en ont rarement l'occasion. Depuis dix ans, elle a fait des émules aux quatre coins du monde : Rome, Madrid, et même Tel-Aviv ont depuis adopté le concept de la Nuit blanche.

lundi 3 octobre

lever : 7 h 52
coucher : 19 h 26

St Gérard

Devinette

Qu'est-ce que les « muches » picardes ?

Des souterrains. Creusés au XVIIe siècle lors des guerres franco-espagnoles, ils permettaient aux villageois de protéger leurs vivres des pillages. Parmi les plus remarquables, on trouve celles de Naours, Domqueur, Hiermont ou Talmas.

À table !
Gougères
Bourgogne

Pour 6 personnes
Dans une casserole, porter à ébullition 25 cl d'eau et 100 g de beurre. Ajouter 150 g de farine en une seule fois et travailler de façon à former une boule qui se détache de la casserole. Hors du feu, ajoutez 4 gros œufs, 2 par 2. Ajouter 150 g d'emmenthal coupé en dés et mélanger. Sur la plaque du four, disposer des petits tas de pâte et enfourner 25 min environ, à 180 °C. En fin de cuisson, laisser les gougères quelques minutes dans le four éteint, porte entrouverte.

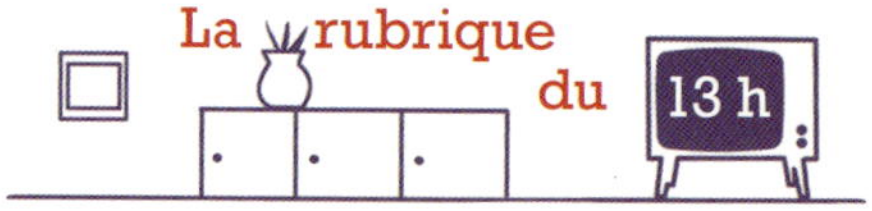

GIVERNY EN AUTOMNE
Haute-Normandie

Au printemps, des foules de touristes du monde entier se pressent pour pénétrer dans les jardins de Claude Monet, à Giverny, dans l'Eure. La fraîcheur automnale les attire moins, et, pourtant, l'atmosphère qui règne dans les jardins est toujours aussi magique. Le vent souffle son délicieux parfum d'arrière-saison, tandis que l'on admire quelques roses tardives, les dahlias et les fameux nymphéas, présents dans plusieurs toiles de l'artiste. Sur les murs, la lumière souligne la rousseur de la vigne vierge. Elle décline progressivement, faisant tourner pour quelques jours encore la tête des tournesols.

Savoir-faire
Plâtrier traditionnel à Brive-la-Gaillarde
Limousin

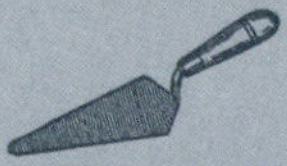

Le plâtre est généralement utilisé comme liant, enduit ou pour faire des moulages. Le plâtrier réalise des ouvrages de construction, de revêtement ou d'ornementation. Pas seulement technique, le métier de plâtrier fait aussi appel à un vrai sens artistique.

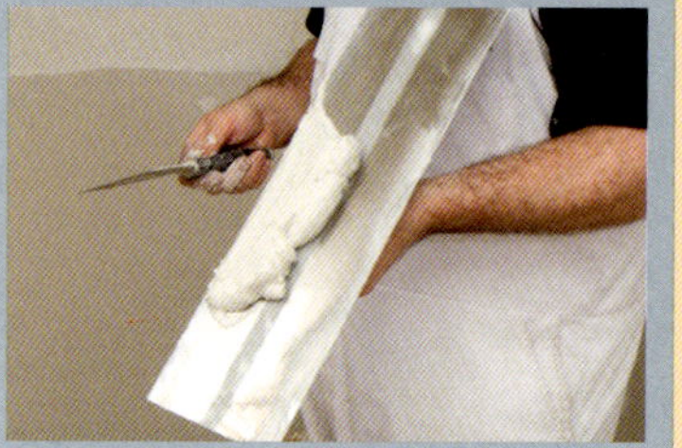

Quiz des villes & villages de France

Cette ville de l'académie de Versailles, dont les habitants se nomment les Clodoaldiens, subit l'affluence des Parisiens, chaque été, lors du festival « Rock en Seine ».

_ _ _ _ _ - _ _ _ _ _

Ils ont marqué leur région...
Ferdinand Cheval
Rhône-Alpes

Qui a dit qu'un facteur ne pouvait pas être artiste ? Ferdinand Cheval a, entre 1879 et 1912, construit un palais tout en cailloux ! Fils de paysans, amoureux de la nature, cet autodidacte a imaginé un monument mêlant « tous les styles de tous les pays et toutes les époques ». C'est sous les yeux ahuris et souvent railleurs des villageois de Hauterives que cet original a édifié son palais digne d'un conte de fées : bassin, cascade, tombeau égyptien ou temple hindou composent le Palais du Facteur Cheval, qui sera salué par Pablo Picasso et André Breton, puis classé monument historique par André Malraux en 1969.

Saint-Cloud

mardi 4 octobre

lever : 7 h 53
coucher : 19 h 24

St François d'Assise

CITATION

Basse-Normandie

« Les villes devraient être construites à la campagne, l'air y est tellement plus pur. »

Alphonse Allais

Savoir-faire

Parqueteur à Pierrevert

Provence-Alpes-Côte d'Azur

Pour fabriquer un parquet, il faut d'abord choisir et préparer le bois selon sa dureté, son grain et sa couleur ; on le découpe ensuite en fonction des motifs que l'on souhaite former. Des dizaines de pièces de mosaïque en bois s'encastrent alors les unes dans les autres, pour créer un plancher d'exception.

Devinette

Quel est le département français le moins peuplé ?

La Lozère. La densité de la population y est de quinze habitants au kilomètre carré.

La rubrique du 13 h

LES PLACES D'ARRAS

Nord-Pas-de-Calais

La ville d'Arras est réputée pour être l'une des plus belles villes du nord de la France. C'est à son patrimoine architectural qu'elle doit une telle renommée, et surtout à ses deux magnifiques places baroques : la Grand-Place et la place des Héros. Autrefois lieux de foires – le marché du textile s'y tient depuis le XVe siècle –, elles sont reliées entre elles par une petite rue. La Grand-Place est bordée de plus de cent cinquante maisons flamandes des XVIIe et XVIIIe siècles, tandis que la place des Héros, plus petite mais plus vivante, voit s'élever au-dessus d'elle le beffroi de la ville.

À table !

Le bibeleskaes

Alsace

Cette spécialité fromagère alsacienne est un mélange de fromage blanc – du munster frais caillé – d'ail et de ciboulette. On le sert, traditionnellement, lors d'un repas convivial, en accompagnement de pommes de terre cuites en robe des champs ou sautées.

Ils ont marqué leur région…

Georges Cadoudal

Bretagne

La chouannerie était une alliance de paysans, principalement normands et bretons, se soulevant contre le gouvernement républicain à partir de 1793. Georges Cadoudal était l'un d'entre eux : résistant au gouvernement napoléonien sous le drapeau breton, il s'est notamment illustré lors de l'attentat de la rue Saint-Nicaise, le 24 décembre 1800. Cette conjuration royaliste, qui visait à assassiner Napoléon Bonaparte, a coûté la vie à vingt-deux personnes, victimes de la « machine infernale » : un tonneau rempli de poudre destiné à exploser sur le passage du futur empereur.

mercredi 5 octobre

lever : 7 h 55
coucher : 19 h 22

Ste Fleur

À table !

Galette au potiron

Picardie

Pour 6 personnes

Délayer 10 g de levure de boulanger avec 5 cl de lait et ajouter 50 g de farine pour faire un levain. Laisser gonfler dans un endroit tiède. Mélanger, dans un récipient, 200 g de farine avec 2 œufs, 1 pincée de sel et 25 g de sucre. Ajouter le levain, puis 60 g de beurre ramolli.
Laisser lever la pâte. Cuire, dans de l'eau salée, 150 g de potiron émincé. L'égoutter et le passer au moulin à légumes. Ajouter 25 g de sucre. Incorporer la purée de potiron à la pâte et étaler le tout dans une tourtière beurrée. Laisser lever jusqu'à ce que le volume ait doublé. Faire cuire à four moyen, pendant 30 min environ, et laisser refroidir avant de servir.

CITATION

Rhône-Alpes

« Lyon est une ville arrosée par trois grands fleuves : le Rhône, la Saône et le beaujolais, qui n'est jamais limoneux ni à sec. »

Léon Daudet

La rubrique du 13 h

MONTLUÇON

Auvergne

Deuxième ville d'Auvergne, Montluçon, dans l'Allier, compte plusieurs châteaux, dont le plus célèbre est celui des ducs de Bourbon, édifié au XVe siècle. Perché sur un promontoire rocheux qui domine les méandres du Cher, il est entouré de ruelles étroites, dans lesquelles s'élèvent de splendides maisons à pans de bois. Le patrimoine médiéval de Montluçon est donc toujours bien visible, tout comme son héritage industriel : jusqu'au milieu du XXe siècle, les ateliers et les machines des usines ont été le poumon de la cité, exploitant la houille présente dans la région.

Un jour en Corse

5 octobre 1943

La Corse est la première région libre de France. Occupée par les armées italienne et allemande, elle n'avait pourtant pas été épargnée. Ainsi, sur l'île, quelques mois plus tôt, un tiers des hommes étaient des occupants !

Savoir-faire

Producteur de safran à Pithiviers

Centre

Le safran du Gâtinais est réputé à travers toute l'Europe, dès le XVIIIe siècle : les cours mondiaux sont même fixés sur le marché de Pithiviers. Aujourd'hui, cette production est devenue confidentielle, notamment à cause du fort coût de la main-d'œuvre, mais certains maintiennent la tradition.

Ils ont marqué leur région...

Balthus

Bourgogne

Balthasar Klossowski de Rola, qui a exercé comme peintre sous le nom de « Balthus », a immortalisé le décor montagneux du Morvan. Entre 1954 et 1961, il quitte en effet la vie parisienne pour le calme de la Bourgogne et s'installe au château de Chassy. Cet environnement est pour lui une grande source d'inspiration, et une soixantaine de toiles du peintre témoignent de cette période de son existence. Dans son atelier, le châtelain peint le paysage vu de sa fenêtre, dans des œuvres telles que la *Cour de ferme à Chassy* (1960). Il partira ensuite pour la villa Médicis, à Rome.

Balthus et le peintre Renato Guttuso

jeudi 6 octobre

lever : 7 h 56
coucher : 19 h 20

St Bruno

Savoir-faire
Collagiste à Metz
Lorraine

Les artistes du collage trouvent leur matière première partout : des journaux, des tracts, des affiches publicitaires, du carton, des photographies, des objets…, tout peut être collé ! Cette pratique a révolutionné l'art du XXe siècle : désormais, il n'y a plus de frontières entre les différentes techniques.

La rubrique du 13 h

LE MAC DE MARSEILLE
Provence-Alpes-Côte d'Azur

Le musée d'Art contemporain de Marseille – ou MAC – a ouvert ses portes en 1994. Un peu excentré, installé dans un bâtiment en béton offert à la municipalité par le docteur Gustav Rau, un collectionneur très célèbre aujourd'hui disparu, le musée consacre son espace à des créations datant des années 1960 à nos jours ; elles trouvent naturellement leur place dans ce décor moderne et épuré. Le MAC acquiert régulièrement des œuvres ; il fait aussi appel à des collections privées et au Fonds national d'art contemporain, pour rendre ses expositions toujours plus attractives.

À table !
Falculelle
Corse

Pour 4 personnes
Mélanger 300 g de brocciu, 3 œufs entiers, 75 g de sucre et le zeste de 1/2 citron râpé. Disposer des cuillères de ce mélange sur des feuilles de châtaignier et cuire 15 min à 180 °C.

Quiz des villes & villages de France

Les visiteurs peuvent admirer, dans la capitale du Morvan – dont le nom vient de l'appellation latine *castrum caninum* –, une œuvre de Niki de Saint Phalle, offerte par François Mitterrand.

_ _ _ _ _ _ _ - _ _ _ _ _ _

Un jour en *Rhône-Alpes*
6 octobre 1985

Aviez-vous déjà remarqué que le mot « sport » était une anagramme de Prost ? Un patronyme qui a bien réussi à Alain Prost, premier Français champion du monde de Formule 1 et figure phare de ce sport.

Ils ont marqué leur région…
Vincent de Paul
Aquitaine

Vincent de Paul était ce que l'on peut appeler un prêtre exemplaire. Originaire d'une famille de modestes paysans des environs de Dax, il aura passé sa vie au service des plus démunis. On lui doit notamment la création de la confrérie des Filles de la Charité en 1634, au service des pauvres et des malades, ou celle, en 1648, d'un établissement destiné à recueillir les enfants trouvés. Infatigable, il devait la réussite de ses projets à son talent pour s'attirer la sympathie des puissants. Celui qui n'était qu'un paysan est devenu saint Vincent de Paul, depuis sa canonisation en 1737.

Château-Chinon

vendredi 7 octobre

lever : 7 h 58
coucher : 19 h 18

St Serge

Devinette

Quelle formation musicale bretonne inspirée du *pipe band* écossais rassemble des binious, des bombardes et des percussions ?

Un bagad. Ce terme signifie « groupe » en breton. Les bagadou sont nés dans les années 1930 dans les milieux bretons parisiens.

À table !

Œufs à l'angevine

Pays de la Loire

Pour 4 personnes
Couper la tête de 4 petites brioches, les vider avec délicatesse et les beurrer intérieurement et extérieurement. Les passer au four chaud pendant 2 min. Casser 1 œuf dans chacune des brioches. Assaisonner et cuire 15 min environ. Servir ces brioches comme des œufs à la coque, avec des asperges en guise de mouillettes.

La rubrique du 13 h

LE CHÂTEAU DE GUILLAUME LE CONQUÉRANT

Basse-Normandie

Au XIe siècle, quand Guillaume naît au château de Falaise, il s'agit d'une forteresse à l'efficacité redoutable, et la cité, très prospère, abrite plus de trois mille personnes. De cette période ne subsistent aujourd'hui que le donjon, les tours, la basse-cour et quelques remparts : d'abord résidence ducale, puis résidence royale – quand Guillaume s'empare de la couronne d'Angleterre –, le domaine est progressivement négligé à partir du XVIIIe siècle. En 1966, la ville de Falaise, propriétaire du château, lance une vaste campagne pour restaurer ce lieu inséparable de l'histoire de la Normandie.

Savoir-faire

Fabricant de literie artisanale à Saint-Clément

Limousin

Comme nous passons beaucoup de temps sur notre lit, il est indispensable de bien choisir notre literie. Loin des grandes enseignes, des artisans privilégient des matières naturelles, comme la laine, pour fabriquer leurs matelas – sans solvant et sans métal –, afin d'offrir au dormeur un environnement plus sain.

Quiz des villes & villages de France

Cette commune du Poitou-Charentes, où l'on peut visiter le château des ducs de La Trémoille, est l'un des plus importants centres de production de melons en France.

_ _ _ _ _ _ _

Ils ont marqué leur région…

Danielle Casanova

Corse

Née Vincentella Perini, cette Corse d'Ajaccio a participé activement à la résistance durant la Seconde Guerre mondiale, au sein du parti communiste. Très impliquée dans la vie politique, la jeune femme, partie à Paris pour ses études, fonde l'Union des jeunes filles de France, mouvement pacifiste et antifasciste. Mais, sous l'occupation, le parti communiste est interdit, et c'est dans la clandestinité qu'elle doit désormais agir. Manifestations, contributions à la presse clandestine… elle est arrêtée en 1942, puis déportée à Auschwitz, où elle s'éteint, victime du typhus.

Thouars

samedi 8 & dimanche 9 octobre

Ste Pélagie St Denis

Mythes et légendes
Bretagne

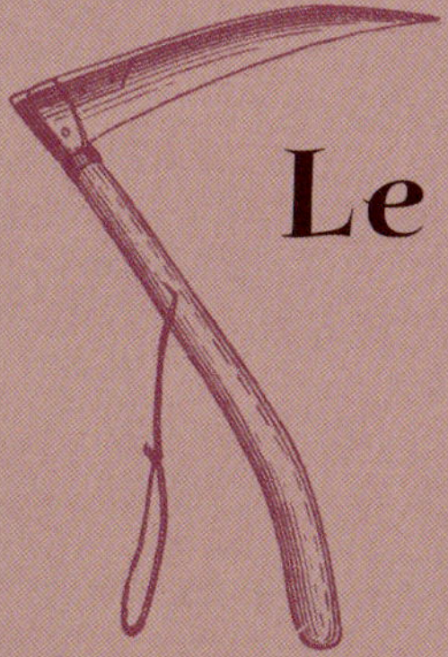

Le moissonneur de vies

« C'est moi l'Ankou, camarade !
qui planterai ma lance dans ton cœur ;
Moi, qui te ferai le sang aussi froid
Que le fer ou la pierre ! »
Anatole Le Braz, La Légende de la mort chez les Bretons, *1902*

A son seul nom chacun devient muet, le sang se glace, les échines sont parcourues de frissons, les volets se ferment en claquant, les âmes quittent les corps. L'ankou. Serviteur de la mort, il moissonne les vies bretonnes de son outil terrible, une faux dont le tranchant de la lame est tourné vers l'extérieur afin de ne jamais ramener à lui les corps. Sans le voir, on le sait présent : son apparence est changeante, mais on ne peut pas ne pas le reconnaître. On lui prête plusieurs visages : il peut ainsi paraître sous la forme d'un homme immense et décharné, dont les longs cheveux blancs filés sont recouverts au sommet du crâne d'un chapeau en feutre de couleur noire. On dit aussi que la funeste mission revient au dernier défunt de l'année précédente. On le connaît surtout sous les traits d'un squelette vêtu d'un linceul, dont la faux est aiguisée à l'aide d'un os humain.

On sait qu'il vient, pour soi ou un proche, dès que l'on entend le terrible grincement des roues de sa charrette, tirée par deux chevaux efflanqués condamnés à tirer perpétuellement ce morbide chariot. Mais même quand il n'est pas dans les parages, il met en garde les hommes contre leur mort inéluctable : l'odeur de bougie, le chant du coq au beau milieu de la nuit, des bruits de clochettes sont autant de signes annonciateurs de la mort qui rôde et qui sera là bientôt, dans l'année. Pour ne pas oublier que l'ankou viendra, les Bretons ont gravé dans la pierre les sentences de mort du squelette légendaire. On peut ainsi lire à Brasparts et La Roche-Maurice « Je vous tue tous » et, en breton, à La Martyre : « La mort, le jugement, l'enfer froid : quand l'homme y pense, il doit trembler. »

Île-de-France **en fête**
Les Vendanges de Montmartre

Deux mille, c'est le nombre de pieds de vigne plantés en 1933 sur la butte, par la Ville de Paris. L'arrivée, à l'automne, des cuvées du Clos-Montmartre est fêtée depuis pendant une semaine, dans le XVIIIe arrondissement. Les quelques centaines de bouteilles de vin produites sont vendues aux enchères, les bénéfices étant versés aux œuvres sociales de la butte. Au pied du Sacré-Cœur, des expositions, dégustations, bals, défilés et feux d'artifice sont organisés pour le plus grand plaisir des Parisiens, de plus en plus nombreux chaque année.

lundi 10 octobre

lever : 8h02
coucher : 19h11

St Ghislain

Quiz des villes & villages de France

Au carrefour de trois sites géologiques remarquables – le schiste des Cévennes, le granite du mont Lozère et le calcaire des Causses –, cette ville se dit être le « carrefour de la pierre et de l'eau ».

La rubrique du 13 h

LE CAPITOLE DE TOULOUSE

Midi-Pyrénées

Siège de la municipalité depuis le XIIe siècle, le Capitole est l'emblème de Toulouse. Il se composait au Moyen Âge d'un plus grand nombre de bâtiments, et il ne reste aujourd'hui que l'hôtel de ville – l'édifice abrite aussi le Théâtre du Capitole –, la cour Henri-IV et la tour-donjon des Archives. Sur la place du même nom, huit colonnes de marbre rose se dressent fièrement, comme pour affirmer l'identité de la ville principale de la Haute-Garonne. À l'intérieur, on peut admirer la magnificence des moulures et des peintures de la salle des Illustres.

À table !

Les babeluttes

Nord-Pas-de-Calais

La création de cette spécialité flamande remonte à la fin du XIXe siècle : les marchands chiffonniers de Roubaix récompensaient, avec ces friandises, les enfants qui leur apportaient des chiffons ou du vieux fer. Ce sont des caramels tendres, composés de sucre, de beurre, de lait et de vergeoise.

DICTON

Auvergne

Au mois d'octobre,
qui a perdu son manteau
le retrouve bientôt.

Savoir-faire

Artisan paveur à Pont-à-Mousson

Lorraine

Aujourd'hui, le bitume a largement remplacé les pavés dans les rues, mais les municipalités font encore appel aux artisans paveurs, pour des travaux de restauration ou d'embellissement de la voirie. Ils utilisent des pavés en grès, en marbre ou en ardoise et des joints en sable ou en ciment.

Ils ont marqué leur région...

Fernandel

Provence-Alpes-Côte d'Azur

Lorsque Pie XII siégeait au Vatican, qui était, d'après lui, « le plus connu des prêtres de la chrétienté » après lui-même ? Fernand Joseph Désiré Contandin, plus connu sous le nom de Fernandel. Il a donc demandé à l'acteur marseillais, en visite à Rome, de faire un petit détour afin de le rencontrer. Voilà bientôt cinquante ans que Fernandel a endossé la soutane de Don Camillo, curé facétieux qui n'a de cesse de se chamailler avec Peppone, le maire communiste de son petit village de Brescello. Et petits et grands rient toujours autant.

Florac

Savoir-faire

Rotinier à Abbeville

Picardie

Dans le vaste domaine de la vannerie, l'emploi du rotin est assez récent en Europe, puisqu'il faut importer la matière première. Très en vogue au XIXe siècle, son usage tend à disparaître. Pourtant, quelques artisans nouent et tressent encore les longues tiges végétales.

Quiz des villes & villages de France

Important centre de pèlerinage à la Vierge Marie jusqu'au XIXe siècle, cette ville du Berry fut disputée à la France par Richard Cœur de Lion, qui aurait fait construire la tour Blanche.

_ _ _ _ _ _ _ _

Devinette

Quel insecte a ravagé les vignes françaises entre 1860 et 1900 ?

Le phylloxéra. Insecte venu des États-Unis, il a provoqué une très importante crise du vignoble français. Il faudra trente ans pour la surmonter et reconstituer des vignes plus résistantes.

La rubrique du 13 h

LE PIC DU CANIGOU

Languedoc-Roussillon

Le pic du Canigou est l'un des sommets les plus remarquables de la chaîne des Pyrénées et l'un des symboles de la Catalogne : les Catalans viennent y allumer les feux de la Saint-Jean, en juin, et leur drapeau flotte sur la croix qui trône au sommet. Point culminant du massif du même nom, le pic du Canigou était considéré comme un « phare » par les navigateurs de l'Antiquité, et sa première ascension date du XIIIe siècle. Destination privilégiée des randonneurs, il offre, au bout d'un chemin rocailleux, une vue spectaculaire sur la plaine du Roussillon et sur l'Espagne.

À table !

Tarte aux noix

Rhône-Alpes

Pour 6 personnes

Mélanger 200 g de farine avec 60 g de sucre en poudre, 1 jaune d'œuf et 125 g de beurre ramolli coupé en morceaux. Travailler la pâte avec les doigts, faire une boule et la mettre au réfrigérateur pendant 2 h. Concasser 200 g de cerneaux de noix, les mélanger avec 100 g de cassonade, 1 c. à soupe de Maïzena, 20 cl de crème épaisse et 1 œuf. Étaler la pâte sur un plan de travail fariné et en garnir un moule à tarte. Piquer le fond à la fourchette et cuire à blanc 8 min au four préchauffé à 220 °C. Garnir le fond de tarte de la crème aux noix et cuire environ 35 min au four à 180 °C. Servir tiède ou froid.

Ils ont marqué leur région...

Gustave Flaubert

Haute-Normandie

Flaubert naît à Rouen en 1821. Il meurt à Croisset, hameau situé non loin de là, près de soixante ans plus tard. Entre ces deux dates, l'écrivain ne quitte pour ainsi dire jamais la Normandie. Il est décrit comme un homme exigeant, capable de consacrer plusieurs jours à l'écriture de quelques lignes. Il laisse derrière lui des romans sans concession sur la bourgeoisie rouennaise de l'époque, tels *Bouvard et Pécuchet*, ou encore *Madame Bovary*, son chef-d'œuvre. Ry, le bourg où vit le personnage d'Emma, n'est autre qu'Yonville-l'Abbaye, village qui attire aujourd'hui de nombreux promeneurs.

Issoudun

mercredi 12 octobre

lever : 8 h 05
coucher : 19 h 07

St Wilfried

À table !

Cari poulet

Dom-Tom

Pour 4 à 6 personnes
Couper 1 poulet en morceaux et le faire dorer dans une cocotte avec de l'huile. Ajouter 2 gros oignons émincés. Faire roussir, puis ajouter 2 gousses d'ail et 1 morceau de gingembre écrasé. Rajouter 3 tomates hachées et 1 branche de thym. Colorer avec 2 pincées de curcuma et saler. Ajouter un peu d'eau et laisser mijoter à feu moyen pendant 15 à 20 min. Accompagner avec du riz.

CITATION

Aquitaine

« *Je suis le Ténébreux,*
le Veuf, l'Inconsolé,
Le Prince d'Aquitaine
à la Tour abolie :
Ma seule Étoile est morte,
et mon luth constellé
Porte le Soleil noir
de la Mélancolie. »

Gérard de Nerval, Les Chimères, « El Desdichado », 1854

La rubrique du 13 h

LE CAFÉ PARISIEN DE SAULIEU

Bourgogne

Paré du titre prestigieux du plus ancien café de Bourgogne, le Café Parisien anime la ville de Saulieu, en Côte-d'Or, depuis 1832. Toutes les couches de la population se retrouvent dans ce lieu classé café historique d'Europe, pour goûter à la gastronomie bourguignonne, assister à des concerts, des conférences ou apprécier des expositions. En plein centre-ville, le bâtiment a été miraculeusement préservé : la façade en marbre et pierre de taille est citée à l'Inventaire des bâtiments de France. L'intérieur est aussi d'époque, y compris l'appartement situé au-dessus du café, ouvert à la visite.

Savoir-faire

Fleuriste d'art à Clermont-Ferrand

Auvergne

L'art floral consiste à réaliser des sculptures végétales. S'articulant autour d'autres matières, comme les minéraux ou le métal, il emprunte de nombreux éléments à la nature, tout en s'affranchissant des formes et des couleurs. Le caractère éphémère de l'art floral ne fait que renforcer sa beauté.

Un jour en

Île-de-France

12 octobre 1988

Le texte concernant le RMI – revenu minimum d'insertion – proposé par le gouvernement de Michel Rocard est discuté à l'Assemblée nationale. Il sera adopté un mois plus tard, puis transformé en RSA – revenu de solidarité active – en 2009.

Ils ont marqué leur région…

Jean Giraudoux

Limousin

L'œuvre de Giraudoux, qui est né dans la Haute-Vienne en 1882, est fortement marquée par le contexte de l'entre-deux-guerres, qui semble hanter le dramaturge. Blessé durant la Première Guerre mondiale, concerné par les relations franco-allemandes à l'aube de la Seconde, il écrit en 1935 son œuvre la plus célèbre, *La guerre de Troie n'aura pas lieu*. Comme souvent, il puise son inspiration dans la mythologie grecque et, à partir de l'histoire de l'enlèvement d'Hélène par Pâris, construit une réflexion mêlée de poésie sur son époque troublée par la guerre.

jeudi 13 octobre

lever : 8 h 07
coucher : 19 h 05

St Géraud

Savoir-faire

Sculpteur sur bois à Aix-en-Othe

Champagne-Ardenne

De tout temps, les hommes ont sculpté le bois pour concevoir des outils, des ustensiles, des armes et des objets de décoration. Tendre – mais peut-être est-ce là sa faiblesse ? –, le bois permet toutes les techniques et tous les styles : naïf, ethnique ou hyperréaliste.

La rubrique du 13 h

L'ÉGLISE MONOLITHE D'AUBETERRE-SUR-DRONNE

Poitou-Charentes

L'église Saint-Jean d'Aubeterre-sur-Dronne est la plus grande église creusée d'Europe : elle mesure vingt-sept mètres de longueur sur seize mètres de large, tandis que sa voûte en plein cintre s'élève à vingt mètres de hauteur. Sa vocation première était la conservation de reliques : c'est un martyrium. Commencée au XIIe siècle, elle s'appuie sur des grottes plus anciennes et une église primitive ; en 1958, alors qu'elle sert de cimetière, des fouilles sont entamées et l'on découvre en creusant le sol plus de quatre-vingt sarcophages taillés dans le calcaire. Curiosité architecturale et archéologique, elle fait toujours l'objet de pèlerinages et d'études.

À table !

Le hachis Parmentier

Île-de-France

Désireux de faire entrer la pomme de terre dans les mœurs culinaires des Français, pour lutter contre la famine, Antoine Auguste Parmentier, un pharmacien, inventa cette recette bien connue des ménagères. Idéal pour accommoder les restes, le hachis permet de nombreuses variantes et est apprécié de tous.

Devinette

Quel département français aurait été délimité selon le contour de la main de Napoléon posée sur la carte de France ?

Le Tarn-et-Garonne. Il a été créé par décret impérial, le 2 novembre 1808, avec des territoires pris aux départements voisins.

Quiz des villes & villages de France

Surnommée la « Venise Comtadine », en référence au Comtat Venaissin dont elle faisait partie, cette ville est un lieu incontournable pour les brocanteurs de toute l'Europe.

_'____-___-
__-______

L'Isle-sur-la-Sorgue

Ils ont marqué leur région…

Jean-Jacques Waltz

Alsace

Les charmantes illustrations de Jean-Jacques Waltz, ou Hansi, surgissent à notre esprit dès que nous cherchons à nous représenter l'Alsace. C'est que l'artiste, né à Colmar en 1873, a passé sa vie à graver et à peindre sa chère région. Cigognes dans leurs nids, toits enneigés, femmes portant le costume traditionnel et son imposante coiffe… Hansi a créé toute une imagerie populaire, montrant avec un grand succès une Alsace idéale sur de nombreux livres illustrés, publicités et cartes postales. Son style n'a pas vieilli, et ses dessins sont encore très souvent utilisés et réédités.

À table !

Garbure

Midi-Pyrénées

Pour 4 personnes
Couper grossièrement 2 poireaux, 300 g de haricots blancs, 100 g de navets, 100 g de carottes et 200 g de pommes de terre. Faire cuire les légumes, dans une marmite à moitié remplie d'eau, avec 1 talon de jambon, 1 bouquet garni, 4 gousses d'ail, du sel et du poivre. Au bout de 1 h 30, ajouter ½ chou émincé et 4 cuisses de canard confit. Faire mijoter à feu doux pendant 1 h encore. Servir avec des tranches de pain grillées.

Aquitaine en fête

La fête de la Châtaigne et du Cèpe

Un hommage à deux produits phares de la gastronomie périgourdine est rendu, chaque automne, à Villefranche-du-Périgord, lors de la fête de la Châtaigne et du Cèpe. Au programme des festivités gourmandes : exposition mycologique, artisanat d'art, marché fermier, vente de châtaignes grillées et de jus de pommes frais et dégustations en tout genre. Dans une ambiance conviviale et frugale, les concours se succèdent : concours du plus beau cèpe ou encore concours de ramassage de châtaignes, avec des prix pour le détenteur de la plus grosse et de la plus petite châtaigne.

La rubrique du 13 h

LE BANC D'ARGUIN

Aquitaine

À l'entrée du bassin d'Arcachon, entre la dune du Pyla et le cap Ferret, s'étire un long banc de sable : le banc d'Arguin. À marée basse, il s'étend sur environ quatre kilomètres de long sur deux kilomètres de large, ce qui fait de lui le plus vaste banc de sable du littoral aquitain. Constamment en mouvement au gré des marées – il est parfois divisé en plusieurs bandes de sable –, le banc d'Arguin est une réserve naturelle ornithologique. D'importantes colonies d'oiseaux viennent y passer l'hiver, s'y reproduire ou y trouver le repos entre deux étapes migratoires.

Savoir-faire

Récolter les algues à Lanildut

Bretagne

La Bretagne est le temple de la filière française des algues. Les goémoniers – les bateaux chargés de récolter le goémon, appelé également « varech » – utilisent un crochet mobile et tournant, actionné à l'aide d'une grue, pour arracher les algues des fonds marins.

Quiz des villes & villages de France

La légende dit que le nom de cette ville de la Drôme, qui signifie littéralement « le rocher jeté », est né d'un caillou que Gargantua aurait retiré de sa chaussure.

____

Ils ont marqué leur région…

Henri Matisse

Nord-Pas-de-Calais

Né en 1869 au Cateau-Cambrésis, Matisse part faire son droit à Paris et y découvre la peinture. Après avoir appris à manier les pinceaux, en copiant des œuvres académiques, il se libère des carcans sous l'influence de Gauguin, Cézanne et Van Gogh. Attiré par la nouveauté, il s'exerce au pointillisme, mais trouve son propre style en faisant exploser sa palette de couleurs. En 1905, l'éclat de ses couleurs lui vaut le surnom de « fauve » : le terme est, à l'origine, péjoratif, mais restera pour désigner ce courant artistique. Dans la ville natale du peintre, le musée Matisse expose plus de cent soixante-dix œuvres du maître.

Pierrelatte

samedi 15 & dimanche 16 octobre

Ste Thérèse d'Avila Ste Edwige

La chambre des demoiselles

« Un frisson l'agita. Ses mains se crispèrent, et il sentit que des gouttes de sueur se formaient à la racine de ses cheveux. »
Maurice Leblanc, L'Aiguille creuse, *1964*

Il existe, juché au sommet des falaises d'Étretat, un promontoire qui porte un bien sinistre souvenir. À l'époque où les seigneurs de Fréfossé étaient maîtres de la région, vivaient trois sœurs d'une beauté et d'une grâce sans pareil. Mais elles veillaient jalousement à leur honneur et on ne comptait plus les amoureux éconduits. Leur réputation attisa la curiosité d'un des chevaliers de Fréfossé, un homme qui avait la peu glorieuse réputation de convoiter les femmes au mépris de leur vertu. Convaincu qu'elles ne résisteraient pas à l'honneur de ses avances, il les fit conduire jusqu'à lui. Mais il avait sous-estimé leur détermination et les trois sœurs demeurèrent fermes face au charme, à la supplication et aux menaces. Excédé par leur entêtement à le repousser et blessé dans son orgueil, le chevalier voulut punir de façon exemplaire ces femmes rebelles. Elles furent conduites au sommet de la falaise, enfermées dans des tonneaux garnis de clous et précipitées dans le vide.

Depuis cette nuit où elles disparurent dans les flots, de nombreux marins ont juré les avoir aperçues, telles des nappes de brumes planant au-dessus des eaux sombres, dans les robes qui leur avaient servi de linceul. Le seigneur de Fréfossé fut lui aussi victime de ces apparitions : toutes les nuits, les spectres des trois sœurs sortaient de leur demeure de pierre – une grotte dans laquelle on dit que leurs esprits avaient trouvé refuge – et ne le quittaient plus. Chaque fois que le soleil se couchait, le meutrier vivait un nouveau cauchemar. Elles étaient sur ses traces pendant ses escapades nocturnes, le guettaient et le tourmentaient pendant son sommeil. Cela dura pendant des années, au cours desquelles il vit ses forces l'abandonner peu à peu, jusqu'à ce que l'épuisement le terrasse. Alors, seulement, les robes blanches cessèrent de flotter au large d'Étretat. Les demoiselles apaisées retournèrent dans les roches du rivage et ne les quittèrent plus jamais. Mais la chambre des demoiselles, cette cavité creusée dans la falaise non loin de l'anse d'Étretat, a gardé le nom de cette triste histoire.

lundi 17 octobre

lever : 8 h 13
coucher : 18 h 58

St Baudouin

Devinette

Où vivent les Malouins et les Malouines ?

À Saint-Malo. Le nom de la ville viendrait de saint Maclou, premier évêque d'Aleth – ancienne commune aujourd'hui rattachée à Saint-Malo. Il est l'un des sept saints fondateurs de la Bretagne continentale.

Savoir-faire

Créateur de mécanismes d'horloges en bois à Drugeac

Auvergne

Façonnés à la main dans des bois précieux, depuis des générations, les mécanismes de l'horlogerie traditionnelle résistent à la dictature du métal. Et tant pis si ces horloges sont moins précises : elles font oublier une époque où l'on n'a plus le temps de prendre son temps.

À table !

Poiré

Basse-Normandie

Spécialité du département de l'Orne, et plus spécialement de la ville de Mantilly, le poiré est une boisson effervescente et alcoolisée, fabriquée à partir de poires. De la même manière que le cidre, il est élaboré par fermentation du jus de poires pressées.

La rubrique du 13 h

LA RÉSERVE DE SCANDOLA

Corse

Scandola est une presqu'île, c'est pourquoi il s'agit d'une réserve naturelle à la fois marine et terrestre. S'étendant sur neuf cents hectares, elle se compose de massifs rocheux rouges et ocre, lesquels contrastent avec la mer turquoise qui la borde. La plongée sous-marine est réglementée, mais les eaux très poissonneuses – la pêche est interdite dans la réserve – ravissent les amateurs. Difficilement accessible, la réserve de Scandola est un paradis pour les oiseaux marins, et l'on y trouve de nombreuses espèces végétales propres à la Corse, beaucoup étant protégées.

CITATION

Champagne-Ardenne

« Le champagne aide à l'émerveillement. »

George Sand

Ils ont marqué leur région…

Jean Carmet

Centre

Papy fait de la résistance, *Germinal* ou encore l'inoubliable *Soupe aux choux* : ces films ont pour point commun la participation de l'acteur Jean Carmet, né en 1921 à Bourgueil, dans l'Indre-et-Loire. Avant de jouer dans ces productions à succès et de devenir célèbre, l'acteur débute à Paris dans des seconds rôles, au théâtre du Châtelet et à l'Opéra. Par la suite, il intègre la troupe des Branquignols de Robert Dhéry, ce qui contribue à lancer sa carrière. Aujourd'hui, on se souvient de lui pour ses rôles – souvent de « Français moyen » – dans plus de deux cents films tournés tout au long de sa vie.

Savoir-faire

Lithographe à Houplines

Nord-Pas-de-Calais

Après l'avoir sablée, pour obtenir le grain désiré, l'artiste dessine au crayon sur la pierre. Le résultat est ensuite fixé avec un mélange d'acide et de gomme arabique, avant d'être effacé : le dessin se révèle après le passage d'un rouleau à encre. Il ne reste plus qu'à mettre la pierre sous la presse.

Quiz des villes & villages de France

Cette ville-étape sur l'itinéraire du pèlerinage de Saint-Jacques-de-Compostelle, construite sur les pentes du puy Sainte-Marie, est aussi la ville natale de l'égyptologue Champollion.

_ _ _ _ _ _

La rubrique du 13 h

LE QUARTIER DU PANIER À MARSEILLE

Provence-Alpes-Côte d'Azur

Dans ce quartier au nom prosaïque se cachent les plus vieilles rues de Marseille. Les charmantes venelles et les escaliers pittoresques invitent à la flânerie. Près du Vieux-Port, le Panier – du nom d'une des rues du quartier – abrite quelques beaux exemples du patrimoine marseillais, comme l'hôtel de ville, dans le style baroque provençal, ou l'hôtel particulier des Cabre, du XVIe siècle, la plus vieille maison de la ville. Des travaux de réhabilitation sont en cours : le Panier attire dorénavant les artistes et les touristes, mais il a su rester populaire et simple.

DICTON

Guyane

Avant de marcher sur une banane, enlève-lui la peau.

À table !

Le gâteau de ménage

Franche-Comté

Cette recette traditionnelle est une sorte de pâte briochée, que l'on appelle aussi parfois « galette comtoise ». Avant cuisson, la pâte levée est recouverte d'une crème aux œufs, nommée « goumeau ». À l'origine, ce gâteau était réalisé avec une pâte à pain, et le goumeau ne la couvrait qu'à l'Épiphanie.

Ils ont marqué leur région…

Agrippa d'Aubigné

Poitou-Charentes

Près de Pons, en 1552, naît Agrippa d'Aubigné. Son prénom, Agrippa, a été choisi car il signifie en latin *aegre partus*, en français « enfanté avec peine » : sa mère est en effet morte en lui donnant la vie. Neuf ans plus tard, le jeune garçon maîtrise le latin, le grec et l'hébreu, faisant preuve de qualités littéraires précoces. Celles-ci se confirmeront puisque, après une carrière militaire, il se consacrera à la poésie, sous l'influence du mouvement de la Pléiade. Son œuvre la plus célèbre, *Les Tragiques*, s'oppose avec virulence aux persécutions menées alors contre les protestants.

Figeac

mercredi 19 octobre

lever : 8 h 16
coucher : 18 h 54

St René

À table !

Potée lorraine

Lorraine

Pour 4 personnes
Blanchir 1 chou vert 5 min à l'eau bouillante et l'égoutter. Dans une cocotte, mettre 1 jarret de porc fumé et 500 g de palette fumée ; couvrir d'eau et laisser mijoter 2 h à feu doux. Ajouter ensuite le chou en morceaux, 250 g de haricots blancs, 250 g de navets, 250 g de carottes, 500 g de pommes de terre nouvelles, 1 oignon, 1 bouquet garni et quelques grains de poivre. Ajouter 2 saucisses lorraines et laisser mijoter 30 min. Découper la palette avant de servir.

Un jour en *France*

19 octobre 1996

Depuis ce jour, il faut saisir dix numéros pour espérer joindre son correspondant au téléphone. Heureusement, le temps des fastidieux téléphones à cadran est révolu : ils sont presque tous remplacés, dans les foyers français, par des téléphones à touches.

La rubrique du 13 h

L'ÉGLISE ABBATIALE DE BEAULIEU-SUR-DORDOGNE

Limousin

L'abbatiale de Beaulieu-sur-Dordogne, charmant village que l'on surnomme « la Riviera limousine », fut fondée au XIIe siècle ; elle est la plus grande église de Corrèze. Après la Révolution, seules l'église et la salle capitulaire sont demeurées intactes, et l'abbaye Saint-Pierre reste un chef-d'œuvre de l'art roman, avec, notamment, son magnifique portail sculpté – une véritable bible de pierre – et l'un des plus beaux tympans de cette époque. Au carrefour de trois régions, elle a subi différentes influences architecturales et fut un haut lieu de pèlerinage.

Quiz des villes & villages de France

Devenue française par le rattachement du duché de Savoie en 1860, cette ville située au pied du massif du Mont-Blanc appartient à la commune de France ayant la plus haute altitude.

_ _ _ _ _ _ _ _

Savoir-faire

Éleveur de bisons à Muchedent

Haute-Normandie

Le bison est le plus grand représentant de la famille des bovidés : le mâle adulte pèse environ une tonne. C'est un animal que nous avons pris l'habitude de voir en Amérique du Nord, mais il s'adapte aussi très bien à nos contrées françaises, où il est élevé et où il se reproduit en milieu naturel.

Ils ont marqué leur région...

Christo

Île-de-France

Si Christo est connu pour sa manie d'emballer tout ce qui lui passe sous la main, on se souvient surtout de lui pour avoir empaqueté le Pont-Neuf, ou le Reichstag à Berlin. Pourtant, un beau jour, les habitants de Grez-sur-Loing, village de Seine-et-Marne, ont pu voir leur vieux pont de pierre emballé par le célèbre artiste appartenant au mouvement du land art. En effet, Christo Javacheff et Jeanne-Claude Denat de Guillebon, sa femme et collaboratrice, avaient choisi de s'entraîner sur cette magnifique construction vieille de sept siècles environ, avant de s'attaquer au Pont-Neuf.

Chamonix

jeudi 20 octobre

lever : 8 h 17
coucher : 18 h 52

Ste Adeline

Un jour en Champagne-Ardenne

20 octobre 1854

Arthur Rimbaud, l'un des poètes préférés des Français, voit le jour à Charleville – actuelle Charleville-Mézières. C'est un auteur précoce : il compose *Le Bateau ivre* à l'âge de 17 ans à peine.

Savoir-faire

Modiste à Salornay-sur-Guye

Bourgogne

Accessoire symbole d'élégance, le chapeau modifie complètement la tenue et la physionomie. Les amateurs les collectionnent souvent et font appel à un modiste. L'artisan étudie pour cela la forme du visage et, selon la matière et la couleur choisie, il coud ou moule le chapeau.

Devinette

Dans quelle ville de Dordogne les pièces d'euros françaises sont-elles fabriquées ?

À Pessac. La Monnaie de Paris y dispose d'un établissement qui produit en grande série des pièces de monnaie courante pour la France et de nombreux pays.

La rubrique du 13 h

LE SILLON DE TALBERT

Bretagne

Le sillon de Talbert est une étroite bande de galets et de sable de trois kilomètres, formée par l'action des courants de deux rivières. Ce phénomène rare a permis le classement du sillon dans le réseau Natura 2000. Autrefois, les galets étaient prélevés, pour être utilisés comme matériaux de construction et pour rénover les chemins, jusqu'à l'interdiction de leur exploitation au début du XXe siècle. Assailli par les touristes en été, le sillon de Talbert reste, malgré tout, un repaire d'oiseaux marins et migrateurs, et l'on y trouve une végétation maritime précieuse.

À table !

Soupe champenoise

Champagne-Ardenne

Pour 6 personnes
Dans une grande cruche, mélanger 1 louche de Cointreau, 1 louche de jus de citron, 1 louche de sirop de sucre de canne et quelques glaçons.
Réserver au frais.
Au dernier moment, ajouter 1 bouteille de champagne bien frais et servir sans attendre.

Ils ont marqué leur région...

Catherine Ségurane

Provence-Alpes-Côte d'Azur

Sous la conduite de François Ier et de Soliman II, Français et Turcs s'allient en août 1543 pour assiéger la ville de Nice. Les Niçois se défendent vaillamment, mais la chute, inéluctable, se produit trois semaines plus tard. Dans cet épisode tragique de l'histoire de la cité, la figure de Catherine Ségurane apporte un peu de réconfort. En effet, l'image de cette robuste lavandière, assommant les assaillants à coups de battoir et retroussant ses jupons afin d'exhiber son postérieur, est somme toute assez cocasse. Une sorte de Jeanne d'Arc niçoise, haute en couleur.

vendredi 21 octobre

lever : 8 h 19
coucher : 18 h 50

Ste Céline

À table !

Poires tapées

Centre

La recette des poires tapées est très ancienne ; en effet, dès le XVIIe siècle, la réputation des fruits de Touraine est établie. Les poires sont épluchées, puis mises par centaines sur des claies et enfournées plusieurs jours, pour être déshydratées. Elles sont ensuite aplaties avec une platissoire.

Un jour en *Bourgogne*

21 octobre 2001

Claudie Haigneré est la première astronaute française à se rendre à bord de la Station spatiale internationale. Ce n'est cependant pas son premier vol, puisque cette Bourguignone, médecin et chercheuse, avait déjà effectué, en 1996, un séjour sur la station Mir.

La rubrique du 13 h

SAINT-VALERY-SUR-SOMME

Picardie

À l'embouchure de la Somme, Saint-Valery revendique son héritage historique : très fortifiée, elle a subi quatre sièges au cours de l'histoire. En 1066, c'est sur les quais de Saint-Valery que Guillaume de Normandie attend des vents favorables pour partir à la conquête de la couronne d'Angleterre. Il reviendra Guillaume le Conquérant et roi d'Angleterre ; quelques siècles plus tard, Jeanne d'Arc y séjourne lors de son transfert à Rouen. Saint-Valery se découpe en trois quartiers : la ville basse et le port, avec le quartier des marins, la cité médiévale et la ville haute, le quartier de l'abbaye.

Savoir-faire

Escaliéteur à Rhinau

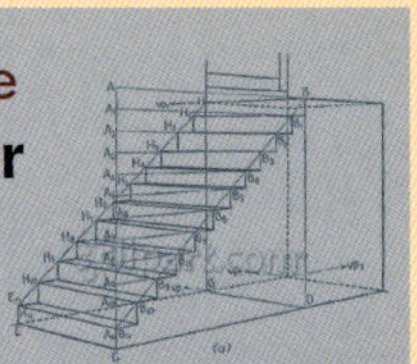

Alsace

L'escalier est l'un des éléments les plus difficiles à construire dans une maison. Cet ouvrage technique nécessite de grandes compétences en géométrie dans l'espace. L'escaliéteur conçoit sur mesure des escaliers droits, tournants ou à palier. Il utilise le bois, le métal ou le verre.

PACA en fête

La Fiesta des Suds à Marseille

Fête musicale populaire créée en 1992 dans la cité phocéenne, la Fiesta des Suds connaît un succès grandissant. Elle rythme, pendant dix jours, les douces nuits de l'automne marseillais, dans des décors spectaculaires, qui mettent en scène la vocation portuaire de la ville. La Fiesta, c'est le mélange des générations et des musiques, avec une place particulière accordée à la scène locale. Marseille, qui se prépare à être Capitale européenne de la culture en 2013, montre une fois encore qu'elle est une cité ouverte, chaleureuse et hétéroclite.

Ils ont marqué leur région…

René Descartes

Centre

En 1596, René Descartes naît à La Haye, dans l'actuelle Indre-et-Loire. Aujourd'hui, la ville a été rebaptisée Descartes… Rien d'étonnant, puisqu'il est l'un des philosophes dont l'œuvre est la plus célèbre, très novatrice en son temps. Il a pourtant éprouvé des difficultés à imposer sa vision du monde, radicalement opposée à celle des Jésuites par sa logique scientifique. Sa doctrine a été d'une influence primordiale sur la philosophie moderne. D'ailleurs, même si l'on n'est pas un spécialiste de cette discipline, on connaît forcément sa maxime la plus populaire : « Je pense donc je suis. »

samedi 22 & dimanche 23 octobre

Ste Salomé

St Jean de Capistran

De l'utilité des commérages

En forêt de Willier, dans les Ardennes, un braconnier notoire eut un jour fort à faire avec un sanglier. La bête qu'il avait traquée des heures durant était énorme. À tel point qu'il dut se rendre à l'évidence : jamais il ne pourrait ramener seul son butin chez lui. Loin de se désespérer, notre homme, qui ne manquait ni de finesse ni d'astuce, rentra tout simplement au village. Arrivé chez lui, il prit un air grave et abattu. Sa femme qui l'attendait sur le pas de la porte s'empressa de lui demander ce qui le tourmentait. Le braconnier, prétendant qu'il mourrait certainement s'il se risquait à lui parler, la supplia de ne plus lui poser de questions. Mais la curieuse n'en démordait pas et, quand il lui eut fait jurer de garder le secret, il lui avoua la raison de son malheur : il venait de tuer malencontreusement un homme. Catastrophée, la femme jura encore à plusieurs reprises de rester muette sur ce sujet tandis que son coquin de mari feignait de se lamenter sur son triste sort.

Ce que le braconnier espérait secrètement ne tarda pas à se produire. Lorsqu'il fut couché et endormi, son épouse qui, de toute évidence, n'avait pas envisagé un instant de garder un tel secret, se précipita chez la voisine pour la mettre au fait de la nouvelle. Lui ayant fait promettre à son tour de rester aussi discrète qu'elle l'avait été elle-même, elle alla se recoucher soulagée. Est-il nécessaire de vous dire que la nouvelle devint de notoriété publique avant même que le braconnier ne fût levé ? Ce furent les gendarmes qui, tambourinant à sa porte, vinrent le réveiller. Il avoua son crime avec cet air effondré qu'il arborait depuis la veille. Mais quand ceux-ci lui demandèrent de les conduire sur les lieux du drame, il fit mine de défaillir sous le coup du remord et de la culpabilité : jamais il n'aurait la force de retourner là-bas à pied. Les gendarmes, qui étaient de bonne composition, ne virent aucune objection à ce qu'on attelât une voiture, et le cortège put se mettre en route.

Après avoir roulé quelques temps, le braconnier fit stopper les gendarmes et leur indiqua du doigt un gros tas de branches et de feuilles. Sautant de leurs chevaux et se précipitant pour dégager le cadavre, ils furent pour le moins surpris de découvrir un sanglier. « Et la victime ? », demanda l'un d'eux. « La voici. Ne pouvant la déplacer tout seul, je comptais sur votre aide pour la ramener au village », rétorqua le braconneur goguenard. Et c'est ainsi que les bavards incrédules de Willier virent rentrer en héros triomphant d'une chasse magnifique le prétendu assassin.

lundi 24 octobre

lever : 8 h 24
coucher : 18 h 44

St Florentin

À table !

Le pélardon

Languedoc-Roussillon

Fabriqué depuis des siècles en Languedoc, le pélardon des Cévennes est l'un des plus vieux fromages de chèvre d'Europe. Obtenu avec du lait issu de troupeaux élevés à l'air libre, dans une zone géographique bien définie, il se caractérise par un goût sec et piquant.

La rubrique du 13 h

LE CHÂTEAU DE GRIGNAN

Rhône-Alpes

Quand la fille de la marquise de Sévigné épouse le comte de Grignan, en 1669, elle est obligée de quitter Paris et sa mère ; cette séparation sera à l'origine de quelques-unes des plus belles lettres de Mme de Sévigné. Bâti sur un piton rocheux qui domine le village, à l'emplacement d'un château du XIe siècle, dont il ne reste rien du tout, le château de Grignan a subi de nombreuses transformations au fil des siècles, jusqu'à devenir une ruine à la Révolution. Reconstruit à l'identique au XXe siècle, il est aujourd'hui le cadre de spectacles nocturnes et accueille le Festival de la correspondance.

Savoir-faire

Fabricant de boîtes à musique à Saint-Julien-Beychevelle

Aquitaine

Le savoir-faire du technicien s'allie à l'oreille attentive du musicien pour fabriquer un objet qui a su traverser intact les époques. Inventée à la fin du XVIIIe siècle, la boîte à musique accompagne les enfants dans leur sommeil ; plus tard, ils remonteront son mécanisme avec nostalgie.

Un jour en *Centre*

24 octobre 1260

Le roi Louis IX, futur saint Louis, assiste en ce jour à la consécration de la cathédrale Notre-Dame de Chartres. La construction de ce chef-d'œuvre d'architecture gothique, aujourd'hui classé au patrimoine mondial de l'Unesco, avait commencé plus d'un siècle auparavant !

Ils ont marqué leur région...

Raymond Savignac

Basse-Normandie

Au musée Montebello, à Trouville-sur-Mer, Savignac est à l'honneur : il s'y est retiré à la fin des années 1970, après avoir pendant plusieurs décennies créé des images qui restent ancrées dans notre imaginaire. Le bonhomme de la marque Bic, c'est lui ; les affiches drôles et stylisées de Monsavon et des cigarettes Gitanes, c'est lui aussi ; et la célèbre affiche du film *La Guerre des boutons*, c'est encore lui ! C'est plus de six cents affiches qui ont été créées par ses soins au cours du XXe siècle, faisant entrer une bonne dose d'humour et de poésie dans le monde de la publicité.

Quiz des villes & villages de France

Les touristes peuvent admirer dans cet historique fief huguenot du Midi-Pyrénées, fondé au XIIe siècle, la place Nationale, le pont Vieux et le fameux violon d'Ingres.

_ _ _ _ _ _ _ _ _

Montauban

mardi 25 octobre

lever : 8 h 25
coucher : 18 h 43

St Crépin

Devinette

Que fabrique-t-on dans la célèbre Manufacture de Sèvres ?

De la porcelaine. Anciennement Manufacture royale, puis impériale et enfin nationale, selon les régimes politiques, elle est toujours en activité depuis 1740 et s'ouvre vers une production contemporaine.

Savoir-faire

L'artisanat amérindien

Guyane

Les Amérindiens sont les premiers habitants de la Guyane. Rattrapés et parfois menacés par les pratiques occidentales, ils ont néanmoins conservé une identité forte, comme en témoigne leur artisanat. Leurs connaissances de la nature leur permettent d'exceller dans la vannerie, le tissage ou la poterie.

DICTON

Basse-Normandie

Si bonne n'était Normandie,
Saint-Michel n'y serait mie.

La rubrique du 13 h

LE PALAIS GRANVELLE

Franche-Comté

Au XVIe siècle, la famille Granvelle eut un destin exceptionnel : en deux générations, cette famille d'origine paysanne devint la plus puissante de la région. Nicolas Perrenot de Granvelle, garde des Sceaux de l'empereur Charles Quint, fit alors construire son propre palais à Besançon. Le bâtiment Renaissance et son imposante façade affichent des influences flamande et italienne. Un passage conduit à la cour intérieure rectangulaire, bordée d'arcades. Aujourd'hui, le palais Granvelle abrite, dans une de ses ailes, le musée du Temps, qui retrace l'histoire de l'horlogerie à Besançon.

À table !

Carottes Vichy

Auvergne

Pour 4 personnes

Éplucher et couper 1 kg de carottes en rondelles ou en biseau.
Les mettre dans une casserole et les couvrir d'eau juste à hauteur.
Parsemer avec 50 g de beurre coupé en morceaux, 10 g de sucre et 1 pincée de sel. Porter à ébullition, puis cuire doucement, sans remuer, jusqu'à évaporation complète de l'eau. Ajouter du persil haché et mélanger délicatement.

Ils ont marqué leur région...

Georges Haussmann

Île-de-France

« Paris embellie, Paris agrandie, Paris assainie. » Sous ce slogan, les travaux urbains du baron Haussmann ont donné à la capitale un nouveau visage. De l'air, de la verdure, de l'espace, voilà ce que veut Napoléon III, bien décidé à faire disparaître le Paris du Moyen Âge qui est loin de correspondre aux théories hygiénistes de l'époque. Alors Haussmann démolit, creuse, aménage parcs et jardins, transforme les rues sombres et sinueuses en larges avenues droites et claires, créant les grands axes que l'on connaît aujourd'hui.

mercredi 26 octobre

lever : 8 h 27
coucher : 18 h 41

St Dimitri

CITATION
Île-de-France

« Paris valait toujours la peine, et vous receviez toujours quelque chose en retour de ce que vous lui donniez. Mais tel était le Paris de notre jeunesse, au temps où nous étions très pauvres et très heureux. »

Ernest Hemingway, *Paris est une fête*, 1964

À table !
Massepain
Limousin

D'origine méditerranéenne, le massepain est apparu en Haute-Vienne grâce aux pèlerins des chemins de Compostelle : il se conserve en effet très bien et est très énergétique. Il s'agit d'une pâte d'amandes cuite, qui décore les gâteaux ou que l'on consomme comme mignardise.

Un jour en France
26 octobre 1966

Sortie très attendue en France du film *Paris brûle-t-il ?*, adaptation d'un livre coécrit par un Américain et un Français, qui retrace les derniers jours précédant la Libération de Paris.

La rubrique du 13 h

L'HOSPICE COMTESSE À LILLE
Nord-Pas-de-Calais

Rue de la Monnaie, en plein cœur historique de Lille, ce musée présente la société des Pays-Bas et du nord de la France aux XVIe, XVIIe et XVIIIe siècles : à peine le superbe portail passé, on se retrouve projeté dans une maison flamande de l'époque. Avant d'être un licu de culture, il s'agissait, comme son nom l'indique, d'un hôpital, que la comtesse Jeanne de Flandre avait fondé, en 1237, dans l'enceinte même de son palais. Après l'incendie qui le détruisit au XVe siècle, l'hôpital fut reconstruit et agrandi, devenant tour à tour hospice et orphelinat, avant d'être un musée.

Savoir-faire
Carrier à Chauvigny
Poitou-Charentes

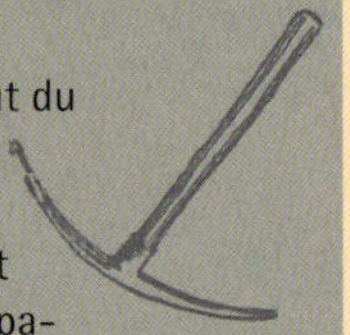

On compte, au début du XXe siècle, plus d'un millier de carrières dans le département de la Vienne, principalement autour de Chauvigny. À cette époque, la pierre était récupérée à la pioche. Les techniques d'extraction ont aujourd'hui changé, mais le cœur de Chauvigny bat toujours pour la pierre de taille.

Ils ont marqué leur région…
Marguerite Monnot
Bourgogne

Marguerite Monnot a composé pour Édith Piaf. Si son nom ne vous dit rien, c'est parce que la Nivernaise a longtemps travaillé dans l'ombre de Piaf. Cette pianiste a écrit plusieurs grands succès de la chanteuse, dont les inoubliables rengaines *L'Hymne à l'amour*, *Mon légionnaire* ou encore *Milord*. Fille de musicien, elle est d'abord formée au conservatoire de Paris. Mais, attirée par la chanson, elle délaisse à 22 ans l'ambiance feutrée des concerts classiques et commence à composer pour le grand public. Pendant un quart de siècle, Marguerite Monnot aura été une collaboratrice, mais aussi une grande amie de la « môme Piaf ».

jeudi 27 octobre

lever : 8 h 28
coucher : 18 h 39

Ste Émeline

Savoir-faire

Pêche à la capetchade sur l'étang de Thau

Languedoc-Roussillon

La capetchade est un engin de pêche classique, utilisé sur les lagunes languedociennes. Il s'agit de filets relevés chaque jour et placés perpendiculairement au rivage, de façon à barrer les trajets de migration des anguilles, des soles ou des dorades.

La rubrique du 13 h

LA CHARTREUSE DU MONT-DIEU

Champagne-Ardenne

Depuis le XIIe siècle, la chartreuse du Mont-Dieu n'a pas quitté cet écrin de verdure qu'est la forêt ardennaise. Mais, dans le domaine très étendu, au milieu d'une clairière, il ne reste malheureusement plus grand-chose de l'abbaye, telle qu'elle était au temps de son rayonnement. Plusieurs fois ravagée – par les guerres de Religion, la Révolution, le manque d'entretien et la Seconde Guerre mondiale –, la chartreuse fut tour à tour un monastère, une prison et des ateliers de filature. Les quelques bâtiments de briques roses et noires qui ont pu être sauvés révèlent sa splendeur passée.

Quiz des villes & villages de France

L'eau minérale qui coule de la source de la Versoie a permis à cette ville du bord du lac Léman de devenir une station thermale.

_ _ _ _ _ _ - _ _ _ - _ _ _ _ _

Devinette

Quelle ville balnéaire et portuaire normande est surnommée la « Monaco du Nord » ?

Granville. Située sur un promontoire rocheux, la ville se situe à l'extrémité de la région naturelle du Cotentin et ferme par le nord la baie du Mont-Saint-Michel.

À table !

Tarte aux pignons

Provence-Alpes-Côte d'Azur

Pour 6 personnes

Faire macérer 150 g de fruits confits dans 2 c. à soupe de rhum. Garnir un moule à tarte beurré avec une pâte brisée. Dans une terrine, mélanger 85 g de sucre glace, 85 g de poudre d'amandes, 200 g de beurre mou, 3 œufs et les fruits confits. Verser cette préparation sur la pâte et bien étaler. Recouvrir avec 200 g de pignons de pin en les faisant légèrement pénétrer dans la garniture. Faire cuire pendant 35 min au four préchauffé à 200 °C et attendre que la tarte soit froide pour la démouler.

Ils ont marqué leur région…

Jean Borotra

Aquitaine

Le nom de « mousquetaire » évoque bien sûr d'Artagnan Athos, Porthos et Aramis, mais aussi le quatuor de choc qui a marqué l'histoire du tennis français, en remportant notamment la Coupe Davis dans les années 1920 et 1930. Jean Borotra faisait partie du groupe. Le « Basque bondissant » s'est pourtant lancé dans ce sport par hasard, lors de son service militaire. Cela ne l'a pas empêché de mener une carrière prestigieuse, et son jeu reste dans les annales pour sa rapidité et son célèbre smash. Le natif de Biarritz était particulièrement fier de ses origines, qu'il revendiquait en jouant coiffé d'un béret basque !

Thonon-les-Bains

vendredi 28 octobre

lever : 8 h 30
coucher : 18 h 37

St Simon

Un jour en France
28 octobre 1948

Pour la première fois en France, les amateurs de bandes dessinées peuvent se procurer *Le Journal de Tintin.* C'est en effet en ce jour que paraît le premier numéro de l'édition française.

À table !
Caramel au beurre salé
Bretagne

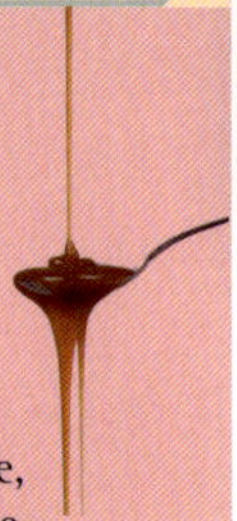

Pour 6 personnes
Faire cuire 80 g de sucre, à sec, dans une casserole. Quand il est liquide, ajouter, hors du feu, 50 g beurre coupé en morceaux, puis 20 cl de crème fleurette. Remettre sur le feu et cuire doucement pendant 15 min. Servir ce caramel avec des crêpes et une compotée de pommes.

La rubrique du 13 h
L'HÉRITAGE LITTÉRAIRE DE MÉDAN
Île-de-France

« Pas un jour sans une ligne ! » C'est dans sa maison de Médan, dans les Yvelines, qu'Émile Zola appliquait sa devise. C'est ici aussi qu'il recevait ses amis naturalistes, pour des parties de campagne ou de canotage sur la Seine ; en ces lieux, ils écrivirent le fameux recueil des *Soirées de Médan*. De nos jours, la maison garde les traces de son illustre occupant, certaines des pièces ayant été reconstituées. Médan était décidément un village très aimé des gens de lettres, puisque, quelques siècles plus tôt, les poètes de la Pléiade y avaient séjourné.

Savoir-faire
Horticulteur à Bioule
Midi-Pyrénées

À Bioule, la tradition horticole existe depuis plus d'un siècle. Sur des milliers de mètres carrés s'épanouissent fleurs, plantes et arbustes, dans une explosion de parfums et de couleurs. Selon les saisons, l'horticulteur doit s'occuper des semis, des boutures ou encore des greffes.

Quiz des villes & villages de France

Cette ville des bords du Rhône doit son nom à un célèbre monstre amphibien, la tarasque ; elle aurait été domptée par sainte Marthe, dont les reliques sont conservées dans la collégiale.

_ _ _ _ _ _ _ _

Ils ont marqué leur région...
Henri de Guise
Centre

« Mon Dieu, qu'il est grand ! Il paraît encore plus grand mort que vivant ! » : c'est ce que se serait exclamé Henri III le 23 décembre 1588 au château de Blois, devant le cadavre du duc de Guise, poignardé par ses huit hommes de main. Les raisons de ce massacre ? Henri de Guise, chef de la ligue catholique, était pressenti pour reprendre la couronne, puisque son seul héritier était Henri IV, son protestant de fils. Le destin est parfois ironique : Henri III subira le même sort huit mois plus tard, poignardé par un fanatique catholique nommé Jacques Clément.

Tarascon

Le repas des âmes

L'art de savoir vivre avec les morts

« La Toussaint est le jour où les morts de demain vont rendre visite à ceux d'hier. »
Henri Duvernois

Il est fréquent que certains défunts nostalgiques ne parviennent pas à quitter tout à fait notre monde et reviennent hanter les endroits qui leur étaient familiers. Certains s'adonnent parfois, plus ou moins discrètement, aux besognes qu'ils accomplissaient au temps où la vie les animait encore. Dans les demeures abandonnées, on voit alors des lueurs aux fenêtres, des ombres se mouvoir silencieusement ou en produisant des sons grinçants. Dans les châteaux anciens, on peut entendre les cris de ceux qui reviennent jouer inlassablement la tragédie qui a mis fin à leur jour.

Ces visiteurs de l'au-delà s'invitent tout particulièrement trois fois dans l'année : à la Saint-Jean, à Noël, et lors de la Toussaint. Le soir précédant ce jour, il est donc convenable de laisser le feu allumé dans l'âtre afin que les défunts puissent se réchauffer. Il est également coutume de déposer à dîner sur la table pour les membres trépassés de la famille qui viendront la nuit occuper les murs. Dans le Languedoc, d'éminents savants en matière de folklore rapportent que : « ce repas se composait de morue au lait, de haricots et de pruneaux cuits, le tout disposé autour d'un gâteau. »

Aquitaine en fête

La fête du Piment d'Espelette

Le fameux piment d'Espelette, qui remplace le poivre dans bon nombre de plats du Pays basque, est à l'honneur, un dimanche par an, dans le village d'où il tient son nom. Les habitants se parent de rouge, couleur du piment, qui pend en guirlandes flamboyantes sur les façades des maisons. Le matin, après une messe solennelle avec la chorale locale, les piments sont bénis. Dans la journée, les concerts de bandas succèdent aux dégustations relevées.

lundi 31 octobre

lever : 7 h 35
coucher : 17 h 32

St Quentin

À table !

Tarte normande

Haute-Normandie

Étaler une pâte sablée dans un moule à tarte et la piquer à la fourchette. Peler et épépiner 1 kg de pommes et les couper en lamelles épaisses. Les disposer sur la pâte en les faisant se chevaucher légèrement. Réserver. Dans un récipient, battre 2 œufs, 100 g de sucre en poudre, 100 g d'amandes en poudre, 100 g de crème fraîche épaisse et 1 c. à soupe de calvados. Verser sur les pommes et parsemer d'amandes effilées. Cuire à 200 °C, pendant 30 min environ, et déguster tiède ou froid.

Devinette

Quelle est l'attraction la plus courue de la Vienne ?

Le parc du Futuroscope de Poitiers. Il rassemble des attractions s'appuyant sur le multimédia et les techniques cinématographiques. Le département de la Vienne lui doit sa devise : « Demain vous appartient ! »

La rubrique du 13 h

LA CHAPELLE ROYALE SAINT-LOUIS DE DREUX

Centre

La chapelle royale de Dreux se trouve à l'emplacement d'une ancienne forteresse. Elle fut érigée en 1816, à la demande de la duchesse d'Orléans, dans un style néoclassique. À sa mort, son fils, le roi Louis-Philippe, la fit agrandir dans un style néogothique. C'est donc naturellement que les sépultures de la famille d'Orléans furent recueillies dans la chapelle parfois surnommée « Saint-Denis d'Orléans ». Bel exemple de l'architecture du XIXe siècle, la chapelle royale est surtout remarquable pour ses vitraux, dont les dessins sont signés Eugène Delacroix ou Dominique Ingres.

La France en fête

Halloween

Célébrée en France comme une manifestation carnavalesque, Halloween est à l'origine une fête anglo-saxonne, destinée à conjurer l'obscurité qui va s'intensifiant au cœur de l'automne. Déguisés en fantômes, sorcières et autres squelettes, les enfants vont de porte en porte, font des farces et réclament des bonbons. La citrouille grimaçante, transformée en lanterne, est issue d'une légende irlandaise, celle de Jack, avare et ivrogne, condamné à errer sur Terre.

Savoir-faire

Éleveur d'ormeaux à Bouin

Pays de la Loire

Cet étrange mollusque, à la coquille trouée, est très apprécié en Asie. À l'état sauvage, l'ormeau tend à disparaître, mais les élevages se multiplient, notamment en Vendée ; il faut compter plusieurs années entre la ponte et la commercialisation.

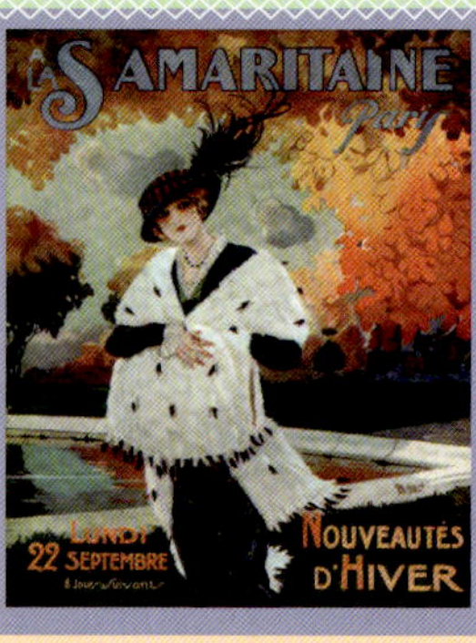

Ils ont marqué leur région…

Marie-Louise Jaÿ

Rhône-Alpes

Comme l'héroïne du roman de Zola *Au bonheur des dames*, la Savoyarde, originaire de Samoëns, commence sa carrière comme vendeuse en confection dans un grand magasin parisien. La ressemblance s'arrête là : elle n'épouse pas le propriétaire du Bon Marché, mais un simple vendeur, avec qui elle crée la Samaritaine, en 1870. L'établissement bouleverse le commerce traditionnel : libre-service, baisse des prix, agrandissements au-delà de ce qui était concevable à l'époque… La foule se presse aux portes de la Samaritaine, qui devient vite un lieu incontournable de la capitale.

lever : 7 h 36
coucher : 17 h 31

Savoir-faire

Artistes peintres à Montmartre

Île-de-France

Les poulbots – ces gamins pleins de gouaille qui doivent leur nom aux dessins de Francisque Poulbot – ne courent plus dans les escaliers de la butte. Mais d'autres artistes, peintres et caricaturistes, ont pris la relève, pour contenter les touristes et les nostalgiques.

La rubrique du 13 h

CHÂTEAU DE MALBROUCK

Lorraine

Perché depuis le XVe siècle sur une colline dominant le village de Manderen, en Moselle, le château de Malbrouck doit sa renommée et son nom au duc de Marlborough qui y séjourna en 1705 et inspira la célèbre chanson populaire. Doté de moyens de défense, le château est flanqué de trois tours carrées et d'une tour ronde, reliées entre elles par des murs de courtine. Le château a été restauré en 1998 : de nombreuses pièces ont été aménagées dans lesquelles on peut admirer de belles cheminées sculptées. Enfin, le domaine accueille des expositions temporaires et une programmation artistique et culturelle variée.

À table !

Daube du Béarn

Aquitaine

Pour 4 personnes
La veille, faire mariner 1 kg de viande à braiser coupée en morceaux avec 40 cl de vin rouge, 2 c. à soupe d'huile, 1 bouquet garni, 1 oignon piqué de 2 clous de girofle, 1 gousse d'ail, du sel et du poivre. Le lendemain, faire revenir dans du beurre, dans une Cocotte-Minute, la viande égouttée avec 200 g de jambon cru coupé en dés. Verser la marinade à hauteur de la viande, saler et poivrer. Porter à ébullition, puis fermer l'autocuiseur. Réduire le feu dès que la soupape chuchote et laisser cuire 30 min, à feu très doux. Servir avec des pommes vapeur.

DICTON

Provence-Alpes-Côte d'Azur

À la Toussaint,
cueille l'olive à la main.

Ils ont marqué leur région...

Jean-Jacques Rousseau

Picardie

Le 2 juillet 1778, Rousseau meurt brutalement, six semaines seulement après son arrivée dans le domaine d'Ermenonville. Sa retraite dans ce lieu paisible est donc de courte durée. Cependant, ses *Rêveries du promeneur solitaire* nous laissent imaginer la quiétude que l'écrivain a ressentie, loin des visiteurs importuns, au cœur de ces jardins. Toute l'aristocratie se déplace pour assister à ses funérailles. Des années plus tard, Bonaparte lui-même viendra à son tour à Ermenonville rendre hommage au philosophe.

La France en fête

La Toussaint

La Toussaint, fête de « tous les saints », est souvent confondue avec le 2 novembre, le jour de la commémoration des défunts. Pourtant, en ce jour férié, nombreux sont ceux qui se rassemblent en famille pour fleurir de chrysanthèmes les tombes des aïeux.

mercredi 2 novembre

lever : 7 h 38
coucher : 17 h 29

Défunts

À table !

Oreillettes de Montpellier

Languedoc-Roussillon

Pour 4 personnes

Mélanger 500 g de farine, 30 g de sucre, 1 sachet de levure, 1 sachet de sucre vanillé, 1 pincée de sel et le zeste de 1 citron découpé en petits morceaux. Faire un puits et y casser 4 œufs. Verser 15 cl de crème liquide et ½ c. à soupe d'eau de fleur d'oranger. Mélanger jusqu'à obtention d'une pâte homogène. Incorporer 70 g de beurre à la pâte, pétrir 10 min et laisser reposer 2 h dans un linge propre. Étaler finement la pâte au rouleau et découper des formes à l'emporte-pièce. Faire frire les oreillettes quelques secondes dans de l'huile, les égoutter et saupoudrer de sucre glace.

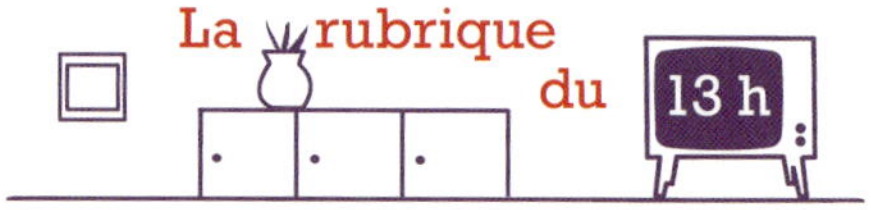

LE CHÂTEAU-MUSÉE DE DIEPPE

Haute-Normandie

Sur la falaise qui domine la ville, le château médiéval du XVe siècle de Dieppe, en Seine-Maritime, est aujourd'hui un musée. Rectangulaire, délimité par quatre tours massives et prolongé par des murailles, qui descendent vers la ville, le château fort en grès, silex et briques protégeait la côte normande contre l'envahisseur anglais. Les collections du musée, qui ont succédé aux arsenaux militaires, sont dédiées à l'histoire de Dieppe et de son port ; le musée présente aussi une impressionnante collection d'ivoires sculptés, pour lesquels la ville était autrefois réputée.

CITATION

Alsace

« Mais plus belle et plus douce
à notre âme meurtrie
Est la terre d'Alsace arrachée
à nos flancs,
La terre où sont tombés
nos cuirassiers sanglants,
Et d'où leur ombre
encore éperdument nous crie :
"Frères, comme à venir vers nous
vous êtes lents !" »

François Fabié, « Terre de France », Fleurs de genêts, 1920

Savoir-faire

Fabricant de yoles de course

Martinique

Les courses de yoles sont une véritable institution en Martinique. Surmontées de voiles carrées, les yoles filent sur l'eau, tandis que l'équipage est allongé sur des perches de bois. Le charpentier travaille à la hache et fait appel à son expérience pour créer le meilleur bateau possible.

Quiz des villes & villages de France

Depuis plus de six cents ans, la capitale de la Chartreuse accueille en novembre la foire annuelle de la Saint-Martin, qui attire les chalands de toute la région Rhône-Alpes.

_ _ _ _ _ _

Ils ont marqué leur région…

Gaspard de Besse

Provence-Alpes-Côte d'Azur

L'histoire de Gaspard de Besse n'est pas sans rappeler celle de Robin des bois. Dans la seconde moitié du XVIIIe siècle, gare aux riches voyageurs qui s'attardaient sur les routes provençales, plus particulièrement aux alentours des gorges d'Ollioules, le repaire de la bande de Gaspard ! « Effrayez, mais ne tuez jamais ! » était la devise de celui qui refusait de s'en prendre aux pauvres, à qui il redistribuait une partie de son butin. Malgré le côté sympathique du personnage et son habileté à semer les policiers lancés à ses trousses, il finit la tête tranchée, puis clouée à un arbre, à l'âge de 25 ans.

Voiron

jeudi 3 novembre

lever : 7 h 40
coucher : 17 h 27

St Hubert

Savoir-faire

Jardinier-paysagiste à Coutances

Basse-Normandie

Cet artisan met en valeur la nature selon diverses inspirations : jardin à l'anglaise, provençal, japonais... Il réalise des aménagements extérieurs, comme des terrasses, des toits végétaux ou des pièces d'eau, pour créer un jardin unique, intime et écologique.

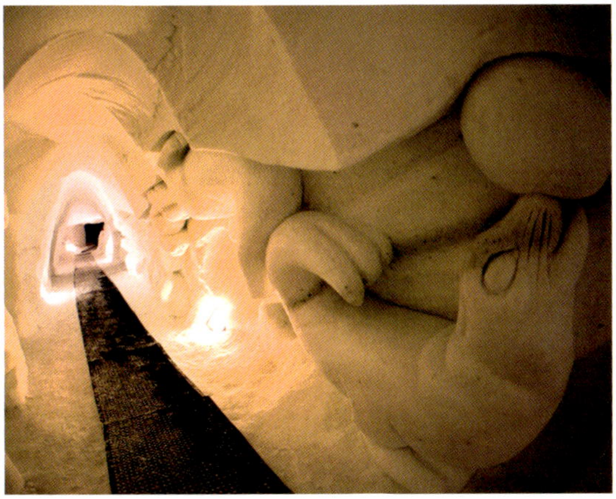

La rubrique du 13 h

LA GROTTE DE GLACE DES ARCS

Rhône-Alpes

En entrant dans la grotte de glace, on pénètre dans un autre monde. Tous les ans, vers la mi-novembre, la construction d'un immense igloo commence. Mesurant cent vingt mètres de long et trois mètres de haut, la grotte est constituée de dix mille mètres cubes de neige. Cette œuvre d'art, qui disparaîtra avec l'hiver, est réalisée par une dizaine de sculpteurs, sur un thème différent chaque année. Les motifs et les silhouettes jaillissent de la paroi glacée et le silence qui règne dans la grotte n'est troublé que par le bruit feutré des pas dans la neige.

À table !

Poires au vin

Bourgogne

Pour 6 personnes
Dans une grande casserole, porter à ébullition 1 bouteille de vin rouge de Bourgogne, 4 c. à soupe de sucre, 2 clous de girofle, 6 grains de poivre et 1 pincée de cannelle ; baisser le feu. Éplucher 6 poires, les couper en 2 et ôter les pépins. Ajouter les poires dans le vin et cuire 10 à 15 min sur feu doux. Égoutter les poires et filtrer le vin.
Disposer les moitiés de poires dans des coupes, les arroser de vin et napper chaque coupe de 1 c. à soupe de crème de cassis. Servir frais ou tiède.

CITATION

Poitou-Charentes

« L'alcool dégrise.
Après quelques gorgées de cognac, je ne pense plus à toi. »

Marguerite Yourcenar

Devinette

Quelle ville de France et sa fameuse Croisette sont tous les ans le théâtre d'un célèbre festival de cinéma ?

Cannes. Fondé en 1946, le Festival international du film, réputé pour sa montée des marches, est devenu le festival de cinéma le plus médiatisé au monde.

Ils ont marqué leur région...

René Lacoste

Île-de-France

Le Parisien est d'abord un tennisman de talent qui enchaîne les victoires dans les années 1920. Quand René Lacoste décide de fonder sa propre marque de vêtements de tennis, c'est tout naturellement que le crocodile lui vient à l'esprit pour en illustrer le logo. Non pas que le reptile soit son animal favori, mais les Américains avaient choisi le surnom de « crocodile » pour désigner le champion. En 1933, les chemises de coton blanc portent donc déjà le fameux emblème qui continue à orner les vêtements de la marque, connue à présent dans le monde entier.

vendredi 4 novembre

lever : 7 h 41
coucher : 17 h 26

St Charles

Quiz des villes & villages de France

Située à la jonction de la Sarre et de la Blies, cette ville, dont le nom vient du mot allemand signifiant « confluence », est surtout connue pour être la Cité des faïences.

_ _ _ _ _ _ _ _ _ _ _ _ _

À table !

Pâté de canard d'Amiens

Picardie

Cette spécialité de pâté en croûte remonterait au XVIIe siècle. On fait flamber du foie de canard, du foie gras, du lard et du lapin, auxquels on ajoute un hachis de champignons. On farcit un canard désossé avec ce mélange et on enferme le tout dans une abaisse de pâte.

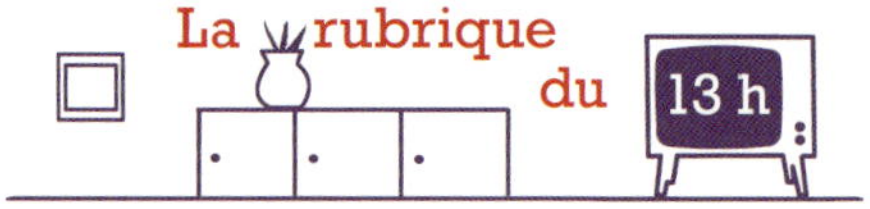

LE SIÈGE DU PARLEMENT EUROPÉEN À STRASBOURG

Alsace

Strasbourg est la capitale parlementaire de l'Europe : il lui fallait donc un hémicycle, pour que les députés européens puissent siéger. Avant la construction du Parlement européen, l'assemblée empruntait l'hémicycle du Conseil de l'Europe. Après un concours international d'architecture, lancé en 1991, les travaux commencent ; ils s'achèvent en 1999. Le bâtiment se caractérise par une forme cylindrique, proche de celle du Colisée romain. Impressionnant de l'extérieur, le Parlement l'est aussi de l'intérieur, et il est possible de le visiter, y compris lorsque les eurodéputés sont en session.

Savoir-faire

Fabriquer du papier peint à la planche à Tours

Centre

Pour fabriquer ce type de papier peint, comme on le faisait au XVIIIe siècle, l'artisan travaille rouleau par rouleau. Il commence par coucher les fonds de façon homogène, avant de les laisser sécher. Puis il imprime des motifs au tampon, couleur par couleur, centimètre par centimètre.

Un jour en *Paca*

4 novembre 1984

Création du « Top 50 », émission qui fait le classement des meilleures ventes de singles. C'est Marc Toesca, originaire de la ville de Nice, qui en est le premier présentateur sur Canal +.

Ils ont marqué leur région…

Roger de Rabutin

Bourgogne

Roger de Rabutin, noble du Nivernais, était ce que l'on peut appeler un personnage haut en couleur. Le comte de Bussy se fait en effet remarquer par ses déboires avec la discipline militaire et par son goût pour le libertinage, malgré sa brillante carrière d'officier. Homme de lettres, il est élu à l'Académie française en 1665, mais se fait bientôt renvoyer en Bourgogne par Louis XIV, qui n'apprécie pas la teneur satirique de ses écrits. Il y reste jusqu'à la fin de sa vie, entretenant, avec sa cousine, Mme de Sévigné, une correspondance qui sera publiée à titre posthume.

Sarreguemines

samedi 5 & dimanche 6 novembre

Ste Sylvie

Ste Bertille

Mythes et légendes

Martinique

Les ignames du roi

Compère Lapin se promenait au gré des chemins, sans but précis. Il n'avait déjeuné que de quelques restes de carottes, et la faim commençait à lui tirailler l'estomac. Il vint à passer devant le potager du roi. De tout le pays, il n'en existait pas de plus magnifique. Imaginez les rangs d'ignames, de courgettes, de patates et de concombres, cultivés avec l'attention et les soins du meilleur jardinier, et bénéficiant de la terre la plus riche et de la meilleure exposition de toute l'île ! Les senteurs subtiles parvinrent aux narines de Compère Lapin. Deux secondes plus tard, il avait franchi la palissade et dévorait les succulents légumes royaux. S'il s'était contenté de chaparder discrètement un concombre ou deux, peut-être le larcin serait-il passé inaperçu. Mais lorsque le jardinier vint chercher de quoi préparer le dîner du roi, le potager était en grande partie pillé. Contemplant l'étendue du désastre et cherchant qui avait pu commettre un tel crime, il remarqua la présence de crottes de lapin parmi les racines et les feuilles arrachées. C'était la signature bien caractéristique du coupable, et il courut trouver son maître. Tremblant en songeant à la colère du roi, il lui fit néanmoins part du méfait qu'avait commis ce bandit de lapin. Offusqué, le roi menaça l'innocent serviteur de le punir s'il ne mettait pas la main sur le voleur avant deux jours. Le jardinier, qui savait Compère Lapin très rusé, plongeait dans le plus profond désespoir, quand une idée brillante lui vint.

Le lendemain, Compère Lapin, que le hasard des déambulations avait une fois de plus fait passer devant les jardins du roi, fut à nouveau victime de l'appel du ventre. Il allait engloutir une igname de toute beauté, lorsqu'il aperçut une fort jolie demoiselle lapine au bout du potager. Oubliant son déjeuner, il entreprit de faire connaissance. Confronté à une impassibilité persistante, il pensa briser la glace en posant la patte sur son épaule. Horreur, c'était un piège ! Il se retrouva collé à la jolie lapine factice et, avant d'avoir pu se débattre, fut enfermé dans un sac. Le jardinier, traînant son trophée derrière lui et affichant un sourire triomphal, alla trouver le roi. Ils croisèrent Zamba, la chèvre, qui s'étonna de voir le sac gigoter tout seul.
- Comment un sac de toile peut-il bouger tout seul ?, s'interrogea-t-elle à haute voix.
- C'est moi, Zamba ! Moi, Compère Lapin ! Le jardinier m'a capturé car le roi veut me forcer à manger des ignames, dont j'ai horreur !
- S'il te plaît, laisse-moi y aller à ta place Compère Lapin. J'adore les ignames, supplia la chèvre plus que naïve...
Le lapin, bien sûr, accepta et la chèvre défit délicatement les liens qui fermaient le sac. Compère Lapin sauta au sol en remerciant chaleureusement Zamba, qui prit sa place, tandis que le jardinier, qui ne s'était aperçu de rien, arrivait en vue du palais royal. Le roi et ses gardes, armés de bâtons, attendaient le voleur de pied ferme. Zamba jubilait en pensant à toutes ces ignames qui l'attendaient. Aussi fut-elle désagréablement surprise lorsqu'elle reçut un premier coup sur la tête.
- Je suis Compère Lapin, et je suis venu chercher les ignames du roi, non des coups !, tenta la malheureuse bête.
- Ah tu te moques de moi ! Tiens, goûte donc mes ignames, répondit le roi outré.
Et les coups redoublèrent, tandis que, caché derrière un buisson, Compère Lapin riait du tour qu'il avait joué au roi et à la pauvre Zamba.

lundi 7 novembre

lever : 7 h 46
coucher : 17 h 21

Ste Carine

DICTON
Provence-Alpes-Côte d'Azur

L'olivier à 100 ans est encore un enfant.

Savoir-faire

Céramiste raku à Calenzana

Corse

Les pièces sont façonnées au tour et précuites après séchage complet. Elles sont ensuite émaillées avant une seconde cuisson, à basse température, dite « raku ». Incandescentes, elles sont déposées sur un lit de combustible : ce choc thermique fait apparaître des craquelures, caractéristiques du raku.

À table !

Le potage Saint-Germain

Île-de-France

Pour 4 à 6 personnes

Blanchir 800 g de pois cassés. Tailler en paysanne 50 g de verts de poireaux, 100 g d'oignons et 50 g de carottes et les faire suer au beurre. Ajouter les pois cassés et mouiller avec 2 l d'eau. Ajouter 100 g de poitrine salée et 4 gousses d'ail hachées. Cuire à couvert 1 h et rectifier l'assaisonnement. Mixer le potage et parsemer de cerfeuil. Servir avec des croûtons.

La rubrique du 13 h

L'ÎLE D'YEU

Poitou-Charentes

Située à une vingtaine de kilomètres du continent, l'île d'Yeu est la plus éloignée des îles françaises de l'océan Atlantique. Sur son territoire de vingt-trois kilomètres carrés se trouve la commune à laquelle elle a donné son nom. Sarrasins, Vikings et Anglais se sont succédé sur ce petit morceau de Vendée, comme le rappelle la présence du Vieux-Château, édifié au XIVe siècle. La diversité des paysages et un ensoleillement particulier font de l'île d'Yeu une destination de choix, où les cyclistes sont rois : quelques tours de roues les emmènent vers les criques, les bois et les falaises.

Un jour en Paca

7 novembre 1933

C'est le premier tirage de la Loterie nationale française ! Le premier gagnant, un coiffeur de Tarascon, a investi dix francs dans un ticket qui lui en a rapporté cinq millions.

Ils ont marqué leur région...

Anne de Bretagne

Bretagne

Née à Nantes en 1477, Anne de Bretagne perd sa mère, Marguerite de Foix, alors qu'elle n'a que 9 ans. Ce décès, qui lui confère le titre de future duchesse de Bretagne, la place au centre des intrigues politiques. En 1491, elle épouse le roi de France Charles VIII, puis, à la mort de celui-ci, elle convole avec son successeur, Louis XII. Ces mariages, qui lui ont été plus ou moins imposés, ont joué un rôle primordial dans le rattachement de la Bretagne à la France. En janvier 1514, elle meurt alors qu'elle n'a que 37 ans, et on lui rend hommage par des funérailles royales qui ne durent pas moins de cinq semaines.

mardi 8 novembre

lever : 7 h 47
coucher : 17 h 20

St Geoffroy

Savoir-faire

Roulottier à Pierrecourt

Franche-Comté

Cet artisan conçoit et aménage des roulottes d'inspiration tzigane. Il conserve les formes et les techniques traditionnelles, tout en améliorant le confort. Certaines roulottes sont amenées à prendre la route, tandis que d'autres fournissent un peu d'évasion au bout du jardin.

Devinette

Quel lac glaciaire surnomme-t-on le « Lac Bleu » ?

Le lac de Paladru. Ce lac des Préalpes était le plus grand lac naturel français avant l'annexion de la Savoie, en 1860. Il est célèbre pour son site archéologique et ses chevaliers paysans du tout début du deuxième millénaire.

La rubrique du 13 h

LE CHÂTEAU D'IF

Provence-Alpes-Côte d'Azur

La rade de Marseille abrite plusieurs îlots appartenant à l'archipel du Frioul. Le plus petit de ces îlots est aussi le plus connu : l'îlot d'If, occupé presque entièrement par une forteresse, construite en 1530 sur ordre de François Ier. D'abord à vocation défensive, le château devint rapidement une prison d'État, où furent enfermés des condamnés politiques. Les conditions de détention variaient selon la gravité du délit commis et aussi selon la condition sociale du prisonnier. Nombreux sont ceux qui visitent la prison du célèbre comte de Monte-Cristo et ses cachots creusés dans le rocher.

À table !

Poisson au beurre blanc

Pays de la Loire

Pour 4 personnes

Ciseler finement 2 grosses échalotes et les faire suer sans coloration 2 à 3 min. Mouiller avec 10 cl de vinaigre blanc et 10 cl de muscadet, et faire réduire presque à sec.
Incorporer 300 g de beurre doux bien froid en morceaux. Fouetter énergiquement, afin d'obtenir une émulsion et une sauce de la consistance d'une crème. Rectifier l'assaisonnement et servir avec des filets ou des pavés du poisson de votre choix.

CITATION

Basse-Normandie

« J'aime Deauville parce que c'est loin de la mer et près de Paris. »

Tristan Bernard

Ils ont marqué leur région...

Fabien Barthez

Midi-Pyrénées

De la Coupe du monde de football 1998, on se souvient du score de 3-0 de la France contre le Brésil, des deux buts marqués par Zidane, mais aussi du célèbre baiser déposé par Laurent Blanc sur le crâne chauve du gardien de but, Fabien Barthez. Né à Lavelanet, petite ville de l'Ariège, il commence comme footballeur professionnel dans l'équipe de Toulouse, en 1991, avant de rejoindre Marseille, puis Monaco. En 1998, il fait partie des Bleus lors de la Coupe du monde, et c'est un tournant dans sa carrière. Il est bien sûr apprécié pour son talent, mais est aussi élevé au rang de « mascotte » de l'équipe.

mercredi 9 novembre

lever : 7 h 49
coucher : 17 h 18

St Théodore

À table !

L'aziminu

Corse

Cette sorte de bouillabaisse, à base de poissons de roche et de crabes, apporte un peu de chaleur et de soleil, quand ce dernier se fait plus rare. Les poissons sont cuits rapidement, à feu vif, dans un bouillon de tomates et d'aromates ; le tout se déguste avec des croûtons.

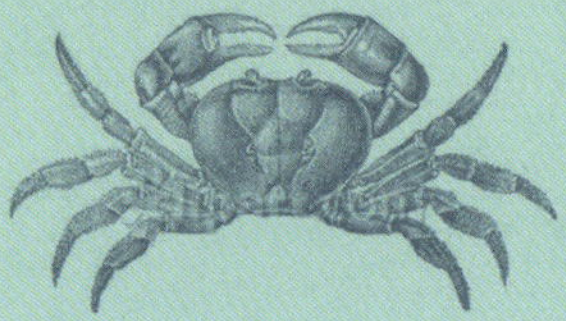

Quiz des villes & villages de France

Située entre la Beauce et le Gâtinais, cette ville du Loiret a donné son nom à un célèbre gâteau de pâte feuilletée – ou glacé –, fourré à la crème d'amandes.

_ _ _ _ _ _ _ _ _ _

La rubrique du 13 h

LA BASILIQUE NOTRE-DAME-DES-MIRACLES À MAURIAC

Auvergne

Cette basilique, dont le début de l'édification remonte au XIIe siècle, est l'une des plus belles et des plus vastes églises romanes d'Auvergne, comme en témoignent son large portail et ses sculptures magnifiques, représentant l'Ascension du Christ. Elle est bâtie sur une ancienne chapelle du VIe siècle et doit son nom à la Vierge noire, en bois, qui est placée au-dessus de l'autel. Ses murs, construits en pierres volcaniques du Cantal, rouges et grises, lui donnent un aspect surprenant et renforcent sa beauté. Avec cette basilique, Mauriac est devenu un lieu de pèlerinage dédié à la Vierge.

Devinette

Quelle est la deuxième plus grande zone humide de France, en superficie, après la Camargue ?

Le Marais poitevin. Situé dans l'ancien golfe du Poitou, sur la côte occidentale, il abrite anguilles, ragondins, loutres, hérons et autres échassiers, ainsi que des espèces exotiques telles que l'écrevisse de Lousiane.

Savoir-faire

Pêcheur à la civelle à Saint-Valery-sur-Somme

Picardie

Les alevins d'anguilles proviennent des Caraïbes et remontent les fleuves côtiers. À partir de la mi-octobre, la pêche est ouverte et, la nuit, dans le port de Saint-Valery, les bateaux se livrent à une danse étrange. Les civelles, attirées par des lampes, sont capturées à l'aide de grands tamis.

Ils ont marqué leur région...

Marie Paradis et Henriette d'Angeville

Rhône-Alpes

Le point commun entre Marie Paradis, paysanne de Chamonix, et Henriette d'Angeville, aristocrate genevoise ? Ce sont les deux premières femmes à avoir fait l'ascension du mont Blanc, respectivement en 1808 et 1838, à une époque où les dames étaient priées de rester derrière leurs fourneaux ! Si Marie Paradis a été hissée par ses partenaires masculins afin d'atteindre le sommet, Henriette d'Angeville, elle, a réalisé son exploit sans aucune aide et aura fait en tout vingt et une ascensions du mont Blanc, d'où son surnom de « Fiancée du mont Blanc ».

Henriette d'Angeville

Pithiviers

jeudi 10 novembre

lever : 7 h 51
coucher : 17 h 17

St Léon

Savoir-faire

Peintre sur œufs à Jarville-la-Malgrange

Lorraine

La forme ovoïde de l'œuf a toujours fasciné les civilisations, et des fouilles mésopotamiennes ont révélé des œufs décorés datant de trois mille ans avant notre ère. Pour peindre un œuf, il faut prendre en compte le relief de la surface et la porosité de la coquille ; après, tout n'est que talent et précision !

Devinette

Qu'est-ce que l'« impatiente n'y-touchez-pas » ?

Une fleur du massif du Morvan, également appelée la « balsamine des bois ». La capsule de son fruit explose lorsqu'on veut la saisir, et peut projeter ses graines à plusieurs mètres à la ronde.

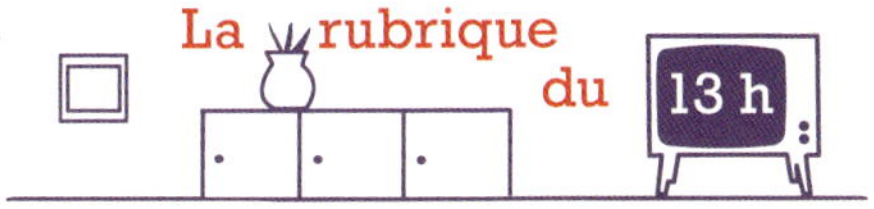

LE PALAIS DES ROIS DE MAJORQUE

Languedoc-Roussillon

Ce palais-forteresse de style gothique est achevé au début du XIVe siècle, à une époque où Perpignan est en plein essor. Résidence des rois de Majorque, il est le siège politique d'un territoire qui s'étend de Montpellier à Barcelone. Le palais est surmonté d'un donjon, constitué de deux chapelles, et s'organise autour de trois cours ; la cour d'honneur est la plus belle, avec ses escaliers monumentaux et ses grandes arcades en galets de rivière et en briques. Aujourd'hui, le palais reste le monument symbole de Perpignan, et il est le cadre de concerts, de festivals et d'expositions.

À table !

Le bretzel

Alsace

Le bretzel, une pâtisserie à base de pâte de brioche salée, est l'un des fleurons de la gastronomie alsacienne. Facilement reconnaissable à sa forme de gros nœud, on le trouve partout : dans la rue, sur les enseignes de boulangeries et, bien sûr, dans toute bonne brasserie qui se respecte.

CITATION

Paca

« Dans mon pays, on ne questionne pas un homme ému. »

René Char, « Qu'il vive ! », Les Matinaux, 1950

Ils ont marqué leur région...

Isabelle de Limeuil

Aquitaine

Digne d'une héroïne de films d'espionnage, Isabelle de Limeuil faisait partie de l'« escadron volant », un nom bien mystérieux qui désigne le système d'espionnage mis en place par Catherine de Médicis. Cette cousine éloignée de la reine, née en 1535 à Limeuil, en Dordogne, faisait partie de ce groupe d'espionnes chargées d'user de leurs charmes pour soutirer des confidences et manipuler les personnages importants du royaume. Elle a donc compté parmi ses amants la fine fleur de la noblesse de l'époque ; l'un des plus célèbres est Louis Ier de Bourbon, prince de Condé.

vendredi 11 novembre

lever : 7 h 52
coucher : 17 h 16

Armistice 1918

DICTON
Centre

Si la rivière déborde
à Saint-Martin,
elle est toujours là ou en chemin.

À table !

La chicorée

Nord-Pas-de-Calais

Semée, au mois d'avril, sur les terres flamandes, la chicorée produit des racines, qui sont récoltées à l'automne. Lavées, débitées et séchées, elles sont ensuite torréfiées, ce qui leur confère ce petit goût de caramel à la noisette. Une fois refroidie, la chicorée est concassée ou moulue.

Un jour en *Picardie*

11 novembre 1918

Le 11 novembre est un jour férié en France. On commémore alors la signature de l'armistice qui mit fin à la Première Guerre mondiale et qui se déroula dans un wagon, à Rethondes.

La rubrique du 13 h

LA CITÉ DE LA MER À CHERBOURG

Basse-Normandie

À la fin de la grande épopée des transatlantiques, la gare maritime de Cherbourg, dans la Manche, est désertée, et le bâtiment – le plus grand monument construit dans le style Art déco en France – est laissé à l'abandon. Pour faire revivre ce passé prestigieux et conter l'aventure de l'homme à la conquête des océans, la Cité de la Mer ouvre ses portes en 2002. À travers les légendes de Jules Verne, l'observation de centaines d'espèces marines, des premiers équipements de plongée aux sous-marins les plus sophistiqués, le parc à thèmes dévoile les secrets du monde des profondeurs.

La *France* en fête

L'Armistice

En ce jour, on commémore l'armistice de 1918 : le terme signifie étymologiquement « arrêt des armes » –, et il s'agit de la convention signée dans un wagon, au cœur de la forêt de Compiègne, pour mettre fin à la Première Guerre mondiale. Fête patriotique sans coloration politique, elle permet de rendre hommage aux dix millions de morts de la Grande Guerre et de saluer le courage des poilus.

Savoir-faire

Cordier à Reims

Champagne-Ardenne

Ce métier très ancien – qui a presque disparu au profit des machines – suit trois étapes. Tout d'abord, il y a le peignage, qui se pratique sur une sorte de carde montée sur pieds. Puis, vient le filage : le cordier marche à reculons, tout en approvisionnant la corde de filasse, et enfin le cablage.

Ils ont marqué leur région…

Rachi

Centre

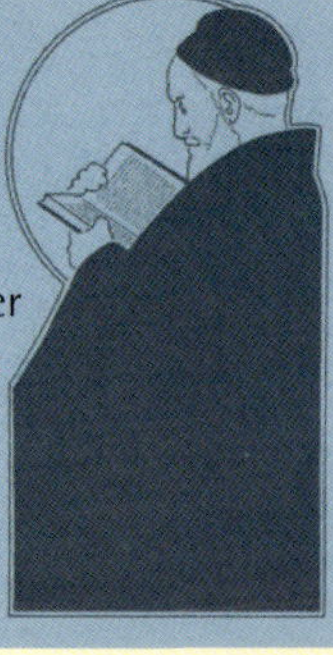

Au Moyen Âge, Rachi fut un éminent personnage de Troyes. Au XIe siècle, c'est dans le quartier Saint-Frobert, qui était à l'époque le quartier juif de la ville, que résident le rabbin et sa famille. Il développe la vie religieuse en fondant avec beaucoup de succès une école talmudique et se consacre à l'écriture de commentaires de la Bible et de poèmes liturgiques, qui sont vite diffusés et réputés dans toute la France et à l'étranger. Le 13 juillet 1105, Rachi meurt à Troyes : la légende raconte que le sage se serait éteint en écrivant le mot « pur »…

samedi 12 & dimanche 13 novembre

St Christian St Brice

Des voisins malavisés

« Pourquoi sommes-nous au monde,
sinon pour amuser nos voisins et rire d'eux à notre tour. »
Jane Austen

Un menuisier tenait boutique en bord de Loire. Bien qu'il fût fort habile et enthousiaste dans son travail, les commandes étaient rares, et ce manque d'activité lui laissait tout le temps nécessaire pour s'adonner à son autre grande passion : la lecture. La pauvreté croissante et l'isolement, dans lequel il s'enfermait, ne tardèrent pas à nuire à sa réputation. Les gens se méfiaient d'un menuisier dont l'échoppe ne sentait plus la sciure ni le vernis et contenait plus de livres que de planches. Le poids de ses créances devint bientôt insoutenable, et le goût de la vie finit par le quitter. Mais il lui fallait tirer sa révérence avec la dignité qui seyait à son esprit romanesque. L'idée lui vint d'une minutieuse mise en scène, réunissant tous ses créanciers le jour de sa mort et devant sa dépouille. Chapardant ça et là le long du fleuve les quelques planches nécessaires à la réalisation de son cercueil, il se mit à l'ouvrage, reprenant avec plaisir les gestes qu'il croyait avoir oubliés. Son salut serait grandiose, et les quelques pièces qui lui restaient lui assuraient une dernière semaine fastueuse. Tout cela le ragaillardit et, du jour au lendemain, le menuisier fut transformé.

Aussitôt, la rumeur se répandit : cette joie et cette fortune soudaines avaient forcément une explication exceptionnelle. L'aubergiste voisin se rappelant l'avoir vu rentrer en pleine nuit en dissimulant d'encombrants objets dans un drap, il fut admis de tous que le menuisier avait trouvé un trésor, et que le diable y était pour quelque chose. Les créanciers, qui avaient été convoqués, prirent peur. Était-il prudent de récupérer leur dû ? Ne valait-il pas mieux s'attirer la sympathie et les bonnes grâces de celui que le diable avait couvert d'or ? Quant au voisinage, autrefois si méprisant, il prit tout à coup en considération le soin que le menuisier avait toujours mis dans son travail. Les commandes se bousculèrent, et l'argent ne tarda pas à affluer. Le temps avait passé, et l'artisan ne songeait plus à mettre en œuvre le projet qui l'avait conduit à sa réussite. Loin de contredire les bruits qui couraient à son sujet, il entretint le mystère jusqu'à sa mort, et ceux qui avaient fait son succès, en inventant des coffrets remplis d'or et de bijoux, furent bien surpris, lorsque, en forçant la lourde porte de sa cave, ils ne trouvèrent en guise de trésor qu'un modeste cercueil.

lundi 14 novembre

lever : 7 h 57
coucher : 17 h 12

St Sidoine

À table !

Fonds d'artichauts au fromage de chèvre

Poitou-Charentes

Pour 4 personnes
Faire cuire à l'eau 8 fonds d'artichauts. Les garnir avec une tranche de bûche de chèvre. Arroser d'un filet d'huile d'olive, poivrer et faire gratiner au four pendant 5 min. Servir en entrée, avec une salade.

La rubrique du 13 h

LA FOSSE DIONNE À TONNERRE

Bourgogne

La fosse Dionne représente sans doute l'endroit où se sont regroupés les premiers habitants de Tonnerre, dans le département de l'Yonne. Il s'agit d'une source vauclusienne, c'est-à-dire qu'elle est résurgente ; l'eau s'infiltre dans la roche perméable et forme des rivières souterraines. Contenue dans une enceinte de pierres circulaire au XVIIIe siècle, la source était utilisée comme lavoir. Autrefois à l'origine de croyances divines, la fosse a perdu un peu de son mystère grâce à la spéléologie, qui a révélé une profondeur de près de quarante mètres sous le lavoir.

Un jour en *Auvergne*

14 novembre 1965

Naissance à Chamalières d'Olivier Merle, rugbyman à la carrure impressionnante. Alors qu'il s'était engagé dans une autre voie sportive, sa carrière se serait décidée aux dés : il aurait en effet promis de se mettre au rugby s'il faisait un double-six du premier coup. Ce qu'il fit !

Quiz des villes & villages de France

Ce village du vallon de la Noye propose chaque été « Le souffle de la terre », un spectacle son et lumière, narrant la vie du peuple picard depuis vingt siècles.

_ _ _ _ _ - _ _ _ - _ _ _ _

Savoir-faire

Bouquiniste sur les quais parisiens

Île-de-France

Les bouquinistes existent depuis le XVIe siècle et sont installés sur les quais de la Seine depuis le XVIIIe. Aujourd'hui, on compte plus de deux cents spécialistes de revues et de livres anciens, répartis sur plusieurs kilomètres de parapet, formant une promenade incontournable.

Ils ont marqué leur région…

Marcel Pagnol

Provence-Alpes-Côte d'Azur

C'est au cœur de la Provence, entre Marseille et Aubagne, que se situent les plus grands films de Marcel Pagnol. *Marius*, *Fanny*, *César*, *La Femme du boulanger* et *La Fille du puisatier*. Autant de personnages hauts en couleur connus dans le monde entier, en dépit de la mort du cinéaste en 1974. Ses romans sont eux aussi toujours très appréciés. En revanche, les inventions automobiles de Marcel n'ont pas eu le même succès. En effet, *la Topazette*, une petite voiture dotée de trois roues, trois places et trois chevaux est curieusement tombée dans l'oubli…

Ailly-sur-Noye

mardi 15 novembre

lever : 7 h 58
coucher : 17 h 10

St Albert

Savoir-faire
Maître âtrier
Bretagne

Le maître âtrier réalise ou restaure des cheminées. À partir d'un plan, en tenant compte du matériau employé et en veillant à la conformité du décor, il en façonne les différentes parties. En Bretagne, le granit est la roche privilégiée pour ce type de réalisations.

CITATION
Nord-Pas-de-Calais

« *[…] Boulogne, sa cité haute*
et double, et Calais,
Sa citadelle assise en mer
comme un palais […]. »

Alfred de Vigny, « La frégate sérieuse », Poèmes antiques et modernes, 1837

La rubrique du 13 h

LA BASILIQUE SAINT-SERNIN DE TOULOUSE
Midi-Pyrénées

Cet édifice, symbole de l'architecture médiévale dans le Sud, est considéré comme la plus vaste église romane d'Europe. Bâtie au XIe siècle, en briques de Toulouse et en pierres blanches, elle est destinée à abriter les reliques de saint Saturnin, le premier évêque de la ville, martyrisé au IIIe siècle ; l'église lui est consacrée. La basilique surprend par la beauté de sa nef, sa grandeur et son clocher octogonal. Saint-Sernin est une étape incontournable pour le pèlerinage de Saint-Jacques-de-Compostelle, sur la voie d'Arles.

À table !
Le crozet savoyard
Rhône-Alpes

Les crozets sont ces petites pâtes carrées, épaisses et brunes que l'on déguste en gratin ou en tartiflette et qui font oublier le froid hivernal. La proximité de l'Italie est sans doute à l'origine de cette spécialité savoyarde composée de farine de sarrasin, d'œufs, de sel et d'eau.

Devinette

Qu'est-ce que les Ostensions limousines ?

C'est une fête traditionnelle religieuse, qui a lieu tous les sept ans, dans plusieurs communes de Haute-Vienne et de Charente : des processions sont alors organisées, accompagnant les reliques des saints.

Ils ont marqué leur région...
Félix Gaffiot
Franche-Comté

Depuis plus de soixante-dix ans, les latinistes, débutants ou chevronnés, voulant vérifier la signification d'un mot, se reportent aux multiples rééditions du dictionnaire de référence surnommé le « Gaffiot », du nom de son créateur, Félix Gaffiot, né en 1870 à Liesle, dans le Doubs. Sa passion pour les lettres le mène jusqu'à l'agrégation et au doctorat, puis, professeur en Sorbonne, il expose ses principes pédagogiques dans sa *Méthode de langue latine pour la traduction des textes à l'usage des élèves du premier cours.* Publié chez Hachette en 1934, le dictionnaire représente un travail titanesque de plus de dix ans.

Apollo, *inis*, m. (Ἀπόλλων), Apollon : CIC. *Tusc.* 1, 114 ‖ *Apollinis urbs :* [ville d'Égypte] PLIN. 5, 60 ; [de Mauritanie] PLIN. 5, 20 ; [d'Éthiopie] PLIN. 6, 189 ‖ *promunturium Apollinis* LIV. 30, 24, 8, promontoire d'Apollon [en Afrique]. → dat. *Apolloni* LIV. 29, 10, 6 ‖ acc. *Apollinem* P. FEST. 22, 14 ‖ pl. gén. *Apollinum* CIC. *Nat.* 3, 67.

APOLLO

mercredi 16 novembre

lever : 8 h 00
coucher : 17 h 09

Ste Marguerite

Un jour en France
16 novembre 1998

Vous ne savez pas ce que signifient les mots « quidditch » et « moldu » ? Il se peut alors que vous ayez manqué la parution, en France, du premier tome des aventures d'Harry Potter… et celle des six tomes suivants, ainsi que leur adaptation cinématographique.

À table !
La soupe au caillou
Lorraine

Dans cette recette traditionnelle paysanne, le caillou n'est pas un ingrédient, mais un instrument de cuisson. Un caillou de rivière est placé dans une casserole où cuisent des légumes à petits bouillons. Le frémissement fait décoller le caillou du fond : il écrase ainsi les ingrédients.

Devinette

Qu'est-ce qu'une birette ?

C'est un personnage mythique du folklore de la Sologne. Il prend tantôt l'aspect d'une licorne, tantôt celui d'une vache noire, et peut être croisé au détour d'un étang.

La rubrique du 13 h

LA CITADELLE DE CALVI
Corse

L'unique entrée de la citadelle, autrefois gardée par un pont-levis, révèle des maisons serrées les unes contre les autres et des ruelles pavées, pentues et enchevêtrées. Construction génoise du XIIIe siècle, la citadelle de Calvi se dresse, majestueuse, sur un éperon rocheux. Les remparts, plusieurs fois modifiés au cours des siècles, suivent la ligne de cet immense bloc calcaire ; depuis la Haute Ville, comme on l'appelle aussi, la vue est splendide. À l'intérieur de la citadelle, on peut voir l'ancien palais des Gouverneurs ou la maison de Christophe Colomb.

Savoir-faire
Pêche à la seiche à Pornichet
Pays de la Loire

Les pêcheurs profitent de l'arrière-saison pour ramener ce mollusque dans leurs filets. Pour cela, il faut bien choisir sa turlutte : un morceau de plomb coloré entouré d'hameçons. De retour sur la terre ferme, il faut préparer les seiches, en se méfiant de leur encre noire.

Ils ont marqué leur région…
Mérigot Marchès
Auvergne

La guerre de Cent Ans fait rage. Avec sa troupe de brigands, Mérigot Marchès terrorise les seigneurs d'Auvergne. Quand une trêve a lieu, ces combattants au service de l'Angleterre sont privés de solde et prêts à tout pour se remplir les poches. On ne compte plus les pillages et les demandes de rançon commises en la « marche d'Auvergne » : Mérigot Marchès aurait ainsi réuni plus de « cent mille francs d'or » ! Pourtant, le bandit est promis à une fin peu glorieuse : délogé de son repaire, le château de la Roche-Vendeix, il finit décapité le 12 juillet 1391, aux Halles de Paris.

jeudi 17 novembre

lever : 8 h 02
coucher : 17 h 08

Ste Élisabeth

Savoir-faire

Maquettiste de bateaux à Fécamp

Haute-Normandie

Avant que la construction d'un bateau ne débute, l'architecte naval confie les plans à un maquettiste, qui utilise ses doigts de fée et son expertise pour reproduire les équipements et les détails, avec une précision remarquable, allant jusqu'à utiliser les mêmes matériaux et les mêmes techniques.

Quiz des villes & villages de France

Capitale de la haute Tarentaise située à huit cent quarante mètres d'altitude, ce bourg est une étape incontournable sur la route de Lyon à Turin avant le franchissement du col du Petit-Saint-Bernard.

_____-_____-_______

La rubrique du 13 h

LE TRANSCORRÉZIEN

Limousin

Créée en 1913, cette ancienne ligne de chemin de fer était destinée à relier les villages isolés, entre Ussel et Tulle. Un tramway à vapeur, surnommé « le Tacot », traversait le département de la Corrèze, sur près de deux cents kilomètres, s'arrêtant de gare en gare pour déposer voyageurs et marchandises. Le tracé était difficile – il a fallu par exemple construire le viaduc des Rochers Noirs –, et le train avançait lentement. Supplanté peu à peu par le trafic routier, le Transcorrézien s'est définitivement arrêté. Aujourd'hui, les voies ont été aménagées en itinéraires de randonnée.

À table !

Amuse-bouches d'endives au roquefort

Midi-Pyrénées

Pour 6 personnes
Mixer 200 g de roquefort avec 200 g de beurre mou ; poivrer et réserver. Effeuiller 4 petites endives et remplir les feuilles avec la crème de roquefort. Disposer un cerneau de noix sur chaque feuille et servir avec un vin sucré.

La France en fête

Le beaujolais nouveau

La tradition française du beaujolais nouveau est célébrée dans le monde entier, le troisième jeudi de novembre. C'est un arrêté de 1951 qui instaura une autorisation exceptionnelle de vente anticipée de ce vin léger et fruité, à consommation précoce, issu d'un cépage unique, le gamay noir à jus blanc. Chez les producteurs, c'est l'occasion d'organiser des portes ouvertes, avec dégustation de ce vin primeur AOC.

Ils ont marqué leur région...

Antoine Watteau

Nord-Pas-de-Calais

Le peintre est originaire de Valenciennes et la peinture flamande est l'une de ses principales sources d'inspiration. Dès l'âge de 14 ans, il apprend la peinture dans sa ville natale, avant de rejoindre Paris vers 1702. Les réceptions mondaines, ou « fêtes galantes », sont un sujet de prédilection pour ce chantre du mouvement rococo, et le *Pèlerinage à l'île de Cythère* en est un exemple. L'atmosphère à la fois légère et mélancolique de cette toile, réalisée en 1717, lui confère son climat mystérieux, qui est certainement l'une des raisons de sa célébrité.

Bourg-Saint-Maurice

vendredi 18 novembre

lever : 8 h 03
coucher : 17 h 07

Ste Aude

À table !

La bayenne ardennaise

Champagne-Ardenne

Dans une cocotte en fonte, on alterne des couches de pommes de terre et des couches d'oignons, et on ajoute quelques aromates et un peu d'eau. Les pommes de terre cuites à l'étouffée – il ne faut jamais soulever le couvercle – sont ensuite servies avec des tartines beurrées.

CITATION

Picardie

« Ta tête, ô hareng, flamboie comme un casque d'or, et l'on dirait de tes yeux des clous noirs plantés dans des cercles de cuivre ! »

Joris-Karl Huysmans, « Le hareng saur », Le Drageoir aux épices, 1874

La rubrique du 13 h

LA ROUTE DES COLOMBIERS

Nord-Pas-de-Calais

Jadis, on élevait des pigeons pour se procurer de la viande et produire de la colombine – la fiente des pigeons, qu'on utilisait comme engrais. C'est pourquoi, un peu partout en France, on a vu s'élever des colombiers, légèrement à l'écart des habitations principales. À présent, les colombiers sont le plus souvent restaurés et aménagés et la tradition colombophile est toujours tenace dans la région : c'était autrefois une distraction bienvenue pour les mineurs et les ouvriers. Aujourd'hui, le Nord-Pas-de-Calais regroupe la moitié des passionnés de pigeons voyageurs de France.

Quiz des villes & villages de France

Le célèbre champion du monde de rallye, Sébastien Loeb, est né dans cette commune de l'Est, fondée sur la Moder, au XIIe siècle, par Frédéric de Hohenstaufen.

_ _ _ _ _ _ _ _

Savoir-faire

Lapidaire à Orcines

Auvergne

Le lapidaire taille les pierres précieuses et les pierres fines, qui orneront plus tard des bijoux ou des objets d'art. Travail au chalumeau, polissage, miroitage et, bien sûr, lapidage sont les différentes étapes qui transforment une roche brute en un joyau lumineux.

Ils ont marqué leur région...

Francis Ponge

Languedoc-Roussillon

L'huître, la cruche, le savon ou encore la pomme de terre sont les héros des poèmes de Francis Ponge, dont la source d'inspiration réside dans les objets les plus quotidiens. Né à Montpellier en 1899, il mène, après l'échec de ses études, une vie partagée entre la politique et l'écriture. Luttant sous le drapeau communiste, il entre dans la Résistance pendant la Seconde Guerre mondiale et publie en même temps, en 1942, *Le Parti pris des choses*, son œuvre la plus célèbre. En 1984, quatre ans avant sa mort, sa carrière est couronnée, par l'Académie française, d'un Grand Prix de Poésie.

Haguenau

samedi 19 & dimanche 20 novembre

St Tanguy St Edmond

Mythes et légendes
Midi-Pyrénées

La première neige des Pyrénées

Il y a des siècles de cela, avant que l'hiver ne s'abatte tous les ans avec son cortège de glace et de neige sur la vallée de l'Adour, vivait en haute Bigorre un patriarche, dont on ne comptait plus les siècles. Il rassemblait, à lui seul, toute la sagesse et tout le savoir auxquels les hommes pouvaient prétendre. Il connaissait le pouvoir guérisseur des plantes et semblait capable de vivre encore mille ans. Mais, un matin, une chose froide, blanche et légère se mit à tomber du ciel.

Voyant dans cette poudre glaciale le signe de l'arrivée de temps nouveaux, le patriarche sut que son heure avait sonné et ne lutta point contre la fin proche. Il demanda seulement à ses fils de venir pour leur faire ses ultimes recommandations. En guise de cadeau d'adieu, ces derniers lui portèrent un breuvage, qu'il dégusta lentement. Ragaillardi par ce qui deviendrait le célèbre vin de Madiran, il s'assit et, pointant son doigt vers une vache qui se tenait près de la porte, leur tint ce discours : « Cette vache sera votre guide. Elle vous conduira dans un endroit où des sources miraculeuses feront votre prospérité. Soyez attentifs au tintement de sa cloche et ne le quittez jamais des oreilles. »

Puis, le vieillard mourut, et la toute première neige des Pyrénées ne tarda pas à recouvrir les alpages. La vache que le patriarche avait désignée se mit en route comme prédit, et les garçons, obéissant à la volonté de leur père, l'enveloppèrent d'un grand drap, et suivirent l'animal. Elle les conduisit en une vallée où des eaux chaudes jaillissaient de terre. L'endroit fut baptisé Bagnières-de-Bigorre. Mais la vache ne semblait pas vouloir y demeurer, et, emmenant avec eux la neige qui les accompagnait, ils se remirent en route. Ils descendaient toujours plus bas dans la vallée de l'Adour, quand, enfin, il cessa de neiger. Ils s'arrêtèrent alors de nouveau et fondèrent le célèbre village de Montgaillard, où ils purent enterrer leur père sous une stèle de marbre blanc. Un rocher en forme de vache surplombe toujours le village et conserve le souvenir de cette histoire. Et, depuis lors, il ncige chaque année dans la vallée de l'Adour.

lundi 21 novembre

lever : 8 h 08
coucher : 17 h 04

Présentation de Marie

DICTON
Languedoc-Roussillon

La Lozère dit à l'Aigoual :
Quand tu as froid,
je n'ai pas chaud.

À table !

Le gâteau au vin blanc

Centre

Battre au fouet électrique 3 œufs, 160 g de sucre et 1 c. à café de vanille liquide, jusqu'à obtenir un mélange mousseux. Ajouter 1 verre d'huile d'olive, 1 verre de vin blanc et 250 g de farine mélangée à 1 sachet de levure, en battant entre chaque ingrédient. Verser dans un moule beurré et mettre au four préchauffé à 160 °C pendant 45 à 50 min.

Devinette

Quel genre artistique est célébré dans la commune de Gérardmer ?

Le cinéma fantastique. Le Festival international du film fantastique y a lieu tous les ans, depuis 1994, et remplace le Festival d'Avoriaz. Plus de trente mille spectateurs cinéphiles s'y rendent chaque année.

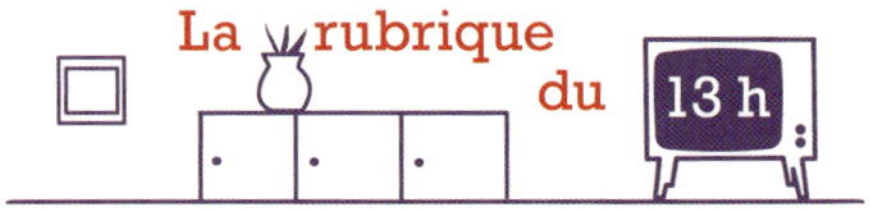

LA ROUTE DES VIGNOBLES

Aquitaine

Les premiers ceps d'Aquitaine furent plantés à l'époque gallo-romaine. Depuis, ils se sont multipliés, pour s'étendre aujourd'hui sur cent quarante-cinq mille hectares et former le plus grand vignoble du monde. Chaque année, un million de bouteilles sont remplies du précieux nectar : presque tous les vignobles sont des appellations d'origine contrôlée. Pour les amoureux du vin, sillonner les départements de la région, de château en château, participer à des dégustations, à des intronisations et autres rendez-vous festifs, sont des occasions à ne pas manquer.

Savoir-faire

Murailler de pierres sèches à Dijon

Bourgogne

L'art des pierres sèches est ancestral. Murs et toitures sont assemblés sans ciment ni mortier : le choix des pierres et leur calage sont donc primordiaux. Cette technique est aujourd'hui essentiellement pratiquée dans des travaux de restauration, où l'on réutilise les pierres d'origine.

Ils ont marqué leur région…

Auguste Fauchon

Basse-Normandie

Les gourmands du monde entier associent le nom de Fauchon aux confitures, thés, chocolats et autres douceurs vendus dans la chaîne d'épiceries fines. L'histoire commence en 1886, année où le fondateur, né à Ellon, dans le Calvados, commence sa carrière comme marchand de quatre saisons, sur le marché de la Madeleine. Son succès lui permet d'ouvrir un magasin, puis une boulangerie-pâtisserie et une cave, où la qualité et l'origine française des produits sont une priorité. La marque Fauchon est créée au début du xxe siècle et connaît un succès toujours grandissant : aux dernières nouvelles, un magasin a été ouvert à Moscou !

mardi 22 novembre

lever : 8 h 09
coucher : 17 h 03

Ste Cécile

Savoir-faire

Passementier à Saint-Étienne

Rhône-Alpes

L'histoire de la passementerie est liée à celle de Saint-Étienne depuis le XIIIe siècle. De nos jours, les méthodes de fabrication de ces rubans de soie ont changé, mais les exigences restent les mêmes : réaliser des produits d'exception, utilisés ensuite dans le tissu d'ameublement ou en haute couture.

Quiz des villes & villages de France

La sous-préfecture cévenole est connue des minéralogistes pour accueillir une Bourse aux minéraux et fossiles renommée. La ville est surtout célèbre pour son viaduc, dont le tablier culmine à deux cent soixante-dix mètres.

La rubrique du 13 h

CATHÉDRALE SAINT-PIERRE DE RENNES

Bretagne

À l'endroit où s'élève la cathédrale Saint-Pierre était déjà érigé, au VIe siècle, un édifice religieux. À l'exception de sa façade, achevée au XVIIe siècle, la cathédrale date du milieu du XIXe siècle. La façade classique, qui nécessita cent soixante-trois ans de construction, présente deux tours de granit, s'élevant sur quatre niveaux. Le reste de l'architecture se distingue par son décor néo-classique : colonnes de marbre rouge, décoration de stucs, nombreuses peintures et voûte somptueusement ornée. L'élément le plus ancien de la cathédrale est un retable flamand, de style gothique, du XVe siècle.

À table !

Coq au vin jaune et aux morilles

Franche-Comté

Pour 4 à 6 personnes

Saler et poivrer 1 coq de 2 kg, coupé en morceaux, et le faire dorer au beurre dans une cocotte en fonte. Couvrir et cuire au four pendant 20 min à 220 °C. Rincer 700 g de morilles fraîches (ou 120 g de morilles séchées, réhydratées 30 min à l'eau tiède). Sortir la cocotte du four et la mettre sur feu moyen. Retourner les morceaux de coq et ajouter 50 cl de vin jaune d'Arbois ; laisser cuire 10 min à découvert. Ajouter les morilles et 500 g de crème fraîche ; laisser cuire encore pendant 20 min en remuant de temps en temps. Servir avec des pommes vapeur.

Un jour en Bourgogne

22 novembre 1999

Entraîneur emblématique et très médiatisé du club de football d'Auxerre, Guy Roux est fait chevalier de la Légion d'honneur par Jacques Chirac.

Ils ont marqué leur région…

Régis Loisel

Poitou-Charentes

La sorcière Mara tente de sauver le monde du dieu maudit grâce à une incantation tirée du grimoire des dieux. Mais cette incantation est si longue qu'elle craint de ne pas pouvoir réaliser à temps son sortilège. Elle confie à sa fille la mission de trouver un certain oiseau, qui a le pouvoir d'interrompre le cours du temps. Ce scénario est celui de *La Quête de l'oiseau du temps*, une série de bandes dessinées qui constitue l'un des plus grands succès de Régis Loisel. Le dessinateur, né à Saint-Maixent en 1951, se distingue par sa position de pionnier dans le genre de l'« heroic fantasy ».

Millau

mercredi 23 novembre

lever : 8 h 11
coucher : 17 h 02

St Clément

À table !

Poulet à la perpignanaise

Languedoc-Roussillon

Pour 4 personnes

Faire dorer 4 cuisses de poulet à la cocotte avec de l'huile d'olive. Réserver.

Émincer 2 oignons et 4 gousses d'ail ; couper en dés 2 poivrons verts, 4 tomates et 1 courgette. Les mettre dans la cocotte à la place du poulet ; saler et poivrer. Ajouter 1 bouquet garni, 1 c. à café de safran et 1 c. à café de purée de piment.

Mouiller avec 1 verre de vin blanc sec et 2 verres de bouillon de poule. Porter à ébullition. Baisser le feu, remettre le poulet dans la cocotte et ajouter 1 boîte d'olives dénoyautées.

Couvrir et laisser mijoter 40 à 50 min à feu doux.

Servir avec du riz safrané.

La rubrique du 13 h

LA BOURRINE VENDÉENNE

Pays de la Loire

La bourrine est une construction en torchis – les murs sont faits de terre et de paille, puis enduits de chaux –, couverte de roseaux, qui empêchent la pluie de passer. Ce type de maison témoigne de la vie au XIXe siècle dans le Marais breton – inondé l'hiver –, dans le nord de la Vendée. À l'intérieur de la bourrine, il n'y a pas de plafond, seulement des poutres qui supportent les roseaux. Dans un milieu hostile, les Maraîchins – les habitants du Marais – ont su tirer parti des ressources à leur disposition. On ne bâtit plus de bourrine de nos jours, mais certaines sont intactes et ouvertes à la visite.

DICTON

Guadeloupe

Les affaires de la chèvre ne sont pas les affaires du mouton.

Savoir-faire

Artisan de Noël à Struth

Alsace

Les artisans de Noël préparent, des mois à l'avance, les objets qui orneront cheminées, fenêtres et sapins le soir du réveillon de Noël. En Alsace, où la tradition des marchés de Noël est très forte, petits et grands s'émerveillent devant ces figurines en bois, découpées et décorées à la main.

Un jour en Paca

23 novembre 1976

Jacques Mayol – qui a inspiré à Luc Besson son film *Le Grand Bleu* – établit un record mondial, en descendant, en apnée, à cent mètres de profondeur. Il s'était notamment entraîné dans les calanques de Marseille.

Ils ont marqué leur région...

Yves Saint Laurent

Île-de-France

C'est à Paris, en 1955, que le jeune couturier fait la rencontre qui donne à son talent une impulsion décisive. Yves Saint Laurent y est présenté au grand Christian Dior, qui l'engage comme assistant. À sa mort, trois ans plus tard, Yves Saint Laurent le remplace, et c'est le début de la carrière de celui qui crée des vêtements pour lesquels toutes les femmes sont prêtes à se damner ! Élégantes mais toujours novatrices, popularisant le blouson noir ou le smoking féminin, ses collections, réputées dans le monde entier, en font l'un des symboles de la haute couture à la française.

jeudi 24 novembre

lever : 8 h 12
coucher : 17 h 01

Ste Flora

Devinette

Qui sont les Foyalais et les Foyalaises ?

Les habitants de Fort-de-France, en Martinique. Cette commune doit son nom à la présence du fort que la France y a établi au XVIIe siècle. Elle fut d'abord appelée « Cul-de-sac du Fort-Royal », puis « Fort-Royal », « République-Ville », avant de se voir attribuer son nom actuel, en 1807.

Savoir-faire

Staffeur-stucateur à Colembert

Nord-Pas-de-Calais

La manipulation du staff, un mélange de plâtre et de fibres végétales, et du stuc, un enduit imitant le marbre, existe depuis très longtemps : il s'agit de faire des moulages dans ce revêtement capable d'imiter la pierre, afin de réaliser de nombreuses décorations, comme les rosaces ou les corniches.

La rubrique du 13 h

LE CIRQUE JULES-VERNE D'AMIENS

Picardie

Un premier cirque est construit en bois, à Amiens, en 1874. Le succès est au rendez-vous, si bien que, dix ans plus tard, Émile Ricquier, un élève de Gustave Eiffel, est chargé d'en construire un nouveau : il s'appuie sur une ossature en fonte et sur la brique de la région. Inauguré par Jules Verne, alors conseiller municipal d'Amiens, le cirque prendra le nom de l'écrivain plus d'un siècle plus tard, après sa rénovation en 2003. Tout en s'adaptant aux exigences du spectacle de notre époque, l'équipe chargée de la restauration est restée fidèle à l'esprit d'origine du cirque.

À table !

La patranque

Auvergne

La patranque est un plat rustique et économique, que l'on préparait autrefois, autant par nécessité que par goût. De la mie de pain de seigle rassis est trempée dans du lait, avant d'être cuite dans du beurre et du cantal. Cette galette peut être ensuite accompagnée d'une salade et de jambon cru.

Un jour en *Aquitaine*

24 novembre 1988

Jacques-Yves Cousteau entre à l'Académie française. Figure internationalement reconnue, le commandant de la *Calypso* a fait découvrir au grand public le monde sous-marin, à travers de nombreux films et livres.

Ils ont marqué leur région...

Sidonie Gabrielle Colette

Bourgogne

Les paysages bourguignons ont marqué la célèbre femme de lettres, qui se plaît à les décrire dans ses romans. Native de la région, plus exactement de Saint-Sauveur-en-Puisaye, dans l'Yonne, Sidonie Gabrielle gagne Paris à l'âge de 20 ans ; elle y épouse à la fois une carrière littéraire et une vie mondaine, qui répand souvent un parfum de scandale. Ses œuvres sont autant de témoignages de son ancienne vie de provinciale ou d'artiste parisienne. Mais, à l'époque, le métier d'auteur est encore réservé aux hommes, et il faudra attendre 1923 pour que, à 50 ans, elle s'assume et abandonne son pseudonyme masculin.

vendredi 25 novembre

lever : 8 h 13
coucher : 17 h 00

Ste Catherine

La France en fête

La Sainte-Catherine

Patronne des plombiers, des barbiers, des couturières, des nourrices, des étudiants et des filles à marier, Catherine d'Alexandrie, vierge et martyre du IVe siècle, est vénérée au monastère de Sainte-Catherine du Sinaï. La coutume voulait que, le 25 novembre, les catherinettes, c'est-à-dire les jeunes filles de 25 ans et plus, encore célibataires, fassent leurs vœux pour un prompt mariage. Celles qui se mariaient devaient quitter les confréries et laisser aux autres, chaque année, le soin de « coiffer sainte Catherine ».

La rubrique du 13 h

LE VOLCAN DE LA SOUFRIÈRE

Guadeloupe

Surnommé « la Vieille Dame », le volcan de la Soufrière est le seul volcan actif de Guadeloupe. En état de repos, il permet de nombreuses promenades jusqu'à son sommet, à plus de mille quatre cents mètres d'altitude. Le long des chemins jalonnés de fumerolles et de traces jaunes laissées par le soufre, au bord de précipices sans fond, l'itinéraire permet de découvrir, par temps dégagé, un impressionnant panorama de l'île. Au fur et à mesure de l'ascension, les paysages et les couleurs changent, et, au sommet, les aiguilles de lave solidifiées rappellent la vraie nature des lieux.

Savoir-faire

Boisselier à Saint-Julien-d'Ars

Poitou-Charentes

À l'origine, le boisselier fabrique des boisseaux, des mesures pour le grain, les légumes secs et les épices. Aujourd'hui, la boissellerie est plus diversifiée, puisqu'il s'agit de la fabrication de tous types d'objets en bois : tamis, brouettes, caisses à vin, boîtes à fromage...

À table !

Flan à la châtaigne

Rhône-Alpes

Pour 12 ramequins

Battre 6 œufs en omelette, ajouter 500 g de crème de châtaignes (ou crème de marrons) et 1 l de crème fraîche, jusqu'à obtenir un mélange onctueux. Verser le mélange dans des ramequins et enfourner 40 min au bain-marie à 120 °C. Attention : la préparation ne doit pas bouillir ! Réfrigérer quelques heures avant de servir.

Ils ont marqué leur région...

Sénèque

Corse

Entre 41 et 49, le philosophe et politicien a passé un séjour forcé sur l'île, exilé pour cause d'adultère. D'abord peu enthousiaste, c'est pourtant ainsi qu'il décrira la Corse dans sa tragédie *Octavie*, après son retour à Rome : « J'étais plus heureux, à l'abri de l'envie, dans ma retraite solitaire où la mer de Corse m'entourait de ses flots : j'étais le maître de tous mes instants, et mon esprit, librement et sans trouble, se livrait à ses études chéries. » Ce paysage l'a d'ailleurs inspiré puisque, pendant son séjour, il a écrit deux tragédies : *La Consolation à Helvie* et *La Consolation à Polybe*.

Quiz des villes & villages de France

Au cœur du parc naturel régional de la forêt d'Orient, cette petite ville de l'Aube accueillait, au XVIIIe siècle, une école militaire où le jeune Napoléon Bonaparte fit ses premières armes.

_ _ _ _ _ _ _ – _ _ – _ _ _ _ _ _ _

Brienne-le-Château

Celui qui ne connaissait pas la peur

À l'époque où les revenants et les dragons peuplaient encore le Quercy, vivait Guillaume, un jeune homme qui rêvait d'aventures lointaines. Il était pauvre, et la seule chose qu'il possédait était un courage à toute épreuve. Curieux de se mesurer à tout ce qui effrayait la plupart de ses semblables, « Guillaume sans Peur », comme on le nommait, prit la route, en quête de dangers. Après avoir marché toute la journée à travers le Rouergue, il alla frapper à la porte d'une petite ferme, pour y demander le gîte. Mais le fermier, qui ne tenait pas à s'encombrer d'un étranger pour la nuit, le renvoya sur la route, tout en le prévenant qu'il serait bien avisé de ne pas s'attarder dans les parages, le château voisin étant le repère de toutes sortes de fantômes. Sur ce bon conseil, Guillaume remercia le paysan inhospitalier et se hâta vers ce château, dont la réputation semblait à la hauteur de ses attentes. L'endroit était effectivement délabré, sinistre et lugubre à souhait. À peine eut-il allumé un feu dans la cheminée, qu'une douzaine de jambes et une tête de mort tombèrent du plafond. Il demanda à la cantonade, à d'hypothétiques spectres, si l'un d'eux se joindrait à lui pour une partie de quilles. Alors, un squelette noir comme du charbon se présenta. La soirée s'annonçait sous les meilleurs auspices.

Après avoir joué toute la nuit, le squelette, qui n'avait pas la vaillance de Guillaume, voulut prendre congé. Mais le gaillard ne l'entendait pas ainsi : « Ne t'imagine pas que je vais te laisser filer comme ça ! Tu ne bougeras pas d'ici avant de m'avoir enseigné la peur ! », dit-il, en accrochant le squelette à la crémaillère, au-dessus du feu qui crépitait. « Pitié ! Je te ferai découvrir la peur mais libère-moi de cette fournaise ! », geignit le squelette. Quand Guillaume l'eut enfin détaché, il fut conduit dans une petite pièce voûtée, au milieu de laquelle était scellée une énorme dalle de granit, munie d'un anneau. « Sous cette dalle se trouve le plus fabuleux trésor dont tu puisses rêver », lui expliqua le revenant. Guillaume, qui cherchait avant tout à connaître la peur, n'oubliait pas sa misérable condition. Il se chargea ainsi d'autant d'or qu'il en pouvait porter et, ne pensant plus à l'objet de sa quête initiale, prit congé de son hôte. Il marchait depuis peu lorsque, traversant un champ de blé, un bruissement le surprit. Qu'était-ce ? Probablement un être maléfique qui en voulait à son or. Ses genoux tremblèrent, et la sueur perla sur son front. Pour la première fois, Guillaume avait peur. Il n'avait fallu pour cela ni démon ni créature monstrueuse : quelques perdreaux de passage avaient eu raison de son courage légendaire.

lundi 28 novembre

lever : 8 h 18
coucher : 16 h 58

St Jacques de la Marche

À table !

Sablés de Caen

Basse-Normandie

Pour 6 personnes
Écraser 3 jaunes d'œufs durs. Prélever et râper le zeste de 1 orange. Mélanger 250 g de farine, 125 g de sucre, 25 g de beurre et 1 pincée de sel. Ajouter les jaunes d'œufs et le zeste râpé. Bien pétrir, former un boudin avec la pâte, l'envelopper de papier sulfurisé et le laisser reposer 1 h au réfrigérateur. Trancher des ronds de pâte. Les faire cuire 7 min environ, à 180 °C.

Un jour en Alsace

28 novembre 1931

L'auteur des célèbres livres pour enfants *Les Trois Brigands* et *Otto, autobiographie d'un ours en peluche*, Tomi Ungerer, naît à Strasbourg. Depuis quelques années, la ville a ouvert un musée consacré à l'œuvre du dessinateur.

La rubrique du 13 h

LA PAGODE DE CHANTELOUP

Centre

À la lisière de la forêt d'Amboise, une étrange tour s'élève auprès d'un plan d'eau en demi-lune. Ce sont là les seuls vestiges de la demeure du duc de Choiseul, qui avait fait construire cette pagode en 1775, pour rendre hommage à ceux qui lui étaient restés fidèles pendant son exil forcé de la cour. Haute de quarante-quatre mètres, elle est supportée par un péristyle de seize colonnes et de seize piliers. Elle est construite sur sept niveaux en retrait les uns des autres, et elle est percée par un escalier intérieur en pierre, puis en bois, qui va jusqu'au sommet, d'où la vue sur la vallée de la Loire est magnifique.

Devinette

Quel région française fut rattachée à la France en 1768 ?

La Corse. C'est le traité de Versailles du 15 mai 1768 qui rattache la Corse au patrimoine personnel du Roi de France. Et c'est en 1790 seulement que le département de Corse est créé, puis séparé en deux en 1793.

Savoir-faire

Toulouse, capitale de l'aéronautique

Midi-Pyrénées

Aujourd'hui, quand on pense à la conquête du ciel, on pense à la Ville rose. Tout a commencé avec l'Aéropostale, qui reliait Toulouse à l'Afrique et à l'Amérique du Sud. Depuis, Toulouse est une plate-forme européenne, qui maîtrise les techniques de pointe en matière d'aéronautique.

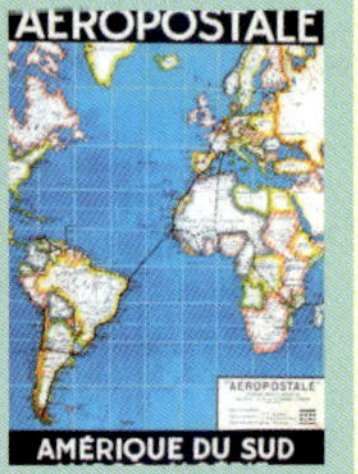

Ils ont marqué leur région...

Claude Gellée, dit le Lorrain

Lorraine

Ce maître incontesté de la peinture de paysage du XVIIe siècle a passé la majeure partie de sa vie à Rome, mais n'a pourtant pas oublié ses origines lorraines, qu'il affiche à travers son pseudonyme. Né à Chamagne, dans les Vosges, il voyage à Rome dès son adolescence, comme la coutume le voulait pour les artistes de l'époque. D'abord assistant du peintre Agostino Tassi, il s'émancipe et ses paysages inspirés de l'Antiquité connaissent un grand succès auprès de la haute société romaine... à tel point que le peintre doit lutter contre la mise en circulation de faux le Lorrain !

mardi 29 novembre

lever : 8 h 19
coucher : 16 h 57

St Saturnin

Savoir-faire
Cloutier à Arles-sur-Tech

Languedoc-Roussillon

Nombreuses au Moyen Âge, les clouteries artisanales ont presque toutes disparu. Le cloutier forge des tiges de métal, pour amincir la pointe. Il travaille ensuite les têtes des clous, pour obtenir différentes formes selon l'usage auxquels ils sont destinés : charpente, ébénisterie, fers-à-cheval...

Quiz des villes & villages de France

On connaît cette ville de la porte des Flandres grâce à deux femmes : Miss Cantine, un géant de quatre mètres de haut, qui défile lors des carnavals, et Line Renaud, qui y est née.

______

DICTON
Provence-Alpes-Côte d'Azur

Terre de romarin,
terre de peu de vin.

La rubrique du 13 h

LES FERMES À TUYÉ
Franche-Comté

Les fermes à tuyé – ou tuhé – de Franche-Comté étaient autrefois conçues pour braver le rude climat de la région. On appelle « tuyé » l'immense cheminée de pierre et de bois dans laquelle sont fumées les salaisons. En forme de pyramide, elle est au centre de la ferme, afin de mieux répartir la chaleur. C'est aussi pour maintenir la température que l'étable est adjacente aux pièces à vivre. La ferme traditionnelle comtoise se caractérise par un toit qui descend très bas, pour supporter le poids de la neige, et une vaste grange pour stocker le fourrage nécessaire à toute la période hivernale.

À table !
Marmite dieppoise
Haute-Normandie

Pour 6 personnes
Éplucher 1 poireau et 2 carottes et les émincer. Hacher 1 oignon et 2 échalotes. Mettre dans une casserole la moitié des échalotes, 10 cl de cidre brut et ½ l de moules. Cuire jusqu'à ce que les moules soient ouvertes et les décortiquer en réservant le jus. Mettre 40 g de beurre dans une cocotte avec les légumes, l'oignon et le reste des échalotes. Ajouter 20 cl de cidre brut, le jus de cuisson des moules et 10 cl de crème fraîche. Laisser cuire 15 min sur feu doux. Ajouter 300 g de filet de lotte en morceaux, 6 filets de sole et cuire 5 min. Ajouter 6 noix de saint-jacques, 150 g de crevettes et 6 langoustines. Poursuivre la cuisson encore 5 min.

Ils ont marqué leur région...
Chevalier Bayard
Rhône-Alpes

« Je n'ai jamais tourné le dos devant l'ennemi, je ne veux pas commencer à la fin de ma vie. » Cette phrase prononcée par le chevalier Bayard résume bien sa carrière : il y a accumulé les faits d'armes et les exploits symbolisant les valeurs de la chevalerie. Né en 1476 dans le château de Bayard en Isère, le preux chevalier s'est vu récompensé par François Ier, qui l'a nommé lieutenant général du Dauphiné en 1515. Il faut dire qu'il n'avait pas manqué d'honneur et de bravoure, ne pliant jamais devant l'ennemi lors des batailles liées aux guerres d'Italie.

Nieppe

mercredi 30 novembre

lever : 8 h 20
coucher : 16 h 57

St André

Devinette

Qu'est-ce qui fait la célébrité de la commune de la Bourboule ?

Son eau. Cette ville située dans le massif des monts Dore est une station thermale connue. Ses Grands Thermes ont été remaniés par Le Corbusier, en 1976, et apportent une part d'exotisme byzantin dans le paysage auvergnat.

Savoir-faire

Producteur de noix en Dordogne

Aquitaine

Fruit aux multiples usages, tant pour le brou et la coque que pour les cerneaux, la noix est cultivée dans le Sud-Ouest, depuis le début de notre ère. Ramassée mécaniquement à l'automne, elle est ensuite séchée, puis énoisée : la coque est brisée à l'aide d'une machine, et les cerneaux sont extraits manuellement.

À table !

Le kig ha farz

Bretagne

C'est un plat né dans le Léon, en Basse-Bretagne, et on dit qu'il y a autant de recettes de kig ha farz que de Léonards ! Mais le procédé reste le même : on cuit, dans du bouillon, de la viande, des légumes et le far, un mélange de farine, d'eau et de matière grasse, emprisonné dans un sac de toile.

DICTON

Île-de-France

Pour que tout marche à votre gré, jeûnez à la Saint-André.

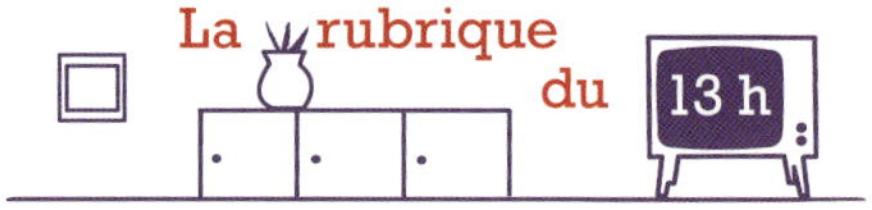

COLOMBEY-LES-DEUX-ÉGLISES

Champagne-Ardenne

Si la commune de la Haute-Marne est célèbre aujourd'hui, c'est parce que le général de Gaulle l'a choisie pour y vivre. En 1938, alors qu'il est colonel, il achète la Boisserie, un domaine situé dans une clairière entourée de forêts, où il aimait méditer. Un an après s'être retiré de la vie politique, il meurt à Colombey-les-Deux-Églises. Sur les hauteurs du village, l'imposante croix de Lorraine, symbole de la France libre, lui rend hommage ; sur le socle, on peut lire cette citation : « Il existe un pacte vingt fois séculaire entre la grandeur de la France et la liberté du monde. »

Ils ont marqué leur région...

Camille Claudel

Picardie

L'artiste picarde, née à Fère-en-Tardenois dans l'Aisne, a passé sa carrière dans l'ombre de son collaborateur et amant, Auguste Rodin, qu'elle rencontre en 1884, alors qu'elle a 20 ans. Ce n'est sûrement pas un hasard si sa sculpture la plus célèbre est un portrait de l'artiste ! Elle laisse derrière elle de nombreuses œuvres, principalement des groupes sculptés, où on la voit peu à peu tenter de s'affranchir du style de son mentor, comme dans *L'Âge mûr*. Malheureusement, une maladie mentale vient ternir son immense talent, et elle détruit nombre de ses réalisations avant de finir sa vie, internée.

jeudi 1er décembre

lever : 8 h 22
coucher : 16 h 56

Ste Florence

Savoir-faire
Réparatrice de verre au Donjon

Auvergne

Un verre cassé n'est pas toujours bon à jeter : il peut parfois être restauré. Qu'il soit en cristal précieux ou en verre ordinaire, l'objet qu'on fait réparer a souvent une grande valeur sentimentale. Plusieurs techniques existent : on peut couper le verre, le poncer ou le coller.

La rubrique du 13 h

LA COMÉDIE-FRANÇAISE

Île-de-France

Née en 1680 de la volonté de Louis XIV de voir cesser les rivalités entre l'ancienne troupe de Molière et celle de l'Hôtel de Bourgogne, la Comédie-Française est un théâtre d'État, le seul en France à disposer d'une troupe permanente. Cette institution vénérable occupe la salle Richelieu, au cœur du Palais-Royal, dans le Ier arrondissement de Paris, depuis 1799. Place Colette, le bâtiment est ceinturé d'une succession de colonnes, qui forment une galerie. À l'intérieur, le grand escalier, jalonné de bustes de dramaturges et de comédiens illustres, conduit à la salle rouge et or.

Ils ont marqué leur région…
Jean de Meung

Centre

L'auteur, qui tient son nom de son village d'origine, Meung-sur-Loire, est célèbre pour sa contribution à l'écriture du *Roman de la Rose*, dont il a composé la seconde partie vers 1275. Ce best-seller du Moyen Âge a eu, en effet, une destinée très particulière : son créateur, Guillaume de Lorris, a laissé son œuvre inachevée, et ce n'est que quarante ans plus tard que Jean de Meung a entrepris d'en terminer la rédaction. Ce poème de quelque vingt-deux mille vers est une célébration de l'amour courtois – où la Rose symbolise la femme aimée –, mais représente aussi un précieux témoignage sur la société médiévale.

La France en fête
Le début de l'Avent

Noël est précédé de la période de l'Avent, quatre semaines pendant lesquelles les fidèles préparent les fêtes. La couronne de l'Avent est composée de branches de sapin, de houx et de gui ; elle est nouée de rubans rouges et ornée de quatre bougies. Les enfants attendent Noël en ouvrant chaque jour une des fenêtres de leur calendrier de l'Avent : on y trouvait, à l'origine, des phrases de l'Évangile ou des images pieuses… Aujourd'hui, ce sont des sucreries qui s'y cachent.

À table !
Le millassou

Limousin

Pour 6 personnes

Dans une jatte, mélanger 150 g de farine de maïs avec 75 g sucre, 2 œufs et une pincée de sel.
Incorporer peu à peu 25 cl de lait, en mélangeant bien, pour obtenir une pâte liquide et homogène.
Ajouter 2 c. à soupe d'eau de fleur d'oranger et laisser reposer quelques minutes.
Verser la préparation dans un plat beurré, et cuire 20 min au four préchauffé à 200 °C.

DICTON

Lorraine

Tonnerre pendant les Avents, signe de guerre ou d'accident.

vendredi 2 décembre

lever : 8 h 23
coucher : 16 h 56

Ste Viviane

CITATION
Provence-Alpes-Côte d'Azur

« La ville d'Antibes et la ville de Biot vont fusionner. Leurs habitants s'appelleront désormais les Antibiotiques. »

Francis Blanche

Savoir-faire
Cuivrier à Cerdon

Rhône-Alpes

Malgré l'avènement de nouveaux matériaux, qui ont supplanté le cuivre dans notre vie quotidienne, des cuivreries traditionnelles continuent d'exister, comme celle de Cerdon, où les ouvriers produisent des lampes à huile, des cloches ainsi que des ustensiles de cuisine.

À table !
Planteur
Pom-Pom

Dans un grand verre, mettre 1 mesure de sirop de sucre de canne, 4 mesures de rhum vieux et remplir aux 3/4 avec une même quantité de jus d'orange, d'ananas et de goyave.
Ajouter quelques gouttes de bitter Angostura et des glaçons.

La rubrique du 13 h

L'OPÉRA-THÉÂTRE DE METZ
Lorraine

Inauguré en 1752, ce théâtre à l'italienne est le plus ancien théâtre français encore en activité. Situé sur l'île du Petit-Saulcy et bordé par la Moselle, il est devenu l'un des emblèmes de la ville, aisément reconnaissable à son architecture classique. Dans le plus pur respect de la tradition, plusieurs dizaines de personnes travaillent aux ateliers du théâtre, pour créer costumes et décors originaux. L'Opéra-théâtre a accueilli depuis toujours de prestigieux acteurs et il continue aujourd'hui de proposer un programme varié d'opéras, de ballets, de comédies, ou de tragédies.

Un jour en *Corse*
2 décembre 1804

Tout ce que Paris compte de hauts gradés et de dignitaires est réuni en ce jour dans la cathédrale Notre-Dame, pour le sacre de Napoléon Bonaparte : même le pape est là ! La cérémonie sera immortalisée par le peintre Jacques-Louis David.

Ils ont marqué leur région...
Marie Marvingt
Auvergne

Alpinisme, tir sportif, cyclisme, ski, aviation..., rien n'arrêtait la Fiancée du danger. Née à Aurillac en 1875, dotée d'une passion pour les activités sportives et d'une énergie sans limites, elle ne s'est pas arrêtée à la pratique amateur, mais a fondé une école de ski et a été championne de tir sportif. Ce n'est pas tout : ses qualités ont eu une utilité politique et humanitaire, puisqu'elle a joué un rôle important pendant la Première Guerre mondiale, participant au ravitaillement à skis et à l'évacuation de blessés, et sauvant des vies grâce à ses compétences d'aviatrice.

La véritable histoire d'un croquemitaine

Le nom de Hans-Trapp ne vous dit peut-être rien, si vous avez passé votre enfance dans quelque région ensoleillée du Sud de la France. Mais, en Alsace, il n'est pas d'enfant qui ne connaisse ce personnage légendaire. Il accompagne saint Nicolas la nuit du 5 au 6 décembre. Mais alors que le bon saint vient avec son âne distribuer du pain d'épices, Hans-Trapp vient, lui, pour effrayer les enfants et les punir : c'est un croquemitaine, il vient punir les enfants qui n'ont pas été sages pendant l'année. Et il est, en effet, affreux. Barbu, sale, hirsute, il terrorise les petits, et les parents se servent volontiers de cet épouvantail pour les menacer : « Si tu n'es pas sage, Hans-Trapp viendra te chercher ! » Chaque petit Alsacien a tremblé en entendant cette phrase. Mais les adultes trembleraient peut-être aussi, s'ils connaissaient la véritable histoire de Hans-Trapp.

Jean de Trapp vécut à la fin du XVe siècle, à Wissembourg. Rusé et cruel, c'était un homme sans morale ni scrupule : une crapule sans foi ni loi. Il était d'autant plus redoutable qu'il pratiquait le satanisme, grâce auquel il avait un ascendant certain sur la population. Ainsi, le sorcier joignit si bien les philtres et les potions à l'immoralité qu'il parvint à s'enrichir aux dépens de tous : il dépouilla l'abbaye de Wissembourg de ses forêts, de ses villages, en somme de ses biens, mais aussi de ses droits, franchises et privilèges. Jean de Trapp avait vu trop grand : on apprit à Rome les méfaits de cet Alsacien. Jean de Trapp fut excommunié, puis chassé de partout, et il dut se réfugier en haut du Geisberg, où il vécut reclus.

Mais, dans la solitude, vinrent à l'homme maudit des besoins et des envies sauvages. Il n'eut bientôt plus qu'une obsession : manger de la chair humaine. Peu de gens s'aventuraient vers sa tanière, mais, quand le temps eut passé, on se soucia moins de savoir ce que devenait le sorcier, et l'on s'en soucia de moins en moins. Aussi, un triste jour, un jeune berger d'à peine 10 ans mena-t-il son troupeau non loin de son repaire. Jean de Trapp le piégea, le tua d'un coup d'épée, puis l'emmena pour le découper et le faire cuire. Mais il n'eut guère le temps de dévorer sa proie : il tomba comme foudroyé par la justice divine, raide mort.

lundi 5 décembre

lever : 8 h 27
coucher : 16 h 54

St Gérald

À table !

Le gâteau à la broche

Midi-Pyrénées

Cette spécialité aveyronnaise est un gâteau de fête, qui demande de longues heures de patience devant la cheminée. Un moule conique, spécial, est empalé sur une broche au-dessus du feu, et il est ensuite régulièrement arrosé de pâte : la cuisson s'effectue couche après couche, et le gâteau prend une forme irrégulière.

Quiz des villes & villages de France

Située dans la partie ouest de Grande-Terre, cette cité caribéenne, où grandit Saint-John Perse, est le port d'arrivée de la Route du Rhum.

_ _ _ _ _ _ - _ - _ _ _ _ _

La rubrique du 13 h

LE PUITS À SIX SEAUX D'OBERNAI

Alsace

Bourg typiquement alsacien, Obernai est la ville la plus visitée de la région après Strasbourg. La petite cité médiévale, au carrefour des Vosges et de la route des vins d'Alsace, possède un riche patrimoine. Tout près de l'hôtel de ville, par exemple, le puits à six seaux, du XVIe siècle, est l'un des plus beaux puits Renaissance de la région. Il est composé d'une margelle circulaire à trois colonnes, sur lesquelles on peut lire des inscriptions du Nouveau Testament. Le décor, très richement sculpté – on peut voir un ange, des masques ou des gargouilles –, témoigne de la prospérité d'Obernai à cette époque.

Devinette

Quelle reine a vécu dans le village d'Usson au XVIe siècle ?

Marguerite de Valois, la reine Margot. Elle y sera retenue prisonnière, par la volonté du roi Henri III, à partir de 1586, et ce pendant dix-neuf ans.

Savoir-faire

Artisan sirupier à Monnet-la-Ville

Franche-Comté

La fabrication de sirops est un moyen connu depuis fort longtemps pour conserver les fruits et sucrer, tout en les aromatisant, les boissons ou les gâteaux. L'artisan sirupier choisit d'abord soigneusement les fruits, puis il les mélange à un sirop blanc, fait de sucre et d'eau.

Ils ont marqué leur région...

Mathilde de Flandres

Basse-Normandie

La « tapisserie de Bayeux », attribuée à la reine Mathilde, est l'un des témoins les plus fabuleux de l'art, de l'histoire et de la société du Moyen Âge. Sur environ soixante-dix mètres, sont brodés les épisodes de l'invasion de l'Angleterre et les exploits de Guillaume le Conquérant pendant la bataille d'Hastings, en 1066. Mais le réalisme de cette œuvre est aussi – et surtout – un riche témoignage. Vie quotidienne, techniques militaires, costumes... : il s'agit d'une mine de renseignements inépuisable pour les historiens. La ville de Bayeux conserve précieusement la tapisserie, classée Mémoire du monde par l'Unesco.

Pointe-à-Pitre

mardi 6 décembre

lever : 8 h 28
coucher : 16 h 54

St Nicolas

Savoir-faire
Tricoteuses à San Lorenzo
Corse

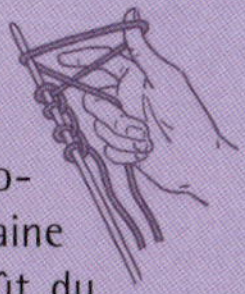

Gardiennes d'un savoir-faire oublié, les tricoteuses remettent la laine de brebis corse au goût du jour. Elles récupèrent leur matière première auprès des bergers, la filent, la teintent avec des substances naturelles, avant de la tricoter ; les produits finis – pulls, tapis, feutrine – résistent à la pluie.

Un jour en *Picardie*
6 décembre 1936
Disparition de Jean Mermoz et de son équipage au-dessus de l'Atlantique, à bord de l'hydravion *Croix du Sud*. Depuis, les pilotes d'Air France portent une cravate noire, en hommage à ce grand homme de l'Aéropostale.

La rubrique du 13 h

LES MAISONS TRADITIONNELLES DU BOCAGE NORMAND
Basse-Normandie

Le bocage normand est fait de champs, de vergers et de prés, délimités par des haies entrecoupées d'arbres. Sur ce territoire quadrillé, voué à l'agriculture et à l'élevage, les maisons sont dispersées. Dans les endroits de la région où l'on manquait de pierres, le colombage – une architecture importée par les Scandinaves – a été, pendant des siècles, l'unique mode de construction dans les campagnes, utilisant le chêne, le torchis et parfois le silex. Certaines anciennes fermes ont encore leurs toits de chaume, mais ce type de couverture a peu à peu cédé la place aux ardoises et aux tuiles.

À table !
L'entrecôte bordelaise
Aquitaine

À l'origine, l'entrecôte bordelaise est une spécialité vigneronne : c'est pourquoi on la fait griller sur les braises d'un fagot de sarments de vignes. Elle est ensuite assaisonnée et servie accompagnée d'un beurre aux échalotes et au vin rouge… de Bordeaux, bien sûr !

Lorraine en fête
La Saint-Nicolas

Patron des navigateurs, des prisonniers, des bouchers et des veuves, saint Nicolas est surtout connu pour sa générosité envers les enfants, à qui il distribue friandises et cadeaux, traditionnellement du pain d'épices et une orange. Ancêtre du Père Noël, il est encore honoré dans l'est de la France. Des marchés de la Saint-Nicolas sont organisés dans de nombreuses villes, notamment en Lorraine, région dont il est le protecteur.

Ils ont marqué leur région…
Régine Crespin
Provence-Alpes-Côte d'Azur

Dès l'âge de 16 ans, Régine Crespin prend des cours de chant. Repérée dans un concours, la jeune Marseillaise s'inscrit au Conservatoire de Paris, où elle reçoit le premier prix d'opéra, d'opéra-comique et de chant. Sa voix puissante de soprano, son timbre clair, et la grande délicatesse de son interprétation font d'elle une cantatrice exceptionnelle. Elle s'illustre à la fois dans le répertoire français et allemand, mais son rôle préféré demeure celui du Chevalier à la rose. Régine Crespin est morte en 2007, à Paris. Une rose, créée par Georges Delbard, porte son nom.

mercredi 7 décembre

lever : 8 h 29
coucher : 16 h 54

St Ambroise

À table !

Le miel du Morvan

Bourgogne

Le Morvan est une région de la Bourgogne à la flore très riche : il existe des miels d'acacia, de printemps – au trèfle et au pissenlit –, de tilleul ou de sapin. Pour mériter l'appellation « miel du parc naturel régional du Morvan », l'apiculteur s'engage à récolter le nectar par des moyens naturels.

CITATION

Poitou-Charentes

« La Vienne, là au fond, coule, large et limpide, entre une double rangée d'élégants peupliers et de vergnes au feuillage sauvage. »

Contes poitevins, recueillis par Léon Pineau

La rubrique du 13 h

LE CHÂTEAU DE BAGATELLE

Picardie

Qui aurait cru, lors de sa construction, vers 1750, que le château de Bagatelle, dans la Somme, serait encore debout, quasi intact, deux cent cinquante ans plus tard ? Il n'était, à l'origine, qu'un petit pavillon perdu dans la verdure, une « bagatelle » désirée par Josse Van Robais, l'héritier hollandais d'une manufacture textile à Abbeville. Pourtant, l'adjonction d'un étage, d'un toit à la Mansart et de quelques dépendances a fait de lui l'un des plus élégants châteaux du XVIIIe siècle. Niché dans un parc, qui s'étend sur plus de dix hectares, il est sublimé par deux jardins, l'un à la française, l'autre à l'anglaise.

Devinette

Quel compositeur français, élève de Saint-Saens, est né à Pamiers, le 12 mai 1845 ?

Gabriel Fauré. Son père était le directeur de l'école de la commune. Il quitte l'Ariège pour monter à Paris et étudier à l'école Niedermeyer, dès l'âge de 9 ans.

Savoir-faire

Mineur boutefeu

Limousin

Pour exploiter les mines et les carrières, on s'en remet au mineur boutefeu. Son savoir-faire a évolué avec les innovations techniques en matière d'explosifs, mais la sécurité reste le maître mot pour réaliser les travaux d'abattage de milliers de tonnes de roche.

Ils ont marqué leur région...

Serge de Diaghilev

Île-de-France

Lorsque Serge de Diaghilev, fondateur des Ballets russes, arrive à Paris pour faire découvrir à la France la scène artistique russe, il fait un triomphe. « [...] je crois avoir trouvé ma véritable vocation : le mécénat. Pour cela, j'ai tout ce qu'il faut, sauf l'argent, mais ça viendra ! », déclare-t-il ; ce qui ne l'empêche pas de s'offrir les services des plus grands, dont Picasso, qui réalise des décors pour ses spectacles. À partir de 1909, les scènes parisiennes, puis européennes et américaines accueillent des chefs-d'œuvre intemporels comme *Le Sacre du printemps* ou *L'Après-midi d'un faune*.

jeudi 8 décembre

lever : 8 h 30
coucher : 16 h 54

Immaculée Conception

Savoir-faire

Boucholeur dans la baie du Mont-Saint-Michel

Basse-Normandie

Le boucholeur – ou bouchoteur – est cet artisan de la mer qui élève des moules sur des bouchots. Les bouchots sont des pieux plantés dans le sable, sur lesquels les coquillages viennent s'accrocher et que la marée découvre et recouvre. C'est dans la baie du Mont-Saint-Michel qu'ils sont les plus nombreux.

Rhône-Alpes en fête

La fête des Lumières

La fête des Lumières ou des Illuminations est, à l'origine, une célébration religieuse en l'honneur de la Vierge. Les Lyonnais allument, en ce 8 décembre, date de la fête de l'Immaculée Conception, des verres garnis d'une bougie, les « lumignons ». Des centaines de milliers de lumières sont ainsi déposées sur le bord des fenêtres. Depuis une vingtaine d'années, des éclairages artistiques sont créés et mettent en valeur plus de deux cents édifices et espaces publics lyonnais, attirant des millions de visiteurs.

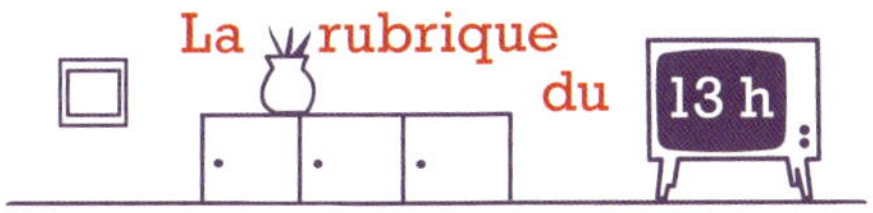

LA TOUR BARBEROUSSE À GRUISSAN

Languedoc-Roussillon

Cette tour est le vestige d'un château fort du Moyen Âge, bâti au Xe siècle pour protéger les alentours de Narbonne. Située dans le village méditerranéen de Gruissan, dans l'Aude, elle semble déposée sur l'unique rocher du paysage. Les courtines et les remparts du château ont disparu – Richelieu ordonne la destruction de l'édifice au XVIe siècle et il est transformé en carrière de pierres –, mais il est aisé de les imaginer, grâce aux quelques fondations qui subsistent. La tour elle-même n'est pas intacte, puisqu'une partie des murs, d'une épaisseur d'un mètre cinquante, a disparu.

À table !

Tarte au fromage

Lorraine

Pour 6 personnes

Étaler 1 pâte brisée dans un moule à manqué. Séparer les blancs des jaunes de 3 œufs ; réserver les jaunes et monter les blancs en neige ferme. Mélanger 90 g de farine, 110 g de sucre et 1 sachet de sucre vanillé. Ajouter 500 g de fromage blanc, 100 g de crème épaisse, 5 cl de lait, 1 zeste de citron râpé, les jaunes d'œufs et les blancs montés en neige. Verser le mélange sur la pâte et cuire 20 min à 180 °C, puis 30 min à 150 °C. Retourner la tarte sur une grille, à la sortie du four, et laisser refroidir.

Un jour en Picardie

8 décembre 1979

Naissance de Kamini Zantoko au Nouvion-en-Thiérache. Ce chanteur se fait connaître grâce au clip de sa chanson *Marly-Gomont*, que des millions de Français ont découvert sur Internet.

Ils ont marqué leur région...

Alan Stivell

Bretagne

Comment faire un tabac avec un instrument oublié depuis le Moyen Âge ? Seul Alan Stivell, dont le pseudonyme signifie « source jaillissante » en breton, en a le secret. Passionné par les cultures bretonne et celtique, il a fait le pari de les diffuser auprès du grand public, en tant qu'inventeur et chef de file de la musique bretonne moderne. Le succès de son premier disque, *Harpe celtique*, lui vaut la signature d'un contrat chez Universal en 1967. Depuis, avec une trentaine de disques et des collaborations avec Kate Bush ou Laurent Voulzy, il a prouvé que la musique bretonne avait encore de beaux jours devant elle.

vendredi 9 décembre

lever : 8 h 31
coucher : 16 h 54

St Pierre Fourier

À table !

La brioche parisienne

Île-de-France

Apparue dans la capitale au XVIIe siècle, la brioche était déjà préparée dans l'ouest de la France. À Paris, la recette est adaptée – on y met plus de beurre et plus d'œufs –, mais surtout la forme change : c'est la naissance de la brioche à tête, une petite boule de pâte sur une plus grosse boule.

Quiz des villes & villages de France

Les habitants de cette ville de la Vienne sont appelés les « Miaulétous », à cause du miaulement des choucas qui vivent en colonie dans le clocher de la collégiale Saint-Léonard.

_ _ _ _ _-_ _ _ _ _ _ _-_ _-_ _ _ _ _ _

Un jour en *Aquitaine*

9 décembre 1969

Naissance d'un champion aussi à l'aise sur une planche de surf qu'avec un ballon rond. Bixente Lizarazu atteint le sommet de sa carrière en remportant, avec ses coéquipiers, la Coupe du monde de foot en 1998.

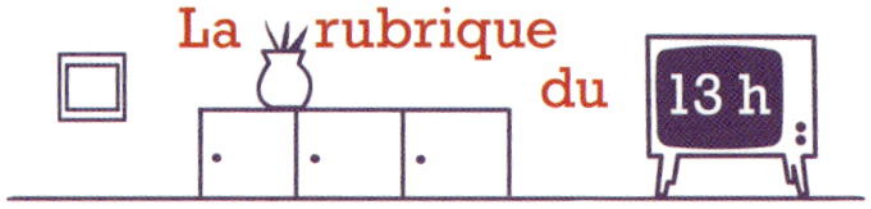

LE MARAIS POITEVIN

Poitou-Charentes

Aux confins du Poitou et des Pays de la Loire, le Marais poitevin est, après la Camargue, la zone humide française la plus vaste. Autrefois envahi par la mer, il forme aujourd'hui une mosaïque de vasières, de polders et de canaux. La faune et la flore y sont d'une incroyable richesse, et des milliers d'oiseaux migrateurs y font halte. À certains endroits, seules des barques plates menées par des perches permettent de circuler dans le Marais ; elles sont amarrées devant les conches, des maisons basses aux volets colorés, caractéristiques de l'habitat poitevin.

Savoir-faire

Chanvrier à Bréhémont

Centre

Reconnu autrefois comme la capitale du chanvre en Touraine, le village de Bréhémont tente depuis quelques années de faire revivre la culture traditionnelle de cette plante, qui trouve une utilisation dans plusieurs domaines : le textile, le papier, l'huile, le cordage.

Ils ont marqué leur région...

Aimé Césaire

Martinique

Cet intellectuel martiniquais, qui s'est révolté contre le racisme et le colonialisme, définit ainsi la négritude, terme qu'il a lui-même inventé : « [...] la simple reconnaissance du fait d'être noir, et l'acceptation de ce fait, de notre destin de Noir, de notre histoire et de notre culture ». Ce concept, il le défend dès 1935, lorsque, parti suivre ses études à Paris, il participe à la fondation de la revue *L'Étudiant noir*. Il le développe ensuite dans son œuvre poétique, influencée par le surréalisme, notamment dans son *Cahier d'un retour au pays natal*, avant d'embrasser une carrière politique brillante.

Saint-Léonard-de-Noblat

samedi 10 & dimanche 11 décembre

St Romaric St Daniel

Mythes et légendes
Nord-Pas-de-Calais

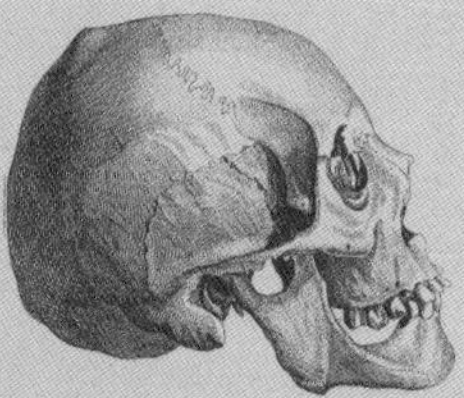

L'arroseur arrosé

Un jeune paysan facétieux fit un jour un bon tour aux vieilles fileuses du village de Flesquières, dans le Cambresis. Vêtu d'un grand drap blanc et coiffé d'une tête de mort, trouvée à l'entrée du cimetière, où de vieux ossements allaient être mis dans une fosse commune, il fit irruption dans leur atelier. Terrorisées, elles s'agenouillèrent et se signèrent, tandis que le revenant de pacotille, profitant de leur frayeur, leur fit répéter docilement cinq *Pater* et cinq *Ave* pour son salut. Il riait encore quand il remit le crâne sur le tas. Emporté par la joie que lui avait procurée sa farce, il fit promettre au crâne de venir souper chez lui la semaine suivante pour le remercier de son concours.

La semaine passa, et le jeune homme oublia l'aventure. Aussi ne reconnut-il pas la voix du revenant, quand celui-ci se présenta à sa porte. Il lui ouvrit cependant et, sans effrayer, proposa à son hôte de prendre place à sa table. Le mort, agréablement surpris par un tel enthousiasme, mangea et but de bon appétit avec le paysan, qui commença à chanter et à danser avec cet invité improbable. Le jeune homme fut néanmoins inquiet de le voir se glisser à ses côtés, quand, tombant de sommeil, il alla se coucher, et dut prendre soin, toute la nuit durant, de ne pas frôler les os glacés de son compagnon, qui dormait comme une souche.

Le lendemain, le revenant remercia l'homme pour l'excellent accueil qu'il lui avait fait, et l'invita à son tour à festoyer chez lui la semaine suivante. Celui-ci, commençant à penser que cette nouvelle amitié devenait encombrante, accepta, tout en se jurant de ne pas s'y rendre. Mais, sept jours plus tard, alors qu'il rentrait de la ville voisine et passait près du cimetière, une main l'agrippa. Son ami, qui l'attendait, le félicita pour sa ponctualité et, avant que le bougre ait pu protester, il l'entraîna dans un petit escalier, qui conduisait à un caveau. Une grande réception l'attendait, et il semblait que tous les habitants du cimetière étaient réunis. Tout comme la semaine précédente, la soirée fut excellente, et l'homme, à demi conscient de la situation, étourdi par les danses et enivré par l'alcool, ne rentra chez lui qu'au point du jour. Dès le lendemain matin, néanmoins, le paysan alla trouver l'évêque... et se fit ordonner prêtre.

lundi 12 décembre

lever : 8 h 34
coucher : 16 h 53

Ste Jeanne-Françoise de Chantal

Quiz des villes & villages de France

Cette ville franc-comtoise, voisine de la région des Mille Étangs, est surnommée la « Cité du Sapeur », du nom du premier héros de bande dessinée, créé par Christophe, à la fin du XIXe siècle.

À table !
La minestra
Corse

La minestra est une soupe paysanne, et elle témoigne bien de l'influence italienne sur la gastronomie corse. Faite de haricots, de chou frisé, de pommes de terre, d'oignons, de lard fumé et de pâtes fraîches, elle mijote longtemps, avant d'être servie très chaude et bien poivrée.

La rubrique du 13 h

FONTAINE-DE-VAUCLUSE
Provence-Alpes-Côte d'Azur

Le village de Fontaine-de-Vaucluse a donné son nom à un phénomène naturel peu fréquent. On y voit, en effet, la résurgence de la Sorgue, une rivière souterraine, depuis un gouffre de plus de deux cents mètres de profondeur. Le cours d'eau se divise ensuite en plusieurs bras, pour arroser les communes des alentours. Fontaine-de-Vaucluse doit aussi sa renommée à Pétrarque : c'est dans le château, aujourd'hui en ruines, qu'il s'est retiré à 33 ans, en 1337, afin de méditer sur son amour impossible pour la belle Laure de Noves. Une colonne au centre du village a été dressée pour le cinquième centenaire de sa naissance.

Savoir-faire
Tabletier à Méru
Picardie

Au Moyen Âge, le tabletier fabrique des tablettes qui permettent l'écriture au stylet. Par la suite, il réalise divers petits objets, comme des boîtes en bois, des pièces d'échiquier en corne ou en ivoire, des peignes en écaille. La ville de Méru est porteuse de cette tradition depuis le XVIIe siècle.

DICTON
Basse-Normandie

Vache qui court en levant la queue annonce temps orageux.

Ils ont marqué leur région...
Nicolas Hulot
Nord-Pas-de-Calais

Comme il le dit lui-même, le Lillois n'est pas né écologiste, mais il l'est devenu. C'est à travers sa première profession, la photographie, qu'il prend conscience des merveilles de notre planète et de la nécessité de les préserver. Photoreporter pour Sipa, il parcourt le globe pendant cinq ans, avant d'entrer à France Inter, puis à TF1, où son émission la plus célèbre est « Ushuaïa Nature », créée en 1998 – il en est à la fois le producteur et l'animateur. Un parcours qui l'a logiquement mené à la politique, puisque, militant pour la sauvegarde de la nature, il a notamment créé la Fondation Nicolas Hulot en 1990.

Lure

mardi 13 décembre

lever : 8 h 35
coucher : 16 h 53

Ste Lucie

Un jour en *Lorraine*

13 décembre 1997

Féminité, élégance, charme sont des qualités que possède Sophie Thalmann et qui lui valent d'être élue Miss Lorraine, avant d'être consacrée Miss France, l'année suivante.

Savoir-faire

Maître bottier à Saumur

Pays de la Loire

Le maître bottier fabrique sur commande et sur mesure des chaussures et des bottes pour un confort optimal. Qu'il s'agisse de mocassins ou de bottes d'équitation, les produits sont conçus, découpés, assemblés – éventuellement réparés – manuellement par l'artisan.

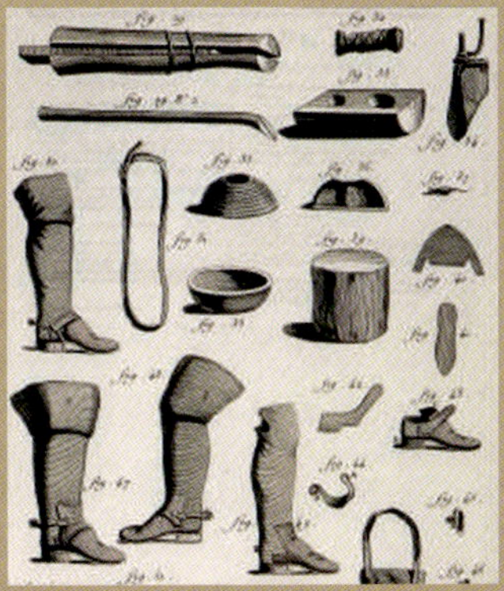

La rubrique du 13 h

LES SOURCES DE LA SEINE

Bourgogne

Des filets d'eau jaillissent de la terre à Source-Seine, en Côte-d'Or. À les voir ainsi s'écouler, on a du mal à croire qu'il s'agit de la Seine, ce large fleuve qui se jette dans la Manche, au Havre. Près de la source se trouvent les vestiges d'un temple gaulois, dédié à la nymphe Sequana. Le christianisme s'appropria la divinisation du fleuve, et de nombreux pèlerins vinrent chercher de l'eau pour soigner leurs maux. La ville de Paris, propriétaire des sources de la Seine depuis la fin du XIXe siècle, fit construire une grotte autour de la source principale et ériger une statue de la nymphe.

À table !

La tarte strasbourgeoise

Alsace

Pour 6 personnes

Faire cuire 4 pommes de terre à l'eau, les peler et les couper en lamelles.
Émincer 1 oignon et couper 6 saucisses de Strasbourg en rondelles.
Dans un saladier, battre 5 œufs avec 20 cl de crème liquide ; saler, poivrer et ajouter une pincée de cumin.
Étaler 1 pâte brisée dans un moule à tarte et la garnir avec l'oignon, les saucisses et les pommes de terre. Verser par-dessus la préparation aux œufs et saupoudrer de gruyère râpé. Cuire 30 min au four préchauffé à 180 °C.

DICTON

Languedoc-Roussillon

Pour la sainte Luce,
les jours augmentent
du saut d'une puce.

Ils ont marqué leur région…

D'Artagnan

Midi-Pyrénées

On connaît surtout Charles de Batz-Castelmore, comte d'Artagnan, à travers le personnage de la trilogie de romans écrits par Alexandre Dumas, narrant les aventures des Trois Mousquetaires. Mais il a réellement existé et a bien fait partie des mousquetaires, corps militaire créé sous le règne de Louis XIII. Né près de Lupiac, dans l'actuel Gers, il commence sa carrière militaire à Paris, qu'il rejoint vers 1630. Le nom qu'il utilise pour s'introduire à la cour, d'Artagnan, c'est celui d'une terre des Hautes-Pyrénées appartenant à sa famille.

mercredi 14 décembre

lever : 8 h 36
coucher : 16 h 53

Ste Odile

À table !
Gratin dauphinois
Rhône-Alpes

Pour 4 personnes
Éplucher 800 g de pommes de terre et les couper en rondelles. Les placer dans un plat à gratin, frotté à l'ail et beurré. Assaisonner généreusement de sel, de poivre et de muscade, et saupoudrer de gruyère râpé. Battre 50 cl de lait avec 1 œuf et arroser les pommes de terre de cette préparation. Terminer avec du gruyère et de petits morceaux de beurre. Enfourner à 150 °C jusqu'à ébullition, puis couvrir et cuire 30 min à 180 °C. Faire gratiner avant de servir.

Devinette

Qu'est-ce que la République libre du Saugeais ?

Fondé sur une base historique réelle, cet État autoproclamé, en 1947, de onze communes du Doubs – sur le ton de la plaisanterie –, fait perdurer le folklore et possède son hymne, son blason, sa présidente et ses ambassadeurs.

La rubrique du 13 h

LA DENT DU MARAIS
Auvergne

Dans le Puy-de-Dôme, près du village de Murol, les paysages ont été façonnés par le volcan du Tartaret. C'est à la suite d'une de ses éruptions que s'est formé le lac Chambon, dans la vallée de la Couze : le débordement du volcan a obstrué le cours de cet affluent de l'Allier. La Dent du Marais – un rocher volcanique d'une centaine de mètres de haut qui surplombe le lac – est née elle aussi du Tartaret, après un glissement de terrain. Cette muraille est parfois surnommée le « Saut de la Pucelle » : une bergère sauvée par la Vierge, après avoir sauté, aurait voulu réitérer ce miracle et se serait écrasée.

Un jour en
Midi-Pyrénées
14 décembre 2001

Début de la construction du viaduc de Millau, pont autoroutier à haubans, qui franchit la vallée du Tarn. Cet ouvrage d'infrastructure routière est devenu, aujourd'hui, un haut lieu touristique et un emblème de la région.

Savoir-faire
Chef de cave à Reims
Champagne-Ardenne

Le chef de cave est l'équivalent du maître de chai pour les vins de Champagne. Après les vendanges, il définit les assemblages, puis veille sur les tonneaux tout au long de l'année. Il supervise aussi le soutirage du vin et sa mise en bouteilles... en attendant la récolte suivante !

Ils ont marqué leur région...
Pierre-Auguste Renoir
Limousin

Le maître de la peinture impressionniste a vu le jour à Limoges en 1841. Adolescent, il commence à manier ses pinceaux sur la porcelaine et le tissu, mais c'est aux côtés de peintres comme Monet qu'il est initié à la peinture de paysages en plein air, chère aux impressionnistes. C'est ainsi que, sur les bords de Seine, il réalise ses premières toiles. Il s'intéresse d'abord aux paysages et aux scènes populaires, avec des œuvres comme *Les Régates à Argenteuil*, mais le portrait féminin – de personnes de son entourage ou de beautés imaginaires – reste l'un de ses genres favoris.

jeudi 15 décembre

lever : 8 h 37
coucher : 16 h 54

Ste Ninon

Devinette

Quelle commune française hébergera d'ici à 2012 une extension du musée du Louvre ?

Lens. Le projet « Louvre-Lens », lancé en 2004, correspond à une volonté de décentralisation de la culture. Le musée sera bâti sur le carreau de la fosse Théodore Barrois, ancien site d'exploitation du charbon.

Savoir-faire

Peintre sur ardoise en Lozère

Languedoc-Roussillon

La peinture sur ardoise est un art très ancien dans les régions où ce matériau est présent. La lauze, utilisée sur les toits, a logiquement trouvé sa place dans les maisons : c'est un support naturel et sain, non poreux et résistant, qui permet de nombreuses possibilités.

La rubrique du 13 h

LE CHÂTEAU D'O À MORTRÉE

Basse-Normandie

Son nom pourrait être un jeu de mots à le voir ainsi flotter au milieu de l'eau : il est bâti sur des pilotis, au centre d'un étang, qui joue le rôle de douves. Le château d'O, dans l'Orne, porte en réalité le nom de la famille qui le fit construire à la fin du XVe siècle. Son architecture gothique finissant et Renaissance le fait rivaliser de finesse et de beauté avec les célèbres châteaux de la Loire. Aujourd'hui propriété privée, le château d'O ouvre tout de même ses portes aux visiteurs, qui peuvent également admirer l'orangerie, la chapelle et les jardins boisés.

À table !

Waterzoï

Nord-Pas-de-Calais

Ce plat belge est aussi très populaire en Flandre française. Son nom signifie « eau qui bout » et, à l'origine, il s'agit d'un bouillon, lié à la crème, à base de poissons et de petits légumes. Avec la disparition des poissons de rivière, le poulet a fait son apparition parmi les ingrédients de ce plat.

Un jour en *Limousin*

15 décembre 2000

Jacques Chirac inaugure un musée qui porte son nom, à Sarran, en Corrèze : il abrite une partie des objets qui lui ont été offerts, alors qu'il exerçait la fonction de président de la République.

Ils ont marqué leur région...

Vincent Delerm

Haute-Normandie

Le chanteur est originaire d'Évreux, dans l'Eure, et il a d'ailleurs consacré une chanson à sa ville natale : « Mardi 3 janvier 20 h 20 / Dans un restaurant vietnamien / Sur les trottoirs il neige un peu / À Évreux / Dans la salle vide un poisson / Capturé en mer du Japon / Se cogne dans un carré bleu / À Évreux [...]. » Fidèle à sa Normandie, il suit des études de lettres à Rouen, ville où ont lieu ses premiers concerts. Entre 2002 et 2008, il sort quatre albums, où sa voix – charmeuse ou agaçante, selon les goûts – donne vie à des textes où son regard acéré se pose sur les scènes de la vie quotidienne.

vendredi 16 décembre

lever : 8 h 37
coucher : 16 h 54

Ste Alice

CITATION

Limousin

« Je vous donne les gens de Limoges pour aussi fins et aussi polis que le peuple de France : les hommes ont de l'esprit en ce pays-là et les femmes de la blancheur. »

Jean de La Fontaine, Lettre à madame de La Fontaine

À table !

Le gros jacquot de Soissons

Picardie

Ce haricot blanc est cultivé dans l'Aisne depuis le XVIIe siècle. Il doit son nom au jardinier de l'abbaye Saint-Léger, qui, le premier, le planta à Soissons. On le récolte à partir de septembre, et il se conserve plusieurs mois. De belle taille, il est délicieux dans les plats mijotés.

La rubrique du 13 h

ÉVIAN-LES-BAINS

Rhône-Alpes

Entre la montagne et la plage, Évian n'a pas eu à choisir. Dans le nord de la Haute-Savoie, elle s'étend, magnifique, sur les bords du lac Léman. Rendue célèbre par la source Cachat – la première qui fut commercialisée –, la ville a pourtant beaucoup plus à offrir. On peut visiter, par exemple, la villa Renaissance – maintenant transformée en hôtel de ville –, où vécurent les frères Lumière, on peut emprunter le funiculaire, construit en 1907 pour transporter les curistes de leurs hôtels jusqu'aux thermes, et visiter l'ancien établissement thermal, devenu aujourd'hui un musée.

Savoir-faire

Fabricant de sièges à Liffol-le-Grand

Lorraine

Depuis trois siècles, cette petite ville des Vosges s'enorgueillit d'être la Capitale du siège. À partir des hêtres et des chênes présents dans les forêts avoisinantes, les menuisiers effectuent un travail d'une extrême précision, en sculptant, pendant plusieurs heures, des modèles rares ou uniques.

Quiz des villes & villages de France

Cette ville des bords de la Meuse, située à l'extrémité nord du département des Ardennes, est dominée par le fort de Charlemont.

? _ _ _ _ _

Ils ont marqué leur région...

Jules Rimet

Franche-Comté

Le fondateur de la Coupe du monde de football – cet événement qui passionne les foules et scotche les populations de tous les pays à leur petit écran – est un Français, originaire de Theuley, une commune de la Haute-Saône. Né en 1873, il a consacré sa vie au football, et a notamment participé, en 1904, à la fondation de la Fifa, dont il a été le président pendant plus de trois décennies. Le fait le plus marquant de cette période est certainement la création, en 1930, de la Coupe du monde, qui fut d'ailleurs baptisée, à l'origine, « Coupe Jules Rimet ».

Givet

La damnée de Tonneville

Il y avait, à Tonneville, une femme qui n'était pas dépourvue de caractère – et c'est encore là un doux euphémisme. On ne sait précisément à quelle époque elle vécut, mais on sait où, et l'on peut affirmer également que tous ses gens la détestaient, de même que la famille de ses gens et, ainsi, le village dans son ensemble. Un jour, il advint un litige entre la paroisse de Tonneville et celle de Flottemanville, au sujet d'une lande. L'odieuse femme, exaspérée par les conciliabules et autres discussions infinies entre les villageois, s'écria – comme le rapporte en 1884 Jean Fleury, dans son ouvrage *Littérature orale de la Basse-Normandie* : « Si après ma mort, j'avais un pied dans le ciel, et l'autre dans l'enfer, je retirerais le premier pour avoir toute la lande à moi. » On imagine le silence, la consternation, la crainte qu'une telle déclaration entraîna au sein du conseil réuni. Personne n'oublia ce moment.

Aussi, quand il fut temps pour cette femme de mourir, dépêcha-t-on bien vite le curé de Tonneville, afin qu'elle se repente de ses méfaits et, surtout, qu'elle ne soit pas enterrée dans l'impénitence, après avoir tant blasphémé, notamment ce fameux soir… Mais elle renvoya l'homme de Dieu d'où il était venu, sans plus de politesse. Elle mourut sans extravagance supplémentaire, mais lorsqu'on voulut la mettre en terre, on ne put porter son cercueil. Hommes, chevaux, rien n'y fit. On se dit que tant pis, qu'on n'avait qu'à l'enterrer ici, ce que l'on fit. Et l'on crut que l'on n'entendrait plus parler d'elle, du moins on l'espérait. Mais quelque diable avait écouté à la porte, le soir où elle avait parlé de la lande. Depuis sa mort, en effet, une belle dame blanche y rôde, s'amusant à perdre les voyageurs, à les jeter à l'eau, à monter sur leurs chevaux. Elle se montre, puis disparaît, sa voix douce se fait tout à coup ricanement strident. La demoiselle de Tonneville a vu son souhait exaucé : la lande est sienne et, comme de son vivant, elle continue de mépriser et d'importuner les villageois.

Nord-Pas-de-Calais en fête

La fête de la Dinde de Licques

Organisée par les éleveurs de la coopérative locale, cette fête met à l'honneur la dinde, dont l'élevage fut introduit dans la région au XVIIe siècle, par des moines prémontrés. À quelques jours de Noël, le concours de dindes, chapons et pintades récompense les éleveurs du bocage licquois. Après le défilé de centaines de dindes dans le bourg, les badauds peuvent profiter, dans cette commune du Pas-de-Calais, d'un marché de Noël de produits régionaux, d'une fanfare, du spectacle des majorettes, et enfin d'un grand banquet.

lundi 19 décembre

lever : 8 h 39
coucher : 16 h 55

St Urbain

À table !
L'éclade
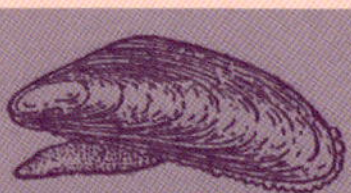

Poitou-Charentes

Cette façon charentaise de cuire les moules peut se faire l'été, dehors, ou l'hiver, dans la cheminée. Il s'agit de disposer des moules sur une grande planche en bois et de les recouvrir d'aiguilles de pin séchées. Le tout est embrasé, et l'éclade est prête quand les aiguilles ne sont plus que cendres.

Un jour en *Languedoc-Roussillon*
19 décembre 1964

Lors de la commémoration des vingt ans de la Libération, les cendres de Jean Moulin sont transférées au Panthéon. Il s'agit en réalité d'un cénotaphe, car le corps du héros de la Résistance n'a jamais été identifié avec certitude.

La rubrique du 13 h

LE CANAL DU MIDI

Midi-Pyrénées

Ce qui fut le plus grand chantier du XVIIe siècle est un véritable chef-d'œuvre du génie civil. Grâce au canal du Midi, les trajets entre la mer Méditerranée et l'océan Atlantique étaient réduits de moitié. De nos jours, le canal ne sert plus aux échanges commerciaux, mais un tourisme fluvial très important s'y est développé : des milliers de plaisanciers parcourent chaque année les centaines de kilomètres du canal, passant tunnels, aqueducs et écluses. Le canal du Midi est aussi apprécié des cyclistes et des promeneurs, qui le suivent, pour une partie, depuis le chemin de halage.

Devinette

Où se trouve le Port de la lune ?

À Bordeaux. Cette partie de la ville est classée, depuis juin 2007, au patrimoine mondial de l'humanité par l'Unesco. Elle est formée par un large méandre de la Garonne, en forme de croissant, et c'est ce croissant de lune que l'on retrouve sur le blason de la ville.

Savoir-faire
Crêpière à Concarneau

Bretagne

La crêpe est une véritable institution dans la gastronomie bretonne, et rares sont ceux et celles qui peuvent se vanter de maîtriser complètement cet art. Préparée à la main, la pâte au blé noir est étalée d'un geste rapide et sûr, avec le rozell, sur la crêpière graissée avec du saindoux et un jaune d'œuf.

Ils ont marqué leur région...
Robert Hossein

Île-de-France

Avec Robert Hossein, les Parisiens en prennent plein les yeux : voilà plus de quatre décennies qu'il crée des spectacles d'une gigantesque ampleur sur les plus grandes scènes de la capitale, comme le palais des Sports ou le palais des Congrès. *Notre-Dame de Paris* en 1978, *Les Misérables* en 1980, *Je m'appelais Marie-Antoinette* en 1993 ou *Ben-Hur* en 2006 : le metteur en scène parisien a un goût prononcé pour les thèmes historiques, qu'il revisite à grands renforts de jeux de lumière, effets spéciaux, musiques et figurants, attirant en masse les spectateurs avides de sensations fortes.

mardi 20 décembre

lever : 8 h 40
coucher : 16 h 55

St Théophile

Quiz des villes & villages de France

Le nom de cette ville, point de départ de la route Joffre, vient du mot allemand signifiant « sapin ». Sa collégiale Saint-Thiébaut est l'un des plus beaux édifices de style gothique flamboyant de la région.

Savoir-faire

Boutonnier à Roubaix

Nord-Pas-de-Calais

Le boutonnier fabrique et vend des boutons depuis le XIVe siècle, où il fallait plusieurs années pour être considéré comme maître dans cet art. Il façonne des matières naturelles, qu'il perce et polit ; les boutons sont ensuite peints ou gravés, et les possibilités semblent infinies.

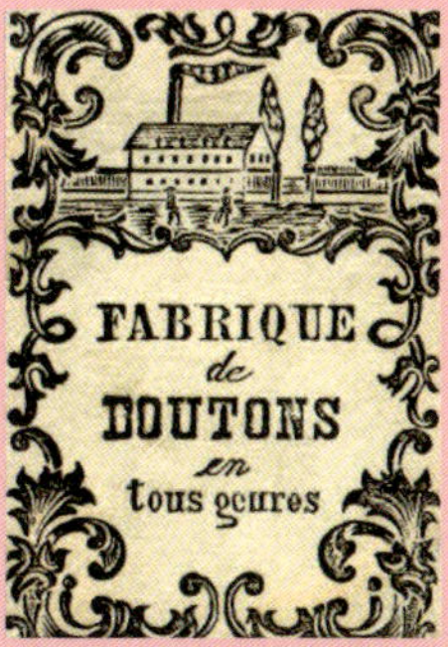

La rubrique du 13 h

LE CANTOU

Limousin

Le cantou signifie en langue d'oc le « coin du feu » : il s'agit d'une vaste cheminée, presque d'une petite pièce supplémentaire, qu'on trouve dans la pièce principale des maisons traditionnelles limousines. Au sens propre comme au sens figuré, le cantou est le cœur du foyer : c'est là qu'on se réchauffe, qu'on prépare les repas, qu'on suspend les victuailles la nuit, pour les mettre à l'abri des rongeurs, et qu'on fait fumer les saucisses. Les cendres récupérées dans le cantou servent ensuite de détergent, et c'est dans cette grande cheminée que sont mis à chauffer les fers à repasser.

À table !

Mirlitons de Rouen

Haute-Normandie

Pour 10 tartelettes

Garnir 10 moules à tartelettes beurrés avec de la pâte feuilletée, en la laissant dépasser un peu, et piquer la pâte avec une fourchette. Mélanger 2 œufs, 60 g de sucre en poudre, 1 sachet de sucre vanillé, 40 g de poudre d'amandes, 25 g de beurre fondu et 1 c. à café d'eau de fleur d'oranger. Répartir cette préparation sur les fonds de pâte aux 3/4 de la hauteur.

Séparer 15 amandes mondées en 2 et disposer 3 demi-amandes mondées sur chaque tartelette. Saupoudrer de sucre glace et faire cuire au four pendant 20 min, à 210 °C, jusqu'à ce que les mirlitons soient légèrement dorés. Laisser tiédir avant de démouler.

CITATION

Rhônes-Alpes

« Alpes ! désert chéri,
vous fûtes mon seul maître ;
Mon vrai poème à moi,
vous me l'avez dicté. »

Victor de Laprade, « Adieu aux Alpes »,
Le Parnasse contemporain III, 1876

Ils ont marqué leur région...

Saint Martin

Centre

Évêque de Tours à partir de 371, saint Martin a marqué l'histoire de la France par son action d'évangélisation. On raconte que tout aurait commencé alors que Martin de Tours, originaire d'une famille païenne, aurait été visité par le Christ, après avoir partagé son manteau avec un pauvre rencontré sur son chemin. Embrassant la religion catholique, il est baptisé, puis commence à convertir son entourage, dont sa mère en 356. Une de ses réalisations les plus marquantes est celle du premier monastère de Gaule à Ligugé, en compagnie d'Hilaire, évêque de Poitiers.

Thann

mercredi 21 décembre

lever : 8 h 41
coucher : 16 h 56

Hiver

À table !

Soupe à l'échalote d'Avranches

Basse-Normandie

Pour 4 personnes

Émincer 10 échalotes, couper 4 pommes de terre en petits dés et faire revenir le tout dans du beurre.
Ajouter 1 c. à soupe de farine, du poivre et du sel. Mouiller avec de l'eau, jusqu'à ce que les légumes soient recouverts, et laisser frémir 30 min environ.
En fin de cuisson, ajouter au bouillon 2 c. à soupe de crème fraîche, rectifier l'assaisonnement.
Servir bien chaud avec des croûtons.

DICTON
Alsace

Mieux vaut une bonne choucroute qu'un mauvais caviar.

La rubrique du 13 h

LA PLAGE DE MARINELLA

Corse

Plage mythique d'Ajaccio, Marinella fut rendue célèbre par la chanson de Tino Rossi. Cette plage de sable fin, bordée d'une eau cristalline et peu profonde, a vu le jour en 1937. Les premiers congés payés et le succès du chanteur corse l'ont très vite popularisée, et Rossi lui-même finira par s'y installer : de la plage, on aperçoit encore le mur de pierres de sa villa du Scudo, et, l'été, de nombreuses personnalités du Sud le rejoignaient sur la Plage des légendes. Aujourd'hui, le charme nostalgique de Marinella est indéniable, et elle est toujours prisée des touristes et des Ajacciens.

Savoir-faire

Fabricant de crèches provençales à Carpentras

Provence-Alpes-Côte d'Azur

Cet artisan fabrique les bâtiments miniatures, en plâtre moulé, qui serviront de décor aux scènes de la Nativité et mettront en valeur les petits personnages créés par les santonniers. Après la mise en forme, les constructions, qui s'inspirent de l'architecture provençale, sont minutieusement peintes.

Quiz des villes & villages de France

Cette ville thermale, dont le nom romain signifiait « les eaux des Tarbelles », accueille au mois de septembre, dans ses arènes, des passionnés de salsa et de corrida, pour le festival « Toros y Salsa ».

___

Ils ont marqué leur région…

Claire Bretécher

Pays de la Loire

Si les bandes dessinées de l'artiste nantaise ont autant de succès, c'est pour leur dessin sobre et efficace, mais aussi pour leur humour et leur capacité à cerner les travers des personnages de notre époque : elles sont un témoignage sociologique à la fois drôle et subtil. Bretécher commence par publier ses planches dans la presse des années 1960 – *Pilote*, *L'Écho des savanes*, *Le Nouvel Observateur*… – avant de sortir ses albums, où elle conte les aventures épiques de ses personnages hauts en couleur, comme Cellulite, les Frustrés ou encore Agrippine.

Dax

jeudi 22 décembre

lever : 8 h 41
coucher : 16 h 56

Ste Françoise-Xavière

CITATION

Lorraine

Allons Julia la mam'zelle
Bois avec nous ce clair bouillon
D'herbes et de vin de Moselle.

Guillaume Apollinaire,
« Schinderhannes », Alcools, 1913

À table !

La fouace aveyronnaise

Midi-Pyrénées

La fouace tire son nom du mot latin *focus* qui signifie « foyer ». En effet, à l'origine, la fouace est une galette cuite sous la cendre. Cette préparation sucrée, en forme de couronne, est réalisée avec du beurre, des œufs, de la farine, du levain et du lait ; elle est aromatisée à la fleur d'oranger.

Savoir-faire

Bombeur de verre à Bapeaume-les-Rouen

Haute-Normandie

Il ne faut pas confondre le bombeur de verre avec le souffleur de verre : le bombeur travaille le verre plat, au sortir du four – après avoir attendu la température appropriée –, en intervenant sur son épaisseur et sa courbure. Le verre est ensuite déposé dans un moule, dont il épousera la forme.

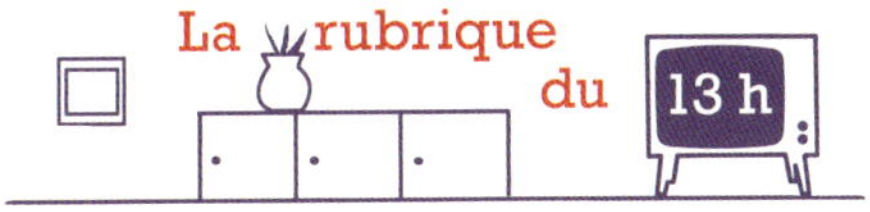

LA MAISON LANDAISE

Aquitaine

La maison landaise traditionnelle possède une ossature en bois – l'immense forêt des Landes est toute proche –, évolutive, qui permet d'agrandir facilement l'habitation. Son toit est généralement à trois pentes. Selon l'usage, la pente arrière est exposée aux vents et à l'océan : le toit descend donc plus bas de ce côté-ci, presque au ras du sol, et ne comporte normalement pas d'ouvertures. Les murs à colombages sont comblés par du torchis et, plus tard, par des briques plates. Certaines maisons landaises sont agrémentées d'un auvent ou d'un balcon, dont on profite encore l'été.

Devinette

Quelle femme de lettres française, également connue sous le titre de baronne de Dudevant, a passé ses dernières années à Nohant ?

George Sand. Elle y exerça même les fonctions de médecin de village, grâce aux souvenirs de ses études d'anatomie et à son savoir-faire en matière de remèdes à base de plantes.

Ils ont marqué leur région…

Pierre-Paul Riquet

Languedoc-Roussillon

Pierre-Paul Riquet est celui qui, sous le règne de Louis XIV, a eu l'idée de relier la Garonne à la mer Méditerranée, à des fins commerciales. L'ingénieur, originaire de Béziers, dans l'Hérault, où il est né en 1609, élabore son projet à partir de 1662. Celui-ci nécessite deux décennies de travaux, et son créateur mourra avant qu'il ne soit achevé. Le canal royal de Languedoc voit le jour en 1881 et, sept ans plus tard, Révolution oblige, il est rebaptisé « canal du Midi ». Classé au patrimoine mondial de l'Unesco, il est avant tout, aujourd'hui, un lieu de tourisme et de loisirs.

vendredi 23 décembre

lever : 8 h 42
coucher : 16 h 57

St Armand

À table !

Le bouligou

Limousin

Pour 4 à 6 personnes
Mélanger 1 petit bol de farine, 1 petit bol de sucre, 1 pincée de sel, 1 œuf et 1 petit bol de lait.
Ajouter 1 c. à soupe de rhum. Dans une poêle, faire fondre 30 g de beurre et y verser la pâte. Laisser cuire doucement 10 min, en procédant comme pour une omelette. Retourner la crêpe sur une large assiette et faire cuire l'autre côté, toujours à feu doux. Sortir le plat du four, saupoudrer le millassou de sucre et parsemer le plat de noisettes de beurre. Poursuivre la cuisson 10 min et déguster chaud ou tiède.

Un jour en France

23 décembre 1988

La loi Coluche crée une déduction fiscale supplémentaire pour tous les dons aux associations qui aident les personnes en difficulté, en leur fournissant de la nourriture, des soins ou un logement.

La rubrique du 13 h

LE MONT VENTOUX

Provence-Alpes-Côte d'Azur

On le surnomme le « Géant de Provence ». Culminant à mille neuf cent douze mètres, le mont Ventoux a la particularité de bénéficier à la fois du climat méditerranéen et du climat alpin. Renommé dans les milieux de la randonnée et du cyclisme, il ne s'offre pourtant pas facilement. Sa flore très variée et son panorama extraordinaire se méritent : il faut en passer par de nombreux cols et des kilomètres de sentiers, tantôt sous la canicule, tantôt sous les bourrasques les plus violentes, pour gagner le droit d'apercevoir les sommets enneigés des Alpes, l'Italie ou la mer Méditerranée.

Devinette

Quel animal mythologique franc-comtois a inspiré un roman à Marcel Aymé ?

La vouivre. Dans son roman du même nom, l'écrivain y décrit ce serpent fantastique, sorte de femme-dragon à deux pattes, protégeant un énorme rubis et vivant au milieu des marais.

Savoir-faire

Malletier à Paris

Île-de-France

Dans la seconde moitié du xxe siècle, l'homme a multiplié les voyages, et les modèles de bagages se sont diversifiés. Cependant, rares sont les malletiers qui travaillent encore artisanalement, en réalisant des modèles sur mesure, alliant style et modernité.

Ils ont marqué leur région…

I Muvrini

Corse

Mené par Alain et Jean-François Bernardini, le groupe I Muvrini met la musique traditionnelle corse à l'honneur. Dans les années 1970, les deux frères, poussés par leur père, poète, commencent par se produire sur l'île, qui accueille avec un grand enthousiasme cette renaissance de sa culture. Le succès finit par se propager sur le continent, que le groupe conquiert peu à peu à partir de 1985. Printemps de Bourges, Victoires de la musique, collaboration avec de grands noms – comme Véronique Sanson, Jacques Dutronc ou Sting –, disques d'or… : le groupe I Muvrini assure avec brio le maintien de l'identité corse.

Mythes et légendes
Franche-Comté

La plus belle des vouivres
Du serpent à la princesse

« Sur ses cheveux très noirs relevés en couronne, était posée une double torsade en argent, figurant un mince serpent dont la tête, dressée, tenait en sa mâchoire une grosse pierre ovale, d'un rouge limpide. D'après les portraits qu'on lui avait tracés et qu'il avait crus jusqu'alors de fantaisie, Arsène reconnut la vouivre. »
Marcel Aymé, La Vouivre, *1945*

Les vouivres sont nombreuses en Franche-Comté, ou du moins l'étaient. Mais il y en a une qui a marqué les mémoires plus que toutes les autres. Comme toutes les autres, elle était mi-femme, mi-serpent. Mais ses écailles n'étaient ni vertes ni noires : elles avaient la couleur du feu. Comme toutes les autres, elle avait quelque chose qui scintillait sur son front. Mais elle ne portait pas qu'une pierre : on dit que sa tête était ceinte de perles et de diamants. Comme toutes les autres, elle déposait ce trésor sur la rive avant d'aller boire. Car, en cela, elle était comme toutes les autres : un monstre attiré par les puits, les fontaines, les ruisseaux et les rivières, vivant le reste du temps dans les ruines des châteaux et des abbayes.

Mais cette vouivre-là ne sortait pas tous les soirs. On ne pouvait la voir que le soir de Noël, entre le 24 et le 25 décembre, à minuit exactement. À cet instant précis, où le Christ était né, chaque année,la vouivre d'Avoudrey – car c'est bien elle – déposait sa couronne sur le sol et venait se désaltérer à la fontaine voûtée du village. Bien sûr, les habitants étaient à la messe et peu ont eu la joie de l'apercevoir. Mais l'émotion de ces rares témoins fut telle que, lorsqu'ils tentèrent, balbutiant, de la décrire, les yeux encore emplis de la beauté et de la majesté de l'animal fabuleux, leur récit ne fut jamais mis en doute. Les vouivres sont nombreuses en Franche-Comté, ou du moins l'étaient. Mais la vouivre d'Avoudrey était différente. Car c'était la plus belle de toutes les vouivres.

La *France* en fête
Noël

Noël, ce jour attendu impatiemment par les petits, pressés d'ouvrir les cadeaux regroupés devant la cheminée, est l'une des fêtes chrétiennes les plus importantes. Pourtant, aucun texte biblique ne précise quel jour de l'année est né Jésus, et c'est au IVe siècle qu'a été fixée au 25 décembre la commémoration de la Nativité, à quelques jours de la célébration païenne du solstice d'hiver. Il était courant alors de substituer des événements chrétiens aux fêtes païennes. Les cadeaux sous le sapin rappellent les présents offerts à l'enfant Jésus par les Rois mages : l'or, l'encens et la myrrhe. Quant à la tradition du sapin, elle s'inspire de l'usage des Romains, qui, lors du solstice d'hiver, disposaient chez eux des feuillages verts. Les Celtes auraient eu l'habitude, eux aussi, en ce début d'hiver, de décorer un arbre, symbole de vie.

lundi 26 décembre

lever : 8 h 43
coucher : 16 h 58

St Étienne

À table !

Mont-d'or chaud

Franche-Comté

Pour 2 personnes
Laver 6 à 8 pommes de terre à chair ferme et les cuire à l'eau. Faire quelques fentes dans un mont-d'or et verser du vin blanc d'Arbois dessus. Entourer la boîte dans du papier aluminium et cuire au four, à 200 °C, pendant 30 min. Éplucher les pommes de terre et les couper en petits morceaux. Tremper les morceaux dans le fromage fondu.

Devinette

Quelle boisson, spécialité de la commune de Chaource, est un mélange de cidre, de cassis et de miel ?

Le Cacibel. Cette boisson peu alcoolisée, mise au point en 1980 par la cidrerie Bellot, se consomme en apéritif et peut également être utilisée dans certaines recettes de cuisine.

Quiz des villes & villages de France

Les ruines du Château-Gaillard surplombent cette ville des bords de Seine, où l'on peut visiter la collégiale Notre-Dame et le musée Nicolas Poussin – le peintre est né dans les environs, à la fin du XVIe siècle.

___ _______

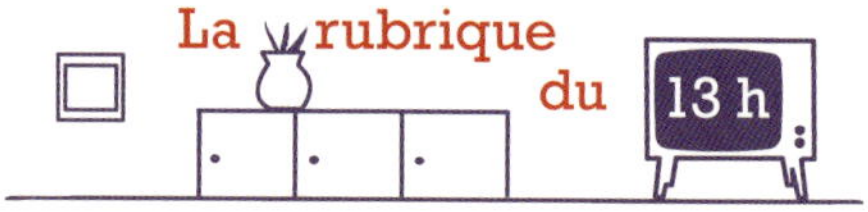

LE CHÂTEAU DE COMPIÈGNE

Picardie

Dès l'époque mérovingienne, Compiègne est un lieu de résidence royale et impériale. Plusieurs châteaux s'y sont succédé, et celui que nous connaissons, à l'architecture néoclassique, a été construit à la demande de Louis XV, entre 1751 et 1788 ; il sera rénové, amélioré et agrandi par la suite. Au XIXe siècle, il est le théâtre des somptueuses réceptions que donnent Napoléon III et Eugénie, et auxquelles le Tout-Paris se presse. Devenu musée national, le château de Compiègne héberge aujourd'hui trois musées : les appartements historiques, le musée du Second Empire et le musée de la Voiture.

Savoir-faire

Tabaculteur à Périgueux

Aquitaine

L'Aquitaine est le berceau de la production de tabac en France et toujours la première région tabacole du pays. Elle compte encore de nombreuses exploitations familiales, où chacun participe aux différentes étapes de la tabaculture : la récolte, le tri ou encore l'effeuillage.

Ils ont marqué leur région…

Manu Payet

Réunion

Le jeune Manu Payet (dire « paillette », si l'on veut prononcer son nom à la réunionnaise) est né en 1975 à Saint-Denis, sur l'île de la Réunion. Il commence sa carrière sur une radio locale, avant de se voir confier l'antenne de NRJ Réunion. Une réussite, puisque la station lui propose de s'envoler pour Paris : il animera pendant quatre ans le Morning, où son humour parvient à réunir quatre millions d'auditeurs chaque matin. Sur sa lancée, il rejoint le petit écran auprès de Laurent Ruquier, puis la scène humoristique et même le cinéma, en tant qu'acteur et doubleur de films d'animation.

Les Andelys

mardi 27 décembre

lever : 8 h 43
coucher : 16 h 59

St Jean l'Évangéliste

À table !

Le cantal

Auvergne

Le cantal est le plus célèbre des fromages d'Auvergne. Associé au département dont il porte le nom, il est fabriqué dès l'Antiquité. Ce fromage de lait de vache à pâte pressée non cuite est affiné en cave pendant 1 mois, au minimum, avant de pouvoir être dégusté.

Savoir-faire

Les grès flammés de Rambervillers

Lorraine

Les grès flammés sont fabriqués à Rambervillers depuis la fin du XIXe siècle. Après une première cuisson, les pièces sont recouvertes de plusieurs couches d'oxydes métalliques ; la dernière couche contient de l'argent, en vue d'une seconde cuisson : c'est le « biscuit ».

La rubrique du 13 h

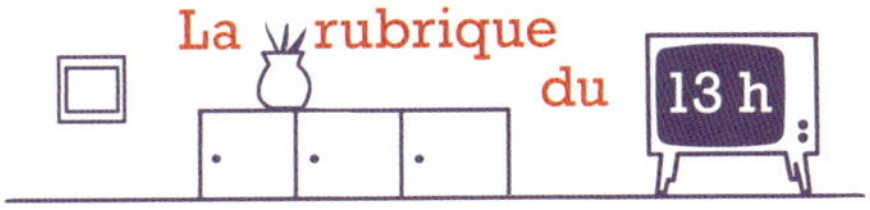

L'ÉGLISE SAINT-MARTIN DE SAMER

Nord-Pas-de-Calais

À quelques kilomètres de la forêt de Boulogne, le petit village de Samer mérite bien son étymologie latine : *Silviacus*, le « Pays des bois ». Son église Saint-Martin est célèbre : tout d'abord à cause de son style gothique flamboyant, qui en fait l'une des plus belles de la région, puis à cause de sa situation. En effet, au lieu de trôner au centre du village, comme c'est souvent le cas, l'église est cernée par les habitations et les commerces. Cette pratique était courante au Moyen Âge, et les tuiles orange des maisons tranchent avec le gris de la pierre de l'édifice religieux.

CITATION

Pom-Pom

« Je rêve d'un soir rouge d'or,
Et d'un lougre hindou qui s'endort :
- Siffle la brise… eh toi ! créole. »

Paul-Jean Toulet, « Dixains »,
Les Contrerimes, 1921

Quiz des villes & villages de France

On vient visiter, dans cette ville médiévale, située au confluent de la Nièvre et de la Loire et à quelques kilomètres du circuit de Magny-Cours, la cathédrale Saint-Cyr-et-Sainte-Julitte, le palais ducal et l'église Saint-Étienne.

Ils ont marqué leur région…

Frédéric Mistral

Provence-Alpes-Côte d'Azur

Le chemin de fer, la presse, l'école ou encore la guerre… Autant de facteurs qui font que, au XIXe siècle, le français s'impose un peu partout dans le pays, au détriment des langues régionales. Frédéric Mistral fait partie de ces hommes qui se sont battus pour éviter leur disparition complète. L'écrivain décrit le provençal comme la « langue de la patrie et de la liberté ». Ses poèmes, en particulier *Lou Pouèmo dou Rose* – « Le Poème du Rhône » –, connaissent un grand succès. Il reçoit même, en 1904, le prix Nobel pour l'ensemble de son œuvre.

Nevers

mercredi 28 décembre

lever : 8 h 43
coucher : 17 h 00

Sts Innocents

À table !

Boudin blanc de Rethel aux pommes

Champagne-Ardenne

Pour 6 personnes

Éplucher 3 pommes, les couper en 6 quartiers chacune et les mettre à cuire 5 min dans une poêle, avec un peu de beurre, en les retournant régulièrement. Quand elles commencent à dorer, ajouter du miel pour les faire caraméliser et réserver.

Faire revenir 6 boudins blancs de Rethel dans la même poêle. Poivrer et les servir accompagnés des pommes cuites réchauffées.

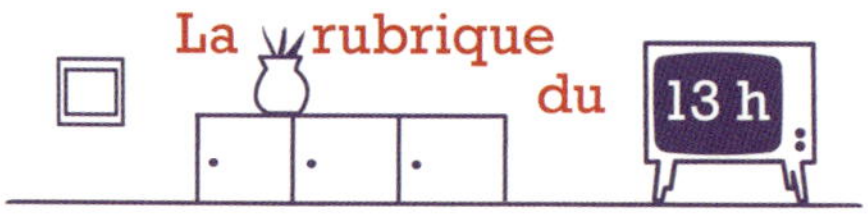

LE CENTRE POMPIDOU À PARIS

Île-de-France

Quand le Centre Georges-Pompidou ouvre ses portes au public, en 1977, dans le quartier de Beaubourg, il est loin de faire l'unanimité. Né de la volonté du président Pompidou de doter Paris d'un important centre culturel, dédié à la création contemporaine, il surprend par son architecture faite de tuyaux. Il est aujourd'hui l'un des plus grands musées d'art moderne au monde, et, quels que soient le jour ou la saison, un flot continu de visiteurs entre et sort de l'étrange bâtiment. La place elle-même est devenue une sorte d'agora, où se produisent divers artistes et où les Parisiens se donnent rendez-vous.

Savoir-faire

Producteur de foie gras à Auch

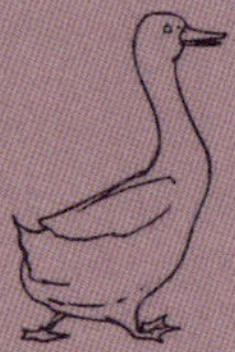

Midi-Pyrénées

Le Gers est le premier département producteur traditionnel de foie gras en France. Nourris au maïs et élevés dans un environnement naturel, les oies et les canards donnent un produit particulièrement fin, apprécié des gourmets en cette fin d'année.

Quiz des villes & villages de France

Cette ville du Sud, qui signifie étymologiquement « four à chaux », est construite autour d'une citadelle, surmontée par la chapelle Notre-Dame-de-Provence.

____

Devinette

Qu'appelait-on la « Décapole » ?

C'était la ligue des dix villes libres alsaciennes qui faisaient partie du Saint Empire romain germanique. Fondée en 1354, elle fut dissoute en 1679. Elle comprenait notamment les communes de Colmar et de Mulhouse.

Ils ont marqué leur région…

Jacques Demy

Basse-Normandie

Grâce au film de Jacques Demy *Les Parapluies de Cherbourg*, la petite ville portuaire de la presqu'île du Cotentin a acquis une renommée internationale. Tourné en 1964, le film a la particularité de comporter exclusivement des dialogues chantés : il s'inspire des comédies musicales hollywoodiennes en pleine période nouvelle vague. Avec Catherine Deneuve en vedette, il connaît un succès fabuleux, et donne lieu à des adaptations théâtrales de Paris jusqu'à New York. Pour la petite histoire, un passionné du film s'est depuis installé à Cherbourg où il fabrique sa marque de parapluie, le « Véritable Cherbourg ».

Forcalquier

jeudi 29 décembre

lever : 8 h 43
coucher : 17 h 01

St David

Devinette

Quelle tradition s'est perpétuée dans la commune de Pont-Audemer depuis le Moyen Âge ?

Le couvre-feu. Chaque jour, à 22 heures, la petite cloche de l'église Saint-Ouen sonne une volée assez longue et rappelle ainsi l'ancienne fermeture des commerces, des lieux de vie publique et des portes de la ville.

La rubrique du 13 h

CHÂTEAU DE CASTELNAUD

Aquitaine

Ce château, qui fut au cœur de la croisade des albigeois, en proie à la lutte contre les Anglais durant la guerre de Cent Ans, puis au centre des guerres de Religion du XVIe siècle, est encore, des siècles plus tard, associé à l'idée de guerre. Mais, cette fois, de manière beaucoup plus pacifique ! La forteresse du XIIe siècle abrite aujourd'hui le musée de la Guerre au Moyen Âge : des machines médiévales ont été reconstituées, et de nombreuses armes sont exposées dans les salles ; enfin, le donjon meublé, qui domine la vallée de la Dordogne, permet de se faire une idée de la vie à cette époque.

À table !

Beurre de Montpellier

Languedoc-Roussillon

Éplucher 1 échalote, la mixer avec 1 cornichon, 10 câpres, 1 filet d'anchois dessalé, 1 jaune d'œuf dur, 2 gousses d'ail, du cerfeuil, de l'estragon, du persil plat, du cresson et de la ciboulette. Ajouter 1 jaune d'œuf cru et 125 g de beurre mou. Servir ce beurre avec du saumon poché.

Savoir-faire

Automatier à La Rochelle

Poitou-Charentes

L'histoire des automates remonte à l'Antiquité, mais il faut attendre la Renaissance pour voir apparaître les premiers automates mécaniques. Leur fabricant conçoit le mécanisme interne, mais il imagine aussi l'aspect extérieur du personnage ; alors la magie peut opérer.

Quiz des villes & villages de France

La plus vieille salle de cinéma du monde se trouve dans cette ville des Bouches-du-Rhône, où fut tourné l'un des premiers films des frères Lumière, *L'Arrivée d'un train en gare de...*

__ ______

Ils ont marqué leur région...

Stendhal

Rhône-Alpes

Le vrai nom de cet écrivain phare du début du XIXe siècle, né à Grenoble en 1783, est Henri Beyle. Ses premiers écrits consistent en un journal, où il couche sur le papier ses impressions, alors qu'il voyage au sein de l'armée de Napoléon Bonaparte. Après une carrière monotone dans l'administration, il s'exile en Italie, pays d'origine de sa mère, et c'est là-bas qu'il publie ses premières œuvres. C'est en réalité tardivement qu'il fait paraître ce que l'on considère aujourd'hui comme ses deux chefs-d'œuvre, *Le Rouge et le Noir* en 1830 et *La Chartreuse de Parme* en 1839.

La Ciotat

vendredi 30 décembre

lever : 8 h 44
coucher : 17 h 02

St Roger

Devinette

Quel arbuste parasite coupe-t-on juste avant le Nouvel An afin de perpétuer la coutume du baiser ?

Le gui. Un baiser échangé sous le gui par un couple d'amoureux est interprété comme une promesse de mariage, mais aussi un présage de bonheur et de longue vie.

À table !

Tarte au sucre

Nord-Pas-de-Calais

Le Nord-Pas-de-Calais est, historiquement, une région sucrière ; rien d'étonnant, donc, à ce que la tarte au sucre soit l'une de ses spécialités. Il s'agit d'une pâte à base de lait, d'œufs, de farine et de beurre, que l'on recouvre de cassonade et d'un mélange crème-œufs.

DICTON

Corse

Dix francs de larmes ne paient pas dix centimes de dettes.

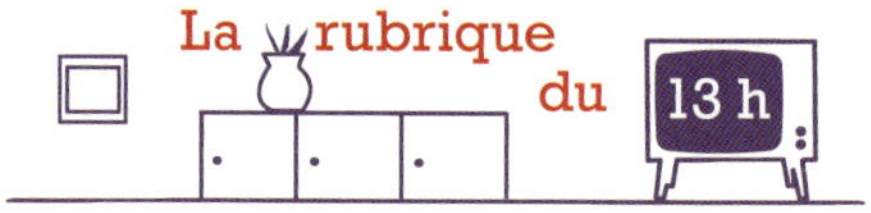

LE PUY DE LA VACHE

Auvergne

Le puy de la Vache est l'un des quatre-vingts volcans de la chaîne des Puys et l'un des plus jeunes. Culminant à mille cent soixante-dix mètres, il est reconnaissable à son cratère égueulé : lors de son éruption, il y a huit mille ans, l'explosion s'est produite sur le côté, emportant un morceau du cône. Les coulées de lave formèrent plusieurs étangs alentour. On peut observer le puy de la Vache depuis son volcan jumeau, le puy de Lassolas, ou emprunter un chemin qui mène jusqu'à son cratère. Mais prudence ! On raconte qu'un paysan y aurait perdu sa vache, baptisant ainsi, à son insu, le volcan.

Savoir-faire

L'art du boutis à Marseille

Provence-Alpes-Côte d'Azur

Le boutis, qu'on appelle aussi « broderie de Marseille », consiste à coudre ensemble deux étoffes, selon un motif, et à insérer du coton entre les deux, pour donner du relief à ce motif. Cet art tend à disparaître, aussi certaines pratiquantes se font-elles un devoir de l'enseigner à d'autres femmes.

Ils ont marqué leur région...

Edmond de Goncourt

Lorraine

En 1896, l'écrivain originaire de Nancy meurt à l'âge de 74 ans. Sur son testament, il exprime son désir, qui fut aussi celui de son défunt frère Jules de Goncourt, que soit créée une académie récompensant, chaque année, une œuvre en prose par un prix littéraire. La mission est menée à bien par Alphonse Daudet et Léon Hennique, et la première récompense est décernée sept ans plus tard à John-Antoine Nau, pour *Force ennemie*. La liste des lauréats a compté depuis – parmi les écrivains les plus célèbres – les noms de Simone de Beauvoir, Michel Tournier, Émile Ajar ou encore Marguerite Duras.

samedi 31 décembre

St Sylvestre

Mythes et légendes
Île-de-France

Le destin d'un pigeon

« Il y a des jours, des mois, des années interminables où il ne se passe presque rien. Il y a des minutes et des secondes qui contiennent tout un monde. »
Jean d'Ormesson, Voyez comme on danse, *2001*

Gautier était un pigeon. Un bon gros pigeon parisien, passionné par sa ville : il se plaisait infiniment à voleter de-ci, de-là, à regarder les passants du dessus et à découvrir de nouvelles rues, de nouvelles niches et de nouvelles pigeonnes. C'était en effet un pigeon fort galant, mais surtout particulièrement gourmand : il mangeait tout ce qu'il trouvait. Ce pigeon vivait, en somme, une vie de patachon. Un soir de Saint-Sylvestre, alléché par les odeurs d'un repas en préparation pour le réveillon, Gautier s'aventura dans une cuisine. Il n'eut guère le temps de picorer la moindre miette qu'il fut attrapé par deux enfants hurlant et piaillant. Gautier ne se débattit pas, il était courageux, et se contenta de fermer les yeux. Il sentit qu'on le tenait fermement, qu'on lui serrait une patte, puis il fut jeté par la fenêtre.

Libéré, il s'envola à tire-d'aile, frôlant les têtes des badauds affairés, mais, curieusement, tous le regardaient en souriant. Personne n'agitait les bras pour le faire fuir, personne ne criait « Hors de mon chemin, sale pigeon dégoûtant ! » Au contraire : les gens s'arrêtaient pour le contempler avec un air bienveillant. Déconcerté, il alla se poser sur une gouttière pour faire le point. Il vit alors, pendant dans le vide, attachée à sa patte droite, une longue étiquette colorée sur laquelle il était écrit : « Bonne année à tous ! » Surpris, mais enchanté, il repartit voler toute la nuit devant les passants, afin de répandre le joyeux message : en cette nuit de nouvelle année, le pigeon avait trouvé sa vocation. Il devint pigeon voyageur et se voua entièrement à cette nouvelle passion, transportant messages et missives à travers son Paris, qu'il connaissait si bien et qu'il aimait tant.

Le *monde* en fête

Le réveillon de la Saint-Sylvestre

Dans de nombreux pays du monde, cette coutume occidentale d'origine hébraïque incite les couche-tôt à veiller au moins jusqu'aux douze coups de minuit. À Sydney, première grande ville à entrer dans la nouvelle année, des dizaines de milliers de feux d'artifice sont tirés au-dessus de la baie et des bateaux illuminés. En Allemagne, on assiste à un festival de feux d'artifice et de pétards : on pensait, il y a bien longtemps, que le bruit faisait fuir les mauvais esprits. À Rio, deux millions de Brésiliens envahissent la plage de Copacabana pour une nuit de fête à trente-cinq degrés. À New York, on décompte les dernières secondes avant minuit en contemplant la Waterford Crystal, une boule de cristal de quatre mètres de diamètre, lancée depuis un building, qui touche le sol à minuit précis. Enfin, à Paris, certains s'embrassent sous le gui, symbole de prospérité et de longue vie.

Crédits photographiques :

1er janvier/2 janvier
© Collection KHARBINE-TAPABOR

3 janvier
Savoir-faire : © CHG #1220000 – Fotolia.com ; 13 heures : © Laurent Dorey ; Ils ont marqué leur région : © KEYSTONE-FRANCE

4 janvier
À table : © quayside #10416353 – Fotolia.com ; 13 heures : © Guillaume Plisson ; Ils ont marqué leur région : © KEYSTONE-FRANCE

5 janvier
Savoir-faire : © Gilles Paire #1487400 – Fotolia.com ; 13 heures : © nemesis2207 #6520255 – Fotolia.com ; Ils ont marqué leur région : © KEYSTONE-FRANCE

6 janvier
À table : © Céline Derouet ; Savoir-faire : © Élizabeth Derouet ; 13 heures : © DR ; Ils ont marqué leur région : © KEYSTONE-FRANCE

7 janvier
Savoir-faire : © jakezc #61733 – Fotolia.com ; 13 heures : © Gérard Derouet ; Ils ont marqué leur région : © KEYSTONE-FRANCE

8 janvier/9 janvier
© Collection KHARBINE-TAPABOR

10 janvier
À table : © sylvain sorieul #8338009 – Fotolia.com ; © volff #8596912 – Fotolia.com ; Savoir-faire : © Collection Mx/Kharbine-Tapabor ; 13 heures : © Fabrice Buffard ; Ils ont marqué leur région : © Collection KHARBINE-TAPABOR

11 janvier
À table : © Douglas Freer #1212692 – Fotolia.com ; Savoir-faire : © OSCAR #7182348 - Fotolia.com ; 13 heures : © Wojtek BUSS/HOA-QUI ; Ils ont marqué leur région : © Collection Grob/KHARBINE-TAPABOR

12 janvier
À table : © rimglow #491654 – Fotolia.com ; Savoir-faire : © zerophot.com #13326983 – Fotolia.com ; 13 heures : © Catherine BIBOLLET/TOP ; Ils ont marqué leur région : © Collection KHARBINE-TAPABOR

13 janvier
À table : © VALENTIN E/TL/Hoa-Qui ; 13 heures : © François JANVIER, conservateur des AOA ; Ils ont marqué leur région : © KEYSTONE-FRANCE

14 janvier
À table : © Xavier DESMIER / RAPHO ; 13 heures : Jean-Louis Didelon ; Ils ont marqué leur région : © KEYSTONE-FRANCE

15 janvier/16 janvier
© DR ; © Collection KHARBINE-TAPABOR

17 janvier
Savoir-faire : © farfouiller #4755428 – Fotolia.com ; 13 heures : © BERNARD DUPONT/KHARBINE TAPABOR ; Ils ont marqué leur région : © Collection KHARBINE-TAPABOR

18 janvier
À table : © Nimbus #22045617 – Fotolia.com ; 13 heures : © Yvann K #11827680 – Fotolia.com ; Ils ont marqué leur région : © J-F Perigois #1036480 – Fotolia.com

19 janvier
À table : © B. Piccoli #21709140 – Fotolia.com ; Savoir-faire : © Jackin #23590912 – Fotolia.com ; 13 heures : © abricotine #7068436 – Fotolia.com ; Ils ont marqué leur région : © Collection NB/KHARBINE-TAPABOR

20 janvier
À table : © Frédéric Combes #18028091 – Fotolia.com ; Savoir-faire : © Dominique VERNIER #8167360 – Fotolia.com ; 13 heures : © Jimjag #8664204 – Fotolia.com ; Ils ont marqué leur région : © FONLUPT GILLES

21 janvier
À table : © haveseen #22246621 – Fotolia.com ; © Céline Derouet ; Savoir-faire : © Marc Chapelat #2144919 – Fotolia.com ; 13 heures : © Coll. CT/Kharbine-Tapabor ; Ils ont marqué leur région : © Philippe LG #7128494 – Fotolia.com

22 janvier/23 janvier
© Jean-Baptiste Hostache ; Fête : © Collection KHARBINE-TAPABOR

24 janvier
À table : © Jean-Baptiste Hostache ; 13 heures : © Claude Coquilleau #8683164 – Fotolia.com ; Ils ont marqué leur région : © Collection IM/Kharbine-Tapabor

25 janvier
Savoir-faire : © MB #13455070 – Fotolia.com ; 13 heures : © L. Massillon ; Ils ont marqué leur région : © Coll. Jonas/KHARBINE-TAPABOR

26 janvier
À table : © Nimbus #20922559 – Fotolia.com ; © Jean-Baptiste Hostache ; Savoir-faire : © Mounik #6200591 – Fotolia.com ; 13 heures : © La Moutarderie FALLOT ; Ils ont marqué leur région : © Eric CATARINA/GAMMA

27 janvier
À table : © chanelle #10200014 – Fotolia.com ; Savoir-faire : © DR ; 13 heures : © Romain GITTON #4461315 - Fotolia.com

28 janvier
À table : © giniebb #3440608 – Fotolia.com ; Savoir-faire : © AnneCatherine Mittey #3542776 – Fotolia.com ; 13 heures : © Louise Duhamel ; Ils ont marqué leur région : © patou #22400953 – Fotolia.com

31 janvier
À table : © VALENTIN E/TL/ Hoa-Qui ; Savoir-faire : © Shypitsyn #21962728 – Fotolia.com ; 13 heures : © porschelegend #21820685 – Fotolia.com ; Ils ont marqué leur région : © Collection KHARBINE-TAPABOR

1er février
À table : © Jean-Baptiste Hostache ; Savoir-faire : © MIGNY/KHARBINE TAPABOR ; 13 heures : © RomainQuéré #10751916 – Fotolia.com ; Ils ont marqué leur région : © Collection KHARBINE-TAPABOR ; © Collection KHARBINE-TAPABOR

2 février
À table : © Jean-Baptiste Hostache ; Savoir-faire : © Ewa Nowosielska #5635775 – Fotolia.com ; 13 heures : © Marion Descol ; Ils ont marqué leur région : © Coll. JeanVigne/KHARBINE-TAPABOR ; Fête : © Collection KHARBINE-TAPABOR

3 février
À table : © richard villalon #2549859 – Fotolia.com ; Savoir-faire : © Freddy Smeets #9702215 – Fotolia.com ; © Vatanen #13939258 – Fotolia.com ; 13 heures : © MARY EVANS/KEYSTONE-FRANCE ; Ils ont marqué leur région : © Collection KHARBINE-TAPABOR

4 février
À table : © manipulateur #7211480 – Fotolia.com ; Savoir-faire : © Collection KHARBINE-TAPABOR ; 13 heures : © FIFI #5264612 – Fotolia.com ; Ils ont marqué leur région : © leodeep #845781 – Fotolia.com

5 février/6 février
Fête : © Jean-Jacques Cordier #1620109 – Fotolia.com

7 février
À table : © AlcelVision #2438874 – Fotolia.com ; Savoir-faire : © B.Bouvier #15966950 – Fotolia.com ; 13 heures : © Jean-Jacques Cordier #6269225 – Fotolia.com ; Ils ont marqué leur région : © Collection IM/KHARBINE-TAPABOR

8 février
À table : ExQuisine #6411567 – Fotolia.com ; Savoir-faire : © suiphoto #11556792 – Fotolia.com ; Ils ont marqué leur région : © thomas guffroy #14502304 – Fotolia.com

9 février
À table : © Falk #1756027 – Fotolia.com ; Savoir-faire : © Frédéric Prochasson #22484128 – Fotolia.com ; 13 heures : © Carole D'attoma ; Ils ont marqué leur région : © Coll. Bouquig./KHARBINE-TAPABOR

10 février
À table : © Vely #21356422 – Fotolia.com ; Savoir-faire : © Collection IM/KHARBINE-TAPABOR ; 13 heures : © Eric Isselée #757785 – Fotolia.com ; Ils ont marqué leur région : © KEYSTONE-FRANCE

11 février
À table : © Yves Roland #18597334 – Fotolia.com ; Savoir-faire : © Collection IM/KHARBINE-TAPABOR ; 13 heures : © Collection KHARBINE-TAPABOR ; Ils ont marqué leur région : © Collection KHARBINE-TAPABOR

12 février/13 février
© Marie Derouet

14 février
À table : © Springfield Gallery #21459287 – Fotolia.com ; Savoir-faire : © Alexandre #464907 – Fotolia.com ; 13 heures : © tomsturm #8160527 – Fotolia.com ; Ils ont marqué leur région : © Collection KHARBINE-TAPABOR

15 février
À table : © Aurélia Monnier ; Savoir-faire : © Michèle Gourtay ; 13 heures : © Jean-Jacques Cordier #8719667 – Fotolia.com ; Ils ont marqué leur région : © Coll. Perrin/KHARBINE-TAPABOR/DR

16 février
À table : © frhuynh #6101322 – Fotolia.com ; Savoir-faire : © Jacques PALUT #90973 – Fotolia.com ; 13 heures : © Mary Evans

17 février
À table : © Collection KHARBINE-TAPABOR ; Savoir-faire : © shocky #16026408 – Fotolia.com ; 13 heures : © AGENCE REGARD/GAMMA ; Ils ont marqué leur région : © Jean Pierre Masclet/CAMERAPRESS/GAMMA

18 février
Savoir-faire : © Ariel FUCHS/EXPLORER ; 13 heures : © Nanou prod #9935420 – Fotolia.com ; Ils ont marqué leur région : © Collection KHARBINE-TAPABOR ; Fête : © J.Charles CUVELIER #5823873 – Fotolia.com

19 février/20 février
© Charles et Renate Salze

21 février
À table : © Aurélie Argellies ; Savoir-faire : © Benoit Campagne #6272934 – Fotolia.com ; 13 heures : © Dominique VERNIER #2801302 – Fotolia.com ; Ils ont marqué leur région : © KEYSTONE-FRANCE

22 février
À table : © iMAGINE #10689629 – Fotolia.com ; 13 heures : © Florence Rougier ; Ils ont marqué leur région : © Collection KHARBINE-TAPABOR

23 février
À table : © Ingrid #6536769 – Fotolia.com ; Savoir-faire : © Jacqueline Berger ; 13 heures : © Collection MX/KHARBINE-TAPABOR ; Ils ont marqué leur région : © Collection IM/KHARBINE-TAPABOR

24 février
À table : © Jean-Daniel SUDRES/TOP ; Savoir-faire : © chanelle #14022668 – Fotolia.com ; 13 heures : © Jean-Erick PASQUIER/RAPHO ; Ils ont marqué leur région : © Collection IM/KHARBINE-TAPABOR

25 février
À table : © SARMAT #11494926 – Fotolia.com ; Savoir-faire : © Claudio Calcagno #6584424 – Fotolia.com ; 13 heures : © Marie-Jose JARRY et Jean-Francois TRIPELON/TOP ;
Ils ont marqué leur région : © Coll. Perron/KHARBINE-TAPABOR

26 février/27 février
© DXfoto.com #3678306 – Fotolia.com

28 février
À table : © Chlorophylle #4326834 – Fotolia.com ; Savoir-faire : © Maud Talêque #1378558 – Fotolia.com ; 13 heures : © Danielle Thévenin ; Ils ont marqué leur région : © Coll. Perrin/KHARBINE-TAPABOR

1er mars
À table : © Jean-Baptiste Hostache ; Savoir-faire : © cynoclub #1961168 – Fotolia.com ; 13 heures : © margouillat photo #10026487 – Fotolia.com ; Ils ont marqué leur région : © KEYSTONE-FRANCE

2 mars
Savoir-faire : © ebraxas #20955638 – Fotolia.com ; 13 heures : © François Barthout ; Ils ont marqué leur région : © Photo CAMPIGLIA/Kharbine Tapabor

3 mars
À table : © Collection Grob/KHARBINE-TAPABOR ; Savoir-faire : © benamalice #2893313 – Fotolia.com ; 13 heures : © Louise Duhamel ; Ils ont marqué leur région : © Collection KHARBINE-TAPABOR ; Fête : © mattei #2496642 – Fotolia.com

4 mars
À table : © Klaus-Peter Adler #8429945 – Fotolia.com ; Savoir-faire : © Collection KHARBINE-TAPABOR ; 13 heures : © Toutenphoton #6644321 – Fotolia.com ; Ils ont marqué leur région : © Coll. Bouquig./KHARBINE-TAPABOR

5 mars/6 mars
© Office de tourisme de Soule

7 mars
À table : © sarah besson #9207009 – Fotolia.com ; Savoir-faire : © Agence DER #5998256 ; 13 heures : © Gaëlle Vanherzeeke ; Ils ont marqué leur région : © Collection KHARBINE-TAPABOR

8 mars
Savoir-faire : © helenedevun #9571265 – Fotolia.com ; 13 heures : © marité74 #8339837 – Fotolia.com ; Ils ont marqué leur région : © Élizabeth Derouet

9 mars
À table : © Valua Vitaly #4346106 – Fotolia.com ; Savoir-faire : © AnneCatherine Mittey #3542669 – Fotolia.com ; 13 heures : © MORAND-GRAHAME Gérald/Hoa-Qui ; Ils ont marqué leur région : © Francois Doisnel #5003046 – Fotolia.com

10 mars
À table : © Jean-Baptiste Hostache ; Savoir-faire : © Philippe LERIDON #1000138 – Fotolia.com ; 13 heures : © AustralianDream #2064365 – Fotolia.com ; Ils ont marqué leur région : © Coll. Jonas/Kharbine-Tapabor

11 mars
À table : © Aurélia Monnier ; Savoir-faire : © Designer_Andrea #4745797 – Fotolia.com ; 13 heures : © Agence DER #5998223 – Fotolia.com ; Ils ont marqué leur région : © Coll. Perrin/KHARBINE-TAPABOR

12 mars/13 mars
© Collection KHARBINE-TAPABOR

14 mars
À table : © Monika Adamczyk #8535864 – Fotolia.com ; Savoir-faire : © Jesse Barrow #7674906 – Fotolia.com ; 13 heures : © Marc Rigaud #2681567 – Fotolia.com ; Ils ont marqué leur région : © Collection Mx/KHARBINE-TAPABOR

15 mars
À table : © Agence DER #11558057 – Fotolia.com ; 13 heures : © olivier janne #16944566 – Fotolia.com ; Ils ont marqué leur région : © Tilio & Paolo #7005773 – Fotolia.com

16 mars
À table : © ewa kubicka #4621739 – Fotolia.com ; Savoir-faire : © Collection IM/KHARBINE-TAPABOR ; 13 heures : © Office de Tourisme des Pays d'Issoire ; Ils ont marqué leur région : © Jean Pottier/KHARBINE-TAPABOR

17 mars
À table : © Jean-Baptiste Hostache ; Savoir-faire : © DR ; 13 heures : © Élizabeth Derouet ; Ils ont marqué leur région : © Mairie de Douai

18 mars
Savoir-faire : © DEVILLE MARC ; Ils ont marqué leur région : © Collection KHARBINE-TAPABOR, © Jean-Baptiste Hostache

21 mars
Savoir-faire : © hensor #12723221 – Fotolia.com ; 13 heures : © Yudao #158947 – Fotolia.com ; Ils ont marqué leur région : © KEYSTONE-FRANCE

22 mars
Savoir-faire : © Marc Rigaud #1668582 – Fotolia.com ; 13 heures : © Pascal QUITTEMELLE/JACANA ; Ils ont marqué leur région : © Collection IM/KHARBINE-TAPABOR

23 mars
À table : © Charlotte Duval ; Savoir-faire : © Cheuva/KHARBINE-TAPABOR ; 13 heures : © eric92 #21860235 – Fotolia.com ; Ils ont marqué leur région : © YAN/RAPHO

24 mars
À table : © Tomasz Wojnarowicz #100866 – Fotolia.com ; Savoir-faire : © Thomas Pozzo di Borgo #3133257 – Fotolia.com ; 13 heures : © Bibliothèque humaniste de Sélestat ; Ils ont marqué leur région : © Collection KHARBINE-TAPABOR

25 mars
À table : © Eric Gevaert #12931149 – Fotolia.com, © Collection IM/KHARBINE-TAPABOR ; Savoir-faire : © Alexandre75015 #5338178 – Fotolia.com ; 13 heures : © David Argellies ; Ils ont marqué leur région : © Marc TULANE/RAPHO

26 mars/27 mars
© Jean Vigne/KHARBINE-TAPABOR

28 mars
À table : © Philippe ROY/HOA-QUI ; 13 heures : © Guillaume Besnard #5015909 – Fotolia.com

29 mars
À table : © Jean-Baptiste Hostache ; Savoir-faire : © Roger Perrin/KHARBINE-TAPABOR ; 13 heures : © EXPLORER ARCHIVES/KEYSTONE-FRANCE ; Ils ont marqué leur région : © Collection KHARBINE-TAPABOR

30 mars
À table : © Aurélie Argellies, © Magalice #3393010 – Fotolia.com ; Savoir-faire : © DjiggiBodgi.com #12718133 – Fotolia.com ; 13 heures : © Guillaume Besnard #5210238 – Fotolia.com ; Ils ont marqué leur région : © JEAN VIGNE/KHARBINE TAPABOR, © Boistesselin/KHARBINE-TAPABOR

31 mars
À table : © WoGi #1089585 – Fotolia.com ; Savoir-faire : © auremar #20938293 – Fotolia.com ; 13 heures : © Sylvain Cordier #4271279 – Fotolia.com ; Ils ont marqué leur région : © BENAINOUS-BENHAMOU/GAMMA

1er avril
Savoir-faire : © Yves Roland #18633983 – Fotolia.com ; 13 heures : © Marie-Jose JARRY et Jean-Francois TRIPELON/TOP ; Ils ont marqué leur région : © KHARBINE-TAPABOR/COLL. S. Kakou

2 avril/3 avril
© JEAN VIGNE/KHARBINE-TAPABOR, © Collection Vav/KHARBINE-TAPABOR

4 avril
Savoir-faire : © Valerijs Kostreckis #22554251 – Fotolia.com ; 13 heures : © PNR Millevaches ; Ils ont marqué leur région : © Frederic REGLAIN/GAMMA

5 avril
À table : © Multiart #14901900 – Fotolia.com ; Savoir-faire : © Philippe ROYER/HOA-QUI ; 13 heures : © Bruno Derbord ; Ils ont marqué leur région : © Collection KHARBINE-TAPABOR

6 avril
À table : © Danielle Bonardelle #5387651 – Fotolia.com ; 13 heures : © Pat on stock #7815933 – Fotolia.com ; Ils ont marqué leur région : © Coll. Bouquig./KHARBINE-TAPABOR

7 avril
À table : © Lily Forman #4266228 – Fotolia.com ; Savoir-faire : © indochine #4697298 – Fotolia.com ; 13 heures : © Georges Fessy ; Ils ont marqué leur région : © DR

8 avril
À table : © Céline Derouet ; 13 heures : © Alain Tellart ; Ils ont marqué leur région : © Jean-Claude VARGA/KEYSTONE-FRANCE

9 avril/10 avril
© Collection KHARBINE-TAPABOR, © Collection KHARBINE-TAPABOR, © Collection IM/KHARBINE-TAPABOR

11 avril
À table : © Les Pointilleuses; Savoir-faire : © Les Pointilleuses; 13 heures : © richard villalon #1769881 – Fotolia.com ; Ils ont marqué leur région : © Collection KHARBINE-TAPABOR

12 avril
À table : © sylbohec #285161 – Fotolia.com ; Savoir-faire : © Ed.DABECOM/D.BORDET/KHARBINE, © Jean-Baptiste Hostache ; Ils ont marqué leur région : © KEYSTONE-FRANCE

13 avril
À table : © Karl Bolf #7493581 – Fotolia.com ; Savoir-faire : © Collection IM/KHARBINE-TAPABOR ; 13 heures : © joh #15365074 – Fotolia.com ; Ils ont marqué leur région : © KEYSTONE-FRANCE

14 avril
Savoir-faire : © Jean-Baptiste Hostache, © Collection KHARBINE-TAPABOR ; 13 heures : Yvann K #16764445 – Fotolia.com ; Ils ont marqué leur région : © JEAN VIGNE/KHARBINE-TAPABOR

15 avril
À table : © Λεωνιδας#23266487 – Fotolia.com ; Savoir-faire : © Jacques PALUT #13823961 – Fotolia.com ; 13 heures : © Lucie Violette ; Ils ont marqué leur région : © KEYSTONE-FRANCE

16 avril/17 avril
© Collection KHARBINE-TAPABOR, © L.Bouvier #9635989 – Fotolia.com ; Fête : © patrom #9699015 – Fotolia.com

18 avril
À table : © Unclesam #11495319 – Fotolia.com, © Frédéric T. #55737 – Fotolia.com, © Unclesam #11120381 – Fotolia.com ; 13 heures : © Gaëlle Vanherzeeke ; Ils ont marqué leur région : © Collection KHARBINE-TAPABOR

19 avril
À table : © Jean-Baptiste Hostache ; Savoir-faire : © Les Pointilleuses, © Marie-Jose JARRY et Jean-Francois TRIPELON/TOP ; 13 heures : © Office de tourisme de Châlons-en-Champagne ; Ils ont marqué leur région : © Collection KHARBINE-TAPABOR

20 avril
À table : © Hervé MICHEL #9957097 – Fotolia.com ; Savoir-faire : © epantha #10909986 – Fotolia.com, © TRITOOTH #2628832 – Fotolia.com ; 13 heures : © B.Bouvier #8522289 – Fotolia.com ; Ils ont marqué leur région : © Coll. Jonas/KHARBINE-TAPABOR , © Jean-Baptiste Hostache

21 avril
Savoir-faire : © Foto-Rhein-Main #2581580 – Fotolia.com ; 13 heures : © Béatrice NM #11375404 – Fotolia.com ; Ils ont marqué leur région : © KEYSTONE-FRANCE

22 avril
À table : © Jean-Marie MAILLET #1589349 – Fotolia.com ; Savoir-faire : © Pat on stock #9396440 – Fotolia.com ; 13 heures : © delmo07 #7905433 – Fotolia.com ; Ils ont marqué leur région : © DR

25 avril
À table : © Jean-Baptiste Hostache ; Savoir-faire : © Delphimages #3684211 – Fotolia.com ; 13 heures : © Philophoto #16409159 – Fotolia.com ; Ils ont marqué leur région : © KEYSTONE-FRANCE

26 avril
À table : © Collection IM/KHARBINE-TAPABOR, © Jean-Baptiste Hostache ; Savoir-faire : © Les Pointilleuses ; 13 heures : © RomainQuéré #3841427 – Fotolia.com ; Ils ont marqué leur région : © Elmunster #18630430 – Fotolia.com

27 avril
À table : © Antonio #12547093 – Fotolia.com ; Savoir-faire : © Patrick Bonnor #1015060 – Fotolia.com ; 13 heures : © Jean-Marc LECERF/HOA-QUI ; Ils ont marqué leur région : © Collection Grob/KHARBINE-TAPABOR

28 avril
À table : © fransos66 #4018557 – Fotolia.com ; Savoir-faire : © COCOART #7346633 – Fotolia.com, © Gunnar Leon #1432013 – Fotolia.com ; 13 heures : © Florian Villesèche #5185347 – Fotolia.com ; Ils ont marqué leur région : © Jean Vigne/KHARBINE-TAPABOR

29 avril
À table : © Yasonya #6677973 – Fotolia.com ; Savoir-faire : © SteF #770276 – Fotolia.com ; 13 heures : © Jean Vigne/KHARBINE-TAPABOR ; Ils ont marqué leur région : © Collection IM/KHARBINE-TAPABOR

2 mai
À table : © Lulu #4491777 – Fotolia.com ; Savoir-faire : © Fabien LEROUX #16967910 – Fotolia.com ; 13 heures : © Jimjag #13511302 – Fotolia.com ; Ils ont marqué leur région : © Collection Jonas/Kharbine-Tapabor

3 mai
À table : © Alexandra Nivet ; Savoir-faire : © Jean-Baptiste Hostache ; 13 heures : © Jean-Jacques Cordier #16369700 – Fotolia.com ; Ils ont marqué leur région : © KEYSTONE-FRANCE

4 mai
À table : © Nimbus #18601019 – Fotolia.com ; Savoir-faire : © Téo #4537055 – Fotolia.com ; 13 heures : © Mairie Aubazine ; Ils ont marqué leur région: © Raymond Maufrais, www.maufrais.info

5 mai
À table : © Nimbus #14779954 – Fotolia.com ; Savoir-faire : © Jean-Baptiste Hostache ; 13 heures : © Abbaye Saint-Pierre de Solesmes ; Ils ont marqué leur région : © Collection IM/KHARBINE-TAPABOR

6 mai
À table : © Maurice METZGER #9366310 – Fotolia.com ; 13 heures : © Collection KHARBINE-TAPABOR

7 mai/8 mai
© Collection KHARBINE-TAPABOR

9 mai
Savoir-faire : © Jean-Baptiste Hostache, Laurent Dorey ; 13 heures : © Gérard Barrin ; Ils ont marqué leur région : © Coll. Perron/KHARBINE-TAPABOR

10 mai
À table : © auremar #15623154 – Fotolia.com ; Savoir-faire : © Collection IM/KHARBINE-TAPABOR ; 13 heures : © JMPhoto #3754942 – Fotolia.com ; Ils ont marqué leur région : © Château de Breteuil/KHARBINE-TAPABOR

11 mai
À table : © Claudio Baldini #3640817 – Fotolia.com ; Savoir-faire : © Abbaye de Flavigny ; 13 heures : © Alonbou #16502397 – Fotolia.com ; Ils ont marqué leur région : Collection KHARBINE-TAPABOR

12 mai
À table : © Aurélia Monnier ; 13 heures : © Nanou prod #10043881 – Fotolia.com ; Ils ont marqué leur région : © Collection KHARBINE-TAPABOR

W13 mai
Savoir-faire : © Coll. Perrin/KHARBINE-TAPABOR ; 13 heures : © Michel PERES/HOA-QUI ; Ils ont marqué leur région : © eagle84 #22588606 – Fotolia.com, © Radu Razvan #2350404 – Fotolia.com

14 mai/15 mai
© Cheuva/KHARBINE-TAPABOR, © Cheuva/KHARBINE-TAPABOR ; Fête : © Collection IM/KHARBINE-TAPABOR

16 mai
À table : © Philippe ROY/HOA-QUI ; Savoir-faire : © Collection MA/KHARBINE-TAPABOR, © Natalia D. #10974666 – Fotolia.com ; 13 heures : © Laurent Dorey ; Ils ont marqué leur région : © GAILLARDE RAPHAEL

17 mai
Savoir-faire : © alternative photo #408009 – Fotolia.com ; 13 heures : © JM Perraux/Ville de Verdun ; Ils ont marqué leur région : © Jean Vigne/KHARBINE-TAPABOR

18 mai
À table : © Céline Derouet, © Julien Gremillot #3951191 – Fotolia.com ; 13 heures : © jerome DELAHAYE #8091346 – Fotolia.com ; Ils ont marqué leur région : © Coll. Dixmier/KHARBINE-TAPABOR

19 mai
À table : © MAXIME #5931347 – Fotolia.com ; Savoir-faire : Gilles Paire #469107 – Fotolia.com ; 13 heures : © Philippe ROY/HOA-QUI ; Ils ont marqué leur région : © CHRISTIAN KOLB/JUERGEN TAP/HOCH ZWEI/GAMMA/Eyedea Presse

20 mai
À table : © Bernard BAILLY #7345551 – Fotolia.com, © Jean-Baptiste Hostache ;
Savoir-faire : © MONIQUE POUZET #466602 – Fotolia.com ; 13 heures : © Comité Régional du Tourisme de Picardie ; Ils ont marqué leur région : © BENHAMOU-SOULOY/GAMMA/Eyedea Presse

21 mai/22 mai
© Coll. Jonas/KHARBINE-TAPABOR, © Jean-Baptiste Hostache

23 mai
À table : © Aurélie Argellies ; Savoir-faire : © Collection KHARBINE-TAPABOR ; 13 heures : © Frederic CHAPRON #3225824 – Fotolia.com ; Ils ont marqué leur région : © Philippe Glorieux

24 mai
13 heures : © Cédric Vanherzeeke ; Ils ont marqué leur région : © Eric CATARINA/GAMMA, © Céline Derouet ; Fête : © KEYSTONE-FRANCE

25 mai
À table : bugnes © loflo69 #11923076 – Fotolia.com ; 13 heures : © FotoWorx #1205704 – Fotolia.com ; Ils ont marqué leur région : © DR ; Fête : © IM/KHARBINE-TAPABOR

26 mai
À table : © Jean-Christophe Leclerc ; 13 heures : © Philippe Glorieux ; Ils ont marqué leur région : © KEYSTONE-FRANCE

27 mai
À table : Sophie Cottin Bouzat #2936629 – Fotolia.com ; 13 heures : © francois.teinturier #17007678 – Fotolia.com ; Ils ont marqué leur région : © Collection Six/KHARBINE-TAPABOR

28 mai/29 mai
© Jean-Baptiste Hostache

30 mai
À table : © Aurélie Argellies ; Savoir-faire : © chaosheidi #23164206 – Fotolia.com, © Jerome Dancette #3125277 – Fotolia.com ; 13 heures : © jcsdu14 #22985392 – Fotolia.com ; Ils ont marqué leur région : © Coll. Jonas/KHARBINE-TAPABOR

31 mai
À table : © IM/KHARBINE-TAPABOR ; Savoir-faire : © Oleg-F #4932486 – Fotolia.com ; 13 heures : © Alain Miskovic #14235877 – Fotolia.com ; Ils ont marqué leur région : © DR

1er juin
À table : © Frédéric Combes #20105169 – Fotolia.com ; Savoir-faire : © Dominique VERNIER #1303591 – Fotolia.com ; 13 heures : © Daniel Pissondes #1188886 – Fotolia.com ; Ils ont marqué leur région : © Photo CAMPIGLIA/KHARBINE TAPABOR

2 juin
À table : © Zee Stranger #11869296 – Fotolia.com ; Savoir-faire : © Thomas Estano #4142507 – Fotolia.com ; 13 heures : © Château de Montaigne ;
Ils ont marqué leur région : © Herve BRUHAT/RAPHO

3 juin
À table : © Collection IM/KHARBINE-TAPABOR ; Savoir-Faire : © Jean-Baptiste Hostache ; 13 heures : © NGT #1461143 – Fotolia.com ; Ils ont marqué leur région : © Coll. Perron/KHARBINE-TAPABOR

4 juin/5 juin
Collection KHARBINE-TAPABOR/DR ; Fête : © Élizabeth Derouet

6 juin
À table : © Aurélie Argellies ; © Coll. Galdoc-Grob/KHARBINE-TAPABOR, © Collection KHARBINE-TAPABOR ; Savoir-faire : © Collection IM/KHARBINE-TAPABOR ; 13 heures : © Jean-Jacques Cordier #12005008 – Fotolia.com

7 juin
À table : © Karine Buffard #14548916 – Fotolia.com ; Savoir-faire : © Aurélie Argellies, © Collection KHARBINE-TAPABOR ; 13 heures : © #20315243 – Fotolia.com ; Ils ont marqué leur région : © BENAINOUS ALAIN

8 juin
Savoir-faire : Collection IM/KHARBINE-TAPABOR ; 13 heures : © Philippe GRAILLE #14960018 – Fotolia.com ; Ils ont marqué leur région : © KEYSTONE-FRANCE

9 juin
À table : © Nimbus #10844979 – Fotolia.com ; Savoir-faire : © Liette Parent #262433 – Fotolia.com ; 13 heures : © Mermozine #3906787 – Fotolia.com; Ils ont marqué leur région : © Collection Grob/KHARBINE-TAPABOR

10 juin
Savoir-faire : © Pascal QUITTEMELLE/JACANA ; 13 heures : © Nimbus #7543869 – Fotolia.com ; Ils ont marqué leur région : © N.A./GAMMA

11 juin/12 juin
Fête : © Tilio & Paolo #7484138 – Fotolia.com

13 juin
À table : © Gerard Moreau #19500410 – Fotolia.com ; 13 heures : © jeanphilippe delisle #10504641 – Fotolia.com ; Ils ont marqué leur région : © porschelegend #5281071 – Fotolia.com ; Fête : © Stéphane Millien #4746232 – Fotolia.com

14 juin
À table : © Emmanuelle Guillou #5561232 – Fotolia.com ; Savoir-faire : © Unclesam #23040669 – Fotolia.com ; 13 heures : © shocky #370762 – Fotolia.com ; Ils ont marqué leur région : © Eric CATARINA/GAMMA

15 juin
À table : © nobor #20077768 – Fotolia.com ; Savoir-faire : © Toanet #11595473 – Fotolia.com ; 13 heures : © Gaëlle Vanherzeeke ; Ils ont marqué leur région : © Serge BENHAMOU/GAMMA

16 juin
À table : © ChantalS #3368534 – Fotolia.com ; 13 heures : © Coll. Jonas/KHARBINE-TAPABOR ; Ils ont marqué leur région : © Coll. Jonas/KHARBINE-TAPABOR

17 juin
À table : © avatar444 #20373452 – Fotolia.com ;13 heures : © Wojtek BUSS/HOA-QUI

18 juin/19 juin
© DR ; Fête : © Collection IM/KHARBINE-TAPABOR

20 juin
À table : © Marc Roche #10867294 – Fotolia.com ; 13 heures : © bobroy20 #2376746 – Fotolia.com ; Ils ont marqué leur région : © Coll. Jonas/Kharbine-Tapabor

21 juin
À table : © Christine Lamour #333652 – Fotolia.com ; Savoir-faire : © Unclesam #23016339 – Fotolia.com ; 13 heures : © Arap #17193156 – Fotolia.com; Ils ont marqué leur région : © Serge BENHAMOU/GAMMA

22 juin
Savoir-faire : © Marie-Jose JARRY et Jean-Francois TRIPELON/TOP ; 13 heures : © Pat on stock #5407189 – Fotolia.com

23 juin
À table : © setra #23328912 – Fotolia.com, © Collection KHARBINE-TAPABOR ; Savoir-faire : © philippe simier #1342711 – Fotolia.com ; 13 heures : © jebouc59 #9030245 – Fotolia.com ; Ils ont marqué leur région : © BENAINOUS-DUCLOS

24 juin
À table : © volff #7628300 – Fotolia.com, © Claudio Calcagno #6048807 – Fotolia.com ; 13 heures : © Gaëlle Vanherzeeke ; Ils ont marqué leur région : © CRUSIAUX Franck/GAMMA/Eyedea Presse ; Fête : © Collection KHARBINE-TAPABOR

25 juin/26 juin
© Jean-Baptiste Hostache, © Witched #1234578 – Fotolia.com

27 juin
À table : © martine wagner #1270896 – Fotolia.com ; Savoir-faire : © Collection KHARBINE-TAPABOR ; 13 heures : © Sarah Dusautoir #19651993 – Fotolia.com

28 juin
À table : © Aurélie Argellies ; 13 heures : © PackShot #21787903 – Fotolia.com ; Ils ont marqué leur région : © Alain BUU/GAMMA

29 juin
À table : © alain wacquier #23107199 – Fotolia.com ; Savoir-faire : © Bernard GIRARDIN #9464090 – Fotolia.com ; 13 heures : © Jeanne Lebastard ; Ils ont marqué leur région : © Collection KHARBINE-TAPABOR

30 juin
À table : © klikk #310574, © NiDerLander #5010935 – Fotolia.com ; 13 heures : © yannick saint-andre #4509066 – Fotolia.com ; Ils ont marqué leur région: © sblanc #120123 – Fotolia.com

1er juillet
À table : © guy #14236915 – Fotolia.com, Collection IM/KHARBINE-TAPABOR ; Savoir-faire : © Rainer Claus #9569310 – Fotolia.com ; 13 heures : © C. Guichard, La Casamaures 2010 ; Ils ont marqué leur région : © Collection KHARBINE-TAPABOR

2 juillet/3 juillet
© Jean-Baptiste Hostache ; Fête : © Gérard LEMAIRE #8373183 – Fotolia.com

4 juillet
À table : © nool #18013684 – Fotolia.com, © Marc Roche #9505187 – Fotolia.com ; Savoir-faire : © Claude Coquilleau #11284671 – Fotolia.com ; 13 heures : © Christophe BOISVIEUX/HOA-QUI ; Ils ont marqué leur région : © Collection Grob/KHARBINE-TAPABOR

5 juillet
À table : © Philippe GIRAUD #18117722 – Fotolia.com ; Savoir-faire : © ludoviq #8422661 – Fotolia.com ; 13 heures : © LLPhotography #1061317 – Fotolia.com ; Ils ont marqué leur région : © Coll. Perron/KHARBINE-TAPABOR, © Collection KHARBINE-TAPABOR

6 juillet
Savoir-faire : © focusart.fr #2895236 – Fotolia.com ; 13 heures : © Adrien Roussel #52803 – Fotolia.com ; Ils ont marqué leur région : © KEYSTONE-FRANCE

7 juillet
À table : © Aurélia Monnier ; Savoir-faire : © Coll. Jonas/KHARBINE-TAPABOR, © Collection IM/KHARBINE-TAPABOR ; 13 heures : La Piscine, Musée d'Art et d'Industrie André Diligent, Roubaix. Architectes : Albert Baert, 1932/Jean-Paul Philippon, 2001. © Photo : Alain Leprince ; Ils ont marqué leur région : © WEISS SABINE

8 juillet
Savoir-faire : © Pavel Drozda #2899435 – Fotolia.com ; 13 heures : © Adrien Roussel #11973497 – Fotolia.com ; Ils ont marqué leur région : © ANDERSEN-GAILLARDE/GAMMA ; Fête : © DjiggiBodgi.com #15941152 – Fotolia.com

9 juillet/10 juillet
© Jean Vigne/KHARBINE-TAPABOR, © Collection KHARBINE-TAPABOR

11 juillet
À table : © Maceo #23843928 – Fotolia.com ; Savoir-faire : © Coll. Perrin/KHARBINE-TAPABOR ; 13 heures : © Charlotte Villain et Dimitri Fontaine ; Ils ont marqué leur région : © Coll. Grob/KHARBINE-TAPABOR

12 juillet
À table : © Aurélia Monnier ; Savoir-faire : © Blancher Benoît #1503272 – Fotolia.com ; 13 heures : © Prod. Numérik #21381510 – Fotolia.com ; Ils ont marqué leur région : © Opinel

13 juillet
À table : © martine wagner #4672474 – Fotolia.com ; Savoir-faire : © Sébastien Gastaldi ; 13 heures : © Alexandra Nivet ; Ils ont marqué leur région : © Coll. Galdespho/KHARBINE-TAPABOR

14 juillet
À table : © David Argellies ; Savoir-faire : © Edouard BOUBAT/RAPHO ; 13 heures : © Alonbou #16484264 – Fotolia.com ; Ils ont marqué leur région : © RAT ROMUALD

15 juillet
À table : © Yahia LOUKKAL #11870365 – Fotolia.com ; 13 heures : © Mathieu JACOB #661500 – Fotolia.com ; Ils ont marqué leur région : © DR

16 juillet/17 juillet
Fête : © Collection KHARBINE-TAPABOR

18 juillet
À table : © Freddy Smeets #1467668 – Fotolia.com ; Savoir-faire : © Thierry GUIMBERT #1188837 – Fotolia.com, © Les Pointilleuses ; 13 heures : © FISSIER JACQUES/GAMMA ; Ils ont marqué leur région : © KEYSTONE FRANCE

19 juillet
À table : © Jean-Baptiste Hostache ; Savoir-faire : © Pain d'épices LIPS ; 13 heures : © Cyril Comtat #9608679 – Fotolia.com ; Ils ont marqué leur région : © Coll. Galdespho/KHARBINE-TAPABOR

20 juillet
Savoir-faire : © Élizabeth Derouet ; 13 heures : © Jean-Baptiste Hostache

21 juillet
À table : © Paty Cullen Wingrove #18352334 – Fotolia.com ; Savoir-faire : © Bernard Levert #391458 – Fotolia.com ; 13 heures : © Hervé Rouveure #17816870 – Fotolia.com ; Ils ont marqué leur région : © Jean Vigne/KHARBINE-TAPABOR

22 juillet
À table : © Unclesam #4657001 – Fotolia.com, © DjiggiBodgi.com #7234255 – Fotolia.com ; Savoir-faire : © philippe theret #3094594 – Fotolia.com ; 13 heures : © PHB.cz #22191083 – Fotolia.com ; Ils ont marqué leur région : © KEYSTONE-FRANCE

23 juillet/24 juillet
© Jean-Baptiste Hostache, © Collection KHARBINE-TAPABOR

25 juillet
À table : © Maurice METZGER #19300348 – Fotolia.com ; Savoir-faire : cynoclub #4573373 – Fotolia.com ; 13 heures : © DR ; Ils ont marqué leur région : © KEYSTONE-FRANCE

26 juillet
À table : © jerdhal #16818270 – Fotolia.com ; Savoir-faire : Aurélie Argellies ; 13 heures : © Stéphane BOURHIS #23291159 – Fotolia.com ; Ils ont marqué leur région : © Collection IM/KHARBINE-TAPABOR ; Fête : © Coll. Jonas/KHARBINE-TAPABOR

27 juillet
À table : © Paty Cullen Wingrove #7991084 – Fotolia.com ; Savoir-faire : © virdg #8635660 – Fotolia.com, © lamax #13007871 – Fotolia.com ; 13 heures : © Prieuré d'Orsan ; Ils ont marqué leur région : © Jean-Baptiste Hostache

28 juillet
À table : © Aurélia Monnier ; Savoir-faire : © Paulette Théo, © Aleksej Kostin #2705435 – Fotolia.com ; 13 heures : © Hélène Duhamel ; Ils ont marqué leur région : © Céline Derouet, © KEYSTONE-FRANCE

29 juillet
Savoir-faire : © dongads #22352815 – Fotolia.com ; 13 heures : © Gaëlle Vanherzeeke ; Ils ont marqué leur région : © Cheuva/KHARBINE-TAPABOR

30 juillet/31 juillet
© Collection IM/KHARBINE-TAPABOR/DR

1er août
À table : © Collection IM/KHARBINE-TAPABOR, © Collection KHARBINE-TAPABOR ; Savoir-faire : © Aurélia Monnier, © Gérard Derouet ; 13 heures : © Jacques Piat #16486230 – Fotolia.com ; Ils ont marqué leur région : © Phot Prud'homme/KHARBINE-TAPABOR

2 août
À table : © chanelle #15716877 – Fotolia.com, © Collection IM/KHARBINE-TAPABOR ; Savoir-faire : © Jadehawk #20857807 – Fotolia.com ; 13 heures : © Grégory Beyrouti #554281 – Fotolia.com ; Ils ont marqué leur région : © KEYSTONE-FRANCE, © Jean-Baptiste Hostache

3 août
À table : © Sylvain Bouquet #4998462 – Fotolia.com ; Savoir-faire : © Credit JEAN VIGNE/KHARBINE TAPABOR ; 13 heures : © amskad #13333269 – Fotolia.com ; Ils ont marqué leur région : © Collection KHARBINE-TAPABOR

4 août
À table : © Michael Gray #20781623 – Fotolia.com ; 13 heures : © Gregory CEDENOT #16750666 – Fotolia.com ; Ils ont marqué leur région : © Jean-Baptiste Hostache ; Fête : © FLEURY L./EXPLORER/HOA-QUI

5 août
À table : © Comugnero Silvana #11028114 – Fotolia.com ; Savoir-faire : © meailleluc.com #8267595 – Fotolia.com ; 13 heures : © nougaro #4919763 – Fotolia.com ; Ils ont marqué leur région : © KEYSTONE-FRANCE, © Collection KHARBINE-TAPABOR ; Fête : © Argonautis #15610728 – Fotolia.com

6 août/7 août
© Collection KHARBINE-TAPABOR ; Fête : © relaxmax74 #3977266 – Fotolia.com

8 août
À table : © alain wacquier #18195371 – Fotolia.com, © Pefkos #4895457 – Fotolia.com ; 13 heures : © Crédit photo O.T. Dax ; Ils ont marqué leur région : © Collection NB/KHARBINE-TAPABOR

9 août
À table : © Lily Forman #4266228 – Fotolia.com ; Savoir-faire : © NicOlas Angevin #15799370 – Fotolia.com ; 13 heures : © Alex CASA/EXPLORER/HOA-QUI ; Ils ont marqué leur région : © Collection KHARBINE-TAPABOR

10 août
À table : Jean-Baptiste Hostache ; Savoir-faire : © Maurizio Targhetta #21255280 – Fotolia.com ; 13 heures : © jerome DELAHAYE #7904478 – Fotolia.com ; Ils ont marqué leur région : © Coll. Jonas/KHARBINE-TAPABOR

11 août
À table : © Chocorange #13938743 – Fotolia.com ; Savoir-faire : © Thierry ZENO/KEYSTONE FRANCE ; 13 heures : © Philophoto #8706875 – Fotolia.com ; Ils ont marqué leur région : © Coll. Perron/KHARBINE-TAPABOR

12 août
À table : © neilrod #20161818 – Fotolia.com, © Collection IM/KHARBINE-TAPABOR ; 13 heures : © Arap #15719927 ; Ils ont marqué leur région : © Photo Bouquig./KHARBINE-TAPABOR

13 août/14 août
© Collection KHARBINE-TAPABOR

15 août
À table : © Maurice ROUGEMONT/TOP ; Savoir-faire : © Collection LOU/KHARBINE-TAPABOR ; 13 heures : © Puy du Fou ® ; Ils ont marqué leur région : © Coll. Jonas/KHARBINE-TAPABOR

16 août
À table : © Grob/KHARBINE-TAPABOR/DR ; Savoir-faire : © Collection KHARBINE-TAPABOR ; 13 heures : © Olivier Chaslin ; Ils ont marqué leur région : © Collection KHARBINE-TAPABOR

17 août
Savoir-faire : © DeniseTorres #21538209 – Fotolia.com ; 13 heures : Clichés Musée départemental breton/Bernard Galeron ; Ils ont marqué leur région : © Coll. Jonas/Kharbine-Tapabor

18 août
À table : © mimon #20423604 – Fotolia.com ; Savoir-faire © atmospheric #2450786 – Fotolia.com, © musicorso #2898340 – Fotolia.com ; 13 heures : © Philippe SURMELY #338675 – Fotolia.com ; Ils ont marqué leur région : © Coll. Jonas/Kharbine-Tapabor

19 août
À table : © Cheuva/KHARBINE-TAPABOR ; 13 heures : © ABLYmedia #3771973 – Fotolia.com ; Ils ont marqué leur région : © KEYSTONE FRANCE

20 août/21 août
© Collection KHARBINE-TAPABOR ; Fête : © AVENTURIER-SALABER

22 août
À table : © Aurélia Monnier ; Savoir-faire : © Pascaline Lopez #112197 – Fotolia.com ; 13 heures : © bluesky6867 #17393796 – Fotolia.com ;

Ils ont marqué leur région : © Mary Evans

23 août
Savoir-faire : © Élodie Genty ; 13 heures : © Office de tourisme de Rodemack ; Ils ont marqué leur région : © Coll. GalDoc/Kharbine-Tapabor

24 août
À table : © Unclesam #22233662 – Fotolia.com ; Savoir-faire : © Magalice #2108112 – Fotolia.com ; 13 heures : © KEYSTONE-France ; Ils ont marqué leur région : © L'HUMANITE/KEYSTONE-FRANCE

25 août
À table : © Fanny Laborde ; Savoir-faire : © clabert #12422278 – Fotolia.com, © Jean-Baptiste Hostache ; 13 heures : © Catherine BIBOLLET/TOP ; Ils ont marqué leur région : © KEYSTONE-France ; Fête : © cyril ruchet #8686298 – Fotolia.com

26 août
Savoir-faire : © lucastor #1968884 – Fotolia.com ; 13 heures : © RomainQuéré #3841427 – Fotolia.com ; Ils ont marqué leur région : © Collection KHARBINE-TAPABOR

27 août/28 août
© Jean-Baptiste Hostache, © Collection IM/KHARBINE-TAPABOR, © Vanille

29 août
À table : © JONATHAN #16602764 – Fotolia.com, © Élizabeth Derouet ; Savoir-faire : © Greg Pickens #245520 – Fotolia.com ; 13 heures : © Frederic Favelin #1174810 ; Ils ont marqué leur région : © JEAN VIGNE/KHARBINE TAPABOR

30 août
À table : © Jean-Baptiste Hostache, © Aurélia Monnier ; Savoir-faire : © Coll privee IM/KHARBINE TAPABOR ; 13 heures : © Gérard Derouet ; Ils ont marqué leur région : © KEYSTONE-FRANCE

31 août
Savoir-faire : © Carmen Steiner #15207913 – Fotolia.com, © Gunnar Leon #1432013 – Fotolia.com ; 13 heures : © Ville d'Aurillac ; Ils ont marqué leur région : © Coll. Jonas/KHARBINE-TAPABOR

1er septembre
À table : © Anne Rolland #119215 – Fotolia.com ; Savoir-faire : © DjiggiBodgi.com #1957623 – Fotolia.com, © cynoclub #2746998 – Fotolia.com ; 13 heures : © cyrille godrie #6677648 – Fotolia.com ; Ils ont marqué leur région : © KEYSTONE-FRANCE

2 septembre
À table : © Naty Strawberry #12639544 – Fotolia.com ; Savoir-faire : © Collection IM/KHARBINE-TAPABOR ; 13 heures : © helenedevun #6992355 – Fotolia.com ; Ils ont marqué leur région : © Coll. Jonas/KHARBINE-TAPABOR

3 septembre/4 septembre
© Collection KHARBINE-TAPABOR, © Nimbus #4450157 – Fotolia.com

5 septembre
À table : © stephaniecointe #9949351 – Fotolia.com ; Savoir-faire : © Franck Diapo #13413592 – Fotolia.com, © Gérard Derouet ; 13 heures © Élizabeth Derouet ; Ils ont marqué leur région : © MUSEUM IMAGES/Kharbine Tapabor, © Coll. Gantier/Kharbine-Tapabor

6 septembre
Savoir-faire : © Cécile BAREYRE. http://barab.free.fr/ ; 13 heures : © Yves Roland #14851801 – Fotolia.com ; Ils ont marqué leur région : © Éd. Siloë. Jacques L'Hoste, Matricule 185950, Nantes, Siloë, 1992

7 septembre
À table : © Nimbus #10341184 – Fotolia.com ; Savoir-faire : © meailleluc.com #8209006 – Fotolia.com ; 13 heures : © Tilio & Paolo #15662755 – Fotolia.com ; Ils ont marqué leur région : © Collection Grob/KHARBINE-TAPABOR

8 septembre
À table : © ALAIN VERMEULEN #10797877 – Fotolia.com ; Savoir-faire : © MIGNY/KHARBINE TAPABOR ; 13 heures : nougaro #8057046 – Fotolia.com ; Ils ont marqué leur région : © KEYSTONE-FRANCE, © Coll. Jonas/KHARBINE-TAPABOR

9 septembre
À table : © Caméléon #384294 – Fotolia.com ; Savoir-faire : © Unclesam #9223588 – Fotolia.com ; 13 heures : © Mermozine #9629362 – Fotolia.com ; Ils ont marqué leur région : © Coll. Jonas/KHARBINE-TAPABOR ; Fête : © KEYSTONE FRANCE

10 septembre /11 septembre
© Jewish Memories/KHARBINE-TAPABOR

12 septembre
À table : © Coll. Galdoc-Grob/KHARBINE-TAPABOR ; Savoir-faire : © Collection KHARBINE-TAPABOR, Gérard Derouet ; 13 heures : © CHG #7879272 – Fotolia.com ; Ils ont marqué leur région : © Collection KHARBINE-TAPABOR

13 septembre
À table : © richard villalon #19008249 – Fotolia.com ; Savoir-faire : © Aurélia Monnier ; 13 heures : © CastaLibre #14362858 – Fotolia.com ; Ils ont marqué leur région : © KEYSTONE-FRANCE

14 septembre
À table : © Nadia Ivanova #134975 – Fotolia.com, © lefebvre_jonathan #20644510 – Fotolia.com ; Savoir-faire : © Coll. Migny/ KHARBINE-TAPABOR ; 13 heures : © Jean-Marc LECERF/HOA-QUI ; Ils ont marqué leur région : © Collection IM/KHARBINE-TAPABOR, © silver chopsticks #13786048 – Fotolia.com

15 septembre
À table : © Sébastien Eich #15604263 – Fotolia.com ; Savoir-faire : © manubelin #1349272 – Fotolia.com ; 13 heures : © Alexandra Nivet ; Ils ont marqué leur région : © Collection IM/KHARBINE-TAPABOR, © Jean-Baptiste Hostache

16 septembre
À table : © Jean-Baptiste Hostache ; Savoir-faire : © corinne matusiak #761335 – Fotolia.com, © Alexandra Nivet ; 13 heures : © PHOTOPOLITAIN #3796644 – Fotolia.com ; Ils ont marqué leur région : © Coll. Perron/KHARBINE-TAPABOR, © MARY EVANS/KEYSTONE-France

17 septembre /18 septembre
© Coll. JeanVigne/KHARBINE-TAPABOR ; Fête : © Elenathewise #764797 – Fotolia.com, © MARIBELL #2430125 – Fotolia.com

19 septembre
À table : © Kadmy #18494268 – Fotolia.com ; 13 heures : © david debray #16092298 – Fotolia.com ; Ils ont marqué leur région : © Jean Nivet

20 septembre
À table : © Jean-Baptiste Hostache ; Savoir-faire : © Claus Mikosch #1122317 – Fotolia.com ; 13 heures : © mattei #3197162 – Fotolia.com ; Ils ont marqué leur région : © neo #185018371122317 – Fotolia.com, © Collection Grob/KHARBINE-TAPABOR

21 septembre
À table : © Jean-Daniel SUDRES/TOP ; Savoir-faire : © Roland Perret ; 13 heures : © Denis Eudeline ; Ils ont marqué leur région : © GARRO THIERRY/GAMMA

22 septembre
À table : © Pjorg #8323814 – Fotolia.com, © Collection IM/KHARBINE-TAPABOR; Savoir-faire : © STEIN88 #20486823 – Fotolia.com, © Nimbus #23307309 – Fotolia.com ; 13 heures : © Ségolène Roze #4060839 – Fotolia.com ; Ils ont marqué leur région : © Collection Grob/KHARBINE-TAPABOR

23 septembre
À table : © Daniel Rousseau ; 13 heures : © Thomas Souquet-Basiège ; Ils ont marqué leur région : © Coll.SIX/KHARBINE-TAPABOR, © Coll. KHARBINE-TAPABOR ; Fête : © KEYSTONE-FRANCE

24 septembre/25 septembre
© Collection IM/KHARBINE-TAPABOR, © JeanVigne/KHARBINE-TAPABOR

26 septembre
À table : © Monika Forysiak #8854297 – Fotolia.com ; Savoir-faire : © Didier SCUVIE #1514485 – Fotolia.com ; 13 heures : © Ignatius Wooster #22416173– Fotolia.com ; Ils ont marqué leur région : © Vassil Asjac

27 septembre
À table : © seen #6651854 – Fotolia.com, © Collection KHARBINE-TAPABOR ; Savoir-faire : © HAKOpromotion #5611643 – Fotolia.com, © Collection IM/KHARBINE-TAPABOR ; 13 heures : © Frédéric GUILLET #971685 – Fotolia.com ; Ils ont marqué leur région : © Serge BENHAMOU/GAMMA

28 septembre
Savoir-faire : © photomic #16918320 – Fotolia.com ; 13 heures : © JEB #16055966 – Fotolia.com ; Ils ont marqué leur région : © Mairie de verdelais

29 septembre
À table : © Jérôme SALORT #11200469 – Fotolia.com ; Savoir-faire : © Virgilio DE ALMEIDA #3512708 – Fotolia.com, © charlesphoto #23189801– Fotolia.com ; 13 heures : © Charlotte Villain ; Ils ont marqué leur région : © Frederic SOULOY/GAMMA

30 septembre
Savoir-faire : © shadow #14463167 – Fotolia.com ; 13 heures : © Montagne des Singes ; Ils ont marqué leur région : © Collection IM/KHARBINE-TAPABOR

1er octobre/2 octobre
© Olivier Poncelet #13961193 – Fotolia.com ; Fête : © peter #11249791 – Fotolia.com

3 octobre
À table : © Ignatius Wooster #14569706 – Fotolia.com ; Savoir-faire : © flashgun #15390752 – Fotolia.com ; 13 heures : © Élizabeth Derouet ; Ils ont marqué leur région : © Collection IM/KHARBINE-TAPABOR, © Luc DIEBOLD #11963292 – Fotolia.com

4 octobre
À table : © photlook #2972580 – Fotolia.com, © richard villalon #12415185 – Fotolia.com ; Savoir-faire : © Yuriy Rozanov #3760977 – Fotolia.com ; 13 heures : © J.Charles CUVELIER #7982707 – Fotolia.com ; Ils ont marqué leur région : © JEAN VIGNE/KHARBINE TAPABOR

5 octobre
À table : © Freddy Smeets #1453069 – Fotolia.com ; Savoir-faire : © Elena Moiseeva #5691757 – Fotolia.com ; 13 heures : © Ville et communauté d'agglomération Montluçonnaise ; Ils ont marqué leur région : © KEYSTONE-FRANCE

6 octobre
À table : © Jérôme DREUMONT – Fotolia.com ; Savoir-faire : © NLshop #10601148 – Fotolia.com, © SYLVIE.PERUZZI #1345688 – Fotolia.com ; 13 heures : © Olivia Mistrih ; Ils ont marqué leur région : © Collection KHARBINE-TAPABOR

7 octobre
À table : © Karl Bolf #8152377 – Fotolia.com, © Madeleine Openshaw #403901 – Fotolia.com ; Savoir-faire : © Aurélie Argellies ; 13 heures : © Château Guillaume Le Conquérant ; Ils ont marqué leur région : © Jean-Baptiste Hostache

8 octobre /9 octobre
© Uolir #4179026 – Fotolia.com ; Fête : © KEYSTONE-FRANCE

10 octobre
À table : © Jean-Baptiste Hostache ; Savoir-faire : © colibrimoy #297170 – Fotolia.com ; 13 heures : © Julien BASTIDE #2586564 – Fotolia.com ; Ils ont marqué leur région : © KEYSTONE-FRANCE, © Jean-Baptiste Hostache

11 octobre
Savoir-faire : © claireliz – Fotolia.com ; 13 heures : © Tilio & Paolo #8931001 – Fotolia.com ; Ils ont marqué leur région : © Coll. Jonas/KHARBINE-TAPABOR

12 octobre
À table : ginger © ilkka kukko #3294500 – Fotolia.com ; Savoir-faire : © Michel Lebreton ; 13 heures : © Jean-Baptiste Hostache ; Ils ont marqué leur région : © KEYSTONE-FRANCE, © Jean-Baptiste Hostache

13 octobre
À table : © spleen85 #21727876 – Fotolia.com ; Savoir-faire : © Charlotte Duval, © Kirill Zdorov #675247 – Fotolia.com ; 13 heures : © Mairie d'Aubeterre-sur-Dronne ; Ils ont marqué leur région : © GOURSAT/RAPHO, © Coll. JeanVigne/KHARBINE-TAPABOR

14 octobre
À table : © Les Pointilleuses ; Savoir-faire : © Connfetti #8989761 – Fotolia.com ; 13 heures : © Matei Gheorghiu ; Ils ont marqué leur région : © Hélène ADANT / RAPHO ; Fête : © Dušan Zidar #4542589 – Fotolia.com

15 octobre/16 octobre
© Collection KHARBINE-TAPABOR, © Collection KHARBINE-TAPABOR

17 octobre
À table : © PackShot #16011524 – Fotolia.com ; Savoir-faire : © Palat Christian ; 13 heures : © legabatch #23733120 – Fotolia.com ; Ils ont marqué leur région : © KEYSTONE-FRANCE

18 octobre
Savoir-faire : © JEAN VIGNE / KHARBINE TAPABOR ; 13 heures : © ChantalS #16827040 – Fotolia.com ; Ils ont marqué leur région : © DR

19 octobre
À table : © Melisback #2422672 – Fotolia.com ; Savoir-faire : © Paweł Syrjus #14630424 – Fotolia.com ; 13 heures : © Aurélia Monnier ; Ils ont marqué leur région : © Hervé GLOAGUEN / RAPHO

20 octobre
À table : © Collection IM/KHARBINE-TAPABOR ; Savoir-faire : © Coll. Perrin/KHARBINE-TAPABOR/DR ; 13 heures : © RAMOUL Vincent #16743420 – Fotolia.com ; Ils ont marqué leur région : © DR

21 octobre
À table : © Collection IM/KHARBINE-TAPABOR ; 13 heures : © Gaëlle Vanherzeeke ; Ils ont marqué leur région : © Collection IM/KHARBINE-TAPABOR

22 octobre /23 octobre
© Cheuva / KHARBINE-TAPABOR

24 octobre
À table : © delmo07 #12962003 – Fotolia.com ; Savoir-faire : © Les Pointilleuses ; 13 heures : © Collection IM/KHARBINE-TAPABOR ; Ils ont marqué leur région : © Gilles BASSIGNAC/GAMMA

25 octobre
À table : © Monkey Business #8275534 – Fotolia.com ; Savoir-faire : © Manook #12282280 – Fotolia.com ; 13 heures : © Agence DER #11999185 – Fotolia.com ; Ils ont marqué leur région : © Collection Grob/KHARBINE-TAPABOR

26 octobre
À table : © Harris Shiffman #185811 – Fotolia.com ; Savoir-faire : © Jeff LEONARD #2047050 – Fotolia.com ; 13 heures : © Jean-Jacques Cordier #7865961 – Fotolia.com ; Ils ont marqué leur région : © KEYSTONE FRANCE

27 octobre
À table : © Web Buttons Inc #13809785 – Fotolia.com ; Savoir-faire : © Guy Beyrouti #3519372 – Fotolia.com ; 13 heures : © Office de Tourisme des Trois Cantons ; Ils ont marqué leur région : © KEYSTONE-FRANCE, © Jean-Baptiste Hostache

28 octobre
À table : © Thomas Perkins #2256082 – Fotolia.com ; Savoir-faire : © Bertrand Ternès #14005134 – Fotolia.com ; 13 heures : © Collection Kharbine-Tapabor ; Ils ont marqué leur région : © Collection KHARBINE-TAPABOR

29 octobre /30 octobre
© Collection KHARBINE-TAPABOR ; Fête : © Collection IM/KHARBINE-TAPABOR

31 octobre
À table : © luc gillet #152302 – Fotolia.com ; Savoir-faire : © DjiggiBodgi.com #1441153 – Fotolia.com ; 13 heures : © jy cessay #16360898 – Fotolia.com ; Ils ont marqué leur région : © Collection IM/KHARBINE TAPABOR; Fête : © Collection IM/KHARBINE-TAPABOR

1er novembre
À table : © Claudio Calcagno #16058386 – Fotolia.com ; Savoir-faire : © laurent davaine #3264510 – Fotolia.com ; 13 heures : © Gerard Borre/MRW Zeppeline ; Fête : © Collection KHARBINE-TAPABOR

2 novembre
À table : © loflo69 #11923073 – Fotolia.com, © Unclesam #9387074 – Fotolia.com ; Savoir-faire : © JM-Guyon #21179452 – Fotolia.com ; 13 heures : © Arap #11179199 – Fotolia.com

3 novembre
À table : © Monkey Business #8655568 – Fotolia.com ; Savoir-faire : © Philippe Lerendu et Patrick Bochet ; 13 heures : © Seb Léon ; Ils ont marqué leur région : © KEYSTONE-FRANCE

4 novembre
Savoir-faire : © Collection IM/KHARBINE-TAPABOR ; 13 heures : © Errol Hogenkamp #7545414 – Fotolia.com ; Ils ont marqué leur région : © Hervé CHAMPOLLION / TOP

5 novembre/6 novembre
© Collection IM/KHARBINE-TAPABOR

7 novembre
À table : © Dušan Zidar #1837055 – Fotolia.com ; Savoir-faire : © Camille Hamel ; 13 heures : © Yann Riché #18077794 – Fotolia.com ; Ils ont marqué leur région : © DR

8 novembre
À table : © Irina Fischer #4635236 – Fotolia.com, © Elena Schweitzer #9617292 – Fotolia.com ; Savoir-faire : © Bernard GIRARDIN #9512492 – Fotolia.com ; 13 heures : © LeChatMachine #8722049 – Fotolia.com ; Ils ont marqué leur région : © PHOTO NEWS/GAMMA

9 novembre
Savoir-faire : © Frédéric Daniau #4963 – Fotolia.com ; 13 heures : © Office du tourisme de Mauriac ; Ils ont marqué leur région : © EXPLORER ARCHIVES/KEYSTONE-FRANCE

10 novembre
À table : © Blue #4190862 – Fotolia.com ; Savoir-faire : © ostromec #19756641– Fotolia.com, © steffen hellwig #6792500 – Fotolia.com ; 13 heures : © Jessica Blanc #8998345 – Fotolia.com ; Ils ont marqué leur région : © Jean-Baptiste Hostache

11 novembre
À table : © Collection IM/KHARBINE-TAPABOR, © JEAN VIGNE/KHARBINE TAPABOR ; Savoir-faire : © Henry Bonn #15262056 – Fotolia.com ; 13 heures : © La Cité de la Mer ; Ils ont marqué leur région : © Collection KHARBINE-TAPABOR ; Fête : © Unclesam #9787269 – Fotolia.com

12 novembre/13 novembre
© Collection IM/KHARBINE-TAPABOR

14 novembre
À table : © Nikola Bilic #22670511 – Fotolia.com ; Savoir-faire : © Jean-Baptiste Hostache ; 13 heures : © Jean-Jacques Cordier #22736307 – Fotolia.com ; Ils ont marqué leur région : © KEYSTONE-FRANCE, © Coll. Perrin/KHARBINE-TAPABOR

15 novembre
À table : © Les pointilleuses ; Savoir-faire : © CAROL33 #6685917 – Fotolia.com ; 13 heures : © Caroline Chalot ; Ils ont marqué leur région : © Jean Vigne/KHARBINE-TAPABOR

16 novembre
À table : © William Wang #7484965 – Fotolia.com ; Savoir-faire : © Europhoton #13483348 – Fotolia.com ; 13 heures : © Sylvia Briffard

17 novembre
À table : © Marc Rigaud #2900360 – Fotolia.com ; Savoir-faire : © fashcool #23027435 – Fotolia.com ; 13 heures : © Marie-Jose JARRY et Jean-Francois TRIPELON/TOP ; Ils ont marqué leur région : © Coll. Bouquig./KHARBINE-TAPABOR ; Fête : © Collection KHARBINE-TAPABOR/DR

18 novembre
À table : © kalou1927 #18518039 – Fotolia.com ; Savoir-faire : © Gems #8961108 – Fotolia.com, © Collection IM/KHARBINE-TAPABOR ; 13 heures : © jy cessay #16508239 – Fotolia.com ; Ils ont marqué leur région : © Louis MONIER/GAMMA

19 novembre/20 novembre
© Reno #12426738 – Fotolia.com

21 novembre
À table : © sumnersgraphicsinc #22259543 – Fotolia.com ; Savoir-faire : © jeff gynane #90904 – Fotolia.com ; 13 heures : © Herbert Rubens #1387817 – Fotolia.com ; Ils ont marqué leur région : © Collection IM/KHARBINE-TAPABOR

22 novembre
À table : © morchella #7069858 – Fotolia.com ; Savoir-faire : © Martine A Eisenlohr #4181177 – Fotolia.com ; 13 heures : © jerome DELAHAYE #3395093 – Fotolia.com ; Ils ont marqué leur région : © ANDERSEN ULF/GAMMA/Eyedea Presse

23 novembre
À table : © Chlorophylle #4326769 – Fotolia.com ; Savoir-faire : © Les Pointilleuses ; 13 heures : © Nicolas AUVINET #1016223 – Fotolia.com ; Ils ont marqué leur région : © mattei #200553 – Fotolia.com, © KEYSTONE-FRANCE

24 novembre
À table : © felinda #192119 – Fotolia.com ; Savoir-faire : © photo S. AGEORGES/KH-TAPABOR ; 13 heures : © Collection IM/Kharbine-Tapabor ; Ils ont marqué leur région : © Kharbine-Tapabor/Coll. S. Kakou

25 novembre
À table : © Collection IM/KHARBINE-TAPABOR ; Savoir-faire : © Cheuva/KHARBINE-TAPABOR ; 13 heures : © Fwed #23272389 – Fotolia.com ; Ils ont marqué leur région : © Coll. Jonas/KHARBINE-TAPABOR

26 novembre/ 27 novembre
© Coll. Perrin/KHARBINE-TAPABOR/DR

28 novembre
À table : © Jean-Baptiste Hostache ; Savoir-faire : © Collection Kharbine-Tapabor/DR, © Collection Grob/Kharbine-Tapabor ; 13 heures : © toscaa #22151395 – Fotolia.com ; Ils ont marqué leur région : © Phot Prud'homme/KHARBINE-TAPABOR

29 novembre
À table : © HLPhoto #15673102 – Fotolia.com, © BISTROT #24029962 – Fotolia.com ; 13 heures : © Olivier Poncelet #12005342 – Fotolia.com ; Ils ont marqué leur région : © Collection IM/KHARBINE-TAPABOR

30 novembre
À table : © Unclesam #23082114 – Fotolia.com ; Savoir-faire : © Juliane #9880052 – Fotolia.com ; 13 heures : © Fred #3239662 – Fotolia.com ; Ils ont marqué leur région : © Collection KHARBINE-TAPABOR

1er décembre
Savoir-faire : © Vladimir Kolesnikov #20129634 – Fotolia.com ; 13 heures : © Jean-Baptiste Hostache ; Ils ont marqué leur région : © DR ; Fête : © Ints #5319264 – Fotolia.com

2 décembre
À table : © picpic #10468400 – Fotolia.com ; Savoir-faire : © Bernard MAURIN #5584615 – Fotolia.com ; 13 heures : © Xiongmao #22905269 – Fotolia.com ; Ils ont marqué leur région : © KEYSTONE-FRANCE

3 décembre/4 décembre
© Collection KHARBINE-TAPABOR

5 décembre
À table : © Yves Roland #10652869 – Fotolia.com ; Savoir-faire : © Collection IM/KHARBINE-TAPABOR ; 13 heures : © Ville d'Obernai ; Ils ont marqué leur région : © DR

6 décembre
À table : © Jérôme SALORT #13887327 – Fotolia.com ; Savoir-faire : © IM/KHARBINE-TAPABOR ; 13 heures : © – Fotolia.com ; Ils ont marqué leur région : © KEYSTONE FRANCE; Fête : © Cheuva/KHARBINE-TAPABOR

7 décembre
À table : © Djordje Korovljevic #440571 – Fotolia.com ; Savoir-faire : © IM/KHARBINE-TAPABOR, © Jean-Baptiste Hostache ; 13 heures : © Patricia Chagnon ; Ils ont marqué leur région : © KEYSTONE-FRANCE

8 décembre
À table : © kubais #7283858 – Fotolia.com ; Savoir-faire : © martine wagner #16048890 – Fotolia.com ; 13 heures : © Marc Rigaud #2085103 – Fotolia.com ; Ils ont marqué leur région : © Serge BENHAMOU/GAMMA ; Fête : © loflo69 #11021799 – Fotolia.com

9 décembre
À table : © martine wagner #2748518 – Fotolia.com ; Savoir-faire : © Paul Bodea #789908 – Fotolia.com ; 13 heures : © CHG #3455291 – Fotolia.com ; Ils ont marqué leur région : © KEYSTONE FRANCE

12 décembre
À table : © Marzia Giacobbe #23015499 – Fotolia.com ; Savoir-faire : © lereyking #22119465 – Fotolia.com ; 13 heures : © mattei #4329601 – Fotolia.com ; Ils ont marqué leur région : © SANTANTONIO-TIZI

13 décembre
À table : © Nathalie P #1592863 – Fotolia.com ; Savoir-faire : © Coll. Jonas/KHARBINE-TAPABOR ; 13 heures : © Hervé CHAMPOLLION/TOP

14 décembre
À table : © richard villalon #19008304 – Fotolia.com ; Savoir-faire : © Collection KHARBINE-TAPABOR ; 13 heures : © Office de tourisme du Massif du Sancy

15 décembre
À table : © Melisback #1189292 – Fotolia.com ; Savoir-faire : © Tom Davison #149448 – Fotolia.com ; 13 heures : © Collection KHARBINE-TAPABOR/DR ; Ils ont marqué leur région : © Alain DENANTES/GAMMA

16 décembre
À table : © alain wacquier #19498549 – Fotolia.com ; 13 heures : © Gaëlle Vanherzeeke ; Ils ont marqué leur région : © Collection KHARBINE-TAPABOR

19 décembre
À table : © BISTROT #24025960 – Fotolia.com ; Savoir-faire : © Collection Kharbine-Tapabor ; 13 heures : © Jean-Baptiste Hostache ; Ils ont marqué leur région : © KEYSTONE

20 décembre
À table : © mick200 #10190291 – Fotolia.com ; Savoir-faire : © Collection IM/KHARBINE-TAPABOR ; 13 heures : © André GAMET/RAPHO/Eyedea ;

Ils ont marqué leur région : © Collection IM/KHARBINE-TAPABOR

21 décembre
À table : © Pixalion #1848381 – Fotolia.com, © pandore #3670400 – Fotolia.com ; Savoir-faire : © cedricruffini #5407563 – Fotolia.com ; 13 heures : © Collection KHARBINE-TAPABOR ; Ils ont marqué leur région : © Serge BENHAMOU/GAMMA

22 décembre
À table : © meailleluc.com #12010712 – Fotolia.com ; Savoir-faire : © Uolir #24101577 – Fotolia.com ; 13 heures : © Philippe ROY/HOA-QUI ; Ils ont marqué leur région : © Collection IM/KHARBINE-TAPABOR

23 décembre
À table : © Stephen Coburn #3683877 – Fotolia.com ; Savoir-faire : © maryse chabrier #5005302 – Fotolia.com ; 13 heures : © macumazahn #11516642 – Fotolia.com ; Ils ont marqué leur région : © CATARINA/STILLS/EYEDEA PRESSE

24 décembre/25 novembre
Fête : © Collection IM/KHARBINE-TAPABOR

26 décembre
À table : © Nimbus #21719311 – Fotolia.com ; Savoir-faire : © LianeM #8995156 – Fotolia.com ; 13 heures : © séb_compiegne #5012301 – Fotolia.com ; Ils ont marqué leur région : © CRUSIAUX Franck /GAMMA/Eyedea Presse

27 décembre
À table : © Nimbus #18601353 – Fotolia.com ; 13 heures : © Office de Tourisme de Desvres-Samer ; Ils ont marqué leur région : © Collection NB/KHARBINE-TAPABOR

28 décembre
À table : © guy #21685426 – Fotolia.com ; 13 heures : © Les Pointilleuses ; Ils ont marqué leur région : © Collection Kharbine-Tapabor

29 décembre
À table : © ExQuisine #13081418 – Fotolia.com, © xmasbaby #361154 – Fotolia.com, © Giuseppe Porzani #5802369 – Fotolia.com ; Savoir-faire : © Collection Grob/KHARBINE-TAPABOR ; 13 heures : © Jimjag #8721308 – Fotolia.com ; Ils ont marqué leur région : © Coll. Perron/KHARBINE-TAPABOR, © Serge BENHAMOU/GAMMA

30 décembre
À table : © Unclesam #14694946 – Fotolia.com ; Savoir-faire : © françoise bro #17108758 – Fotolia.com ; 13 heures : © randonnee.trek #10842713 – Fotolia.com ; Ils ont marqué leur région : © Collection Kharbine-Tapabor, © Coll. Jonas/KHARBINE-TAPABOR

31 décembre
© Jean Vigne/KHARBINE-TAPABOR; Fête : © Christian Jung #11481707 – Fotolia.com

ADAGP :
12 avril
13 heures : Marc Chagall, vitrail La Paix, 1976 (détail), © Adagp, Paris 2010. Photo : © Alain de la Fuente - Ville de Sarrebourg
17 juin
Ils ont marqué leur région : © Adagp, Paris, 2010. Pierre Ambrogiani, Mas dans les blés, 1965.

Les photographies de couverture proviennent de l'agence GAMMA RAPHO (de gauche à droite et de haut en bas) :

© Patrick LE FLOCH/EXPLORER ; RIGOULET Gilles/ HOA-QUI ; LEROUX Jean-Baptiste/ JACANA ; Philippe BODY/HOA-QUI ; Marie-Jose JARRY et Jean-Francois TRIPELON/TOP ; Christophe BOISVIEUX/HOA-QUI ; Christophe BOISVIEUX/HOA-QUI ; Jean-François HAGENMULLER/Hoa-Qui ; Philippe ROYER/HOA-QUI ; Denise SARLIN/HOA-QUI/Eycdea ; VALENTIN T/L/ HOA-QUI ; Yann GUICHAOUA/HOA-QUI.

Direction artistique
Isabelle Dupont

Direction éditoriale
Annabelle Roche

Réalisation
Aurélia Monnier

Avec la collaboration de
Aurélie Argellies
Céline Derouet
Élizabeth Derouet
Marie Derouet
Camille Didelon
Hélène Duhamel
Jean-Baptiste Hostache
Élise Nicollet
Judith Nouvion
Ana Sinde
Gaëlle Vanherzeeke

Achevé d'imprimer en Espagne par Dedalo Grupo

ISBN 13 : 978-2-7499-1280-6
Dépôt légal : octobre 2010
LAF : 1337

7-13 boulevard Paul-Émile Victor – Île de la Jatte
92521 Neuilly-sur-Seine Cedex

www.michel-lafon.com